Schriftenreihe der Arbeitskammer des Saarlandes
zur Arbeits- und Sozialgeschichte · **Band 4**

Frauen vor Ort

Auf Spurensuche in den saarländischen Landkreisen

Gudrun Müller

Conte Verlag

Bibliografische Information der Deutschen Nationalbibliothek
Die Deutsche Nationalbibliothek verzeichnet diese Publikation in der Deutschen Nationalbibliografie; detaillierte bibliografische Daten sind im Internet über http://dnb.d-nb.de abrufbar.

ISBN 978-3-95602-269-2

Am Rech 14
66386 St. Ingbert
Tel: (06894) 1664163
info@conte-verlag.de
www.conte-verlag.de

Umschlagabbildung: Nachlass Walter Barbian im Landesarchiv Saarbrücken. Mit freundlicher Genehmigung von Frank Barbian

Lektorat: Dr. Ines Heisig, Dr. Frank Hirsch, Peter Jacob

Umschlag und Satz: Markus Dawo

Druck und Bindung: Conte, St. Ingbert

Inhalt

Vorwort

„Man ist nicht als Frau geboren, man wird es", lautet ein berühmtes Wort der französischen Schriftstellerin und Feministin Simone de Beauvoir. Damit verweist sie auf die Tatsache, dass jeder Mensch nicht nur durch sein biologisches Geschlecht bestimmt wird, sondern dass es auch sozial konstruierte Vorstellungen von Geschlechtlichkeit gibt. Diese Konstrukte definieren, welche Rolle Frauen und Männer in einer Gesellschaft einzunehmen hatten und haben. Gesetze, Normen, aber auch Sitten und moralische Weltanschauungen bildeten den Rahmen, in dem sich Frauen und Männer bewegen sollten und der Zwangslagen sowie Handlungsspielräume konstituierte. Es waren aber vor allem Frauen, denen enge Grenzen gesetzt waren: Die meisten Berufe und Karrieren waren ihnen verschlossen, dem politischen und öffentlichen Leben mussten sie fernbleiben und ihre Position in der Gesellschaft begrenzte sich im Wesentlichen auf die der Hausfrau und Mutter. Seit dem 19. Jahrhundert kämpfen Frauen um gleiche Rechte und eine angemessene Teilhabe in Gesellschaft, Politik und Wirtschaft. Dieser Kampf verlief alles andere als geradlinig, sondern war von Fortschritten und Rückschlägen geprägt. Heute sind wir bereits viel weiter, die Diskussion dreht sich schon lange nicht mehr nur um formale Gleichberechtigung, sondern um reale, angemessene Beteiligung in allen Lebensbereichen.

Die allgemeine Unterrepräsentanz von Frauen in der Gesellschaft setzte sich auch in der historischen Forschung fort. Nur allzu oft ging es um Männer, die Geschichte machten und Frauen blieb die Rolle der Zuschauerin. Es ist das Verdienst von Gudrun Müller, dass sie Frauen als Subjekt der Geschichte begreift. Sie spürt in dem vorliegenden Buch Frauenbiografien in allen saarländischen Gemeinden nach. Dadurch wird deutlich, dass Frauengeschichten überall zu finden sind. Sie alle vereinen interessante bis dramatische Lebensläufe, gebrochene Lebenslinien und beeindruckende Karrieren. Versammelt sind bekannte Persönlichkeiten, aber auch weniger bekannte Frauen, deren Leben jedoch vor dem Hintergrund der allgemeinen historischen Entwicklung bemerkenswert war. Wir danken Frau Müller für dieses Lesebuch, das uns auf eine Reise durch Zeit und Raum mitnimmt und Frauen eine Stimme verleiht und wir als Arbeitskammer sind stolz, dass es als vierter Band in unserer Schriftenreihe veröffentlicht wird.

Thomas Otto
Hauptgeschäftsführer

Beatrice Zeiger
Geschäftsführerin

Einleitung

Helena „Lenchen" Demuth hat Karl Marx nicht nur den Haushalt geschmissen. Sie soll den wichtigsten Theoretiker des Kommunismus auch regelmäßig im Schach geschlagen haben. Katharina Weißgerber kannte bei der so blutigen wie sinnlosen Schlacht um die Spicherer Höhen weder Freund noch Feind. Sie eilte den Verwundeten beider Kriegsparteien selbstlos zu Hilfe und wird dafür zu Recht bis heute gewürdigt. Beide Frauen eint, dass sie im heutigen Saarland geboren und sozialisiert wurden. Im vorliegenden Buch werden sie und Hunderte weiterer Frauen porträtiert, die von der wechselhaften Geschichte unserer Region geprägt wurden und diese mitprägten. Die Biografien dieser Frauen zeichnen ein lebendiges Bild unseres Landes. Unsere Mütter und Großmütter hatten es dabei zugleich schwerer und leichter, Vorreiterinnen zu werden. Ihnen ist dieses Buch gewidmet.

Die Landeshauptstadt Saarbrücken und die Kreisstadt Saarlouis sind frauenhistorisch gut aufgestellt, hier wie dort werden sogar frauenspezifische Stadtrundgänge angeboten. In den übrigen Regionen war die Suche beschwerlicher. Natürlich gab und gibt es sie aber auch abseits der beiden Städte: Frauen, die Bedeutendes leisteten oder Großes im sogenannten Kleinen bewirkten, Persönlichkeiten, die Spuren hinterließen, als Politikerin, Widerstandskämpferin, Arbeiterin, Hausfrau, Unternehmerin, Künstlerin, Mutter. Dieses Buch überlässt ihnen die Bühne.

Die Aufteilung des Saarlandes in Landkreise, Städte und Gemeinden schafft den formalen Rahmen. Dabei ist die Auswahl der Porträtierten subjektiv und hängt nicht zuletzt mit der Quellenlage zusammen, welche variiert und damit zwangsläufig den Umfang der Kapitel vorgibt. Die Biografien erzählen ganz unterschiedliche Geschichten. Wir erinnern uns an Madame Buchela, ein Honzrather „Mädel", geboren in eine Sinti- und Romafamilie, ihres Zeichens Wahrsagerin, die der Polizei den entscheidenden Hinweis zur Festnahme der sogenannten Lebacher „Soldatenmörder" geben konnte. Wir treffen eine Überlebende des Vietcong, Monika Schwinn aus Lebach, besuchen die Herzogin von Sachsen-Coburg und Gotha, die Stammmutter der Windsors, in ihrem Salon in St. Wendel und reisen mit der Schriftstellerin Felicitas Frischmuth nach Freisen. Last, but not least ergeben sich auch ganz überraschende Bezüge zum Saarland. So war Anna Sage, rumänische Prostituierte und Bordellmanagerin, zwar selbst nie im Saarland, brachte aber Amerikas Staatsfeind Nr. 1 zu Fall, der wiederum Wurzeln ins saarländische Gisingen hat.

Vorbemerkung

Sie werden beim Lesen durch die unterschiedlichsten Vergangenheiten reisen, eine Zeit jedoch taucht relativ gesehen am häufigsten auf, weshalb ich es sinnvoll finde, zum näheren Verständnis kurz auf die Geschichte unseres Landes einzugehen. Die Rede ist von der ersten Hälfte des 20. Jahrhunderts. Nach dem Ersten Weltkrieg wurde das „Saargebiet", so der damalige Name, dessen Fläche um ein Viertel kleiner als das heutige Saarland war, gemäß dem Versailler Vertrag verwaltungstechnisch dem Völkerbund übertragen. Wirtschaftlich gehörte das Gebiet zum französischen Wirtschaftsraum. Gleichwohl sollte nach 15 Jahren ein Volksentscheid über seine staatliche Zugehörigkeit abgehalten werden. Dies geschah im Jahr 1935. Die sogenannte Saarabstimmung brachte ein eindeutiges Ergebnis: Gut 90 Prozent wollten den Anschluss an das Deutsche Reich, obwohl inzwischen die Machtübernahme der Nationalsozialisten stattgefunden hatte. Deshalb boten umgekehrt die Jahre 1933 bis 1935 ein Zeitfenster, in dem viele politisch links Stehende aus dem Deutschen Reich ins Saargebiet flohen – etlichen Widerstandskämpferinnen werden Sie im Buch begegnen.

Nach dem Zweiten Weltkrieg wurde das Saarland zunächst ein Teilgebiet der französischen Besatzungszone. 1947 wurden eine eigene saarländische Verfassung und eine eigene Staatsbürgerschaft geschaffen. Die Verfassung proklamierte die politische Unabhängigkeit von Deutschland sowie den wirtschaftlichen Anschluss an Frankreich. Ebenso lagen die Landesverteidigung und die Vertretung der saarländischen Interessen im Ausland in den Händen Frankreichs. Erneut hatte das Saarland also eine Sonderstellung. Deshalb werden Sie bei der Lektüre unter anderem einer saarländischen Weltmeisterin begegnen.

Die deutsche Regierung unter Adenauer und die französische Regierung diskutierten im Laufe der nächsten Jahre immer wieder über das Saarland und seinen Sonderstatus. Dabei handelten sie ein „zweites" Saarstatut aus, vor dessen Inkrafttreten eine erneute Volksabstimmung stand. Das Statut sah im Wesentlichen eine Europäisierung des Saarlandes vor. Allerdings lehnte eine Mehrheit von über 67 Prozent dieses

Statut ab und sprach sich somit indirekt für einen Anschluss an die Bundesrepublik Deutschland aus. Frankreich lenkte ein und das Saarland wurde am 1. Januar 1957 zehntes Bundesland der Bundesrepublik. Die wirtschaftliche Angliederung erfolgte am 6. Juli 1959, dem sogenannten „Tag X".

1. Der Landkreis Merzig-Wadern

1.1 Merzig: Über Grenzen hinweg

Zwei Frauen, geboren in Merzig, die Spuren hinterlassen haben: **Edith Ennen** und **Magdalena Weber**. Zeitgenossinnen waren sie, und auch wieder nicht, da ihre Lebensdaten mehr als alles andere die Brutalität des 20. Jahrhunderts widerspiegeln: 1907 bis 1999 versus 1908 bis 1945.

Edith Ennen – (k)eine Frau des Mittelalters

Die Historikerin Edith Ennen wird am 28. Oktober 1907 in Merzig geboren. Sie ist die älteste von drei Töchtern des Medizinalrats Dr. Emil Ennen und seiner Ehefrau Louise Peters. Die Familie lebt an der Saar, da der Vater den Posten des ärztlichen Direktors der Provinzial-Heil- und Pflegeanstalt in Merzig innehat. Edith Ennen besucht nach der Volksschule das Mädchenlyzeum in Merzig, kann nach bestandener Aufnahmeprüfung auf das Realgymnasium Dillingen wechseln, eigentlich ein zum Abitur führendes Jungengymnasium. Dafür bedurfte es der Genehmigung durch die Regierungskommission für Schulwesen unter Aufsicht des Völkerbundes, die diese selten genug an Mädchen erteilte. Sie legt – als Klassenbeste – 1927 ihre Abiturprüfung ab und gehört damit zur ersten Generation von Abiturientinnen in ihrem Heimatkreis. Von hier aus geht es für Edith Ennen nach Freiburg, Berlin und Bonn, wo sie Geschichte, Germanistik und Latein studiert. Ihre Perspektive: das Lehramt. Noch vor der Staatsprüfung für das Lehramt an höheren Schulen im Januar 1934 erwirbt sie indes den Doktortitel mit ihrer Dissertation zum Thema *Die Organisation der Selbstverwaltung in den Saarstädten vom ausgehenden Mittelalter bis zur französischen Revolution*. Folgerichtig schlägt sie einen neuen Weg ein: Sie setzt eine Archivar-Ausbildung auf ihr Studium. Genauer: Die Ausbildung zum höheren Archivdienst in Berlin-Dahlem. Trotz eines Prädikatsexamens wird sie nicht in den preußischen Archivdienst übernommen, eine reine Männerdomäne; „außerdem wollte Edith Ennen nicht Mitglied der NSDAP werden"[1], so die Historikerin Margret Wensky. Als „wissenschaftliche Hilfskraft" kehrt Edith Ennen nach Bonn an das Institut für geschichtliche Landeskunde der Rheinlande an der Universität zurück. Ungeachtet aller Schwierigkeiten als Frau im Wissenschaftsbetrieb geht Edith Ennen ihren Weg: 1947 wird sie die Leiterin des Bonner Stadtarchivs und sie ist gleichzeitig die erste wissenschaftlich ausgebildete Archivarin der Stadt Bonn. 1961 wird sie zur Honorarprofessorin der Universität Bonn ernannt; 1964 tritt sie die Nachfolge auf dem Lehrstuhl für Sozial- und Wirtschaftsgeschichte an der Universität des Saarlandes an, „womit sie gemeinsam mit der im selben Jahr berufenen Ruth Altheim-Stiehl erste Inhaberin eines Lehrstuhls in den Geschichtswissenschaften in Deutschland war"[2]. 1968 geht es wieder nach Bonn, wo sie als erste Frau auf einen Lehrstuhl der Philosophischen Fakultät der Universität Bonn berufen wird. Sie übernimmt später die Leitung des Instituts für geschichtliche Landeskunde der Rheinlande, der Kreis schließt sich. Mit der Monographie *Frauen im Mittelalter*, in der Erstauflage 1984 erschienen, wird Ennen, inzwischen weit über 70 Jahre alt, einem breiten Publikum bekannt. Ausgehend von der Stellung der Frau bei den Germanen und der christlichen Eheauffassung untersucht Ennen das Leben des Hochadels ebenso wie das der Mägde und Bauersfrauen und spannt den Bogen vom frühen Mittelalter bis zum Spätmittelalter. Ergänzt wird der Schwerpunkt Deutschland durch Beispiele aus dem europäischen Ausland: Frankreich, England und Italien. Wensky bescheinigt Ennen – neben deren Quellennähe – „die souveräne Beherrschung des Stoffes und eine klare Sprache"[3]. Die Jahrtausendwende sollte Edith Ennen nicht mehr erleben, sie stirbt am 29. Juni 1999 in ihrer Wahlheimat Bonn. In ihrer Heimatstadt Merzig ist eine kleine Straße nach ihr benannt, parallel zur Maria-Croon[4]-Straße.

Magdalena Weber – hoch die internationale Solidarität

Magdalena (Lenchen) Weber kommt drei Monate später als Edith Ennen in Merzig als Tochter der Familie Berthy zur Welt. Ihre Herkunftsfamilie ist weniger großbürgerlich als die ihrer Zeitgenossin Ennen, der Vater ist ein einfacher Fabrikarbeiter. Magdalena wächst nach dem Tod der Eltern zusammen mit ihrem Bruder in Merzig-Besseringen bei ihrem Onkel und Vormund Mathias Bohr, bekennender Sozialdemokrat, auf. In Sulzbach lernt sie ihren späteren Mann Karl Weber kennen. Dort tritt sie dem SPD-Ortsverband bei, engagiert sich in der Arbeiterwohlfahrt und im Arbeiter-Samariter-Bund. Sie wird zur Sanitäterin ausgebildet. Beim Aufmarsch der Antifaschisten am 26. August 1934 demonstriert sie mit Tausenden von Gleichgesinnten für die Beibehaltung des Status quo und somit gegen den Beitritt des Saargebiets zum nationalsozialistischen Deutschen Reich. Der Ausgang der Abstimmung ist bekannt, Magdalena und ihrem Mann Karl bleibt nur die Flucht ins französische Clermont-Ferrand. Wenig später trennen sich die Eheleute. Für Magdalena Weber geht es 1936 nach Spanien, wo sie die Internationalen Brigaden im Spanischen Bürgerkrieg unterstützt. Sie ist eine von über 200 Saarländerinnen und Saarländern, die auf den Hilferuf aus Spanien mit ihrem persönlichen Einsatz reagieren. Die Männer kämpfen an der Front, die Frauen leisten Krankenpflege.[5] So arbeitet Weber als Röntgenschwester im spanischen Albacete, der Basis der Internationalen Brigaden, die die Freiwilligen ausbildet und einsetzt. 1939, nach dem Sieg Francos, kehrt sie nach Frankreich zurück. Eine Entscheidung, die sie das Leben kosten wird. 1941 wird sie in Montauban verhaftet, an die Gestapo ausgeliefert und nach Ravensbrück in das dortige Konzentrationslager deportiert. Hier wird sie im Frühjahr 1945, kurz vor Kriegsende, Opfer der Nationalsozialisten. In Merzig erinnert die Lenchen-Weber-Straße an die Antifaschistin. Die Straße (oder vielmehr: das Sträßchen) verläuft parallel zur Edith-Ennen- und Maria-Croon-Straße.

In Merzig bietet sich eine Wanderung auf der *Traumschleife Bietzerberger* an, einem von insgesamt 65 Premiumwanderwegen im Saarland. Wer sich auf diese Traumschleife begibt, muss Kondition mitbringen: mehr als 15 Kilometer und etliche Höhenmeter sind zu bewältigen. Der

Dank für diese Anstrengung: beeindruckende Aussichten bis weit nach Frankreich hinein sowie abwechslungsreiche Landschaften von versteckten Bachläufen über offene Wiesen, Felder und Streuobstwiesen bis hin zu Märchenwäldern. Nicht zu vergessen die Spuren der Vergangenheit: Auf dem Bietzerberg wurden während des Zweiten Weltkriegs fast 200 Bunker errichtet, die zur Befestigungsanlage des Westwalls gehörten. Einige dieser meist gesprengten Bunker stehen direkt am Wegesrand. An anderer Stelle verweist eine Hinweistafel namens *Das Dörrenhölzchen* auf eine weit zurückreichende Vergangenheit: die Zeit der Hexenverfolgungen.

> Wenn Sie diese Informationstafel lesen, stehen Sie auf dem Plateau des Bietzerbergs: Diese weite Hochebene (zur Bietzer Seite trägt sie den Namen Dörrenhölzchen, zur Harlinger Seite hin den Namen Harlinger Heide) bildete die große Leinwand, auf die die Menschen unserer Region den Hexenwahn projizierten. Hierhin, in dieses ‚Hexentanzplatz' genannte Gebiet, seien sie – so mussten die Beschuldigten ‚gestehen' – auf einem Besen oder Stiel geritten, um den Pakt mit dem Teufel, die ‚Teufelsbuhlschaft', wie eine Hochzeit zu feiern. Wenn Sie den links neben Ihnen gelegenen, nach Merchingen führenden Weg einschlagen und nach 500 Metern wiederum links abbiegen, erreichen Sie auf der Höhe des Bietzerbergs die Mitte dieses ‚Hexentanzplatzes'. Von dort können Sie, den Blick nach Osten gewandt, den Merchinger Galgenplatz sehen – hier starben unschuldige Menschen auf dem Scheiterhaufen.

Nun ja, wollen wir ein wenig präziser sein: Hier starben vor allem unschuldige Frauen auf dem Scheiterhaufen. Etwa 75 bis 80 Prozent der Opfer der europäischen Hexenverfolgungen waren Frauen. Hexen trugen die Schuld am Schicksal anderer, an Missernten wie an Krankheiten und Tod. Grund war die ihnen nachgesagte Verbindung zum Teufel respektive ihr Abfallen vom rechten Glauben. Auf der Hinweistafel namentlich genannt werden Barbell Lawer, ihre Schwester Sunna Wendel und deren Sohn Lorenz Wendel, die im Oktober 1593 zum Tod auf dem Scheiterhaufen verurteilt wurden.

> … Bekennt vor vier jaren sei sie Barbell samt allen obgl. Personen vor der herbstzeit auf dem galgenbergh in ihrem teuflisch danz gewesen,

daselbst Wendels Lorenz gepfiffen, nach dem danz den aeker fruchten und alles zu verderben entschlossen. ...[6]

Rund 300 Jahre später wären Barbell Lawer und Sunna Wendel vielleicht in die Psychiatrie eingewiesen worden. Das Psychiatriemuseum in Merzig im historischen Dachboden der Psychiatrieabteilung, im oberen Stock der Klinik Merzig, erzählt auf 200 Quadratmetern die Geschichten verschwundener Patientinnen und Patienten. 1876 gegründet, war die Anstalt eine Stadt in der Stadt, autark mit eigener Landwirtschaft, Kirche, eigenem Kraftwerk und eigenem Friedhof, ein riesiges, ummauertes Gelände. Viele blieben nicht nur Wochen oder Monate, sondern jahrelang, bis zu ihrem Tod. Danach wurden sie auf dem Gelände der Psychiatrie beerdigt. Während der NS-Zeit wurden 800 von ihnen in andere Anstalten verlegt und fielen dort der Aktion T4[7] und nachfolgend der Aktion Brandt[8] zum Opfer – gerade 80 Menschen kamen zurück. Einige dieser Lebenswege haben der Diplom-Psychologe Ralf Schmitt und Merziger Schülerinnen und Schüler rekonstruiert. Ihnen ist ein Gedenkraum gewidmet. Unter Gendergesichtspunkten insbesondere interessant ist die letzte Abteilung des Museums, die sich mit der Geschichte des Merziger Klinikums befasst. Es geht um die Zeit während des Kriegs, um Geschlechtertrennungen und die erste weibliche Ärztin. In den 1990er Jahren wurde die Anstalt aufgelöst und wandelte sich in ein Allgemeinkrankenhaus mit psychiatrischer Abteilung. Das Ensemble Landeskrankenhaus steht unter Denkmalschutz. Bau 15, das ehemalige Frauenlazarett, sowie Bau 16 und 17, Frauentrakt I und II, wurden in den Jahren 1897 bis 1900 errichtet. In Bau 12 (1872 bis 1876 erbaut) befand sich das Isoliergebäude für Frauen. In der Spichererbergstraße 71 in Saarbrücken erinnert seit 2019 ein Stolperstein an **Berta Ebeling**, die von August 1925 bis Mai 1927 in der Merziger Anstalt lebte. Die hoch gebildete junge Frau, Tochter eines evangelischen Pfarrers, erkrankte in den 1920er Jahren an einer Depression.

Berta Ebeling – Leiden am Leben

Die Eltern setzen viele Hebel in Bewegung, um ihrer Tochter die bestmögliche Behandlung zukommen zu lassen. Berta Ebeling kommt nach Heidelberg in die dortige Psychiatrische Universitätsklinik, dann in die Ev. Heil- und Pflegeanstalt für Gemütsleidende Tannenhof in Remscheid. Dort wird Hebephrenie, eine Unterart der Schizophrenie, diagnostiziert. Am 31. August 1925 wird sie in die Heil- und Pflegeanstalt Merzig verlegt. Anna Theis, Studentin der Wirtschaftspsychologie, hat sich näher mit dem Schicksal von Berta Ebeling befasst und Einblicke in deren Krankenakte erhalten. In dieser wird der jungen Frau ein unruhiges und teils aggressives Verhalten attestiert. Ihre Eltern besuchen die Tochter, so oft es möglich ist. Die Besuche insbesondere der Mutter scheinen einen positiven Effekt auf die Tochter zu haben. Ende Mai 1927 kommt Berta Ebeling auf Betreiben der Eltern zurück ins Saarbrücker Elternhaus, in Merzig wird sie offiziell „beurlaubt". Es folgen gleichwohl weitere Klinikaufenthalte. Am 30. Januar 1931 wird Berta Ebeling in die Psychiatrie des Landeskrankenhauses in Homburg eingeliefert, wo zwei Jahre zuvor eine Abteilung für „nervenkranke" Frauen eröffnet worden war. Ab 1935 werden in Homburg – neben Merzig – Zwangssterilisationen durchgeführt. „Ob Berta Ebeling dieses Schicksal teilte, lässt sich nicht rekonstruieren."[9] Nach Kriegsausbruch 1939 wird Berta Ebeling ins hessische Herborn verlegt, mit einem Grauen Bus[10] wird sie am 24. Januar 1941 in die Tötungsanstalt Hadamar gebracht und am gleichen Tag in der Gaskammer ermordet. Im sogenannten Trost- oder Tröstungsbrief – der NS-Staat betreibt eine eigene „Trostbriefabteilung" in den Tötungsanstalten, die sich ausschließlich um die Korrespondenz mit den Hinterbliebenen zu kümmern hat – wird ein falsches Todesdatum angegeben, den Eltern wird mitgeteilt, sie sei an einer Lungenentzündung gestorben. Die Urne mit Bertas Überresten, so es sie denn wirklich waren, wurde am 22. Februar 1941 auf dem Saarbrücker Hauptfriedhof im Ebeling'schen Familiengrab beigesetzt.[11]

1.2 Wadern: Das Tinder© des Saarlandes

Die Tradition des „Lehnenausroofens" („Lehnenausrufens") wird heute nur noch in einigen wenigen saarländischen Dörfern gepflegt, unter anderem in Saarhölzbach und Wadrill. Lehnen heißt in dem Zusammenhang „ausleihen" und wird genau so verstanden, denn die Tanzpartner werden nur für diesen Ball einander zugeteilt und ausgeliehen. Vor allem früher ergaben sich aus diesen Lehnen-Partnerschaften des Öfteren Ehen. Wo genau der Ursprung liegt, in einem keltischen Kult, im Mittelalter, die Spekulationen reichen weit. Die Veranstaltung sowie die Organisation selbiger haben sich über die Jahre kaum verändert. Zuständig für die Ausrichtung des Lehnenballs sind die Männer, die das „Musterungsalter" erreicht haben, wahlweise das 18. Lebensjahr. Sie treffen sich zu Beginn jeden neuen Jahres zwischen Lichtmess und Fastnacht, um Singles aus dem Ort zu (möglichst passenden) Pärchen zusammenzustellen. Dabei werden die nicht aus dem Dorf Stammenden mit MVA beziehungsweise JVA (Mädchen/Junge von auswärts) bezeichnet. Die betroffenen Jugendlichen erfahren mittels des „Ausrufens", mit wem sie zum Lehnenball gehen dürfen beziehungsweise müssen. In seinem Buch *Bräuche von Saar und Mosel* aus dem Jahr 2017 beschreibt Josef Ollinger das Lehnenausrufen in seiner Heimatgemeinde Nohn, einem Ortsteil von Mettlach, die bis Ende 1973 eine eigenständige Gemeinde war. Der Ausrufer schreit in Anwesenheit des gesamten Dorfes, so laut er kann: „Ech genn, ech genn!" Die Menge antwortet: „Geff, wem de wellscht!" Der Ausrufer wieder: „Ech genn de Pittersch Kloas un et Meiers Suß dat Johr zur Lehn un et nescht Johr zur Eh." „Daht es recht", skandieren die Anwesenden begeistert.[12] Nachdem die Lehnenpaare nunmehr bekannt sind, ist es Aufgabe der jungen Frauen, ihrem männlichen Lehnen vor dem Lehnenball eine Brezel vorbeizubringen, entweder in der süßen Variante in Form eines Hefekuchens oder in der saarländischen Variante aus Lyonerwurst. Apropos junge Frauen: Sie scheinen zu Passivität verdammt bei diesem Spiel, maximal können sie die Brezel verweigern und damit dem ihnen zugelosten jungen Mann zu verstehen geben, dass sie mitnichten die Absicht haben, mit ihm wo auch immer zu tanzen. Eine Mitarbeit in der Organisation des Lehnenausrufens und -balls war jahrzehntelang undenkbar! Bis zum Jahr 1992. Da drohte das Wadriller Tanzfest nämlich auszufallen, wegen Männermangels. Und siehe da – plötzlich war das Dorf dankbar ob der Hilfe der „gleichaltrigen Damen“, die sich bereit erklärten, die Tradition fortzusetzen.[13] Und mittlerweile geschieht die Veröffentlichung der Lehnenpaare nicht mehr nur analog, sondern ganz neuzeitlich über soziale Medien wie Facebook und Co.

Vom Lehnenausrufen war Schwester Adelsindis, Ehrenbürgerin der Stadt Wadern, wohl eher nicht betroffen. Katharina Leonhards (1902–1993), so der bürgerliche Name, wurde am 25. Oktober 1987 das Ehrenbürgerrecht verliehen in Anerkennung ihrer Verdienste als Schwester im Orden der Franziskanerinnen um das St.-Elisabeth-Krankenhaus (stellvertretend für alle Ordensschwestern, die am Waderner Krankenhaus tätig waren). Im Juni 2009 wurde der Esperantoweg in Wadern in Schwester-Adelsindis-Weg umbenannt. Gänzlich in Vergessenheit geraten ist die Heiligenverehrung der **heiligen Anna** in Wadern-Lockweiler und der **heiligen Gertrud** in Wadrill.

Anna und Gertrud – heilig, heilig bist du

In Lockweiler wird im Jahr 973 erstmals eine Pfarrei urkundlich erwähnt. Ein romanischer Glockenturm aus dem 12. Jahrhundert erinnert an die kirchlichen Anfänge. In der Pfarrkirche St. Michael ist die heilige Anna, Mutter der Gottesmutter und damit Großmutter von Jesus, zweite Patronin, ein Annenaltar ihr zu Ehren aufgestellt. Im späten Mittelalter erhält die Verehrung der heiligen Anna durch das vorherrschende bürgerliche Familienideal noch einmal neuen Schwung. Im Ökumenischen Heiligenlexikon, einem privaten Internetprojekt des evangelischen Pfarrers Joachim Schäfer, erfahren wir Näheres über die heilige Anna, insbesondere darüber, wer alles diese Heilige „anruft“.

> Die Vorstellung von der ‚mulier fortis‘, der ‚starken Frau‘, befördert durch die Lesungen der Liturgie am Annafesttag, machte sie zur Patronin von Zünften und von Handels- und Gewerbetreibenden, sie wurde um die Vermehrung des Reichtums angerufen. Dies führte zum Schriftwort vom ‚Schatz im Acker‘ (Matthäusevangelium 13, 44) und daraus resultierend dazu, dass Anna zur Patronin der Bergleute wurde.[14]

Auch in der frühen Neuzeit werden Annakapellen, Altäre und Statuen zu ihren Ehren errichtet. Sogenannte Annagürtel sollen gegen Unfruchtbarkeit helfen, die neun Dienstage vor Ostern werden als sogenannte Annadienstage gefeiert. Der Festtag der heiligen Anna, der 26. Juli, wird in Lockweiler lange mit einer Prozession im Anschluss an ein festliches Hochamt begangen, die Annakirmes – ein bis heute jährlich Ende Juli bis Anfang August stattfindendes Volksfest im rheinischen Düren – gefeiert. Im Neubau der Lockweiler Michaelskirche aus dem Jahr 1844 erinnert indes nichts mehr an die Schutzpatronin.

Ähnlich ergeht es der heiligen Gertrud, 626 als Tochter Pippins d. Älteren geboren und in jungen Jahren in das von ihrer Mutter Iduberga gegründete Kloster zu Nivelles in Belgien eingetreten. Nach deren Tod leitet Gertrud als Äbtissin die Abtei. Sie setzt sich dafür ein, dass Mädchen die Heilige Schrift lesen. Darüber hinaus nimmt sie sich insbesondere der Kranken, Gefangenen und Pilger an. Die alte Martinskirche in Wadrill wählt die heilige Gertrud als Nebenpatronin, das Gertruden-(Gertrauden-)Fest wird über Jahrzehnte feierlich begangen. Wallfahrende vor allem aus dem Hochwald und der benachbarten Pfalz kommen, um die Heilige um die Abwehr von Ratten und Mäusen anzurufen. Warum dies? Gertrud von Nivelles' Todestag ist der 17. März, ein wichtiger Termin für die Landwirtschaft: die Winterarbeit hört auf und die Sommerarbeit beginnt. Winterarbeit, das heißt für die Frauen unter anderem Spinnen. Die Bauernregel „Gertrud hört mit Spinnen auf, sonst läuft die Maus den Faden auf und beißt ihn ab" nimmt darauf Bezug. Die Maus beißt sozusagen den Faden ab, die Frauen hören mit dem Spinnen auf und gehen hinaus aufs Feld. Die Literaturwissenschaftlerin und Publizistin Gabriele Oberhauser erklärt den Spruch respektive die Legende um den Spruch wie folgt: Als Gertrud beim Spinnen eingeschlafen sei, liefen die Mäuse den Faden zur Spindel hinauf, um das Garn durcheinanderzubringen und damit die Heilige zu ärgern, schlimmer: sie zur Sünde zu reizen.[15] Wenn heute die Rede davon ist, dass die Maus keinen Faden abbeißt, heißt das, die Sache ist so, wie sie ist und es wird nichts mehr daran geändert. 1766 erfolgt eine Erweiterung der damaligen Kirche durch den Bau eines barocken Chorraums. Bereits zu dieser Zeit wird Gertrud durch Maria ersetzt. In den Jahren 1888 bis 1890 wird das Kirchenschiff der Kirche St. Martin neu errichtet. Auf dem Chorbogen zwischen dem Chorraum und dem Langhaus befindet sich eine Darstellung der heiligen Gertrud, wie sie die Mäuse vertreibt. Diese Wandmalerei wird 1958 durch posaunenblasende Engel ersetzt.

1.3 Beckingen: Aktenzeichen XY … ungelöst

Im ausgehenden 19. Jahrhundert in Honzrath geboren, wurde Margarethe Goussanthier alias **Madame Buchela** zur Schlüsselfigur in einem spektakulären Kriminalfall der 1960er Jahre im Saarland.

Madame Buchela stellt Dr. Sardo ein Bein

Auf einem Honzrather Feld unter einer Buche geboren, in der Schule häufig Bucheckern gegessen – zwei von Margarethe Goussanthier geborene Merstein kolportierte Erklärungen für ihren Künstlernamen Buchela. Wahr ist: Sie wird am 12. Oktober 1899 in Honzrath geboren, und zwar in eine Sinti-Familie. 1907 endet das „Zigeunerleben" für die Achtjährige, als ihr Bruder Anton beim Reinigen der väterlichen Pistole tödlich verunglückt. Die Behörden entziehen den Eltern daraufhin das Sorgerecht und die Tochter kommt in das Waisenhaus der Borromäerinnen in St. Wendel. Da sie den Tod des Bruders vorausgesehen habe, so Margarethe, weiß sie fortan um die Gabe der Wahrsagerei, die sie später zu Madame Buchela werden lässt. Eine überregionale Bekanntheit erlangt Madame Buchela, als sie im sogenannten Soldatenmord von Lebach den entscheidenden Hinweis auf die Täter gibt. Am 20. Januar 1969 dringen zwei bewaffnete Männer in die Standortmunitionsniederlage Landsweiler-Lebach des Fallschirmjägerbataillons 261 ein und töten drei der fünf diensthabenden Wachsoldaten. Zwei Soldaten werden schwer verletzt; einer der beiden erliegt später seinen Schussverletzungen. Anfangs gehen die Fahnder von einem terroristischen Hintergrund aus; letztlich handelt es sich bei den Tätern um junge Männer aus Landau in der Pfalz, die sich mittels der Waffen durch Erpressung Geld beschaffen wollen. Und hier kommt Madame Buchela ins Spiel. Bevor die Täter auf die furchtbare Idee kommen, das Munitionslager zu überfallen, überlegen sie sich andere Möglichkeiten, um an Geld zu kommen. Sie suchen die Wahrsagerin Buchela mehrfach auf und planen, sie zu entführen – vermutlich, um sie zum Verrat intimer Details aus dem Privatleben ihrer Kunden zu zwingen und diese damit zu erpressen. Madame Buchela, die zu der Zeit in Remagen lebt, hat es zu regionaler Berühmtheit gebracht, angeblich gehen viele in- und ausländische Politiker bei ihr ein und aus. Auf alle Fälle geben die beiden sich als Dr. Sardo und Sekretär aus und sind, zumindest behaupten sie dies, im Auftrag der ehemaligen Kaiserin Soraya unterwegs, die Buchelas Dienste in Anspruch nehmen wolle. Allerdings soll Madame Buchela mit ihnen mitfahren und nicht – wie üblich – ihre Kundin zu Hause empfangen. Zu ihrem Glück sind die beiden Männer ihr suspekt und sie fährt mit ihnen nirgendwohin, sondern notiert sich darüber hinaus geistesgegenwärtig ihr Autokennzeichen. Als bei der Fahndung nach den „Soldaten-Mördern" am 25. April 1969 in der Fernsehsendung *Aktenzeichen XY … ungelöst* über ein in Verbindung mit der Tat stehendes Erpressertelegramm berichtet wird, das mit Dr. Sardo unterzeichnet ist, informiert Margarethe Goussanthier alias Madame Buchela die Polizei, die dank des Autokennzeichens die Täter identifizieren kann. Der Buchela-Brunnen am Fuß des Berges Kutschert erinnert an die Honzratherin, die hochbetagt am 8. November 1986 in Bonn stirbt. Viele ihrer Familienangehörigen wurden von den Nationalsozialisten als „Zigeuner" in Konzentrationslagern inhaftiert und ermordet.

Fünf bis zehn Autominuten entfernt von Honzrath liegt Düppenweiler, der flächenmäßig größte Gemeindebezirk von Beckingen und der Geburtsort der seligen Schwester Blandina (**Blandina Merten**).

Blandina Merten – eine deutsche Ursuline

Blandina (Blandine) Merten wird am 10. Juli 1883 als neuntes von insgesamt zehn Kindern der Bauersleute Johann und Katharina Merten im zur preußischen Rheinprovinz gehörenden Düppenweiler geboren. Ihr Taufname lautet Maria Magdalena. Nach einer Ausbildung zur Volksschullehrerin unterrichtet sie in einer Volksschule im Hunsrück. Glaube spielt in ihrer Familie eine große Rolle und so kommt es nicht unerwartet, dass Maria Magdalena nach einem Treffen mit der Generaloberin des Ursulinenordens vom Kloster Calvarienberg in Ahrweiler 1908 dem Orden beitritt (gemeinsam mit ihrer Schwester Elise). Ihr Ordensname heißt Blandina (lateinisch: die kleine Liebenswürdige); 1913 legt sie die ewigen Gelübde ab. Als Ordensschwester unterrichtet Blandina Merten weiter, an der Schule des Ordens in Saarbrücken und in der Ordensniederlassung in Trier. 1916, im Alter von 33 Jahren, erkrankt sie an Tuberkulose. Blandina Merten stirbt am 18. Mai 1918 im Kloster St. Bantus in Trier, wo sie während der Zeit ihrer Erkrankung gepflegt worden war. Nach ihrem Tod melden Gläubige den kirchlichen Behörden zehntausende „Gebetserhörungen". Dies sowie die Anerkennung der medizinisch unerklärlichen Heilung einer an Krebs erkrankten Missionsschwester auf die Fürsprache von Blandina als Wunder führen zur Seligsprechung von Blandina Merten am 1. November 1987 durch Papst Johannes Paul II. Als ihr kirchlicher Gedenktag wird der 18. Mai, ihr Sterbetag, festgelegt. Zahlreiche Ehrungen erinnern an die seligen Schwester Blandina. Erwähnt sei die Skulptur der saarländischen Künstlerin Margret Lafontaine, die *Himmelsleiter* als Symbol für das Erziehungs- und Bildungsideal Blandina Mertens, die 2010 vor der Pfarrkirche in Düppenweiler aufgestellt wurde, direkt neben der Blandina-Kapelle. Der evangelische Pfarrer Joachim Schäfer zitiert Blandina Merten wie folgt:

> Wie lebt die wahre Liebe? Sie ist bescheiden, sie lebt verborgen. Sie liebt das Grobe, Einfache, Gewöhnliche, wie es alle haben und tun. Sie selbst ist es, die all ihre Werke golden macht. Der liebende Gott braucht nicht hohe, außergewöhnliche Werke. Er will nur Liebe. Im Hohenlied heißt es: ‚Du hast mein Herz verwundet, meine Schöne, mit einem deiner Haare.' Was ist kleiner und bedeutungsloser als ein Haar? Will Gott damit sagen, wie überaus wohlgefällig und wertvoll die kleinste Handlung in seinen Augen wird, die wir aus Liebe verrichten? O ja, dem liebenden Gott ist nichts klein an der geliebten Seele! Welch ein Trost für uns![16]

Ebenfalls in Beckingen geboren, mussten **Maria Baltes** und **Aline Söther** während des Nationalsozialismus ihre Heimat verlassen.

Maria Baltes und Aline Söther – Dornen im Auge der Faschisten

Maria Baltes, als Maria Leistenschneider 1900 in Beckingen geboren, und Aline Söther, 1923 ebenda geboren, landen beide im KZ Ravensbrück, nur Maria Baltes überlebt. Sie, die Tochter eines Fabrikarbeiters, besucht die Handelsschule in Saarbrücken und beginnt im Anschluss als Stenotypistin bei der AG der Dillinger Hüttenwerke. In der Firma Franz Meguin & Co. trifft sie auf ihren späteren Mann, Karl Baltes. Gemeinsam mit ihm eröffnet Maria Baltes Ende der 1920er Jahre ein Kino und einen Filmverleih in Landsweiler/Reden. Gemeinsam engagieren sich die Eheleute in der antifaschistischen Einheitsfront. Die Saarabstimmung verändert das Leben der Baltes. Es bleibt nicht beim Boykott ihres Kinos, Hass und Hetze treiben Maria und Karl Baltes ins französische Exil. Ohne Arbeit, ohne Geld und ohne Verbindungen kehren sie gezwungenermaßen ins Saarland zurück, Karl landet im Gefängnis Lerchesflur, von dort im KZ Dachau, Maria kommt nach St. Wendel ins Gefängnis und von dort ins KZ Ravensbrück, wo sie vom Tod ihres Mannes erfährt. Maria Baltes erlebt die Befreiung durch die Sowjetarmee. Später heiratet sie in zweiter Ehe den Kommunisten Franz Plura, der im brandenburgischen Pulitz lebt und arbeitet, nimmt dort eine Arbeit als Stenotypistin auf und engagiert sich weiter politisch. Diese Chance wird Aline Söther nicht zuteil. Dreiundzwanzig Jahre nach Maria Baltes geboren, erlebt sie die NS-Zeit als Mädchen beziehungsweise junge Frau. Ihr Vater, der Bergarbeiter Johann Söther, ist ebenfalls Mitglied der KPD, die junge Aline besucht zwar die Volksschule, muss sich aber im Anschluss, statt einen Beruf erlernen zu können, mit um die 7-köpfige Familie kümmern. Johann Söther wird Ende 1940 nach Metz dienstverpflichtet, die Familie zieht von Beckingen nach Vigy-Altroff im heutigen Département Moselle (zu der Zeit: Gau Westmark). Aline arbeitet als Landhelferin auf einem benachbarten Bauernhof, wo sie den polnischen Kriegsgefangenen Myrtek Stanowitsch kennenlernt. Laut Gesetz ist in Hitlerdeutschland eine Liebesbeziehung zwischen Menschen „unterschiedlicher Rassen" verboten. Aline ist im fünften Monat schwanger, als sich der Pole auf der Bahnstrecke Metz-Hayange vor den Zug wirft. Am 23. August 1943 kommt ein Mädchen zur Welt. Acht Monate darf sich die Mutter um ihr Kind kümmern, dann erhält sie eine Vorladung zum Bürgermeisteramt, angeblich zwecks Feststellung der Vormundschaft. Sie wird nicht mehr nach Hause zurückkehren. Ihr Kind kommt zu den Eltern, sie selbst wird in Metz inhaftiert, schließlich ins KZ Ravensbrück geschafft, welches sie nicht überlebt.[17]

Während Maria Baltes ein Leben zwischen Widerstand, Emigration und Verhaftung führte, wurde in Berlin die spätere Dichterin **Maria-Magdalena Durben** geboren.

Maria-Magdalena Durben – unterm Glasnadelzelt

Geboren 1935 in Berlin, lebt Maria-Magdalena Durben nach zahlreichen Umzügen in ihrer Kindheit und Jugend seit 1968 in Beckingen. Kennzeichnend für ihre Werke ist die Zusammenarbeit mit ihrem Ehemann, dem Schriftsteller Wolfgang Durben. So stellt die Literaturwissenschaftlerin Katja Leonhardt fest: „Das Ehepaar Durben – [‚] MMchen' und ‚Wölfchen' – scheint eine verschmolzene Einheit zu sein."[18] Manche der Gemeinschaftsarbeiten zeichnen sich dadurch aus, dass ihre Gedichte von vorne nach hinten erscheinen, während die ihres Partners von hinten nach vorne gelesen werden. Oftmals kreiert Wolfgang Durben die Illustrationen zu ihren Versen. *Unterm Glasnadelzelt* ist der einzige Gedichtband, der ohne Beteiligung von Wolfgang Durben entsteht. Er ist in vier Kapitel unterteilt. Das erste Kapitel, *Dem Sonnengelb werf ich die Liebe zu*, befasst sich mit der Suche nach der eigenen Identität. Das Kapitel *Es lebt sich leicht am Gesicht vorbei* widmet sich den Beziehungen zu anderen Personen. Die menschliche Existenz im weiteren Sinn wird im Kapitel *Jetzt such ich mich in meinem Lied* behandelt. Das abschließende Kapitel *Meine Farben will ich selber mischen* setzt sich mit der Dichterexistenz und dem kreativen Prozess auseinander.[19] Der Schwerpunkt ihrer Arbeiten liegt in den 1970er und 1980er Jahren. In der Zeit leitet Maria-Magdalena Durben – zusammen mit ihrem Mann – die Literarische Union, in deren Rahmen beispielsweise sogenannte Literarische Teestunden veranstaltet wurden, in denen Schriftstellerinnen und Schriftsteller aus Deutschland und dem Ausland zu Lesungen eingeladen wurden. Zudem gibt das Ehepaar die Autorenzeitschrift *Bunte Blätter* heraus. All dies ist „eine Bereicherung für die literarische Szene im Saarland"[20], so Leonhardt. Maria-Magdalena Durben stirbt am 29. April 2018. Für alle, die Weihnachten mögen, hinterlässt sie eine ganz besondere Hommage an diese Zeit, ihr Gedicht *Trotzdem*, dessen erste Zeilen bereits ihr „Selbst"verständnis und ihren Humor aufs Wundervolle zeigen (auch denjenigen, die Weihnachten nicht mögen):

> Ich bin eine Frau. Und aufgeklärt. Und gerüstet.
> Ich habe Schulen besucht und Museen.
> Hab Examen gemacht und den Führerschein.
> Ich mag schwarzen Kaffee und Chagall.
> Ich mag Wolfgang Borchert und den Wald.
> UND ICH MAG WEIHNACHTEN.
> [...]
> Ich bin eine Frau. Und emanzipiert. Und tatgewohnt. Und zeitbewußt.
> Ich lese den Aufsatz und Rezensionen.
> Ich löse die Gleichung und Chefprobleme.
> Ich schreibe Gedichte und Kassenberichte.
> Und ich bin unheimlich sentimental.
> [...]
> Alle Jahre wieder, immer zur gleichen Zeit, rührt mich ein dünnes Glöckchen, zart nur und zaghaft.
> Und ich halte die Welt an. Für mich. Für dich.
> DESHALB MAG ICH DIE WEIHNACHTSZEIT.[21]

1.4 Losheim: Philosophie trifft Soziologie trifft Lyrik

Im Wikipedia-Eintrag zu Losheim am See werden – wie so oft – unter der Rubrik Persönlichkeiten ausschließlich Männer aufgeführt. So zum Beispiel der saarländische Ministerpräsident der Jahre 1959 bis 1979, Franz-Josef Röder, oder der christliche Existenzphilosoph Peter Wust, geboren 1884 im Ortsteil Rissenthal. Hier wird es interessant, war Peter Wust doch befreundet mit **Marianne Weber**, einer deutschen Frauenrechtlerin und Rechtshistorikerin, die am 15. Januar 1919 die erste Rede als Frau im demokratisch neu gewählten Parlament vor der badischen verfassunggebenden Nationalversammlung in Karlsruhe hielt.

Marianne Weber und Peter Wust – Wege einer Freundschaft

„Das bisher bedeutendste deutschsprachige Werk zur Rechtsgeschichte der Frauen stammt aus der Feder Marianne Webers", heißt es auf der Webseite der Juristischen Fakultät der Leibniz Universität Hannover. „Ihre umfangreiche Übersicht über ‚Ehefrau und Mutter in der Rechtsentwicklung' (1907) ist bis heute unübertroffen." Sie einzig als Ehefrau des Soziologen Max Weber vorzustellen, werde der ersten namhaften deutschen Rechtshistorikerin nicht gerecht.[22] Leider passiert genau das: Marianne Weber ist vor allem als Ehefrau von Max Weber und in dieser Funktion als Verfasserin seiner Biografie und Herausgeberin seiner Werke bekannt. Sicher wird ihr Leben bis 1920 wesentlich durch ihre Ehe mit Max Weber bestimmt. Darüber hinaus führt sie während der ihr verbleibenden 34 Jahre nach Webers Tod ein überaus aktives und eigenständiges Leben, das sich nicht in Nachlassverwaltung erschöpft. In diese Phase fällt die Freundschaft zu dem katholischen Philosophen Peter Wust aus Rissenthal, einem Losheimer Ortsteil. Sie treffen sich in einem Kreis europäischer Intellektueller, zu dem Marianne Weber eingeladen hat. In der Folge entwickelt sich eine Brieffreundschaft zwischen den beiden, die allein durch die jeweiligen Anreden die im Lauf der Zeit entstandene Nähe zeigt: Wust nennt Weber „meine liebe Mutter und Freundin" oder „liebes Mütterchen Marianne", sie antwortet mit „mein lieber Sohn und Freund". Abgesehen davon, dass Marianne Weber und

Peter Wust eher Zeitgenossen denn Mutter-Sohn sind – Marianne Weber lebte von 1870 bis 1954, Peter Wust wurde am 28. August 1884 geboren und starb im April 1940 im Alter von 55 Jahren an Oberkieferkrebs –, harrt die Beziehung zu Peter Wust der detaillierten Aufarbeitung. Bis dahin bleibt, die Wege einer Freundschaft[23] zu lesen. Lassen wir an der Stelle Marianne Weber selbst zu Wort kommen:

> Wir wollen unsere Töchter nicht [...] ahnungslos in die Arme des Mannes werfen. Wir wollen ihnen endlich die Bildung und geistige Selbständigkeit mitgeben, die sie befähigt, später auch ihren Söhnen nicht nur Pflegerinnen, sondern geistige Kameradinnen zu sein, in der festen Überzeugung, daß jede Steigerung der Achtung vor der Frau, nicht als Geschlechtswesen, sondern als Mensch, auch die sittliche Kultur des Mannes steigert (Marianne Weber, 1909).[24]

In Losheim geboren und begraben ist die in Vergessenheit geratene Lyrikerin **Natalie Zimmermann**, der die Literaturwissenschaftlerin Katja Leonhardt bescheinigt, durch „die Kontinuität ihrer literarischen Arbeit und ihre zahlreichen Vorträge und Lesungen [...] von entscheidender Vorbildfunktion für schreibende Frauen im Saarland" gewesen zu sein. Darüber hinaus sieht Leonhardt Natalie Zimmermann als pädagogische Schriftstellerin, für die „Toleranz und das Nebeneinander verschiedener Vorstellungen [...] ein wichtiges Anliegen"[25] war. Die Leserinnen sollten geläutert werden, nicht unterhalten.

Natalie Zimmermann, die Virginia Woolf aus dem Saarland

Natalie Zimmermann, geboren 1903, wächst in einer Lehrerfamilie auf. Das Milieu ist ländlich, Heimatliebe und Religion sowie Pflichterfüllung prägen ihre Erziehung. Später wird Natalie Zimmermann selbst Lehrerin, dann Vorschuldirektorin. Krankheitsbedingt scheidet sie nach dem Zweiten Weltkrieg aus dem Schuldienst aus und widmet sich fortan ausschließlich dem Schreiben. Ihre Texte erscheinen vorwiegend in kirchlichen oder regionalen Heimatblättern, in Wochenblättern, Festschriften und Kalendern. Erst 1993, fünfzehn Jahre nach ihrem Tod, erscheint im saarländischen Gollenstein-Verlag ein Band mit 40 Gedichten und 24 Kurzprosa-Stücken von Natalie Zimmermann mit dem Titel *Spur aller Zeit. Lyrik und Prosa*. Ihre Lebensgefährtin und Nachlassverwalterin Agnes Hanz sowie der Literatur- und Sprachdidaktiker Guido König stellen in dem Gollenstein-Buch die Person Natalie Zimmermann noch einmal vor. Eine Frau, die ihre Auftritte in Szene zu setzen wusste, mit sonorer, markanter Stimme las. Vom Aussehen her erinnert das einzig veröffentlichte Foto der Schriftstellerin an die englische Dichterin Virginia Woolf. König schildert seine erste Begegnung mit Natalie Zimmermann: „Eine hohe, überschlanke Gestalt mit blassen, durchgeistigten Gesichtszügen durchschritt in einem wallenden Gewand den Raum und begab sich in die vorderste Reihe der Anwesenden zu eigens freigehaltenen Plätzen. Sie glich einer ‚Tempelpriesterin' [...]."[26] Heimat und die Sehnsucht danach, welche Natalie Zimmermann in zahlreichen Gedichten über ihr Heimatdorf Losheim beschreibt, entsteht für die Autorin nicht aus der Nähe, sondern aus der Ferne. Natalie Zimmermann hat früh ihre Heimat verlassen, besucht Schulen in Luxemburg und Euskirchen, studiert unter anderem in Freiburg. Später bereist sie mit ihrer Lebensgefährtin Agnes Hanz die Welt, steigt auf einen isländischen Vulkan, wandert im Himalaya, Irak, Kuwait, Namibia, Costa Rica. Stets dabei sind Papier und Stift. „Macht es Sinn, diese Dichterin aus der Vergessenheit zu holen?", fragt die Historikerin Inge Plettenberg. Sie bezieht sich dabei auf eine Äußerung des schon genannten Guido König, für den Zimmermann zu den Schriftstellerinnen gehörte, die lediglich gleichgesinnte Leserinnen erreiche. Was per se ja nicht verwerflich ist; außerdem, wer will denn behaupten, diese Leserinnen gäbe es heute nicht mehr. Plettenberg schlussfolgert zu Recht: „Um zu entscheiden, ob etwas vergessen bleiben soll oder nicht, muss man es aber kennen, also aus der Vergessenheit holen. Auch Losheim, das zur Stadt mutierte Dorf, wird es danken."[27]

Werfen wir zum Schluss noch einen Blick auf das Wegkreuz der Dûdisch Frâ, welches wir auf der *Traumschleife-Wanderung Steinhauerweg* in Britten passieren. Diese Wanderung führt vorbei an zahlreichen Wegkreuzen, die Brittener Steinmetze zwischen 1743 und 1786 schufen. Was hat es auf sich mit der „toten Frau"? Die Frau aus der Legende soll zur Zeit des Dreißigjährigen Kriegs (1618–1648) gelebt haben. Das einst blühende Hochwalddörfchen Britten darbte wie viele andere Städte und Gemeinden durch die langen Jahre der Not vor sich hin. Scheunen und Ställe waren ausgeplündert, die Wohnstätten ausgebrannt. Die Handvoll Menschen, die der Krieg übersehen hatte, versteckten sich in den Trümmern vor den feindlichen Soldaten, die das Land durchstreiften, oder flohen in den nahegelegenen Wald. Auch eine junge Mutter suchte dort Schutz, im Arm ihr Baby. Ihr Mann war wohl beim letzten Überfall ums Leben gekommen, erschlagen vom Feind bei dem Versuch, Haus und Hof zu verteidigen. Gegen Morgen ließ das Geschrei aus dem Dorf nach, die Frau wusste nicht, was sie tun sollte – im scheinbar sicheren Versteck im Wald bleiben oder zurück ins Dorf gehen in der Hoffnung, dass der Feind sich zurückgezogen hatte? Da fing der Säugling an zu wimmern, der Hunger war groß. Die Milch war lange versiegt, woher Nahrung für sich und ihr Kleines nehmen? Aus lauter Verzweiflung ritzte sie sich die Brust auf und nährte ihr Kind mit ihrem eigenen Herzblut. Vergeblich. Einige Tage später fanden heimkehrende Flüchtlinge die tote Mutter und das tote Kind. Sie schaufelten ein Grab und beerdigten die beiden Arm in Arm.[28]

1.5 Mettlach: Der Elefant im Porzellanladen

Mettlach ist überregional vor allem bekannt durch die Saarschleife sowie durch Sanitäranlagen (und mehr) der Keramikfirma Villeroy & Boch, die hier ihren Hauptsitz hat. Und wo große Firmen agieren, ist das Mäzenatentum nicht weit. So auch im Fall von V & B, wobei im Folgenden insbesondere auf **Béatrice von Boch-Galhau** eingegangen werden soll.

Béatrice von Boch-Galhau und das SOS-Kinderdorf

Als Tochter des britischen Kaufmanns Arthur Edgar Dodd und der Hamburgerin Emilia Tiefenbacher liegt es nicht gerade auf der Hand, sich ausgerechnet in Merzig-Hilbringen für ein SOS-Kinderdorf starkzumachen. Béatrice Dodd, am 1. August 1914 in der Nähe von Hamburg geboren, besucht eine Klosterschule im Großraum Bonn. Durch ihre Mitschülerin Angelica von Boch lernt sie deren Bruder Luitwin kennen. 1935 heiraten die beiden. Luitwin von Boch-Galhau ist seit 1932 amtierender Generaldirektor und (damals noch) kleinerer Gesellschafter in der 7. Generation von Villeroy & Boch. Das Paar lebt zunächst in Schloss Saareck. Zwischen 1936 und 1949 bekommen sie fünf Kinder: Luitwin Gisbert, Millicent, Christoph, Wilfried und Alexander. Béatrice von Boch-Galhau setzt sich zeitlebens für weniger privilegierte Kinder, insbesondere Waisenkinder, ein. So ist es folgerichtig, dass sie sich für die SOS-Kinderdorf-Idee begeistert. Wir schreiben das Jahr 1957, das Saarland ist zu Jahresbeginn als 10. Bundesland zu Deutschland gekommen, gezahlt wird mit Francs, da der wirtschaftliche Anschluss erst zwei Jahre später erfolgt. Zusammen mit Hermann Gmeiner[29] diskutieren Béatrice von Boch-Galhau und ihre Mitstreitenden mögliche Standorte für das Kinderdorf, die Entscheidung fällt für Merzig-Hilbringen. Dennoch zögert der Gemeinderat mit der Zustimmung, der Widerstand in der Bevölkerung ist groß. Béatrice von Boch-Galhau organisiert eine Fahrt des Hilbringer Gemeinderats unter anderem in das erste deutsche Kinderdorf am Ammersee. Dieser Ausflug überzeugt die Herren (weibliche Räte gibt es zu jener Zeit nicht) und die Arbeiten können beginnen. Am 27. September 1959 legt Hermann Gmeiner den Grundstein für das erste Haus. Béatrice von Boch-Galhau gelingt es, Wilhelmine Lübke, die Frau des damaligen Bundespräsidenten, zur Einweihung des Kinderdorfes einzuladen, was der ganzen Idee zur nationalen Anerkennung verhilft. Béatrice von Boch-Galhau stirbt am 13. März 2011 im Alter von 96 Jahren. In ihrem Nachruf schreibt die Saarbrücker Zeitung:

> Beatrice von Boch wird vielen Mettlachern unvergessen bleiben. Sie war nach dem Zweiten Weltkrieg der gute Geist des Orts, kümmerte sich um alle, die in Not waren, sorgte dafür, dass niemand hungern musste. Unauffällig, bescheiden tat sie, was ihr christliches Gewissen ihr gebot.[30]

Zur Wahrheit gehört ebenso, dass die Familie von Boch-Galhau während der NS-Zeit von Zwangsarbeit profitiert.

> [Z]umindest ein Lager in Mettlach [...] war im Bereich der Fabrikanlagen von Villeroy & Boch. Das Lager wurde im Spätjahr 1944 über Britten, Bergen, Waldhölzbach Richtung Hermeskeil evakuiert [...] Die Familie Boch selbst profitierte auch privat von den Sklavenarbeitern aus dem Osten. Selbst ein polnisches Kind befand sich unter ihren ‚Bediensteten'. Da Frau von Boch ‚guten Kontakt zu den Behörden' hatte, durften ihre privaten Ostarbeiter/innen auch schon einmal ‚ohne Ostzeichen' in die Stadt gehen. [31]

Neben Béatrice von Boch-Galhau sind etliche weibliche Familienmitglieder zu nennen, die Spuren hinterlassen haben: die belgische Impressionistin Anna Boch (1848–1936), Margarita von Boch, geboren 1951 in Buenos Aires als Freiin Rukavina von Vidovgrad und Gründerin der Kinderhilfe Saar, die Künstlerin Monika von Boch (1915–1993), die als Werksfotografin bei Villeroy & Boch anfing, um sich später uneingeschränkt ihrer Kunst zu widmen und **Martha von Boch-Galhau**.

Martha von Boch-Galhau und der Reichskanzler

Martha Oktavia Marie wird 1880 als jüngste Tochter von René von Boch-Galhau geboren. Ihr Bruder Luitwin von Boch-Galhau ist der Schwieger-

vater von Béatrice von Boch-Galhau. Martha von Boch-Galhau ist eine der wohlhabendsten Erbinnen im Deutschen Reich. 1905 heiratet sie den kaiserlichen Offizier Franz von Papen und macht ihren Ehemann dadurch zu einem reichen Mann. Von Papen, um die Anerkennung des Schwiegervaters bemüht, entschließt sich, die Generalstabslaufbahn einzuschlagen. „So hatte die Verbindung zwischen Martha und Franz von Papen einen maßgeblichen Anteil daran, den Grundstein für Papens erfolgreiche militärische und damit die Voraussetzung für seine spätere Karriere als Politiker und Diplomat zu legen"[32], so zumindest beurteilt es die freie Internet-Enzyklopädie Wikipedia. Bevor die Familie (aus der Ehe entstammen fünf Kinder) 1932 nach der Ernennung Franz von Papens zum Reichskanzler nach Berlin übersiedelt, lebt sie ab 1929 auf dem Gut Wallerfangen, das Martha von Papen zu diesem Zeitpunkt geerbt hatte. Gut Wallerfangen bezeichnet ein an der Hauptstraße von Wallerfangen zur Saar hin gelegenes Hofgut, das im Volksmund *Papens Park* genannt wird. Der 1941 in Saarlouis geborene Buchautor Florian Russi erinnert sich, dass der Park in früheren Zeiten frei zugänglich war. „Als Kind habe ich mich einige Male dort herumgetrieben und bin dabei auch dem alten Herrn von Papen begegnet, der andernorts wohnte aber gerade dabei war, den Baumbestand des Parks in Augenschein zu nehmen."[33]
In Franz von Papens halbjährige Amtszeit fällt der sogenannte Preußenschlag: Auf der Grundlage einer Notverordnung des Reichspräsidenten Hindenburg setzt Papen die SPD-geführte preußische Regierung unter Otto Braun ab und lässt sich selbst zum Reichskommissar für Preußen einsetzen. Damit schwächt er den Föderalismus und die Demokratie in Deutschland und leitet die Gleichschaltung des größten deutschen Landes ein. Nach seinem Sturz im Dezember 1932 verhandelt Papen mit Hitler über eine Koalitionsregierung zwischen der national-konservativen DNVP und der NSDAP. Diese Regierung kommt am 30. Januar 1933 zustande. Die Hoffnung, in einer solchen Regierung die Nationalsozialisten kontrollieren zu können, stellt sich als fataler Irrtum heraus. Papen selbst übernimmt im Kabinett Hitler das Amt des Vizekanzlers, wird jedoch bald entmachtet und tritt nach dem Röhm-Putsch 1934 zurück. Als Gesandter und Botschafter des Deutschen Reiches in Wien und Ankara fristet er in der Folge sein diplomatisches Leben. Im Gegensatz zu ihrem Ehemann lehnt Martha von Papen von Beginn an eine Regie-

rungsbeteiligung der NSDAP ab; sie hält die diesbezüglichen Anstrengungen ihres Gatten für einen Fehler. Unter ausländischen Diplomaten ist sie dafür bekannt, Hitler zu verachten und den Hitlergruß kategorisch zu verweigern, insbesondere in der Gegenwart des Diktators. Franz von Papen wird im Nürnberger Prozess gegen die Hauptkriegsverbrecher vor dem Internationalen Militärgerichtshof in allen Anklagepunkten freigesprochen. Im Rahmen der Entnazifizierung wird er indes zu acht Jahren Arbeitslager verurteilt. 1949 wird er vorzeitig entlassen. Er stirbt im Mai 1969 im baden-württembergischen Obersasbach, dem letzten Wohnort des Ehepaars. Seine Frau Martha ist da bereits tot, gestorben im Februar 1961. Beide sind auf dem Gemeindefriedhof Niederlimberg in Wallerfangen beerdigt.

Villeroy & Boch war und ist vor allem ein Arbeitgeber für die Region. Zum Beispiel für **Therese Zenz**, eine deutsche Kanutin. Erst als die Mosaiklegerin 1954 ihren Weltmeistertitel errang, bekam sie Extra-Freizeit für das Training von ihrem Arbeitgeber.

Therese Zenz – eine saarländische Weltmeisterin auf dem Wasser

Das Kajak, mit dem Therese Zenz die Weltmeisterschaft 1954 in Mâcon gewinnt, wird 2018 in einer Ausstellung im Historischen Museum Saar gezeigt. Das an manchen Stellen abgesplitterte Holz, der beschädigte Lack – keine Frage, dieses Ausstellungsexponat atmet Geschichte. Zenz, geboren am 15. Oktober 1932 in Merzig, beginnt ihre sportliche Karriere mit der Leichtathletik und mit Handball. Zum Kanu kommt sie eher zufällig. Bereits 1952 nimmt sie als Mitglied der saarländischen Olympiamannschaft an den Olympischen Sommerspielen in Helsinki teil und belegt im Finale auf dem offenen Meer den 9. Platz.[34] Als sie 1954 sensationell den Weltmeistertitel im Einer-Kajak über 500 Meter gewinnt, wird sie in Mettlach und im ganzen Saarland zu „unserer Therese". Dank ihr wird der Ortsname Mettlach in diesen Tagen auf allen Kontinenten gedruckt. Der saarländische Sportchronist Wilfried Burr zitiert aus den Erinnerungen von Therese Zenz:

> Ich hatte einen schlechten Start und lag ganz hinten. Ich sah nicht mehr nach rechts, nicht mehr nach links. Ich habe nur noch reingehauen. Die Mettlacher Schlachtenbummler, die mit dem Bus gekommen waren, feuerten mich an. Sie haben fürchterlichen Krach gemacht.[35]

Das Allgemeine Sportarchiv, aus dem Burr ebenfalls zitiert – gemeint ist wohl das Saarländische Sportarchiv –, beschreibt das „Reinhauen" später so: „Bekannt sind vor allem die mörderischen Spurts, mit denen Therese Zenz ihre Konkurrentinnen zermürbte."[36] Mit diesem Titel schreibt Therese Zenz Sportgeschichte: Zum ersten Mal (und gleichzeitig zum letzten Mal, das ist zu diesem Zeitpunkt nicht abzusehen) wird die Teilnehmerin eines saarländischen Teams Weltmeisterin, und es wird die saarländische Flagge gehisst. Einen saarländischen Weltmeister gab es übrigens nie. Therese Zenz sammelt in ihrer Karriere – neben ihrem Weltmeistertitel – Silbermedaillen bei Olympia, EM-Titel, fünf Mal wird sie deutsche Meisterin. Ihre letzten Rennen absolviert sie bei den Olympischen Spielen in Rom, wo sie zwei Mal Silber holt. Danach beendet sie ihre aktive Karriere und wird Trainerin. Bei der Olympiade 1964 in Tokio führt sie gleich den Zweier-Kajak mit Roswitha Esser und Annemarie Zimmermann zu Gold. Therese Zenz stirbt kurz nach ihrem 87. Geburtstag am 22. Oktober 2019 in ihrer Heimatstadt Merzig.

Das heutige Verwaltungsgebäude von Villeroy & Boch stellt eine alte Benediktinerabtei aus dem 18. Jahrhundert dar (die Ursprünge der Abtei datieren bis ins 7. Jahrhundert). In seinen SaarLegenden[37] schildert Bernd Kissel beispielhaft, was geschieht, wenn nicht der berühmte Schmalhans, sondern der Klosterhannes, eigentlich der Bote für die Mettlacher Benediktinerabtei, Küchenmeister ist. Dieser Klosterhannes bildete sich tatsächlich ein, seiner Gattin deren Haushaltsführung vorhalten zu müssen. „Wenn ich nur einen einzigen Tag alleine der Herr im Hause wäre, dann stünde es besser mit der Haushaltung!" Soll er doch, dachte die Frau. Vielleicht ging sie einen Schritt weiter und dachte sich: soll er doch *jeden* Tag (dieser Gedanke ist nicht überliefert). Bevor sie das Haus verließ, ermahnte sie ihn eindringlich, den letzten verbliebenen Schinken, der an der Decke hing, nicht anzurühren, der war nämlich für den langen „Brachmond" bestimmt (= Monat Juni). Es kam, wie es kommen musste. Während der Klosterhannes mehr schlecht als recht im Haushalt unterwegs war, klopfte ein Bettler an die Tür, bat um Almosen, zeigte auf den Schinken und brachte dem Hannes bei, er sei der Brachmond. „Am Abend kam die Frau des Klosterhannes wieder nach Hause. Schnell merkte sie, welche Dummheit der Hannes wieder an den Tag gelegt hatte, und so musste er an diesem Abend lernen, dass man ‚Schinkenklopfen'[38] auch ohne Schinken spielen kann." Eine Frau ähnlichen Kalibers war die sogenannte **Bösmadamm**.

D(i)e Bösmadamm – eine pflichtbewusste Zöllnerin in Saarhölzbach

Der Mettlacher Ortsteil Saarhölzbach ist nach dem Zweiten Weltkrieg eine Zollstation für das Saarland, das unter französischer Verwaltung steht. Gern haben die Saarländerinnen und Saarländer auf ihrer Reise „ins Reich" echten Kaffee im Mantel oder im Koffer unter der Wäsche versteckt, wenn es auf Verwandtenbesuch geht, was unter die Rubrik „unerlaubt Waren außer Landes zu befördern" fällt. An der Stelle betritt die „Bösmadamm" die Szene. Diese überaus pflichtbewusste Zöllnerin ist landauf, landab gefürchtet. Ungezählte Geschichten kursieren über sie, die von Mal zu Mal ausgeschmückt werden und den Ruf der Zöllnerin als streng und kleinlich manifestieren. Gestandene Männer greifen angeblich zu Beruhigungstropfen, um ihre Nerven im Angesicht eines möglichen Treffens mit der Bösmadamm zu beruhigen. Die Mutter einer Freundin wurde tatsächlich einmal von der Bösmadamm festgehalten und die damals kleine Tochter wurde mit dem Onkel nach Hause geschickt. Dieses Erlebnis war so prägend, dass die Freundin „noch heute keine weißen Kragen um den Hals [trägt], den die gekauften ‚Bleyle'[39]-Kleider in Neumagen hatten. Wir zitterten jedes Mal in Saarhölzbach". Der im Zusammenhang mit von Papen bereits genannte Autor Florian Russi erinnert sich an die Bösmadamm, und er konstatiert folgerichtig:

> Es wäre keine Geschichte daraus geworden, wenn sie nicht schließlich leibhaftig vor uns gestanden hätte. Sie war dunkelhaarig, klein und sehr

> schlank. Meiner kindlichen Erinnerung nach hatte sie die Augen eines Raubvogels und sah aus wie eine Hexe, mit stacheligen Auswüchsen im Gesicht und an den Beinen. Alle versicherten ihr, keine Zollware mit sich [zu] führen.[40]

Die Geschichte nimmt ihren Lauf, und alle Ängste (Vorurteile?) werden bestätigt. Die Zöllnerin will die Pässe sehen, eine Frau im Abteil zeigt stattdessen ein pastorales Schreiben vor, welches empfiehlt, die Besitzerin des Briefes ohne Pass über die Grenze zu lassen, die Bösmadamm fordert die Frau auf, mit ihr das Abteil zu verlassen. Die Zurückgebliebenen atmen auf, doch die Zöllnerin ist nicht fertig. Wenig später taucht sie erneut auf und jetzt müssen alle ihre mitgeführten Gepäckstücke öffnen. Die Untersuchung führt zu keinem Ergebnis, die Bösmadamm entdeckt nichts, was zu belangen wäre.

> Die Dame mit dem Brief sahen wir nicht wieder. Im laizistischen Frankreich machte eine pastorale Empfehlung viel weniger Eindruck als im frommen Saarland. Vielleicht hatte unsere Mitreisende aber auch in einem anderen Abteil Platz gefunden.

In mehreren Küchen jenseits der Grenze dampfte jedenfalls geraume Zeit später echter Kaffee.[41]

1.6 Perl: Zu Besuch im alten Rom

Der *Archäologiepark Römische Villa Borg* im Ortsteil Perl-Borg besteht aus einer freigelegten und rekonstruierten römischen Villa rustica[42]; die Ausgrabungsarbeiten starteten am 1. April 1986. Der Hausherr oder Dominus einer Villa rustica war oftmals ein aus dem Militärdienst ausgeschiedener Veteran, der Versorgungsaufgaben für nahe gelegene Städte und Garnisonen übernahm. Um die Transportkosten zu minimieren, befanden sich viele dieser Villen in der Nähe der Verbraucher; dies erklärt die große Anzahl von Villae rusticae in jenen Grenzprovinzen, in denen die römischen Truppen hauptsächlich stationiert waren. Die Bewirtschaftung geschah entweder direkt durch den Dominus oder häufiger durch einen Verwalter (Sklave) oder durch Verpachtung an freie Bauern, da viele Hausherren ihren ländlichen Anwesen fernblieben. Eine solche Villa umfasste im Schnitt bis zu 50 Personen. Wie so oft ist recht wenig bekannt über das Leben der Frauen innerhalb eines solchen Hofes.

Frauen im alten Rom

Männer bestimmen die offizielle Geschichtsschreibung. Erst seit wenigen Jahrzehnten beschäftigt sich ein Teil von vor allem Historikerinnen mit der Rolle der Frauen in antiken Gesellschaften. Ein Ergebnis der Forschungen bislang: Die Stellung freigeborener Frauen im alten Rom unterschied sich grundlegend von jener in anderen antiken Gesellschaften, Stichwort antikes Griechenland. Ihr Leben fand nicht komplett abseits der Öffentlichkeit statt, römische Frauen hatten Möglichkeiten, am gesellschaftlichen Leben teilzunehmen. Frauen im Römischen Reich waren eingeschränkt geschäftsfähig, doch dieses Schicksal teilten sie durchaus mit Männern. Jedoch besaßen Frauen keine über ihre eigene Person hinausgehenden Rechte. Sie waren weder Vormund noch Bürge, und die Teilnahme am öffentlichen Leben führte nicht zur Teilhabe, sprich: Frauen durften keine politischen oder öffentlichen Ämter bekleiden. Last, but not least: Die Stellung einer Frau in der römischen Gesellschaft war abhängig vom sozialen Rang ihrer Familie, Sklavinnen beispielsweise waren völlig rechtlos. Bei den Ausgrabungen in

Perl konnten die Forschenden eine römische Küche rekonstruieren. Sie schloss unmittelbar an den Badehausflügel an. Vermutlich bestand sie aus einem Raum, in dem sich zwei, wenn nicht drei Herd- beziehungsweise Feuerstellen befanden. Ein Vorratsraum schloss sich an, zu dem die Domina den Schlüssel hatte, so die Kunsthistorikerin Ruth Bauer, die sich mit Frauenleben in spätrömischer Zeit anhand eines römischen „vicus" in Saarbrücken am Fuß des Halbergs beschäftigt hat.[43] Dank dieser Fundstücke aus Saarbrücken-Halberg wissen wir, dass „einfache" Frauen in der Regel grobes Tongeschirr sowie Löffel aus Holz oder auch Knochen benutzten, während wohlhabendere Frauen über wertvolleres und aufwendiger gestaltetes Glas- und Porzellangeschirr verfügten. Das Besteck bestand aus Silber oder Bronze. Gemüse und Kräuter wurden teils selber angepflanzt, einige Lebensmittel wurden importiert, wie Olivenöl, Feigen und Datteln.[44] Ob die Frau des Dominus tatsächlich selbst in der Küche stand, sei dahingestellt. Als Matrona, also Ehefrau eines römischen Bürgers und vor allem Mutter seiner Kinder – der wesentliche Wert von Frauen in der römischen Gesellschaft bestand in ihrer Mutterschaft –, und als Mater familias, Frau vom Hause, war sie eine Autoritätsperson für die Familie, verwaltete Haus und Hof und war gesellschaftliches Vorbild. Anders gesagt: Während der Dominus seinen Geschäften nachging, kümmerte sich die Frau um die Familie (das heißt um alle zum Haushalt gehörenden Personen!) und das Haus (Domus), was die Verwaltung des gesamten Besitzes mit einbezog. Grabbeilagen belegen darüber hinaus, dass das äußere Erscheinungsbild eine große Rolle im irdischen Leben spielte und wohl auch für das Jenseits wichtig schien – wieso sonst der Schmuck, der Spiegel, der Schminkstift für die Reise ins Jenseits? Ruth Bauer schildert dies sehr anschaulich:

> In ihrer Freizeit betrieb sie [die römische Hausfrau, Anm. von G.M.] eine recht aufwendige Körperpflege. Sie rieb sich mit Ölen, Salben und duftenden Essenzen ein. Zahlreiche Tiegel und Fläschchen aus Metall, Glas und Ton legen Zeugnis hiervon ab. Sie kämmte ihr Haar mit zweireihigen Kämmen und besah sich in bronzenen Handspiegeln. Sie ondulierte sich Locken und steckte das Haar zu mächtigen Hochfrisuren auf. Selbst Perücken und Haarteile gehörten zum Moderepertoire. Ein wichtiges Utensil für die Haartracht waren Haarnadeln aus Edelmetall, Bronze oder

aus Bein, häufig verziert mit Pinienzapfen oder kleinen kugelförmigen Knöpfen. Sehr gerne trug die Frau Schmuck, Ringe oft mehrere an einer Hand.[45]

Letztlich bleiben viele Fragen offen, was die Stellung der Frau im Römischen Reich betrifft. Es ist viel Luft nach oben, was die Forschung anbelangt. Tief blicken lässt in dem Zusammenhang eine Äußerung des römischen Censors Marcus Porcius Cato des Älteren irgendwann zwischen 234 und 149 v. Chr., so sie denn wirklich gefallen ist: „Sobald die Weiber uns gleichgestellt sind, sind sie uns überlegen."[46]

Längs der heutigen Bundesstraße 407 versteckt sich auf einer kleinen Anhöhe zwischen den Weinbergen ein kleines, etwas heruntergekommenes Gebäude, das „Katzenhaus" oder „Katzenhäuschen" genannt wird, ein turmähnlicher Bau mit zwei Stockwerken und einem Zeltdach. Christoph Philipp Bernhard von Nell aus der Nell'schen Linie soll das Katzenhäuschen als eine Art Lustschlösschen erbaut haben, um mit seinen Freunden Zechgelage zu feiern. Verheiratet war dieser Nell mit der Comtesse Marie-Antoinette d'Arnault et de Soleuvre von Schloss Beerburg, Luxemburg, die als Wohltäterin galt.[47] Aus Frauensicht spannender sind die Legenden, die sich um das Katzenhäuschen ranken. Neben der eher herkömmlichen Sage, dass die Katzen, die nachts miauend herumstreichen, in Wahrheit verhexte Jungfrauen seien, die ein verschmähter Freier strafte, ist die Vorstellung, dass in der Nacht zum 1. Mai die Hexen hier oben auf ihren Besen umherfliegen, doch sehr viel anregender. Überhaupt scheint die Gegend reich an Sagen. Das „Heimwehkreuz" nächst der oberen Bergstraße in Perl („Am Juck") soll von einer jungen Frau in Auftrag gegeben worden sein, die ins (heute französische) Merschweiler gleich hinter der Grenze geheiratet hatte. Das Kreuz sollte ihr das Heimweh nehmen. Es trägt die Jahreszahl 1712. Wann der Werwolf in die Gegend kam, ist nicht überliefert. Bernd Kissel weiß von einem Mann aus Perl-Oberleuken, der einen kranken Freund besuchte und bei diesem einen seltsam anmutenden Gürtel sah. Natürlich musste er diesen gleich anprobieren – trotz der Warnungen seitens der Frau des Freundes. Kaum war die Gürtelschlaufe festgezurrt, verwandelte der Mann sich in einen Werwolf und irrte viele Jahre einsam in den Wäldern umher. Dort würde er nach wie vor sein trostloses Dasein fristen, hätte es ihn nicht eines Nachts in einen Stall verschlagen. Als am Morgen die Magd den Stall betrat, um die Schweine zu füttern und dabei den Wolf erspähte, griff sie beherzt nach einer Mistgabel und stach ihm ein Auge aus. Nun gut, ein wenig Angst war wohl auch im Spiel bei dieser Aktion. Das fließende Blut indes löste den Bann und der Wolf verwandelte sich zurück in einen Menschen. Woraus wir lernen, dass es nicht immer der Prinz sein muss, der mit einem Kuss die Erlösung bringt.[48]

1.7 Weiskirchen: Von Malergräfinnen und Märtyrerinnen

Die katholische Kirche St. Johannes der Täufer im Ortsteil Konfeld entstand zwischen 1854 bis 1857. Zur Ausstattung der Kirche gehören die Kreuzweg-Gemälde der Kirchenmalerin **Gräfin Octavie de Lasalle von Louisenthal** aus dem Jahr 1881.

Octavie de Lasalle von Louisenthal, die Malergräfin

Die „Malergräfin", wie Octavie Elisabeth Maria de Lasalle von Louisenthal auch genannt wird, wird am 16. Dezember 1811 in Metz geboren. Ihre Familie ist im Zusammenhang mit dem Bau der Festungsstadt Saarlouis aus dem Languedoc nach Lothringen gekommen; die Familie selbst lebt auf Schloss Dagstuhl bei Wadern. Octavie ist das neunte von elf Kindern. Ihr Leben verläuft zwischen Frankreich auf der einen Seite (unter anderem die Verwandtschaft in Paris) und Deutschland auf der anderen Seite (durch die engen Kontakte zum bayerischen Königshof). Schon der Vater war an Malerei interessiert, Octavie ist es, die in München und Nürnberg Malerei-Unterricht nimmt. In den 1830er Jahren schafft sie sich auf der Ruine Burg Dagstuhl ein eigenes „Malerhäuschen". 1839 beginnt sie mit den über 40 Jahre währenden Mal-Arbeiten in der Schlosskapelle in Dagstuhl. In diese Zeit fällt ein Besuch in Bad Ems, dessen sichtbare Folge die Geburt des Sohnes Johann Matthias im Jahr 1840 ist. Der Vater soll kein geringerer als der spätere preußische König und deutsche Kaiser Wilhelm I. sein. Das Kind wird entsprechend der gesellschaftlichen Konventionen einer Amme übergeben. Die Gräfin bleibt zeit ihres Lebens unverheiratet. Sie weilt weiter auf Schloss Dagstuhl, das zwischenzeitlich in den Besitz des Bruders Rudolf Johann Peter Bolton de Lasalle von Louisenthal, von 1866 bis 1875 Landrat des Kreises, gewechselt ist. Sie stirbt am 25. Februar 1890. Ihre letzte Ruhestätte ist die Familiengruft auf Schloss Dagstuhl. Die Familie de Lasalle von Louisenthal war tief im Glauben verankert. So wundert es nicht, dass die Malerei der Tochter Octavie vornehmlich an religiösen Motiven ausgerichtet war. „Das Bemerkenswerte ist", so Dr. Thomas Wiercinski im Ausstellungsführer zur Ausstellung *Das Leben und Wirken der Octavie de Lasalle* aus dem Jahr 2005 in Wadern, „dass sie den heiligen Gestalten ihrer Passionsbilder […] das Überirdische nahm und des Öfteren Christus in der so tragisch ums Leben gekommenen Gestalt des bayrischen Märchenkönigs Ludwig II. darstellte […]."[49] Wiercinski bezieht sich auf die Kreuzwegstationen von Octavie de Lasalle, die als Höhepunkt ihres künstlerischen Schaffens gelten. Einige der Stationen sind bis heute erhalten, allen voran die, die im Rahmen von Führungen in einem Nebenraum der Schlosskapelle in Dagstuhl zu sehen sind. Andere finden sich in der Pfarrkirche St. Klemens in Osburg, in St. Johannes der Täufer in Weiskirchen-Konfeld und in St. Wilfridus in Nonnweiler-Kastel. Auf den Dagstuhler Bildern finden sich die Gesichter der Leute aus dem Hochwald,

> Männer und Frauen aus Wadern, Altland, Lockweiler und Dagstuhl, aber auch Octavie selbst (4., 6., 8. und 14. Station); ihre Mutter (3. Station in der Mitte der Frauengruppe); die Gesellschafterin Octavies, Elisabeth Theobald aus Wemmetsweiler (auf der Station 8, rechts, gegenüber Octavie) und andere, der Familie nahestehende Personen. Auf der 3. Station sind Dagstuhler Knechte abgebildet, auf der 4. Station der Junge mit der Harke namens Gebel, auf der 9. und 11. Station Angehörige der Familien Gleser aus Wadern und Brust aus Altland. Sie geben den Haupt- und Nebenfiguren ihr Antlitz. Die Bilder erlangen somit eine besondere Bedeutung für den engeren Heimatraum, gewinnen aber darüber hinaus für den Betrachter eine zeitgeschichtliche und interessante Aussage.

Octavie de Lasalle, dies bleibt festzuhalten, gehört zu den wenigen Künstlerinnen, die im 19. Jahrhundert an der Saar wirken. Der Vollständigkeit halber sei erwähnt, dass Octavie de Lasalle zur Unterstützung von Bedürftigen den Elisabethenverein auf Schloss Dagstuhl gründet. Zudem stiftet die Familie unter ihrer Federführung in den 1850er Jahren ein Häuschen zur Aufnahme von Notleidenden, Kranken und Waisen, das später von den Franziskanerinnen von Waldbreitbach weitergeführt wird und aus dem das (bis 2017 bestehende) Elisabeth-Krankenhaus der Stadt Wadern hervorging.

Neben den Franziskanerinnen spielten die Steyler Missionsschwestern eine Rolle in der Region, allen voran Schwester Deotilla, die am

22. April 1907 als **Angela Christine Gouverneur** in Rappweiler-Zwalbach, Weiskirchen zugehörend, zur Welt kam.

Angela Christine Gouverneur – Märtyrerin wider Willen?

Joseph Gouverneur und Maria Reichert, die Eltern, stammen beide aus Müller-Familien, Angela Christine wird in der Zwalbacher Mühle geboren. Sie ist das erste Kind der Eheleute, vier weitere folgen. Der Vater, Joseph Gouverneur, stirbt zu Beginn des Ersten Weltkriegs an der Front, die Mutter zwei Jahre später im Jahr 1916. Zurück bleiben fünf unmündige Kinder, die Älteste, Angela Christine Gouverneur, ist zu diesem Zeitpunkt 9 Jahre alt. Bis zu ihrem 20. Lebensjahr leben sie und ihre Geschwister bei Verwandten, dann tritt Angela Christine in den Orden der Steyler Missionsschwestern ein, legt 1930 ihr Gelübde ab und trägt fortan den Namen Deotilla. Wie der Name schon sagt, handelt es sich bei den Steyler Missionsschwestern um Missionarinnen, die von sich selbst sagen: „Wir leben in Gemeinschaft von Frauen unterschiedlicher Kultur und Herkunft. Uns verbindet unser missionarischer Auftrag."[50] Die Dienerinnen des Heiligen Geistes, wie sich die Schwestern auch nennen, gehen mit ihrem Auftrag in die Welt hinaus. So Angela Christine Gouverneur alias Schwester Deotilla, die 1933 ihren ersten Missionsauftrag erhält, der sie an Bord des Dampfers „Saarbrücken" der Norddeutschen Lloyd nach Neuguinea bringt. Sieben Jahre lebt sie auf der Vulkaninsel Manam vor der Nordküste Neuguineas, wo sie vor allem in der Krankenpflege tätig ist. Daneben kümmert sie sich gemeinsam mit einheimischen Mädchen um den Klostergarten, eine Möglichkeit, junge Menschen zu missionieren. Der Zweite Weltkrieg beginnt. Schwester Deotilla wird zur Hauptinsel zurückbeordert. Von 1942 bis 1945 halten die Japaner die Nordküste besetzt, was zu Luftangriffen seitens der Amerikaner führt, neben dem Terror der Besatzung. Die Missionsschwestern schweben in Lebensgefahr, sie gelten wahlweise als Spioninnen oder sind aufgrund ihrer Konfession respektive ihres missionarischen Auftrags ein Dorn im Auge der Besatzer. Laut Recherchen der Saarbrücker Zeitung wurden

> [am] Abend des 5. 2. 1944 […] alle in Manam internierten Missionare – hauptsächlich Steyler Schwestern, Brüder und Patres, aber auch amerikanische lutherische Missionare – auf das Schiff Yorishime Maru verbracht […]. Sie mussten alle auf dem offenen Deck bleiben. Am Morgen des 6. 2. 1944 wurde das Schiff von einer amerikanischen Fliegerstaffel angegriffen; wer Deckung suchte, wurde erschossen. Ob es die verzweifelten Hilfeschreie und Winken war oder japanische Gegenwehr, die Staffel drehte jedenfalls ab. Zurück blieben sehr viele Tote, darunter allein 35 Schwestern der Ordensgemeinschaft von Deotilla, sie selbst gehörte zu den ersten Toten[51].

Die Toten werden in einem Bombentrichter auf Wewak provisorisch bestattet. Nach dem Krieg findet die Umbettung des Massengrabes nach Alexishafen statt, einer kleinen Küstenstadt nördlich von Madang in Papua-Neuguinea. Im Mai 2000 nimmt Papst Johannes Paul II. die getöteten Steyler Missionarinnen und Missionare in das Martyrologium der katholischen Kirche auf, um ihre Erinnerung zu bewahren. Drei Vorgaben müssen erfüllt sein, um als Märtyrerin der katholischen Kirche zu gelten: ein gewaltsamer Tod, Glaubenshass bei den Tätern und „die bewusste innere Annahme des Willens Gottes trotz Lebensbedrohung“[52]. Angela Christine Gouverneur erfüllte alle Vorgaben.

2. Der Landkreis Neunkirchen

2.1 Neunkirchen: Geschichten von arm und reich

Neunkirchen (mit Betonung auf der ersten Silbe), die zweitgrößte Stadt des Saarlandes, ist untrennbar mit dem Namen Stumm verbunden. Vom Stumm-Denkmal über die Stumm'sche Reithalle bis hin zur Begräbnisstätte, es fällt schwer, diese Familie zu ignorieren, die gerade in der Person von Carl Ferdinand von Stumm-Halberg eine der bedeutendsten Industriellendynastien der Montanindustrie Südwestdeutschlands repräsentiert. Weniger schwer fällt, die Frauen der Familie aus dem Blick zu verlieren. Versuchen wir das Gegenteil. Die Geschichte der aus dem Hunsrück stammenden Familie Stumm geht zurück ins 17. Jahrhundert. Wir gehen in die zweite Generation, zu Johann Heinrich, dem „Stammvater" der saarländischen Dynastie, der 1742 Maria Barbara Gienanth (1724–1781) heiratete. Diese entstammte einer pfälzischen Montanindustriellenfamilie, getreu dem Motto: Gleich und Gleich gesellt sich gern. Durch den Selbstmord des Enkelsohnes Karl Friedrich 1848, der das Familienunternehmen seit 1835 als Alleininhaber geführt hatte, kam es zu einer Zäsur. Seine Witwe, Marie Luise Böcking (1813–1864), übertrug die Werksleitung ihrem Bruder Bernhard August Böcking. Kommen wir zu Carl Ferdinand, dem bekanntesten Namensträger der Familie. Er übernahm 1858 mit 22 Jahren das Unternehmen. Die drei Brüder wurden stille Gesellschafter und waren in der Folge nicht an der Leitung des Unternehmens beteiligt; die Schwestern, vier an der Zahl, wurden finanziell abgefunden.[53] Carl Ferdinand verheiratete sich, welch' Überraschung, standesgemäß und ökonomisch wertvoll, nämlich mit Ida Charlotte Böcking (1838–1918), einer Cousine 2. Grades aus der mit den Stumms verschwägerten Industriellendynastie Böcking. Sie war die Enkelin des früheren preußischen Bergrats und Saarbrücker Bürgermeisters Heinrich Böcking. Aus der Ehe entstammten fünf Kinder, der einzige Sohn starb nach nur einem Lebensjahr 1875. Die vier Töchter Ida, Elisabeth, Helene und Berta überlebten den Patriarchen, ebenso seine Frau. Der Historiker Peter Burg weist darauf hin, dass nach dem Tod Carl Ferdinands „die Generaldirektoren Theodor Zilliken und Fritz Horn, die als persönlich haftende Gesellschafter in das Werk eintraten, das Unternehmen weiter[führten], nicht die Mitbesitzer oder die erbenden Töchter beziehungsweise seine Schwiegersöhne"[54]. Ob es seine vier Töchter waren, die den eigentlich rechtskonservativen Politiker Carl Ferdinand veranlassten, als Abgeordneter des Reichstags Einfluss auf das Familienrecht und die Besserstellung der Frauen zu nehmen? Tatsache ist, Stumm war 1896 Mitglied der XII. Kommission des Reichstags, welche die abschließenden Beratungen zum Text des Bürgerlichen Gesetzbuches (BGB) vor der Plenardebatte im Reichstag vornahm. Hier kommt Emilie Kempin, die erste Juristin Europas[55], ins Spiel. Verkürzt dargestellt formulierte sie in insgesamt 32 Punkten eine Besserstellung der Frau im Familienrecht, unter anderem mit der Gütertrennung als gesetzlichem Güterrecht und der Gleichstellung der Frau im Vormundschaftsrecht. Kempin sah im BGB eine deutlich verbesserte Situation der Frau und betonte die Fortschritte, beispielsweise die Möglichkeiten, die in Eheverträgen lagen, während führende Vertreterinnen der bürgerlichen Frauenbewegung, allen voran Helene Lange, dem neuen BGB „die Kodifizierung Jahrtausende alten Unrechts"[56] bescheinigten. Stumm jedenfalls vertrat Kempins Anträge. Tatsache ist gleichwohl, dass Stumm sich ein Leben lang für das Verbot von Frauenarbeit einsetzte. Und als Patriarch griff er nicht zuletzt in die privaten Belange seiner Arbeiter ein. Oder war das überhaupt nicht Carl Ferdinand, sondern vielmehr seine Ehefrau, die bestimmte, welcher Arbeiter wen heiraten durfte?[57]

Setzen wir an der Stelle einen Punkt, lassen die Stumm'sche Familie in Frieden ruhen und wenden uns denen zu, die auf der anderen Seite der Macht lebten und arbeiteten. Das heutige Kreativzentrum Kutscherhaus neben der Stumm'schen Reithalle diente zu Beginn des 20. Jahrhunderts zwei Großfamilien als Wohnhaus. Zum einen Oberkutscher Hermann Fuchs und seiner Frau Veronika Fuchs sowie den acht Kindern. Zum anderen lebte im Kutscherhaus der Stall- und Ökonomiemeister Franz Schneider mit Ehefrau, sechs Kindern und Schwiegermutter. Im Haus kamen sechs weitere Kinder zur Welt. Schade, dass deren Alltag nicht überliefert ist! Wahrscheinlich gingen die zahlreichen Kinder der Familien Fuchs und Schneider in die Hüttenschule in der Saarbrücker Straße 39. Eingeweiht wurde die Hüttenschule am 17. November 1851 durch Henrietta von Strantz (1795–1871), Schwester von Carl Friedrich Stumm und Stifterin der Schulanstalt. Die *weibliche Industrieschule zu Neunkirchen* sollte den Hüttenwerks-Töchtern eine hauswirtschaftliche Ausbildung ermöglichen. In den 1870er Jahren wurde die Hüttenschule für alle Konfessionen geöffnet und bald auch für jugendliche Arbeiter, die sich an der Hüttenschule fortbilden lassen konnten. Dies markierte gleichzeitig den Beginn einer werkseigenen Berufsausbildung. Im Ersten Weltkrieg diente das Gebäude als Militärlazarett, in den 1920er Jahren wurde erneut eine Hausarbeits- und Kleinkinderschule eingerichtet, in der NS-Zeit beschlagnahmte die Wehrmacht das Gebäude. Die Einrichtung einer Kindertagesstätte im Jahr 1941 sollte Müttern den Kriegseinsatz in den verschiedenen Betrieben des Eisenwerks ermöglichen. Später diente das denkmalgeschützte Gebäude als Hüttenarchiv, bis es 1989 in Privatbesitz kam.

Apropos Arbeiter – da schwebt doch noch ein anderer Name im Zusammenhang mit Neunkirchen durch den Raum. Richtig, Erich Honecker, geboren 1912 in Neunkirchen. „[W]er diesen Namen hört", so der Autor Peter Gitzinger, „hat meist Bilder von einem grauen Bürokraten vor Augen, der pathetische Reden zum Lobe der Deutschen Demokratischen Republik nuschelte."[58] Eine passende Beschreibung für einen alten Mann, der vor dem eigenen Volk ins Exil nach Chile flüchtete. „Doch jeder alte Mann", da ist Gitzinger zuzustimmen, „war einmal ein junger Mann, in Honeckers Fall ein junger Kommunist." Mit 10 Jahren, im Sommer 1922, wurde dieser junge Mann oder vielmehr Klein-Erich, Sohn eines Bergarbeiters, Mitglied der Kommunistischen Kindergruppe in Wiebelskirchen. In der Kuchenbergstraße 88 steht sein Elternhaus (der Geburtsort ist Neunkirchen), die Honeckers bewohnten die Mansarde. Wie Honecker vom Wiebelskircher Kinder-Kommunist zum Chef der Deutschen Demokratischen Republik wurde, ist ausreichend dokumentiert und interessiert an dieser Stelle nicht. Wer aber war die Frau, in deren Garten Honecker 1987 einen Apfel aß? In diesem Achtzigerjahre-Sommer besuchte Erich Honecker seine alte Heimat, das Saarland. Er wollte sich – nicht nur – mit Oskar Lafontaine treffen. Bei dieser Gelegenheit stattete er seiner Schwester Gertrud Hoppstädter (1917–2010) und damit seinem Elternhaus, in welchem sie wohnte, einen Besuch ab. In der Presse war zu lesen, der Besuch habe ganze zwanzig Minuten gedauert. Gertrud Hoppstädter war fünf Jahre jünger als Erich und ebenfalls Mitglied der Kommunistischen Kindergruppe in Wiebelskirchen gewesen. Später trat sie zusammen mit ihrem Ehemann der DKP bei. Die Presse schrieb über den Besuch:

> Die 91-Jährige ist immer noch rüstig und weiterhin entschlossen, sich die eigene Sicht auf die Dinge nicht nehmen zu lassen. In Wiebelskirchen kennen sie alle. Und beschreiben die Schwester als ‚brave Bürgerin', die sich vom Rummel um ihren Bruder nicht sonderlich habe beeindrucken lassen. Journalisten weist sie freundlich, aber bestimmt ab: Nein, zu Erich gäbe es eigentlich nichts mehr zu sagen.[59]

Dieses Neunkirchen und insbesondere der Stadtteil Wiebelskirchen scheinen heiliger Boden für die „Linken" gewesen zu sein. Luise Herrmann-Ries (siehe das Kapitel zu Altenkessel), Martha Strasser[60] und **Maria Pink** fühlten ihr Herz links schlagen und mussten alle bitter dafür zahlen.

Maria Pink – ihr Herz schlägt links

Maria Oster wird am 10. Februar 1904 in Neunkirchen geboren, „in der Stadt und in einer Zeit", betont der Historiker Luitwin Bies, „wo Carl Ferdinand Freiherr von Stumm und sein despotisches System auch noch dominierten, als dieser Hüttenkönig schon drei Jahre lang tot war"[61]. Was bedeuten diese Rahmenbedingungen für das dritte von fünf Kindern des Holzfacharbeiters Johann Oster und seiner Frau Luise? Maria Oster heiratet beizeiten einen Hüttenarbeiter, der ebenso beizeiten stirbt. Ihre beiden Kinder ernährt sie mit ihrem Verdienst als Kassiererin. 1932 schließt sie sich der KPD an, nach der Gasometerexplosion in Neunkirchen organisiert sie Hilfe. Sie trifft auf den Kommunisten Hans Pink. Anders als viele Genossen bleibt sie nach dem Anschluss des Saargebiets zunächst in Neunkirchen und dient als Verbindungsfrau zur Forbacher KPD-Gruppe, bis sie 1936 doch vor der Gestapo fliehen muss. Hans und Maria Pink überleben den Nationalsozialismus. Für Maria beginnt nach dem Zweiten Weltkrieg eine neue Phase intensiven politischen Lebens. Laut Bies gehörte sie mit zu jenen,

> deren antifaschistische Autorität nach dem Kriegsende im Ausland dazu beigetragen hatte, dass Deutsche wieder Aufnahme in die Völkerfamilie finden konnten. Das drückte sich auch darin aus, dass Maria zu der dreiköpfigen Delegation der KP-Saar zum Parteitag der französischen KP 1947 in Straßbourg gehörte, was doch für jene Zeit damals – 2 Jahre nach Kriegsende – nicht selbstverständlich war[62].

Die sogenannte Frauenfrage ist eines der Anliegen von Maria Pink. Die diskriminierende Behandlung von Frauen als „Doppelverdiener", die Benachteiligung per Ehegesetzgebung, die schlechte Bezahlung von Frauenarbeit im Allgemeinen – gegen all dies erhebt sie ihre Stimme. Die Remilitarisierung der Bundesrepublik ist ein weiteres Thema, welches Maria Pink umtreibt. Anfang der 1950er Jahre sammelt sie Unterschriften für das Verbot von Atomwaffen. Und sie – die 1988 stirbt – muss miterleben, wie am 12. Mai 1980 ein Starfighter der belgischen Luftwaffe während eines Luftkampfmanövers durch einen Vogelschlag in Turbulenzen gerät und in ein Neunkircher Firmengebäude stürzt. Während sich die beiden Piloten via Schleudersitz retten können, verlieren an diesem Nachmittag drei Frauen ihr Leben. Der Helm eines der beiden Piloten bildet den Grundstock zur Errichtung des Heinitzer Heimatmuseums.

Sechs Wochen später, am 22. Juni 1980, starb die CDU-Politikerin Irmgard Fuest im Alter von 77 Jahren. Die Juristin und Politikerin, gebürtige Münstermaifelderin aus dem Landkreis Koblenz-Mayen, gründete 1935 gemeinsam mit ihrem Ehemann eine Rechtsanwaltskanzlei in Neunkirchen. Von 1947 bis 1961 gehörte sie dem Landtag des Saarlandes an, und zwar als Mitglied der CVP (Christliche Volkspartei des Saarlandes), die sich 1957 in Christlich-Soziale Union umbenannte und 1959 mit der CDU fusionierte. Von 1958 bis zur Fusion war Fuest die Fraktionsvorsitzende. Außerdem war sie Mitglied der Europäischen Menschenrechtskommission (1954–1956) und gehörte von 1950 bis 1955 der saarländischen Delegation im Europarat an. Dr. Irmgard Fuest war die erste Frau, die in der Bundesrepublik zur Justizrätin ernannt wurde. Und sie ergriff als erste weibliche Abgeordnete in der Gesetzgebenden Versammlung das Wort. Der darauffolgende Wortwechsel entlarvt sich selbst:

> Präsident Hoffmann (CVP): »Das Wort hat die Abgeordnete Frau Dr. Fuest. (Beifall.) Es ist die erste Frau, die hier im Plenum das Wort ergreift. (Beifall.)
>
> Dr. Irmgard Fuest (CVP): Ich bin mir der historischen Bedeutung bewußt und hoffe nicht, daß ich mein ganzes Geschlecht blamieren werde. Ich nehme an, daß es Ihnen recht ist, wenn ich den 3. Abschnitt »Unterricht, Erziehung, Volksbildung, Kulturpflege …
>
> Präsident: Können die Stenografen verstehen?
>
> Koßmann (CVP): Sprechen Sie so laut, wie Sie das bei Ihrem Manne tun!
>
> Dr. Irmgard Fuest (CVP): Ich bin viel zu klug, um zu Hause laut zu sprechen.
>
> Müller (CVP): Und tun was Sie wollen?
>
> Dr. Irmgard Fuest (CVP): Richtig Herr Müller!«[63]

1935, das Jahr, in dem Irmgard Fuest sich als Rechtsanwältin in Neunkirchen niederließ, wurde zum Schicksalsjahr für **Else Maria Herzberger**, die 1906 zusammen mit ihren Brüdern Julius und Alfons die Leitung des Neunkircher Kaufhauses Joseph Levy Wwe. übernommen hatte. Die jüdische Unternehmerin wurde nach der Saarabstimmung „entlassen", sie musste das Saarland, das jetzt wieder zu Deutschland gehörte, zudem verlassen, wollte sie überleben.

Else Maria Herzberger – kritische Theorie

Die Anfänge des Kaufhauses liegen in Dudweiler, wo der aus Illingen stammende Kaufmann Joseph Levy 1853 zusammen mit seiner Frau Sarah Levinger ein Manufaktur-Waren-Geschäft gründet. Nach seinem Tod übernimmt seine Witwe zusammen mit ihren beiden Söhnen Gustav und Lazarus die Leitung des Unternehmens, das von da an unter dem Namen Joseph Levy Wwe. firmiert. 1897 wird eine Dependance in Neunkirchen eröffnet, die bald zum Hauptgeschäft mit Sitz der Geschäftsleitung aufsteigt. Wie erwähnt, übernehmen Else Herzberger und ihre Brüder 1906 das Neunkircher Geschäft. Sie sind die Geschwister von Gustavs Frau Clementine. Nach der Umwandlung in eine Kapitalgesellschaft 1921 fungiert Else Herzberger als Vorsitzende des Aufsichtsrats. 1925 hat das Unternehmen über 300 Angestellte. Dann kommen die Nationalsozialisten. Else Herzberger emigriert vor den Nazis nach Südamerika, wo sie den Krieg überlebt. Nach dem Krieg bemüht sie sich um Rückgabe ihres Eigentums. 1948 verpflichten sich die Passage-Kaufhaus AG und die Neunkircher Kaufhaus GmbH, die mittlerweile Besitzer des vormaligen Kaufhauses Joseph Levy Wwe. sind, zu Entschädigungszahlungen an die frühere Besitzerin. Das Kaufhaus selbst brannte 1945 völlig aus, wurde 1951 wiederaufgebaut und gehörte fortan zur Kaufhof AG (seit März 2019: GALERIA Karstadt Kaufhof). 2020 endet das bislang letzte Kapitel des Hauses mit der Schließung des Standorts zum 31. Oktober.

Else Herzberger, die Frau mit dem großbürgerlichen Habitus, die mal als Privatiere, mal als Kauffräulein in den Geschäftsbüchern auftaucht, ist eine gute Freundin des Philosophen Theodor W. Adorno (Theodor Ludwig Wiesengrund). Kennengelernt haben die Familien sich im letzten Drittel des 19. Jahrhunderts in Südhessen, als die Geschwister Herzberger sich mit der äußerst musikalischen Familie Calvelli-Adorno anfreunden. Maria Calvelli-Adorno, die Mutter Theodor Adornos, ist eine erfolgreiche Sängerin und Pianistin. Adorno widmet Else Herzberger nicht nur seine ersten musikalischen Kompositionen. In seinen *Minima Moralia – Reflexionen aus dem beschädigten Leben*, in denen er über die Bedingungen des Menschseins unter kapitalistischen und faschistischen Verhältnissen philosophiert, findet sich mit *Heliotrop* ein Stück, dass die Kindheitserinnerungen Adornos[64] an die Besuche Else Herzbergers in Frankfurt aufnimmt.

> Dem, zu dessen Eltern Logierbesuch [also Else Herzberger, Anm. von G.M.] kommt, schlägt das Herz mit größerer Erwartung als je vor Weihnachten. Sie gilt nicht Geschenken, sondern dem verwandelten Leben. Das Parfüm, das die eingeladene Dame auf die Kommode stellt, während er beim Auspacken zusehen darf, hat den Duft, der der Erinnerung gleicht, schon wenn er ihn zum ersten Mal atmet.[65]

Über Adorno lernt Else Herzberger Walter Benjamin kennen. Ab 1934 unterstützt sie ihn sowohl finanziell als auch durch ihre vielfältigen Kontakte, unter anderem in die Verlagsszene. In einem Brief an Benjamin schreibt sie: „Warum sind wir in eine solche Zeit hineingeboren?"[66] Wahrscheinlich erfährt Herzberger in Argentinien von Benjamins Selbstmord 1940 im spanischen Grenzort Portbou. In der Nachkriegszeit kommt es zu einer Entfremdung zwischen Else Herzberger und Adorno. Ohne weitere Erklärung teilt sie Adornos Mutter mit: „Teddie hat mich enttäuscht." Durch Elses Neffen Arnold Levy erfährt Adorno von einem Vorwurf, den er für ungeheuerlich hält: Aus Sicht von Else Herzberger habe er sich nicht genügend für Walter Benjamin eingesetzt.[67] Else Herzberger stirbt 1962 im schweizerischen Tessin. Die Wohnhäuser der Familie Herzberger in Neunkirchen sind erhalten. Aus der Familie kehrte niemand ins Saarland zurück.

Das Kaufhaus Joseph Levy Wwe. war als Warenhaus von großer Bedeutung für Neunkirchen. Durch die Schaffung von Ausbildungs- und in der Folge Arbeitsplätzen vor allem für weibliche Arbeitsuchende entwickelte sich das Haus darüber hinaus zu einem wichtigen Arbeitgeber in der Region. Die dreijährigen Ausbildungsstellen waren heiß begehrt, die „Lehrmädchen" besuchten die kaufmännische Fortbildungs-Schule und erhielten nach Abschluss ihrer Ausbildung eine Anstellung als Verkäuferin.[68] Und sonst? Gab es auch in der Industrie Arbeitsmöglichkeiten für Frauen?

Erwerbsbedingungen von Frauen in der Hüttenstadt Neunkirchen

Der Historiker Fabian Trinkaus hat sich ausführlich mit Arbeit und Leben von Frauen in der Eisen- und Stahlindustrie 1880 bis 1935 beschäftigt.[69] Entlang der Fragen: „Gab es auf der Hütte Raum für weibliche Tätigkeit?", „Welche Aufgaben hatte die Frau im Rahmen der Hüttenarbeiterfamilie" und „Treten Hüttenarbeiterfrauen in der Öffentlichkeit in Erscheinung", nähert er sich dem Thema auf verschiedenen Ebenen. Hier soll der Fokus auf die Erwerbsmöglichkeiten und -bedingungen von Frauen und damit auf die Beantwortung der ersten Frage gelegt werden. Nach Recherchen des Autors existieren für das ausgehende 19. Jahrhundert keine Hinweise auf Frauenarbeit in der Produktion im Neunkircher Eisenwerk, wobei sich die Quellenlage schwierig darstellt. Für die 1920er Jahre liegen betriebsinterne Personalstatistiken vor, die belegen, dass zwischen 1922 und 1924 zwölf Frauen auf der Hütte arbeiten (bei insgesamt rund 6.000 Beschäftigten), 1926/27 sind es fünf Frauen. Nicht bekannt sind Einsatzort und Tätigkeit der weiblichen Beschäftigten. Höchstwahrscheinlich handelt es sich nicht um Tätigkeiten in der Produktion, sondern in Nebenbetrieben des Werks wie eine Verkaufstätigkeit in der Hüttenkonsumanstalt oder als Mitarbeiterin im betriebseigenen Kindergarten oder der betriebseigenen Schule. Ein Schreiben aus dem Jahr 1928 erwähnt den Abbau von Putzfrauenstellen von 33 auf 16 Stellen. Im Ersten Weltkrieg rekrutiert die Hütte schlagartig Hunderte von Frauen, die plötzlich sogar in der Produktion arbeiten können. Belegt sind für das zweite Halbjahr 1916 49 Frauen, die allerdings ausnahmslos als Tagelöhnerinnen beschäftigt sind – und damit leicht kündbar, um den aus dem Krieg heimkehrenden Männern Platz zu machen. Die Frauen im Stahlwerk werden im Übrigen oftmals nur als Frau ihres Mannes geführt, also Frau Hans Meyer oder Frau Karl Schmidt. „Im Betrieb und im öffentlichen Leben außen vor, in der Familie aber der Dreh- und Angelpunkt, ohne den nichts funktionierte: So könnte man die Situation der Neunkircher Hüttenfrauen im Betrachtungszeitraum zusammenfassen."[70]

In Neunkirchen erinnert kein Straßenname an Else Maria Herzberger. Auch mit **Margarethe Bacher**, einer weiteren Unternehmerin, tat die

Stadt sich schwer. Bacher stand kurz davor, auf einem Schild verewigt zu werden, als Saarlands bisher einzige Sterneköchin überhaupt. Dann jedoch setzte sich die Mehrheit von SPD und FDP im Ortsrat durch. Zunächst. Mittlerweile ist eine andere Straße nach Margarethe Bacher benannt und im Dezember 2021 eingeweiht worden. Genauer: ein Teilstück der Königsbahnstraße nahe der Neunkircher Innenstadt ist in Margarethe-Bacher-Straße umbenannt worden.

Margarethe Bacher – Köchin mit Stern

Kalbskopf mit Pflaumen, Rinderfilet auf Lauchpizza, Steinbutt mit geschmolzener Gänseleber ... Kein Wunder, dass Margarethe Bacher zum „Aushängeschild" und zur „kulinarischen Visitenkarte" Neunkirchens wurde. Bis dahin sollte es ein langer Weg werden. 1934 in Jugoslawien (heutiges Serbien) geboren, wächst Margarethe Bacher auf dem Bauernhof ihrer Familie auf. Der Krieg reißt der Familie den Boden unter den Füßen weg. Der Vater wird eingezogen, die Großeltern von Partisanen erschossen. Margarethe Bacher, ihre Mutter und die jüngere Schwester kommen 1944 in ein Internierungslager – die deutsche Abstammung der Familie Bacher schlägt zu. Nach dem Krieg arbeitet die Familie – der Vater überlebt die Front – zwangsweise auf einem jugoslawischen Staatsgut. 1953 treffen die Bachers in der Bundesrepublik ein. Durch die Vermittlung eines befreundeten Pfarrers kann Margarethe Bacher eine Haushaltsschule in Bad Liebenzell besuchen. Danach arbeitet sie in einem gastronomischen Großbetrieb im Schwarzwald, ihre Gesellenlehre absolviert sie nebenbei in Spezialkursen, die Prüfung besteht sie mit Bestnoten. 1958 unterschreibt sie einen Vertrag als Beiköchin im Casino der Neunkircher Eisenwerke, innerhalb eines Jahres erarbeitet sie sich die Position der Küchenchefin. Zwanzig Jahre bleibt sie ihrem Arbeitgeber treu, bis sie sich 1978 – zur Zeit der Stahlkrise – entschließt, neue Wege zu gehen und ein eigenes Restaurant zu gründen. Die komplette Küchenmannschaft folgt ihr in die Hostellerie Bacher. Elf Monate später erlangt sie einen Michelin-Stern. Ob Margarethe Bacher die erste Köchin in Deutschland war, der diese Auszeichnung zuteilwurde, darüber gehen die Meinungen auseinander. Eine Anfrage der Saarbrücker

Zeitung an die Pressestelle des Guide Michelin wird dergestalt beantwortet: „Leider muss ich Sie enttäuschen – aus den Anfangsjahren des Guide gibt es keine Aufzeichnungen zu den Küchenchefs, geschweige denn der Anzahl an weiblichen Küchenchefs."[71] Ihren Michelin-Stern behält Margarethe Bacher bis zu ihrem krankheitsbedingten Rückzug aus dem Gewerbe 2004. Kurz darauf erliegt sie einem Krebsleiden. Sie wird 70 Jahre alt.

Gerade einmal Mitte dreißig wurde **Susanna Maria Becker**, deren Leichnam im Spätsommer 1982 bei Grabungsarbeiten am Kirchberg in Wiebelskirchen freigelegt wurde. An der Stelle fanden bis Anfang des 19. Jahrhunderts Bestattungen statt. Archäologinnen konnten aufgrund ihrer Untersuchungen dem knapp zweihundert Jahre alten Leichnam einen Teil seiner Geheimnisse entlocken.

Susanna Maria Becker – die Ausgegrabene

Nun gut, eine Sichtung der Kirchenbücher tat das Übrige zur Identifizierung der Frau. So fand sich im ältesten existierenden Kirchenbuch der Gemeinde Wiebelskirchen folgende Eintragung aus dem Jahr 1797:

> Den 25. November starb in Geburtsnöten Susanna Maria Catharina Beckerin, des Johannes Becker von hier Ehefrau, eine geborene Eisenbeißin. Aller möglichen angewandten Mühe, welche sich Herr Landchirurgus Schmidt von Ottweiler zur Rettung dieser armen Frau beflißen hat, wovon ich selbst Zeuge war – ohngeachtet kam ihr Kind doch nicht zur Welt; sondern mußte mit der Frucht ihres Leibes den Tod erleiden.[72]

Dies passt zu der geborgenen Leiche, die eindeutig an einer Geburtskomplikation gestorben ist. Auch der genannte Arzt Schmidt von Ottweiler kann zeitlich korrekt zugeordnet werden. Laut Recherchen wird Susanna Maria Becker mit 13 Jahren Vollwaise, mit 21 Jahren heiratet sie Johannes Becker aus Wiebelskirchen. Sie bringt 6 Kinder zur Welt, von denen drei früh sterben, ein Junge bereits einen Tag nach seiner Geburt. Zum Zeitpunkt der für sie tödlichen letzten Geburt ist ihre erstgeborene Tochter 16 Jahre alt, die zwei überlebenden Söhne 12 und 6 Jahre. Die Anzahl der Geburten erklärt die bei der Leiche nachweisbare Eisenmangelanämie, eine häufige Begleiterscheinung bei Frauen, die viele Schwangerschaften durchmachen. Werfen wir erneut einen Blick in das Kirchenbuch.

> Sie wurde den 26. Ejusdem – auf dem 24. Sonntag nach Trinitatis – grade des diesjährigen Erndt- und Dankfestes – Nachmittags zwei Uhr, unter einer so zahlreichen Begleitung zur Erde bestattet, daß die Stühle in der Kirche nicht hinreichend waren – sondern der Hauptgang durch die Kirche noch gantz mit Bänken bestellt werden mußte. In dieser Welt hat sie gelebt: 38 Jahre, ein Monat und 14 Tage. Seit meiner Amtsführung hielte ich noch keine Leichenpredigt welche mir schwerer gefallen, und näher gegangen wäre, als bey diesem schmerzhaft betrübten Todesfalle. Zum Exordio meiner Predigt hatte ich die Worte des 22. Psalms Vers 12 ‚Gott! sey nicht ferne von mir; denn Angst ist nahe; denn es ist hier kein Helfer.' Und zum Text – weil es aufs Erndtfest gewesen ist – Psalm 126 Vers 5 und 6 ‚Die mit Tränen säen, werden mit Freuden ernten; Sie gehen hin und weinen und tragen edeln Samen, und kommen mit Freuden, und bringen ihre Garben'.[73]

Ein tröstlicher Gedanke, dass so viele Menschen Anteil am Schicksal und Abschied von dieser Frau genommen haben.

2.2 Ottweiler: Von Witwen und blinden Flecken

Von Zeit zu Zeit verwandelt sich das Landratsamt in Ottweiler (mehr oder weniger) in seine ursprüngliche Gestalt: ins historische Witwenpalais. Dort empfängt die Reichsgräfin von Ottweiler alias Katharina Kest mitsamt ihrem Hofstaat. Sie sind sich nie begegnet, die Gräfin und **Maria Catharina Haaß**. Wie auch, ist Haaß doch 15 Jahre nach dem Tod der Reichsgräfin in Ottweiler zur Welt gekommen. Die Reichsgräfin stellt sich im Übrigen im Kapitel zu Brebach-Fechingen ausführlich vor.

Maria Catharina Haaß – ein blinder Fleck in der Musikgeschichte

Fräulein Maria Catharina Haass, wie es im *Lexikon deutscher Frauen der Feder* so schön heißt, wird am 29. Februar 1844 im Westricher Kreisstädtchen Ottweiler in Rhein-Preußen geboren, genauer: in der Schulstraße 40. Laut Ottweiler Angaben ist der Vater der Hotelbesitzer Louis Haaß, als Mutter wird Amalie Müller genannt.[74] Wie Franz Brümmer, Herausgeber des *Lexikons der deutschen Dichter und Prosaisten*, weiß, verlebt Maria Katharina Haaß „in der an Naturschönheiten reichen Gegend und in einem angenehmen Vaterhause eine ungetrübte sorgenlose Jugend"[75]. Die offensichtlich musisch begabte Maria Catharina erhält früh eine erste musikalische Ausbildung von einem altgedienten Militärmusiker, der in der Posthalterei der Großeltern arbeitet. Im Alter von 12 Jahren beginnt sie mit dem Klavierunterricht und besucht die höheren Töchterschulen in Trier und Koblenz, wo sie ihre musikpraktische Ausbildung fortsetzt. Im Anschluss studiert sie vier Jahre lang, vermutlich privat, Musiktheorie und Komposition in Mainz bei Friedrich Lux, zu der Zeit Kapellmeister am dortigen Stadttheater. Nach ihrem Studium unterrichtet Maria Catharina Haaß als Musiklehrerin in Mainz, bevor sie ihr Weg nach Paderborn führt. Dort lässt sie sich dauerhaft als Musikpädagogin, Komponistin, Musikschriftstellerin und Redakteurin nieder. Ab 1876 werden ihre Kompositionen in verschiedenen Musikverlagen veröffentlicht.[76] Maria Catharina Haaß stirbt 1916. Sowohl was ihre Biografie betrifft als auch ihre beruflichen Tätigkeiten, ist wenig bekannt. Die teils erhaltenen Veröffentlichungen zeigen eine ungewöhnliche

Bandbreite. Im Jahr 1893 wird sie von der Musikwissenschaftlerin Anna Morsch in deren Buch über *Deutschlands Tonkünstlerinnen* aufgenommen. Darin heißt es: „Ihr liebenswürdiges, von der Natur ihr verliehenes Erzählertalent, gepaart mit feinem, schalkhaftem Humor und einem poetischen Erfassen ihres Stoffes, verschafften ihren Arbeiten rasch eine große Beliebtheit."[77] Wie schade, dass die Künstlerin und ihre Arbeiten beinahe ebenso rasch in Vergessenheit gerieten.

Schulische Ausbildung, Studium, Lehrerin – das liest sich flüssig. Frauen und Bildung, kein Thema also? Das *Saarländische Schulmuseum* in Ottweiler geht nicht zuletzt dieser Frage in Ansätzen nach. In Raum 3 im Obergeschoss wird das Thema Mädchenbildung behandelt. Im Museumsführer wird aus einem pädagogischen Lexikon von 1860 zitiert: „Die Erziehung des weiblichen Geschlechtes ist in der Regel viel einfacher, als die des männlichen Geschlechtes. Zwar fordert das Gemüth und das Still-leben der Frauen allerdings einen eigenthümlichen Bildungsgang, aber der Glaube ist doch ihr wahres Element."[78] Viel einfacher, das bedeutete im Klartext: die Vorbereitung der Mädchen auf häusliche Arbeit. Wesentlicher Pfeiler der Mädchenbildung war der Erwerb haushaltspraktischer Kenntnisse und Fähigkeiten. Die Landesherren verpflichteten die Gemeinden zur Einrichtung von Nähschulen. Die Frau des Lehrers oder wahlweise eine unbescholtene (!) Witwe, die der Handarbeit fähig war, sollte den Mädchen Nähen, Stricken und Sticken beibringen, anfangs außerhalb der Schulzeiten, ab dem 19. Jahrhundert integriert in den regulären Schulunterricht. Im Museum selbst ist ein Mustertuch ausgestellt, das als Übungsgrundlage für das Sticken und zugleich als Buchstabenvorlage zum Besticken der Wäsche mit Monogrammen, dem Wäschezeichnen, diente. Um 1900 erhielten die Frauen theoretisch das Immatrikulationsrecht an deutschen Universitäten. Bis dahin erfolgte die Ausbildung „höherer Töchter" an Mädchenschulen, privaten Instituten und Pensionaten.[79] Mathematik und andere naturwissenschaftliche Fächer standen eher selten auf dem Stundenplan der Mädchen, der Schwerpunkt lag eindeutig auf Hauswirtschaft einerseits und Anstandsunterricht, französischer Konversation, Literatur und Musik auf der anderen Seite. Im volksschulischen Bereich war der Unterschied im Bildungsangebot weniger offensichtlich, was nicht bedeutete, dass die Mädchen dort größere Chancen hatten. Schon damals wurden sie mit (falscher) Nachsicht behandelt, wenn ihre Leistungen im rechnerischen Bereich nur mäßig waren.[80] Apropos Frau des Lehrers. Es dauerte, bis sich die Anstellung von selbstständigen und ausgebildeten Lehrerinnen durchsetzte. Erst im 19. Jahrhundert wurden Lehrerinnenseminare eingerichtet. Heiratete eine Lehrerin, musste sie den Schuldienst verlassen. Dieses Lehrerinnenzölibat wurde 1919 abgeschafft, um 1923 aus arbeitsmarktpolitischen Gründen wieder eingeführt zu werden. Die Personalabbauverordnung erlaubte die Entlassung weiblicher Beamtinnen, um Stellen für Männer zu sichern. Bis 1951 konnte eine Beamtin, die sich verehelichte, zwar nicht mehr automatisch entlassen werden, sondern nur, wenn ihre wirtschaftliche Versorgung nach der Höhe des Familieneinkommens dauernd gesichert schien (Stichwort „Doppelverdienst"). Immerhin sollte die Beamtin bei Wegfall ihrer dauernden wirtschaftlichen Versorgung (sprich: bei Wegfall des Mannes) nochmals in den öffentlichen Dienst einzustellen sein. Naiv stellt sich die Frage, warum denn bei Doppelverdienst die Frau den Kürzeren zog? Eine Antwort darauf ist so banal wie bis in die Gegenwart unbefriedigend, und sie wird – indirekt – gegeben von Horst Schiffler, Erziehungswissenschaftler und Initiator sowie langjähriger Leiter des Schulmuseums in Ottweiler:

> Deutliche Unterschiede in der Besoldung gab es zwischen Lehrerinnen und Lehrern. Während 1909 in der Ottweiler Ausschreibung für einen Lehrer 1400 Mark Grundgehalt, 180 Mark Alterszulage und 300 Mark Wohngeld geboten wurden, sind die entsprechenden Sätze für eine Lehrerin in dieser Zeit 1000 Mark, 100 Mark und 180 Mark; bis 1914 war die Mietentschädigung für Lehrerinnen auf 350 Mark angestiegen, während sie für Lehrer 500 Mark betragen konnte. Alle Beträge sind Jahresangaben. Das daraus resultierende Monatsgehalt einer Lehrerin von wenig über 100 Mark war nicht üppig, wenn man bedenkt, daß für ein Brot ca. 60 Pfennig, für 10 Eier ca. 1 Mark, für 1 Pfund Butter ca. 1.40 Mark und 1 Pfund Suppenfleisch ca. 1 Mark zu zahlen waren.[81]

Lydia Schlosser besuchte die Volksschule in Schwollen; nach Ottweiler kam sie erst nach ihrer Heirat.

Lydia Schlosser – es geht um Lohn und Brot

Geboren 1897 als Lydia Sohni in Schwollen im Landkreis Birkenfeld, wird Ottweiler, die Heimat ihres Mannes Heinrich Schlosser, ihr Zuhause. Das Paar engagiert sich in der Arbeiterbewegung, es geht um Lohn und Brot, um Wohnungen und Sozialfürsorge, um Arbeits- und Ausbildungsplätze, um Frauenrechte. Lydia Schlosser nimmt an einer verbotenen Demonstration zur Abschaffung des § 218 in Neunkirchen teil und wird daraufhin zu einer Gefängnisstrafe von einem Monat und drei Tagen verurteilt. Ein Amnestieerlass sorgt dafür, dass sie die Strafe nicht absitzen muss. 1930 wird Lydia Schlosser Mitglied der KPD. „Damit – mit diesem Schritt – war sie eine ihr ganzes Leben währende und ihr Leben bestimmende Bindung eingegangen"[82], urteilt der Historiker Luitwin Bies. Im Herbst 1934 rückt sie in den Stadtrat von Ottweiler nach. Als sie sich dort – gemeinsam mit Mitstreitenden – gegen die Ehrenbürgerschaft Görings ausspricht, wird sie des Saales verwiesen.[83] Damit nicht genug. Für die Zeit nach der Saarabstimmung wird ihr gedroht. Sie sei es nicht wert, eine „deutsche Mutter" genannt zu werden; das Ehepaar Schlosser hat drei Kinder. Und tatsächlich, nach der Abstimmung versucht der braune Mob, ihre Wohnung zu stürmen. Zeit, das Land zu verlassen. Die Schlossers fliehen nach Frankreich, wo sie – wie so viele Antifaschisten – Kontakte zu Widerstandsgruppen knüpfen. Am 23. Mai 1940 wird Lydia Schlosser zusammen mit ihren beiden Töchtern im Camp de Gurs interniert, drei Tage nach der Festnahme von Mann und Sohn. Am 11. Juli werden die Frauen wieder entlassen. Sie müssen in der Folge zurück nach Deutschland, wo Lydia Schlosser am 15. Oktober 1941 der Prozess gemacht wird. Sie wird zu einem Jahr und drei Monaten Gefängnis verurteilt, die sie in Schwäbisch Gmünd absitzen muss. Danach kann sie sich nach Schwollen durchschlagen, wo sie ihre Familie wiedertrifft. Auch Heinrich Schlosser überlebt den Krieg. Nach dem Krieg arbeitet Lydia Schlosser als Hausmeisterin in der Evangelischen Schule in Ottweiler. Politisch bleibt sie der kommunistischen Idee treu, übernimmt die Funktion der politischen Zeitungs-Obfrau für die KP-Zeitung *Neue Zeit* (bis zu deren Verbot 1957), streitet für Solidarität mit Vietnam, Chile, Nicaragua. Lydia Schlosser stirbt 1988 mit 91 Jahren in Ottweiler.

2.3 Eppelborn: Der königliche Stamm

Für **Johanna Davis-Ziegler** war ihr Geburtsort Eppelborn-Humes die Hauptstadt des Saarlandes, auch wenn sie diese sehr früh verließ, um sich ihren Traum von der Missionsärztin zu erfüllen.

Johanna Davis-Ziegler – „Makumalo"

Eigentlich soll sie Lehrerin werden, zumindest nach dem Wunsch der Eltern, doch die 1918 in Humes geborene Johanna Ziegler weiß bereits als Mädchen, was sie will: in die Mission gehen, und zwar als Ärztin. Auslöser ist ein in einem Missionskalender entdecktes Foto der deutschen Missionsärztin Dr. Martha Ditton hoch zu Ross in Afrika. Der Weg dahin geht über das Missionsärztliche Institut in Würzburg. Johanna Ziegler kann ihr Studium während des Kriegs in München abschließen, nach dem Krieg ist es jedoch unmöglich, Deutschland zu verlassen. Es sei denn, sie heiratet den Schwager der in England lebenden Tante und wird zu Mrs. Davis-Ziegler mit britischem Pass. Sie selbst wird mit den Worten zitiert, dies sei keine Liebesbeziehung, sondern systematische Berechnung gewesen.[84] 1948 ist es endlich so weit: Dr. Johanna Davis-Ziegler reist als erste deutsche Missionsärztin nach Rhodesien (heutiges Simbabwe), wo sie das St. Luke's Hospital in Lupane aufbaut. In einem Radiobeitrag für den Saarländischen Rundfunk aus dem Jahr 2014 erinnert sich die Ärztin: „St. Luke's habe ich aufgebaut von Nichts. Da war nichts, da war nur Rasen."[85] In ihrer Autobiografie *Heimat unter dem Kreuz des Südens* schildert sie die Anfänge des Krankenhauses detailliert, sie gestalten sich abenteuerlich; Krankenschwestern erinnern mit ihren Stirnlampen eher an Bergleute denn an medizinisches Personal. 1952 erhält sie Unterstützung aus der Heimat. Ihre Schwester Anna, ausgebildete Krankenpflegerin und OP-Schwester, kommt nach Rhodesien, um eine Zeit lang mit Johanna zusammen am St. Luke's zu arbeiten. Auch drei ihrer Studienkolleginnen aus der Münchener Zeit folgen Johanna Davis-Ziegler. Wie gefährlich der Einsatz ist, zeigt das Schicksal zweier von ihnen. Dr. Hanna Decker wird 1979 von Rebellen erschossen, Dr. Maria Rothschuh erliegt ihren Verletzungen, beigebracht von einem geistig verwirrten Patienten. Johanna Davis-Ziegler bleibt bis zu ihrem Tod im Jahr 2015 in Simbabwe. Hier ist ihre neue Heimat, hier wird sie neben ihren Mitstreiterinnen bestattet. Daher der Name „Makumalo" – „Ich gehöre zum königlichen Stamm". Heute ist das St. Luke's ein modernes Behandlungszentrum mit 250 Betten und einem Einzugsgebiet mit 150.000 Einwohnerinnen und Einwohnern. Die Leitung des Krankenhauses liegt mittlerweile in den Händen einheimischer Ärztinnen und Ärzte, denen erneut ein Saarländer – Dr. Hans Schales – mit Rat und Tat zur Seite steht. Über ihn sagt Davis-Ziegler zu Lebzeiten: „Er macht es gut. (lacht) Er ist zwar von Blieskastel oder von Dudweiler, aber ich bin froh, dass er da ist."[86]

Der Gemeindeteil Bubach-Calmesweiler – die Buche und ein kalter Bach führten zu diesem recht außergewöhnlichen Namen – beherbergt ein barockes Kleinod. Heute das Kulturamt der Gemeinde Eppelborn, erzählt Schloss Buseck die Geschichte der Herrschaft Eppelborn, die zurück in die Mitte des 17. Jahrhunderts führt. Es ist auch die beispielhafte Geschichte von Macht- und Gebietserweiterung über das Konstrukt der Eheschließung. 1652 heiratete Conrad Philipp von Buseck, Hauptmann in spanischen Diensten, Maria Margaretha von Löwenstein zu Randeck. Über seine Ehefrau kam von Buseck an die Herrschaft Eppelborn, allerdings nicht auf direktem Weg. Der Ehevertrag sah die zukünftige, zeitlich nicht festgelegte Übergabe vor – noch hielt der Schwiegervater, Georg Friedrich von Löwenstein, die Inhaberschaft über die Herrschaft Eppelborn. Und es gab einen Schwager, Margarethes Bruder Christoph Ludwig von Löwenstein, der nach dem Tod des Patriarchen zunächst die Herrschaft über das Lehen übernahm. Mit dem Tod Christoph Ludwigs 1668 erbte Maria Margarethe von Buseck Eppelborn. Das aber war mittlerweile überschuldet, in schlechtem Zustand und – unter Christoph Ludwig von Löwenstein – mit einer Laufzeit von 12 Jahren verpfändet worden. Ein schönes Erbe! Jahrelang stritten sich die von Busecks mit den Pfandinhabern vergeblich vor Gericht um die vorzeitige Einlösung des Pfandes. Conrad Philipp von Buseck starb 1671, ohne letztlich jemals der „Herrscher" Eppelborns gewesen zu sein. Sein Bruder Rudolf Eberhard von Buseck übernahm schließlich in einem Vertrag mit der Witwe die Ansprüche auf Einlösung des Pfandes.[87] Schloss Buseck wurde erst im 18. Jahrhundert von Nachfahren der Maria Margarethe erbaut, nämlich 1735 von Ernst Johann Philipp Hartmann von Buseck und seiner Gattin Maria Freiin von Butlar. Das Schloss diente als Verwaltungssitz und Witwensitz der Anna Maria von Buseck geborene Butlar.

Am anderen Ende der gesellschaftlichen Hierarchie standen die Arbeiterinnen und Landwirte, die nicht in einem Schloss residierten, sondern unter sehr viel einfacheren Verhältnissen zurechtkommen mussten. Das *südwestdeutsche Bauernhaus* in Eppelborn-Habach erzählt vom privaten Leben unserer Vorfahren. Insbesondere die Ausstellungsstücke aus Küche und Keller zeigen, wie mühevoll das Leben zu Großmutters Zeiten war. Vom Flur des 1847 fertiggestellten und mit dem saarländischen Denkmalpflegepreis ausgezeichneten Bauernhauses gelangen die Besucherinnen in die gute Stube („gutt Stubb"), die, wie der Name andeutet, lediglich zu besonderen Anlässen genutzt wurde. Die gute Stube wurde durch den allgegenwärtigen Herrgottswinkel[88] und den gusseisernen Ofen dominiert. In der Küche zeigen ein Backtrog, eine Zentrifuge und ein Butterfass die weibliche Arbeit im Haus, desgleichen der Sauerkrauttrog aus Sandstein im Keller des Wohntraktes. Neben dem Schlafzimmer und weiteren Räumen im Obergeschoss ist der benachbarte Wirtschaftstrakt mit Kuhstall, Pferdestall und der Tenne mit Lehmboden zu besichtigen – dass sich Wohn- und Wirtschaftstrakt unter einem Dach befanden, war typisch für das südwestdeutsche Bauernhaus.

2.4 Illingen: Von Kunde zu BürgerIN

Im Schatten der Burg Kerpen findet in Illingen ein über die Region hinaus bekanntes Markttreiben statt: vom Viehmarkt über den Mittelaltermarkt bis hin zum Wurstmarkt. Die Burg selbst, die das Stadtbild Illingens prägt, ist erneut ein Beispiel dafür, wie sich in früheren Zeiten Männer durch Einheirat Ländereien unter den Nagel rissen. Die Herren zu Kerpen stammten eigentlich aus der Eifel, die Burg Kerpen, ehedem eine Wasserburg, kam im 14. Jahrhundert in ihren Besitz. Dietrich IV. aus der Kerpener Dynastie heiratete Geneta von Warsberg, die Witwe des vorherigen Burgherrn. Der Beginn eines über 400 Jahre dauernden Besitztums. Die Legende berichtet von einer weiteren Burgherrin: Elisabeth von Kerpen, Tochter des reichen Templerherren Arnold von Sierck auf Meinsberg und Montclair.[89] Die wartete auf ihren Gemahl Johann von Kerpen-Warsberg, allein er kehrte von der Schlacht nicht wieder. Sie sendete zwei Diener aus, die nach dem Ritter suchen sollten, obwohl sie es eigentlich besser wusste: Selbst ist in der Regel die Frau. Immerhin kamen die Diener nicht völlig mit leeren Händen zurück. Sie glaubten, den Ritter in den Fängen einer anderen Frau gesehen zu haben. Da diese sich urplötzlich in eine feuerspeiende Schlange verwandelt habe, hätten sie Reißaus genommen. Wir dürfen dankbar sein, dass sie sich erinnerten, wo sie den Ritter gesehen hatten: im Hirschenhübel, einem Berg zwischen Illingen und Hüttigweiler. Also machte Elisabeth sich selbst auf den Weg, fand ihren Gemahl wie beschrieben, und statt der Schlange war erneut eine Frau an seiner Seite. Johann forderte Elisabeth auf: „Geht zurück an die Oberfläche und seht euch nicht um, ob euch euer Gemahl auch wirklich folgt!“[90] Eine Falle? Elisabeth erinnerte sich an die antike Sage von Orpheus, der Eurydike an das Totenreich verlor, da er ihr nicht genügend vertraute. Ihr würde dieser Fehler nicht passieren! Am Ausgang des Gewölbes jedoch überkam sie der vermaledeite Zweifel, und sie tat, was sie nicht tun sollte, sie drehte sich um. Ihr Mann war ihr tatsächlich gefolgt, und es hätte so schön sein können – wenn er sich nicht in dem Moment in Luft aufgelöst hätte und nicht mehr gesehen wurde. Johann von Kerpen ist historisch verbürgt, allerdings gibt es keine Hinweise auf einen Zusammenhang mit dem Hirschenhübel. Nichtsdestotrotz war von Kerpen eine tragische Figur: Er führte unnütze Kriege, verschuldete sich und trieb sein Geschlecht beinahe in den finanziellen Ruin. Der Bischof von Metz nahm ihn 1433 gefangen, erst 1446 kam von Kerpen wieder frei. Danach heiratete er erneut, das Schicksal seiner ersten Frau Elisabeth ist nicht überliefert. Es sei denn, wir nehmen die Legende ernst und gehen davon aus, dass sie – nachdem sich ihr Gatte in Luft aufgelöst hatte – an gebrochenem Herzen starb, was allerdings schön dumm gewesen wäre.[91]

Illingen kann sich mit der Kämpferin für eine geschlechtergerechte Sprache, **Marlies Krämer**, schmücken. Ihr haben wir nicht nur zu verdanken, dass Hochdruckgebiete, die schönes Wetter bringen, mittlerweile mit Frauennamen dekoriert werden.

Marlies Krämer, eine BürgerIN

Das Private ist bei Marlies Krämer immer politisch. Ein schönes Beispiel ist vielleicht folgende Begebenheit:

> Als Bill Clinton zum ersten Mal Präsident geworden ist, habe ich ihr [gemeint ist Hillary Clinton, Anm. von G.M.] gratuliert, nicht ihm. Weil ich damals schon genau wie heute der Meinung bin, dass ein Mann sowas nicht leisten kann, wenn er nicht so eine tolle Frau im Rücken hat. Ich hab ja mit gar nichts gerechnet, hab einfach nur geschrieben: ‚Mrs. Hillary Clinton, Weißes Haus, Washington', und da wusste ich ja gar nicht, ob das ankommt oder nicht, und da hat sie mir geantwortet. Hab ich mich natürlich sehr gefreut drüber.[92]

Marlies Krämer kommt 1937 in Illingen auf die Welt. Anfänglich läuft alles auf eine „typisch" weibliche Biografie dieser Frauengeneration hinaus. Statt Abitur Ausbildung zur Verkäuferin, mit 21 Jahren Eheschließung, vier Kinder. Nach dem frühen Tod des Mannes muss sie diese allein großziehen, arbeitet als Hilfskraft in der Mensa und besucht parallel dazu als Gasthörerin die Universität des Saarlandes, und zwar das in der Fachrichtung Soziologie angesiedelte Frauenstudien-Weiterbildungsprojekt. Ziel dieses in den 1980er Jahren aus der Taufe gehobenen Projektes war „die emanzipatorische Weiterentwicklung des Bewußtseins und der sozialen Lage der Frauen“[93] auf der Grundlage feministischer Frauenforschung. Als in den 1990er Jahren ihr Reisepass verlängert werden muss, stört sich Marlies Krämer daran, als „Inhaber“ und „Deutscher“ unterschreiben zu sollen. Vor Gericht erwirkt sie, dass zukünftig die Formulierung „Inhaber bzw. Inhaberin“ benutzt wird. Auf ihre Initiative hin erhalten Tiefdruckgebiete seit 1999 wechselnd weibliche und männliche Vornamen. Bis dahin ist es gängige Praxis, Tiefdruckgebiete ausschließlich mit Frauennamen zu kennzeichnen. 2018 berichten regionale und überregionale Medien von der Saarbrücker bis zur Süddeutschen Zeitung über Marlies Krämers Verfahren vor dem Bundesgerichtshof. Ihr Anliegen: bei der Sparkasse als „Kontoinhaberin“ und „Empfängerin“ benannt zu werden. In erster Instanz unterliegt Krämer. Sie kündigt an, vor das Bundesverfassungsgericht zu ziehen. Das Bundesverfassungsgericht nimmt die Verfassungsbeschwerde jedoch nicht zur Entscheidung an.[94] Zentraler Kritikpunkt in Krämers Argumentation ist das generische Maskulinum. Dieses besagt, wir können bei geschlechtlich gemischten Gruppen von Menschen einfach maskuline Bezeichnungen verwenden, also etwa eine Gruppe von Schülerinnen und Schülern als Schüler bezeichnen, und die Schülerinnen seien dadurch mitgemeint. Häufig wird argumentiert, das generische Maskulinum sei eine seit 2000 Jahren historisch gewachsene Form. „Von wegen“, hält der Sprachwissenschaftler Anatol Stefanowitsch dagegen:

> Lange existierte gar keine feminine Form, die von einer männlichen abgeleitet werden konnte. Bis dahin wurden meist wirklich nur Männer angesprochen, etwa bei Wahlen. Als dann auch Frauen wählen durften, hieß es: Also gut, ab jetzt sind sie mit ‚Wähler‘ auch gemeint. Insofern ist diese vermeintliche Tradition – und damit die Verlegenheit, das Problem lösen zu müssen – erst entstanden, als Frauen mehr Rechte erhielten. Nicht das generische Maskulin ist 2000 Jahre alt. Sondern das Patriarchat.[95]

2.5 Merchweiler: Eine von drei Leben

„Urahne, Großmutter, Mutter und Kind/Vom Strahl miteinander getroffen sind/Vier Leben endet ein Schlag –/Und morgen ists Feiertag." Diese letzten Zeilen des Gedichts *Das Gewitter* von Gustav Schwab (1792–1850) beschreiben den Tod von vier Familienmitgliedern durch einen Blitzschlag. Monika Fox lernte ihre Urahnin **Dorothea Schreiner** nie kennen. „Der wichtigste Punkt … ist allerdings, dass es mich zusammen mit meinem Mann Jim, unserem Sohn Justin und dessen Kindern Owen und Caitlin heute gar nicht gäbe"[96], sagte sie im Gespräch mit der Saarbrücker Zeitung.

Dorothea Schreiner – eine von drei Leben

Die in Karlsruhe geborene Monika Fox weiß um ihre saarländischen Wurzeln, ohne genauere Kenntnis von ihnen zu haben. Dass sie im Rentenalter mit ihrem amerikanischen Ehemann ins Saarland zieht, hat indessen zunächst nichts mit diesen Wurzeln zu tun, sondern ist dem Zufall geschuldet, dass ihr Sohn mittlerweile dort lebt. Den wiederum hat die Liebe ins Saarland verschlagen. Bei einem Besuch des Heimatmuseums im Merchweiler Ortsteil Wemmetsweiler stößt das Ehepaar Fox auf ein Dokument, das an einen schlimmen Bombenangriff im Zweiten Weltkrieg erinnert. Unter den Opfern sind Vorfahrinnen von Monika Fox. Zusammen mit ihrem Mann, einem begeisterten Ahnenforscher, macht sie sich auf Spurensuche. Dorothea Schreiner geborene Senz wird im Dezember 1866 in Gennweiler, heute zu Illingen gehörend, geboren. Ihr erster Ehemann, der Bergmann Christian Maas aus Wustweiler, stirbt kurz nach der Hochzeit, wahrscheinlich infolge eines Grubenunglücks, was jedoch nicht belegt ist. Die junge Witwe bleibt mit ihrem Sohn Matthias zurück. Zwei Jahre später heiratet Dorothea den Bergmann Paul Schreiner aus Wemmetsweiler. Aus dieser Ehe gehen neun Kinder hervor, die zweitgeborene Tochter Maria, geboren 1893, ist die spätere Großmutter von Monika Fox. Sie verlässt ein Jahr nach dem Ersten Weltkrieg das Saarland in Richtung Karlsruhe. Am Morgen des 29. September 1944, einem Freitag, starten Bomber im englischen Essex im

Auftrag der US-Airforce in Richtung Befestigungsanlagen des Westwalls im Raum Blieskastel-Webenheim, um diese zu zerstören und damit den alliierten Verbänden den Weg freizubomben. Bei Ankunft am Zielort ist die Bodensicht aufgrund Nebels so schlecht, dass der Bomberverband abdrehen muss. Um nicht mit vollen Bombenschächten zurückkehren zu müssen, suchen sie Ersatzziele. Diese sind die Grube Reden und eine Straßenbrücke über einer Eisenbahnlinie in Wemmetsweiler. Die ersten Bomber verfehlen die ausgegebenen Ziele und treffen stattdessen ein Wohngebiet. Wegen des aufsteigenden Explosionsstaubs haben die nachfolgenden Maschinen keine freie Sicht und treffen weder Brücke noch Eisenbahnlinie, dafür weitere Wohngebiete. Mehr als 200 Zweizentnerbomben fallen insgesamt auf Wemmetsweiler. Viele Wohnhäuser werden schwer beschädigt, teilweise unbewohnbar. Das Schlimmste: 22 Menschen sterben an dem Tag durch die Bomben, zivile Opfer, darunter die 77-jährige Dorothea Schreiner, ihre 34-jährige Tochter Martha Ganster und ihre 8-jährige Enkeltochter Margot Ganster.[97]

Drei Leben endete ein Schlag – nur war es kein Blitzschlag, der die drei Frauen auslöschte, sondern amerikanische Bomben. Auf dem Wemmetsweiler Friedhof erinnert ein Grabstein an die Opfer.

2.6 Schiffweiler: Kunst und Kaffee

Das Landratsamt in St. Wendel ist ein beeindruckender Bau aus dem vorigen Jahrhundert. Wer Gelegenheit hat, den Sitzungssaal zu betreten, dem oder der fallen vielleicht die Fenster auf. Sie stammen von der 1929 in Heiligenwald bei Schiffweiler geborenen **Marianne Aatz**. Im Übrigen können wir etliche sowohl profane als auch sakrale Werke dieser bildenden Künstlerin der Moderne im öffentlichen Raum bewundern, leider sind einige mittlerweile verschollen, nicht mehr erhalten oder wurden gar entfernt, wie zum Beispiel 1964 ein Fenster im Treppenhaus der Bergwerksdirektion in Saarbrücken (heute Europa-Galerie).

Marianne Aatz – bildende Künstlerin der Moderne

Marianne Aatz gehört zu den Schülerinnen des ersten Jahrgangs an der – nach dem Zweiten Weltkrieg – erneut gegründeten Kunstschule in Saarbrücken. Sie studiert Malerei in der Meisterklasse von Boris Kleint, der ihr in ihrem Abschlusszeugnis bescheinigt, „die Beherrschung der Graustufen (Hell-Dunkel) und eine lyrisch-humorvolle Erfindungsgabe gehören zu ihren hervorstechendsten Eigenschaften"[98]. Ihr künstlerischer Weg führt sie mehrmals nach Frankreich, beispielsweise Anfang der 1950er Jahre als Stipendiatin nach Paris, wo sie bei den Kubisten Ossip Zadkine und Fernand Léger studiert. 1979 erhält sie vom saarländischen Kultusministerium ein Stipendium, welches ihr einen Studienaufenthalt in der französischen Stadt Séguret in der Provence ermöglicht. Ihr Werk ist vielseitig, als Malerin setzt sie sich mit figürlicher Malerei in den unterschiedlichen Genres und mit abstrakter Malerei auseinander. Porträtmalereien nehmen einen größeren Raum in ihrem Oeuvre ein. Sie malt ihre Familie (sie ist Mutter von sechs Kindern), ihre Freundinnen, ihre Bekannten, sich selbst. Die Kunst- und Kulturwissenschaftlerin Sandra Kraemer hebt in ihrer Eröffnungsrede anlässlich der Ausstellung *Marianne Aatz. Eine Welt in Bildern* in Schloss Münchweiler im November 2008 hervor, ihre Werke seien

> in zweifachem Sinne tiefgründig: Bedächtig trägt die Künstlerin Pinselstrich für Pinselstrich die Farbe auf die Leinwand auf und erzielt damit in

> der Fläche eine facettenreiche Farbdichte. Aber auch im übertragenen Sinn besitzen die Gemälde Tiefe. Sie scheinen beseelt durch die innere Ausdruckskraft, die über den vordergründig erfahrbaren Bildinhalt hinausweist. Hinter jedem Werk verbirgt sich eine Geschichte, die Bildinhalte basieren auf dem Erlebten bzw. dem fundierten Wissen der Künstlerin[99].

Nach ihrer Rückkehr aus Paris 1952 bildet sich die Malerin Marianne Aatz zur Glaskünstlerin weiter. Die am Kapitelanfang erwähnten Fenster für Sakral- und Profanbauten zeugen davon.

Neben Heiligenwald, dem Geburtsort von Marianne Aatz, gehören Stennweiler und Landsweiler-Reden zur Gemeinde Schiffweiler. Landsweiler war die Heimat von Maria Mannbar, einer linken Kommunalpolitikerin, über die leider wenig bekannt ist. Geboren 1892, war sie mit dem Bergarbeiter Karl Mannbar verheiratet. Bereits Anfang der 1920er Jahre war sie Mitglied im Gemeinderat in Landsweiler und erneut von 1929 bis 1931, dem Jahr, in dem sie mit 39 Jahren starb. Größere Bekanntheit erlangte ihr 1913 geborener Sohn Artur Mannbar, Politiker (KPD/SED), Widerstandskämpfer und Journalist. Eine andere Maria gab einem Café in der Steinstraße 2 in Stennweiler ihren Namen: **Maria Cymmor**.

Maria Cymmor – Café Maria

„Nicht umsonst haben wir uns für den Namen ‚Café Maria' entschieden", steht auf der Webseite des Cafés in der Rubrik „Geschichte des Hauses". „Als Legende von Stennweiler werden sich auch noch viele Generationen an sie erinnern." Dabei, so erfahren die Leserinnen, hätte die lebensfrohe und zufriedene „Tante Maria" genug Grund gehabt, mit dem Leben zu hadern. Lang ist die Liste derjenigen, die sie im Lauf ihres Lebens verloren hat.[100] Der erste Schicksalsschlag: Der 21-jährige Willi Terentius, ein Bruder, fällt am 1. Dezember 1941 in Russland. Drei Jahre später erkrankt der Ehemann Walter Cymmor an Tuberkulose und stirbt bald darauf im Alter von 31 Jahren, die Spätfolge einer Erkrankung aus seiner Zeit bei der Wehrmacht. Lange muss die Witwe mit dem Versorgungsamt um die Gewährung einer Hinterbliebenenversorgung streiten. Sie zieht mit ihren Söhnen zurück nach Stennweiler, zunächst in eine Mietwohnung, dann in ihr Elternhaus; ohne die Unterstützung ihrer Familie hätte sie diese schwierige Phase nicht stemmen können. Sie bringt ihre Familie durch, kümmert sich um ihre kranken Eltern bis zu deren Tod 1956 und 1966 und glaubt, aus dem Gröbsten raus zu sein. Es folgt der nächste Schicksalsschlag: Ihr jüngster Sohn Anton Walter, genannt Toni, stirbt mit 30 Jahren an einem offenen Magengeschwür. Vier Jahre später, 1976, muss Maria Cymmor Abschied von ihrem Ältesten, Alois Peter (Samy), nehmen – er, der sich als LKW-Fahrer sein Geld verdient, verunglückt mit seinem Transporter bei einem Frontalzusammenstoß im Elsass. Nur wenige Menschen schaffen es, nach solchen Schicksalsschlägen weiterzuleben und dem Leben obendrein Gutes abzugewinnen. Maria Cymmor scheint ein solcher Mensch gewesen zu sein. Während der ihr verbleibenden 34 Jahre, bis sie im Alter von 95 Jahren stirbt, nimmt sie rege Anteil am Geschehen, ist gefragte Ratgeberin, was die kleinen und größeren Alltagssorgen betrifft. In ihrer Serie *Lebenswege* erinnert die Saarbrücker Zeitung im Gespräch mit Familie und Freunden mit folgenden Worten an die Verstorbene:

> Maria Cymmor war ein Vorbild für viele, denn obwohl ihr das Leben übel mitgespielt hatte, verfiel sie nicht in Depressionen. Im Gegenteil, sie war lebensbejahend, zufrieden, hat nie gejammert, war bescheiden, gemütlich, Lieblingsoma und Herzensmensch, sehr sozial und verschenkte noch gern von dem wenigen, was sie selbst hatte. Dafür wurde sie sehr geschätzt.[101]

2.7 Spiesen-Elversberg: Von Puppen ganz anderer Art

Vor dem Heimatmuseum in Spiesen-Elversberg steht der Gänselieselbrunnen. Ursprünglich 1935 vom Heimatverein weiter oben in der Straße errichtet, fand der Brunnen seinen jetzigen Standort bei der Neuanlage des Platzes vor „Lions Haus" im Jahr 2009. Der Name des Brunnens rührt von der Gänselieselsage, die deutschlandweit verbreitet ist. Der Brunnen erinnert die Menschen an die Zeit des Dreißigjährigen Kriegs respektive an ein Mädchen, die Gänseliesel. Wie das ganze Saarland, waren Spiesen und Elversberg im Dreißigjährigen Krieg (1618–1648) existenziell bedroht. Auf einer Zeittafel zur Geschichte von Spiesen-Elversberg steht für das Jahr 1635 der Eintrag: „25. Juli. Kaiserliche Kriegsvölker (Kroaten) brandschatzen und zerstören Dorf und Kirche fast restlos. Im Dezember noch 1 Haushaltung."[102] 1 Haushaltung – wie viele Personen mögen da wohl überlebt haben? Und hier kommt das Gänseliesel ins Spiel. Der Sage nach hütete das Waisenkind gerade die Dorfgänse, als die feindlichen Truppen in das Dorf einfielen. Liesel schaffte es, sich und die Gänse in ein sicheres Versteck zu bringen. Nach einigen Tagen, die Feuergefechte hatten aufgehört, traute das Mädchen sich zurück ins Dorf, das in Schutt und Asche gelegt worden war. Die wenigen Überlebenden – wir erinnern uns: 1 Haushaltung – wurden durch Liesel und die Gänse gerettet.[103] Der Saarbrücker Bildhauer August Kuhn schuf den Brunnen aus Buntsandstein im Auftrag des Heimatvereins. Eine bemerkenswerte Initiative, finden doch in den Geschichtsbüchern zu hundert Prozent Heerführer, Könige und sogenannte Kriegshelden ihren Platz. Aber ein Mädchen, dazu eine Waise? Sozusagen eine frühe Heldin des Alltags! **Marta Kuhn-Weber**, die Tochter von August Kuhn und eine seiner Schülerinnen, avancierte notabene zu einer erfolgreichen Malerin, Bildhauerin und Puppenmacherin. Dafür allerdings musste sie das Saarland verlassen.

Marta Kuhn-Weber und Puppen, die nach Erlösung schreien

Martha Kuhn wird 1903 in Saarbrücken geboren. Mit 14 Jahren nimmt ihr Vater sie als Lehrling in sein Atelier auf. Mit 19 Jahren geht sie nach

Karlsruhe an die dortige Kunstakademie, wo sie Bildhauerei und Zeichnen studiert, zwei Jahre später zieht es sie nach Paris an die Ecole des Beaux Arts. 1931 zeigt sie ihre erste Einzelausstellung in Berlin. Im selben Jahr heiratet sie Anton Weber, einen Kollegen. Mittlerweile wieder in Karlsruhe, gründet Kuhn-Weber das Trickfilmatelier Marta Kuhn-Weber. 1933 zieht Kuhn-Weber endgültig nach Berlin, ihr Mann arbeitet für die Ufa als Art Director. Unter den Nationalsozialisten erhält sie Ausstellungsverbot, arbeitet jedoch weiter. Viele Arbeiten der Künstlerin gehen im Zweiten Weltkrieg verloren. Anton Weber kauft sich nach dem Krieg in eine Filmproduktion in Freiburg i. Br. ein, 1949 folgt Marta Kuhn-Weber. Ab 1951 entstehen die ersten Puppen Marta Kuhn-Webers für die Filme ihres Mannes. Unter Puppen sind keine lieblichen Puppen oder überhaupt Puppen im herkömmlichen Sinn zu verstehen. Sie sind Kunstwerke mit einer ganz eigenen Ausstrahlung, ihr Sohn bezeichnet sie als Puppen, die nach Erlösung schreien, angelehnt an reale Vorbilder, Menschen, die zeitlebens auf der Suche sind, die unzufrieden sind, mehr wollen.[104] Mit ihren Puppen wird Marta Kuhn-Weber berühmt. Die Fotografin Brigitte Tast hat in ihrem 2020 erschienenen Fotobuch *Rot in Schwarz-Weiß* ein großes Kapitel Marta Kuhn-Weber und ihren Puppen gewidmet. In einer Rezension steht dazu geschrieben:

> Und wo ist das Rot?
> Keine Sorge. Jetzt folgt das Kapitel ‚Die Puppen der Marta Kuhn-Weber'. Es ist der umfangreichste Teil des Buches. Das Herzstück.
> 136 Seiten.
> Atemlosigkeit.
> Eindringlich. Sensationell. Große Kunst. Und Geheimnis.
> Rot. Rot. Rot.[105]

Brigitte Tast selbst setzt das künstlerische Werk Kuhn-Webers teils in Interaktion mit dem eigenen fotografischen Werk – Gemeinsamkeiten sieht sie im Brechen von Regeln. Martha Kuhn-Weber stirbt 87-jährig am 10. Dezember 1990 in Paris.

Die Malerin, Grafikerin und Kunstpädagogin **Elisabeth Bosslet** ging den umgekehrten Weg wie Marta Kuhn-Weber, aus dem „Reich" ins Saarland.

Elisabeth Bosslet – von der Elbe an die Saar

Geboren 1931 in Roßlau an der Elbe als Elisabeth Rathmann, studiert sie Malerei und Grafik in Mainz und am Bauhaus Dessau. Im Gespräch mit der Saarbrücker Zeitung erzählt sie am Rande einer Vernissage anlässlich ihres 80. Geburtstages in Neunkirchen:

> Ich habe als Schülerin bei Dozent PEM (Paul Ernst Max) Albrecht im Bauhaus Dessau sehr viel mit geometrischen Grundlagen gearbeitet. Mein Malstil ist dadurch geprägt, dass sich aus Formen Linien finden. Dies ist eine sehr aufwendige Malerei, die mir aber sehr viel Freude bereitet.[106]

Wiederum in Mainz arbeitet sie 20 Jahre lang als Werbegrafikerin in einem Industriebetrieb, bevor sie sich erneut der Malerei zuwendet und 1971 Unterricht bei Oskar Holweck und Jo Enzweiler in Saarbrücken nimmt. 1975 erfolgt die Niederlassung als freischaffende Künstlerin in Spiesen-Elversberg. Elisabeth Bosslet stellt in Luxemburg, in Frankreich und in den USA aus, gewinnt zahlreiche Preise, darunter fünf Mal den Grand Prix de Peinture der Stadt Sarreguemines. Darüber hinaus lehrt die Künstlerin an der Volkshochschule und leitet den Künstlerkreis Neunkirchen von 1994 bis 2003. Ihre Bilder in Aquarell und Acryl beschäftigen sich des Öfteren mit ihrer Wahlheimat, dem Saarland, insbesondere mit Industrieanlagen und saarländischen Landschaften, dem Arbeitsleben oder tanzenden Ballerinas vor dem Saarbrücker Staatstheater. Demgegenüber stehen die Bilder aus der weiten Welt, die Elisabeth Bosslet besuchte und auf Leinwand festhielt, darunter ein Basar in Marrakesch, die Kathedrale in Siena oder Pelikane an der amerikanischen Ostküste. Ihre letzte Einzelausstellung *Reiseimpressionen* zeigt 2016 eine Auswahl dieser Werke in der Galerie des Künstlerkreises. Im darauffolgenden Sommer stirbt Elisabeth Bosslet im Alter von 86 Jahren. Der Neunkircher Künstlerkreis erinnert 2018 in einer Retrospektive an die Malerin.[107]

3. Die Stadt Saarbrücken

3.1 Alt-Saarbrücken: Das ursprüngliche Stadtgebiet

Alt-Saarbrücken bezeichnet das ursprüngliche Saarbrücker Stadtgebiet im Gegensatz zur später gegründeten Großstadt Saarbrücken. Hier ballen sich die wichtigsten Behörden des Landes: der Landtag des Saarlandes, das saarländische Oberlandesgericht und das Landgericht Saarbrücken. Außerdem liegt die größte Justizvollzugsanstalt (JVA) des Saarlandes, im Volksmund Lerchesflur genannt, in Alt-Saarbrücken, unweit der deutsch-französischen Grenze, hoch über der Stadt auf einer Anhöhe namens Bellevue (französisch: Schöne Aussicht). Für **Käthe Fey** und andere Widerstandskämpferinnen ein Ort des Schreckens, nachdem sie von der Gestapo weiland verhaftet wurden. Aus der *Chronik 100 Jahre Justizvollzugsanstalt Saarbrücken* erfahren wir, dass der heutige Lerchesflur in den Jahren 1904 bis 1908 neu erbaut wurde.[108] Auch, da der Vorgängerbau in der Dellengartenstraße dauernd überfüllt war – ein Zustand, den die Lerchesflur genauso ereilen sollte. Dort war Platz für 44 „Weiber", aufgeteilt in 24 Einzelzellen und 20 Schlafzellen. Diese waren, wie gefordert, in einem eigenen Gebäude untergebracht. „Das in dem nördlichen Teile des Grundstückes, welcher gegen das Gelände des Männerhauses 2 m tiefer liegt, gelegene Weibergefängnis besteht aus einem Verwaltungsflügel mit einem in derselben Längsachse sich anschließenden Zellenflügel."[109] Die Zellen entsprachen in Anordnung und Abmessung denen des Männergefängnisses. Was genau sich dabei hinter dem Passus „vorschriftsmäßige Einrichtung und Größenverhältnisse" verbirgt, wird an der Stelle von den Autoren nicht näher erläutert. Wir lesen vom Vorhalten einer Straf- und einer Tobzelle sowie einem Gefangenenbad, das über drei Brausen und eine Wanne verfügte, die durch Wellblechwände voneinander getrennt waren – ein Hauch von Intimsphäre. Das Wohnhaus für die Aufseherinnen mit vier Wohnungen befand sich in unmittelbarer Nähe des „Weibergefängnisses"; die Wohnungen bestanden aus je einem großen Zimmer, einer Kammer und einer Küche, der Oberaufseherin stand ein zusätzliches Zimmer zur Verfügung. Als Käthe Fey im Jahr 1935 auf die Lerchesflur kam, platzte das Gefängnis wieder aus allen Nähten. So zählte beispielsweise die höchste Tagesbelegung im Jahr 1936 672 Männer und 112 Frauen[110] bei – wir erinnern uns – offiziell 44 Haftplätzen für Frauen und 206 Haftplätzen für Männer. Entsprechend ließen sich die Haftbedingungen nur als desaströs bezeichnen.

Käthe Fey – vom Widerstand zur Arbeiterwohlfahrt

Das Herz von Käthe Fey, geboren am 22. Januar 1915 in Saarbrücken, schlägt wohl von Beginn an links. Sie wächst zusammen mit fünf Geschwistern in einem stark sozialdemokratisch geprägten Milieu auf. Ab 1933 arbeitet Käthe Fey als Kontoristin im Büro der saarländischen SPD unter dem SPD-Vorsitzenden Max Braun. Hier lernt sie den verfolgten, an die Saar emigrierten SPD-Reichstagsabgeordneten Emil Kirschmann kennen und lieben. Kirschmann ist zu diesem Zeitpunkt verwitwet, seine erste Frau, die Reichstagsabgeordnete Elisabeth Kirschmann-Röhl, 1930 gestorben. Über Kirschmann macht Käthe Fey die Bekanntschaft von Marie Juchacz[111], der Schwester von Elisabeth Kirschmann-Röhl – der Beginn einer langen Freundschaft. Wegen der Rückgliederung des Saargebiets an das Deutsche Reich flüchtet Kirschmann Anfang 1935 nach Frankreich. Im lothringischen Forbach eröffnen er und weitere „Sozis" eine Beratungsstelle für Saarflüchtlinge. Käthe Fey übernimmt für die Gruppe Kurierdienste. Ihr Botengang am 12. Mai 1935 wird Käthe Fey zum Verhängnis: Sie wird von der Gestapo Saarbrücken verhaftet und in Untersuchungshaft genommen. Als sie am 11. Juni aus Mangel an Beweisen die Lerchesflur verlassen kann, weiß sie, dass die Luft um sie herum dünn geworden ist. Sie flieht ebenfalls nach Frankreich und lebt seit Sommer 1935 mit Kirschmann in Moulins-lès-Metz, später in Mulhouse. Bei Kriegsausbruch tauchen Fey, Kirschmann und Juchacz unter anderem in Südfrankreich unter, 1941 gelingt die Ausreise in die USA. Der Sozialpädagoge Walter Friedlander, der Marie Juchacz 1919 kennengelernt hatte, war bereits 1933 in die USA emigriert. Aus Begegnungen mit Juchacz lässt er uns teilhaben an deren abenteuerlicher Flucht, zusammen mit Käthe Fey.

> Marie und Käthe Fey waren auf einem jämmerlichen Frachtdampfer ohne Reeling [sic] und Aborte nach Martinique vorgefahren. Sie mußten im Laderaum auf einer Pritsche schlafen und bekamen erbärmliches Essen. In Martinique wurde es noch schlimmer. Als sie ankamen, wurden sie von französischen Soldaten durchsucht, die ihnen Geld und Schmucksachen raubten. Dann wurden sie in einer verlassenen Quarantäne-Station ohne frisches Wasser und ohne hygienische Gelegenheiten festgehalten. Erst als eine junge Emigrantin, die unterdes Französin geworden war und ein kleines Kind hatte, sich bei dem Gouverneur, Admiral Robert, beschwerte, wurden sie alle nach zwei Wochen auf ein anderes Schiff gebracht, mit dem sie am 29. Mai 1941 in New York eintrafen.[112]

In den USA macht Käthe Fey eine Ausbildung zur Krankenschwester und arbeitet ab 1944 in ihrem neuen Beruf. Zusammen mit Kirschmann und Juchacz organisiert sie nach dem Krieg Hilfspakete für die deutsche und französische Bevölkerung. Und Käthe Fey und Emil Kirschmann heiraten am 16. November 1948 in New York. Bald darauf, im Januar 1949, kehrt Marie Juchacz nach Deutschland zurück. Emil und Käthe wollen in wenigen Monaten folgen, tatsächlich kommt es nicht dazu, Kirschmann stirbt überraschend im März 1949 nach kurzer, schwerer Krankheit. An seiner Seite bis zuletzt: seine Frau Käthe. In einem Brief an ihre Freundin Eva Pfister schreibt Marie Juchacz, sie wäre bestimmt nicht nach Deutschland gefahren, hätte sie nicht mit der baldigen Rückkehr von Emil und Käthe Kirschmann gerechnet. Käthe habe im Übrigen „ganz Unerhörtes geleistet“; ihre Pflege und Selbstbeherrschung habe es Emil leichter gemacht.[113] Nach Kirschmanns Tod verlässt auch Käthe die USA und lässt sich in Norderney nieder, wo sie über 20 Jahre für die Arbeiterwohlfahrt arbeiten wird. 1955 jedoch zieht sie für einige Zeit zu

Marie Juchacz nach Düsseldorf, um die schwerkranke Weggefährtin von einst bis zu deren Tod im Januar 1956 zu pflegen. Sie selbst stirbt 46 Jahre später, am 11. Mai 2002, in Düsseldorf, wo sie zuletzt lebte. Kleine Randnotiz: Marie Juchacz, ihre Schwester Elisabeth Kirschmann-Röhl und Emil Kirschmann teilen sich ein Familiengrab auf dem Kölner Südfriedhof. Wo Käthe Fey-Kirschmann ihre letzte Ruhestätte fand, ist nicht bekannt, jedenfalls nicht bei ihrem Ehemann und ihrer guten Freundin.

Unweit der JVA Saarbrücken fanden in den 1940er Jahren Mitarbeiterinnen des nahe gelegenen Bürgerhospitals[114] in der Mathildenstraße Unterkünfte, so die 1912 in Breslau geborene Ärztin **Maria Lobe**.

Maria Lobe – Glück in schlimmen Zeiten

Dr. Maria Lobe kommt durch ihren ehemaligen Chef, Prof. Dr. Hesse, ins Saarland. Hesse, vormals im Krankenhaus Bethania in Schweidnitz/Niederschlesien tätig, will seine fähigste Assistentin nicht missen und bedrängt sie, sich beim Oberbürgermeister der Stadt Saarbrücken um eine Stelle im Bürgerhospital zu bewerben. Wir schreiben das Jahr 1940. Maria Lobe muss neben ihren Bewerbungsunterlagen einen Fragebogen ausfüllen, in dem sie die notwendige arische Abstammung bestätigt und Auskunft über ihre mögliche politische Vergangenheit zu geben hat, sprich: ob sie früher der Kommunistischen Partei oder der Sozialdemokratie angehört habe. Sie beantwortet die Frage mit nein – eine Lüge, die durch das polizeiliche Führungszeugnis, das verlangt wird, aufzufliegen droht. War sie doch 1933 in die bereits als illegal eingestufte KPD eingetreten und am 26. November 1934 in Breslau festgenommen worden. Es gelang ihr damals, ihre Beziehung zu einem kommunistischen Studenten als unpolitische Liaison darzustellen, weshalb sie freigesprochen wurde; der Vorfall bleibt indessen dokumentiert. Maria Lobe hat Glück, denn im beantragten Führungszeugnis wird ihr politische Unbedenklichkeit bescheinigt. Anfang 1941 tritt Maria Lobe ihre Stelle im Bürgerhospital an, ihr Gehalt beträgt 100 Mark bei freier Wohnung und Verpflegung. Ab Februar 1942 wird ihr die Stelle einer „Kriegsassistentin" übertragen, da der bisherige Dienstinhaber im Krieg ist. Sie erhält nun einen Bruttoverdienst von 405 Reichsmark, ab 1944 530 Reichsmark.[115] Sie wohnt, wie erwähnt, unweit des Bürgerhospitals in der Mathildenstraße in Alt-Saarbrücken. Eigentümer des Hauses ist das Bürgerhospital und es handelt sich wohl um eine Dienstwohnung. Maria Lobe gewährt dem Berliner Widerstandspaar Hildegard und Friedrich Rosenthal 1943 Unterschlupf. Nur wenige Tage nach deren Ankunft in Saarbrücken werden die Rosenthals in Maria Lobes Wohnung verhaftet, Friedrich Rosenthal bringt sich mittels einer Zyankali-Kapsel um, das Schicksal von Hildegard Rosenthal ist nicht bekannt. Wird es jetzt eng für Maria Lobe? Ein ihr bekannter Pfleger macht eine denunziatorische Aussage, die Maria Lobe das Leben kosten kann. Sie schafft es, der Gestapo weiszumachen, sie kenne Hilde Laubhardt – dies ist der Mädchenname von Hildegard Rosenthal – aus vergangenen Zeiten und hätte ihr bloß einen Gefallen tun wollen, da deren Mann angeblich dienstlich in Saarbrücken gewesen sei. Dessen jüdische Herkunft sei ihr nicht bekannt gewesen. Bezüglich des Pflegers meinte sie, dieser sei wiederholt ihr gegenüber zudringlich geworden und hätte sich da wohl einiges zusammengereimt, was jeder Grundlage entbehre. Tatsächlich wird das Verfahren gegen sie eingestellt. Dem Staatsanwalt scheint der Verdacht gegen sie nicht hinreichend belegt und die Gestapo macht ausnahmsweise keinen „kurzen Prozess“, wie in vielen anderen Fällen. Im August 1944 verlässt Maria Lobe das Saarland in Richtung Lausitz, wo sie ab September 1944 als Oberärztin im Krankenhaus Hoyerswerda arbeitet. Später geht es für sie nach Dresden, Berlin und Greifswald, sie ist wesentlich mit der Organisation und Planung des medizinischen Dienstes in der DDR befasst. Ihren Lebensabend verbringt sie im brandenburgischen Strausberg, wo sie am 24. März 2001 stirbt.

In den Alt-Saarbrücker Straßen Neugeländstraße und Gutenbergstraße finden wir die Spuren zweier Frauen, für die die Zeit des Nationalsozialismus gleichermaßen einschneidende Auswirkungen hatte: **Cora Eppstein** und **Maxi Ackers**.

Cora Eppstein – das kurze Leben einer begnadeten Sängerin

2016 wird in Saarbrücken auf Initiative des Bezirksrats Mitte der Platz vor der Alten Kirche zwischen Kronenstraße und Evangelisch-Kirch-Straße nach der jüdischen Sängerin Cora Eppstein benannt. Rein geografisch ist Cora Eppstein seit 1925 in der Alt-Saarbrücker Neugeländstraße 13 zu Hause. Hierhin hat es die Familie von Metz über Neunkirchen hin verschlagen. Geboren wird Cora Eppstein als Karolie Mayer am 21. August 1900 in Metz, das zu der Zeit zu Deutschland gehört. 1926 heiratet die 26-Jährige den Deidesheimer Bäckermeister Friedrich Behr, die Ehe wird im darauffolgenden Jahr wieder geschieden. Ob sie überhaupt in der Pfalz lebte, ist nicht überliefert, sie bleibt in Saarbrücken gemeldet. Auch wo sie zur Sängerin ausgebildet wird, ist nicht bekannt. Ihre Konzerttätigkeit hingegen ist nachgewiesen.[116] Am 12. April 1926 konzertiert sie im Jüdischen Jugendverein Saarbrücken in Begleitung des Saarlouiser Pianisten Julius Schloß mit Liedern von Franz Schubert, Richard Wagner und Arnold Schönberg, um nur einige zu nennen. Am Stadttheater Saarbrücken hat sie ihr erstes Engagement. Bald wechselt sie nach Frankfurt am Main und von dort nach Berlin, wo sie sich vergeblich an der Staatsoper bewirbt. Dennoch wird der Umzug nach Berlin ihr Leben nachhaltig verändern. Sie lernt den Komponisten Eberhard Schmidt kennen, mit dem sie Liebe, Arbeit und politisches Engagement verbindet. Zusammen mit Schmidt tritt Cora Eppstein, die sich in ihrer Berliner Zeit zeitweilig Cora Varena nennt, bei Konzerten von Arbeiterchören und Kundgebungen der Einheitsfront aus Sozialdemokraten, Kommunisten, Gewerkschaftern und katholischen Gruppen gegen Hitler auf. Aber nicht nur durch Schmidt, sondern wohl vor allem durch ihren Onkel Eugen Eppstein, einen kommunistischen Politiker und Reichstagsabgeordneten der Weimarer Republik, öffnet sich Cora den Ideen der politischen Linken. 1933 flüchten Eppstein und Schmidt ins Saargebiet, wo Coras Mutter, inzwischen verwitwet, noch immer lebt. Sie heiraten am 19. Juni 1933. Zwischen 1933 und 1935 gibt Cora Eppstein eine Reihe von Konzerten im Saargebiet und im Umland. Sie singt in Synagogen, gut bekannt ist sie mit dem Oberkantor der jüdischen Gemeinde in Saarbrücken, Rudolf Loewy, und dessen Familie.[117] Nach der Saarabstimmung 1935 fliehen Eppstein und Schmidt endgültig vor den Nationalsozialisten nach Paris. Eberhard Schmidt schließt sich den Internationalen Brigaden im Kampf gegen Franco an, Cora Eppstein bleibt in Paris. „Wie Cora Eppstein die Jahre in Paris verbracht hat, wo sie genau wohnte, wie sie lebte, welche Kontakte sie hatte, ob es einen Briefwechsel zwischen ihr und ihrem Mann gab, ob sie Konzerte geben konnte, bleibt im Dunkeln"[118], so der Historiker Luitwin Bies, der sich – zusammen mit seinem Co-Autor Horst Bernard – ausführlich mit der Geschichte von Widerstandskämpferinnen befasst hat. 1939 erhält Eberhard Schmidt, er ist inzwischen im Lager Gurs interniert, ein Telegramm: „Cora est décédée". Cora Eppstein wird am 1. September 1939 in Paris beigesetzt. Sie starb vermutlich an Typhus. 1990 macht Luitwin Bies Eberhard Schmidt in der ehemaligen DDR ausfindig. Dieser ist dort ein bekannter Komponist geworden, war zeitweilig Direktor des Konservatoriums in Schwerin. Bies schildert die Begegnung mit folgenden, traurigen Worten: „Er hatte keine weiteren Informationen mehr, keine Erinnerung an Adresse oder den Stadtbezirk von Coras Wohnung in Paris, keinen Hinweis, auf welchem Friedhof Cora beigesetzt worden war. Er besaß kein Foto von Cora, kein Konzertprogramm."[119]

Maxi Ackers – die Frau, die Frauen liebt

Mit dem Roman *Freundinnen* feiert Maxi Ackers, geboren 1896 oder 1897 als Maximiliana Maria Aloysia Johanna Ackers in Saarbrücken in der Gutenbergstraße, Mitte der 1920er Jahre große Erfolge. Zu diesem Zeitpunkt lebt sie schon länger nicht mehr im Saarland, als Multitalent braucht sie eine größere Bühne. Ihre Karriere beginnt als Schauspielerin an diversen europäischen Theatern, zunächst am Stadttheater Göttingen, dann Riga, schließlich Berlin. Ebenda entsteht *Freundinnen – Ein Roman unter Frauen*, der mutmaßlich eigene Erfahrungen aus der Berliner Theaterwelt und der Künstlerinnen- und Lesbenszene illustriert, Milieus, in denen sie selbst verkehrt. Die Protagonistin des Romans, die junge Erika Feldern, genannt Eri, 17 Jahre jung, verliebt sich in die ältere Ruth Wenk, eine Schauspielerin. Ruth fühlt sich gleichfalls zu Eri hingezogen, verleugnet jedoch die Beziehung – die Furcht, von der Familie und der Gesellschaft geächtet zu werden, ist zu groß. Die Leserin folgt

Eri durch das Berlin der Zwanzigerjahre, bis diese Ruth, ihre große Liebe, wiedertrifft. Ruth ist mittlerweile verlobt, und auch wenn sie Eri nach wie vor liebt, wird sie den Hafen der Ehe ansteuern, der ihr in ihren Augen soziale Sicherheit verspricht.[120] Wir sind im Jahr 1927, Maxi Ackers lebt mittlerweile mit ihrer Lebensgefährtin Irma Johanna Schäfer, einer Malerin, in Hannover zusammen und orientiert sich weg vom Schreiben hin zur Glasmalerei. Ihre offizielle Berufsbezeichnung seit 1933 lautet Glasmalerin, nicht mehr Schriftstellerin. *Freundinnen* wird 1936 auf die „Liste des schändlichen und unerwünschten Schrifttums" gesetzt, im Jahr zuvor sind Maxi und ihre Lebensgefährtin in ein kleines Dorf in Bayern gezogen, vielleicht der Versuch, unter dem Radar der Nationalsozialisten zu fliegen? Mit Erfolg. 1954 übersiedeln die beiden nach Eggstätt am Hartsee, Maxi Ackers lebt offiziell als ledige Kunstmalerin, deutsch und ohne Konfession. Sie stirbt mehr oder weniger vergessen 1982 in einem Alten- und Pflegeheim im bayerischen Glonn.

Am Stadttheater Saarbrücken trat Maxi Ackers nie auf, im Gegensatz zu der Tänzerin Gertrud Müller alias **Helche Loge**, langjährige Solotänzerin ebendort. Sie war eine Meisterschülerin[121] von Karoline Sofie Marie Wiegmann alias Mary Wigman, eine der einflussreichsten Wegbereiterinnen des rhythmisch-expressiven Ausdruckstanzes, der zwischen 1920 und 1935 weltweit eine Blütezeit erlebte.

Helche Loge – die große Unbekannte

Helche Loge ist die 1905 geborene Tochter eines Saarlouiser Postbeamten und die Schwester des Schriftstellers Karl Christian Müller, mit dem sie während ihres beruflichen Lebens einige gemeinsame Projekte verwirklicht. So eröffnet sie eine vom Staat genehmigte Ausbildungsstätte für Tänzerinnen und Tänzer, an der ihr Bruder, ein ausgebildeter Lehrer, den theoretischen Unterricht übernimmt. Die Geschwister veranstalten weiter die *Tanzinsel Fehmarn*, zusammen mit Rolf Cunz aus dem Ruhrgebiet, über den nur herauszufinden war, dass er während der Zeit des Nationalsozialismus in der Pressestelle der Reichssendeleitung arbeitete. Cunz beschreibt die Idee der Tanzinsel ausführlicher in einem Beitrag für die *Neue Musik-Zeitung* aus dem Jahr 1928.[122] Der Tanz sei, so Cunz, durch die „Verirrung vieler Gymnastiktreibenden" in Verruf gekommen. Zu Recht, wie er findet. „Denn es gilt erst einmal, das Gesunde der bewußten Tanzpflege vom krankhaften Ueberschwang zu befreien." Tanz soll nach dem Willen von Cunz wieder als „etwas Volkstümliches schätzen und lieben" gelernt werden. „Tanz als den natürlichen Ausdruck einer gesunden Lebensfreude anzusehen, haben wir tiefgründigen Deutschen gründlich verlernt!" An der Stelle setzen die „Insel-Tanzspiele" an, die erstmals 1927 durchgeführt werden. Die Teilnehmenden sollen sich „[a]ngesichts der freien Seenatur einer noch keineswegs vorbelasteten Inselwelt" aller theoretischen Lasten entledigen, um zurückzufinden: zur Natur, zu einer gesunden Lebensweise usw. Von hier ist es nicht mehr weit zu den Idealen des Nationalsozialismus, dessen Führer die Welt in den Abgrund stürzen wird. Wie Helche Loge zum Nationalsozialismus steht, ist nicht überliefert.[123] Gleichermaßen wenig bekannt ist über die Lebensumstände Helche Loges, eine Tochter ist verbürgt. Ihr Name: Gislinde Skroblin. Sie wird 1944 geboren, ihre Mutter, Helche Loge, stirbt, als sie gerade einmal 13 Jahre alt ist. Gislinde Skroblin tritt in die Fußstapfen ihrer Mutter und wird (Solo-)Tänzerin, und zwar an der Bayerischen Staatsoper in München. Später wird sie als Tanzpädagogin arbeiten. Helche Loge wird 52 Jahre alt, Gislinde Skroblin 54 Jahre.[124]

Begonnen hat das Kapitel auf der sogenannten Bellevue. Kehren wir dorthin zurück. Seit den 2000er Jahren wurden und werden hier zusätzliche Wohnquartiere geschaffen, beispielsweise die sogenannte Bellevue 2.0[125]; die damit notwendig gewordene Schaffung neuer Straßen regte den Bezirksrat dazu an, einige Frauenpersönlichkeiten in die Öffentlichkeit zu rücken (**Elly Beinhorn und Melli Beese**).

Elly Beinhorn und Melli Beese – Pionierinnen der Lüfte

Elly Maria Frida Rosemeyer-Beinhorn, geboren 1907 in Hannover, wird vor allem durch ihre Langstreckenflüge populär. Sie fliegt allein über 7.000 Kilometer nach Afrika (1931), schafft eine Weltumrundung über 31.000 Kilometer (1932) sowie 1935 und 1936 Rekordflüge über zwei beziehungsweise drei Kontinente. Ihre Fliegerkarriere ist insofern bemerkenswert, als sie damit in eine absolute Männerdomäne vorstößt. Aufgrund ihres Geschlechts trifft sie permanent auf Vorurteile und Widerstand; insgesamt gibt es 1930 in Deutschland ganze 21 Pilotinnen. In ihrer Biografie zu Elly Beinhorn zitiert Luise F. Pusch, Professorin und Gründerin des Vereins FemBio Frauenbiografieforschung e. V., diese mit den Worten: „Ich habe doch diese herrlichen, unabhängigen Zeiten erlebt, als man am Himmel ganz für sich alleine war! Ich hatte das Glück, in einer Zeit fliegen zu dürfen, als das wirklich noch ein Abenteuer war."[126] Mit dem Saarland verbindet Elly Beinhorn eine besondere Geschichte: In Saarbrücken legt sie ihre erste Bruchlandung hin, ausgelöst durch ein riskantes Landemanöver. Das Flugzeug wird schwer beschädigt, sie und ihr Passagier bleiben unverletzt.

Amelie Hedwig Boutard-Beese alias Melli Beese geht in die Geschichte ein als die erste Frau, die in Deutschland die Prüfung zum Erwerb eines Privatpilotenscheins ablegt. Geboren 1886 im Umland von Dresden, wird sie zeit ihres (kurzen) Lebens von ihren wohlhabenden Eltern unterstützt und gefördert. Ansonsten spielt ihr die Zeitgeschichte eher übel mit. Ihre im Jahr 1912 gegründete Flugschule Melli Beese GmbH muss sie bei Kriegsausbruch 1914 schließen, ihr Mann wird interniert, sie selbst unter Hausarrest gestellt. Später erkranken beide an Tuberkulose, Melli Beese konsumiert verstärkt Morphium. Nach dem Ende des Ersten Weltkriegs steht Melli Beese vor dem Nichts. Sie gibt nicht auf, plant, um die Welt zu fliegen, das Unternehmen scheitert an der unzureichenden Finanzierung. Am 21. Dezember 1925 erschießt sich Melli Beese, nachdem sie die Worte „Fliegen ist notwendig, Leben nicht" auf einen Zettel geschrieben haben soll. Dazu passt, dass beide Straßen in Saarbrücken Sackgassen sind.

Wir können das Kapitel zu Alt-Saarbrücken nicht verlassen, ohne die Gedenkstätte Neue Bremm und den Deutsch-Französischen Garten (DFG) mit dem Ehrengrab der **Katharina Weißgerber** zu besuchen. Im Lager Neue Bremm an der Goldenen Bremm in Saarbrücken wurden ab 1940 französische und russische Kriegsgefangene interniert. Ab Frühjahr 1943 übernahm die Gestapo das Lager und errichtete ein Männer- und ein Frauenlager, die durch einen öffentlichen Weg getrennt waren, der für jede Bürgerin und jeden Bürger begehbar war. Wer wollte, konnte sehen, was dort passierte. Im Frauenlager waren zeitweilig bis zu 400 Häftlinge zusammengepfercht. Im Gegensatz zum Männerlager waren brutale Gewaltexzesse nicht an der Tagesordnung, Gewalt fand eher auf psychischer Ebene statt. Der Großteil der Gefangenen, Widerstandskämpferinnen, durfte weder miteinander sprechen noch umhergehen, sondern war gezwungen, stillzusitzen. Ihr Leidensweg begann auf der Neuen Bremm und endete oftmals im KZ Ravensbrück. Die „Arbeitserziehungshäftlinge", Frauen, die beispielsweise wegen Arbeitsverweigerung angezeigt worden waren, wurden nach dem morgendlichen Appell auf diverse Kommandos verteilt und hatten Reinigungs- und Aufräumarbeiten zu erledigen, wahlweise in den Werkstattbaracken Armeeuniformen aufzutrennen oder Waschmittelverpackungen zu verleimen. Eine Scheibe Brot und am Abend eine Wassersuppe, das war die übliche Tagesration. Die hygienischen Bedingungen waren katastrophal, ein Eimer diente als Toilette, Wasser bedeutete Luxus, den es selten genug gab. So diente der morgendliche Ersatzkaffee mitunter als Wasserersatz, um sich wenigstens notdürftig zu säubern. Diese Lagerbedingungen waren aber nicht nur erniedrigend für die Frauen, sie führten zur Ausbreitung von Ansteckungskrankheiten. Der Tod mindestens einer Frau im Zusammenhang mit Diphterie ist dokumentiert.[127] In den 1970er Jahren entstand auf dem Areal des ehemaligen Frauenlagers ein Hotel, erst Ende der 1990er Jahre erinnerte sich die Stadt ihrer Geschichte und begann, ihrer zu gedenken. Das nach wie vor existierende Hotel wurde in die Erinnerungsarbeit einbezogen. An der Hotelfassade wurde stellvertretend für die weiblichen Häftlinge das Porträt von Yvonne Bermann (1906–1947), die am 6. Juni 1944 aus Frankreich zum Lager Neue Bremm transportiert wurde, angebracht. Eine Informationstafel berichtet über ihr Schicksal.

Der Deutsch-Französische Garten liegt am südwestlichen Stadtrand von Saarbrücken ebenfalls in der Nähe des deutsch-französischen Grenzübergangs Goldene Bremm. Die größte innerstädtische Parkanlage wurde 1960 als Deutsch-Französische Gartenschau eröffnet. Das Ehrengrab der Katharina Weißgerber findet sich im oberen Teil des Parks auf dem Ehrenfriedhof. Katharina Weißgerber ist die einzige Frau, die im Ehrental begraben ist.

Katharina Weißgerber – allein unter Männern

Als ihre fünfte Tochter Katharina am 3. August 1818 geboren wird, ahnen ihre Eltern, der Schwarzenholzer Leineweber und Bergmann Peter Weißgerber und seine Frau Maria Katharina, nicht, dass diese dereinst einen Platz in den Geschichtsbüchern finden wird. Den Namen Schultze Kathrin erhält sie durch ihre Tätigkeit als Haushaltshilfe und Kindermädchen bei der Familie Schultz in Saarbrücken, wo sie in die Wirren des Deutsch-Französischen Kriegs 1870/71 gezogen wird. Am 2. August 1870 bricht ein deutscher Soldat der 40er-Füsiliere vor dem Haus am „Schultze Eck" am Schlossberg zusammen und Katharina Weißgerber sorgt dafür, dass ein Priester dem Sterbenden zur Seite steht. Die Schlacht bei Spichern zählt zu den grausamsten Kapiteln dieses Kriegs, bei der etwa 1.000 Soldaten fallen und 4.000 verwundet werden. Inmitten der Kämpfe versorgen Katharina Weißgerber und andere Saarbrückerinnen Verwundete beider Nationen und helfen, diese aus den Gefechtslinien zu schaffen. Die Selbstlosigkeit, mit der Katharina Weißgerber agiert, ist der Auslöser für den Mythos um ihre Person, der sich darüber hinaus – so der saarländische Schriftsteller Georg Fox – „gut in das Weltbild bestimmter Kreise einfügte"[128]. Mit dem Ergebnis, dass sogar eine neue Auszeichnung geschaffen wird: das Verdienstkreuz für Frauen und Jungfrauen, optisch an das Eiserne Kreuz angelehnt. 50 Frauen werden am 18. Juni 1871 mit diesem Verdienstkreuz geehrt, Katharina Weißgerber erhält zudem die Kriegs-Gedenkmünze für Nichtkombattanten. Damit soll zum Ausdruck gebracht werden, dass Frauen wichtige Dienste für das Vaterland übernehmen können, falls es daran Zweifel geben sollte.[129] Zum Dank dafür stirbt Katharina Weißgerber am Jahrestag der Schlacht bei Spichern, am 6. August 1886, im Alter von 69 Jahren arm und mehr oder weniger vergessen. Durch Spenden kann ein Grab im Ehrental finanziert werden, das heute Teil des Deutsch-Französischen Gartens in Saarbrücken ist. Auf ihrem Grabstein steht:

> Dem heldenmütigen Mädchen
> zum ehrenden Gedächtnis
> gewidmet von ihren
> Mitbürgern.

Im Jahr 2021 machte die Ausstellung *Monumente des Krieges* im Historischen Museum Saar von sich reden, die erstmals seit 76 Jahren den Saarbrücker Rathauszyklus präsentierte. Dieser Gemäldezyklus des Malers Anton von Werner aus dem Jahr 1880 stellt Ereignisse und Personen der Schlacht bei Spichern dar und war seinerzeit eine Auftragsarbeit für den neu errichteten Ratssaal im damaligen Rathaus von Saarbrücken (heute das Alte Rathaus in Alt-Saarbrücken gegenüber dem Historischen Museum Saar). Die Ausstellung setzte sich laut Museum „am Beispiel der Historienmalerei zum Deutsch-Französischen Krieg 1870/71 kritisch mit der Inszenierung und Instrumentalisierung von Krieg und Nation auseinander"[130]. Eines der Gemälde aus dem Zyklus nennt sich *Von der Ankunft Seiner Majestät in Saarbrücken* und zeigt den preußischen König Wilhelm I. samt Entourage. Dieses Ereignis hat in dieser Form nicht stattgefunden. Interessant ist die Vielzahl an deutlich identifizierbaren Menschen, die die vielen Zuschauer und wenigen Zuschauerinnen auf dem Gemälde darstellen; inmitten der bürgerlichen Zuschauergruppe auf der rechten Seite fallen drei Frauen auf. Bei ihnen handelt es sich einmal um die beiden Schwestern Stephanie und Sophie Alwine Küpper, Töchter des St. Johanner Kreisphysikus und Sanitätsrats Dr. Friedrich Wilhelm Küpper. Die dritte im Bunde, Frau Kommerzienrat Johanna Schlachter, ist gerade so am rechten Bildrand zu erkennen. Nach Meinung des Historikers Paul Burgard ist es „mehr als naheliegend, dass sich Frau Schlachter und die Schwestern Küpper im Vaterländischen Frauenverein ihrer Städte engagiert haben"[131]. Stephanie Küpper stand ebenfalls auf der Liste der Frauen, die mit dem neuen Verdienstkreuz ausgezeichnet wurden. Was denjenigen auffällt, die die ursprünglichen Skizzen von Werners kennen: Die „Verbannung" Katharina Weißgerbers aus dem Vordergrund in den absoluten Hintergrund. Dafür gab es sicher viele Gründe respektive Vorgaben vonseiten des Auftraggebers, angefangen damit, dass Frauen im Kaiserreich (und nicht nur dort) in den Hintergrund gedrängt wurden. Burgard bringt es auf den Punkt:

> Im Vordergrund eine Frau mit Schürze und Marktkorb, an deren Kittel zwei Kinder hängen, mittendrin ein neugieriger, barfüßiger Straßenjunge, daneben Pferde und Handwerker, eine eher gemütlich-bieder wir-

kende Häuserfront mit Kirche im Hintergrund, vorne viel leerer Platz fürs Straßenpflaster; in all dem drohte die zentrale Handlung des Bildes fast zur Nebensache zu werden.[132]

3.2 Malstatt: Der unterschätzte Stadtteil

Beginnen wir mit Mutter Saar und ihren Kindern, einer Brunnenskulptur des saarländischen Künstlers Oswald Hiery, die den Malstatter Markt ziert. Mit dieser Bronzeskulptur schuf Hiery – inmitten von Wohnbebauung – eine Familien-Szenerie ganz eigener Art. Mutter Saar liegt splitterfasernackt auf einem Sofa, einzig damit beschäftigt, den Inhalt einer Weinflasche auf den Boden zu gießen, während hinter ihr der berühmte „Punk" abgeht. Sprich: Fünf Kinder – wir gehen davon aus, es sind ihre – toben umher, das Baby greint, zwei spielen Ball, die große Schwester streckt die Arme nach dem kleinen Bruder, eher nicht in liebevoller Absicht, betrachten wir die hinterlistige Miene, die der Bildhauer dem Mädchen verpasst hat. Das Treiben findet unter beziehungsweise neben einem überdimensionierten Tisch statt, auf dem sich Töpfe, Terrinen und Teller stapeln, von denen das Wasser heruntersprudelt, schließlich handelt es sich um einen Brunnen, der auf keinem Marktplatz fehlen darf. Die Skulptur war von Beginn an umstritten. Den „kleinen Leuten" ein Denkmal zu setzen, sei die Intention des Künstlers gewesen. Die Journalistin Silvia Buss wusste zu berichten, dass nicht alle Bewohnerinnen und Bewohner die Sache mit Humor nahmen. „Man fühlte sich vorgeführt. Zumal es sogar, wie man von Vertretern der Gemeinwesenarbeit erfährt, im Stadtteil eine reale kinderreiche Familie mit Hausnamen Saar gab, die weithin bekannt war."[133] Die vier Frauen, denen wir in Form von Straßen- oder besser Wegeschildern an einem kleinen Carré begegnen, hatten auf alle Fälle keine Muße, sich auf oder hinter dem Sofa zu vergnügen. Um zu dem Carré zu gelangen, geht es von dem ältesten, am Gründungsort bestehenden Krankenhaus der saarländischen Landeshauptstadt, dem Caritas-Klinikum („Rastpfuhl-Klinik"), in Richtung Burbacher Waldfriedhof.

Johanna Hofer, Agnes Kaiser, Martha Traut und Amalie Kablé – vier Wege kreuzen sich

Johanna Hofer ist die dritte Frau an der Spitze des heute unter *Saarbrücker Zeitung* bekannten Unternehmens. Sie ist die Schwiegertochter von Dorothee Katharina Hofer, die nach dem Tod ihres Mannes ab

1820 für 20 Jahre die Geschicke des Blattes leitet. Und der wiederum geht ebenfalls eine verwitwete Schwiegermutter voraus, nämlich Maria Dorothee Hofer, Tochter des Hofbuchdruckers Johann Mengert. 1887 jedenfalls übernimmt Johanna Hofer das Zepter, und zwar – wen wundert's? – nach dem Tod ihres Mannes. Mit diesem hat sie bereits über Jahre den Betrieb zusammen geleitet. In ihre unternehmerische Zeit fallen Erweiterungen wie die Beilagen *Bergmannsfreund* und *Saarbrücker Gewerbeblatt* sowie eine Auseinandersetzung mit dem Industriemagnaten Freiherr von Stumm, der Einfluss auf die Berichterstattung der Zeitung nehmen will, indem er die Veröffentlichung von wohlwollenden Artikeln zur christlich-sozialen Bewegung zu verhindern sucht und die Entlassung eines ihm missliebigen Redakteurs fordert. Als Johanna Hofer dies ablehnt, gründet Stumm die Konkurrenzblätter *Neue Saarbrücker Zeitung* und *Neues Saarbrücker Gewerbeblatt*, was kurzfristig zu Auftragsverlusten für Johanna Hofer führt. Langfristig jedoch kann sie Stumm trotzen und ihr Unternehmen weiter ausbauen sowie modernisieren, sie schafft 1898 die erste Rotationsmaschine an. In diesem Jahr wird ihr Sohn Carl Mitbesitzer der Druckerei, was Johanna Hofer nicht davon abhält, den Verlag und ihre Druckereianteile bis zu ihrem Tod 1918 selbstständig zu verwalten.

Agnes Kaiser wird 1920, dem Jahr, in dem Frauen erstmals aktiv kommunales Wahlrecht ausüben, zur ersten weiblichen Stadtverordneten in Saarbrücken gewählt. Die Buchhalterin und Vorsitzende des Zentralverbandes der Angestellten zieht auf der Liste der SPD in den Stadtrat ein. Das kommunale Gruppenbild mit Dame scheint den zeitgenössischen Kommentator überfordert zu haben, wie die Autoren Paul Burgard und Ludwig Linsmayer in der *Geschichte der Stadt Saarbrücken* bemerken: „13 Arbeiter, 1 Architekt, 1 Arzt, 17 Beamte, 3 Bankdirektoren, 1 Bauunternehmer, 1 Eisenbahnhandwerker, 1 Eisenbahner, 1 Frau, 2 Geschäftsführer, 5 Handwerksmeister, 3 Ingenieure, 2 Kaufleute etc."[134] Zumindest ist für die eine Frau über ihr Frau-Sein hinaus kein Beruf vorgesehen. Weibliche Stadtverordnete wie Agnes Kaiser bleiben die Ausnahme; wenn sie politisch arbeiten, nehmen sie sich in der Regel der „typisch" weiblichen Themen an oder diese werden ihnen zugewiesen. Die Studienprofessorin Zenker beispielsweise, die 1920 für die Liberalen kandidiert, referiert in ihren Wahlkampfkundgebungen über die Rolle der Frau im Saargebiet als Hüterin der deutschen Zukunft. Falls sie gewählt würde, so ihr Tenor, beschäftige sie sich vornehmlich mit der Säuglingspflege, dem Wöchnerinnenschutz sowie der Hinterbliebenen- und Waisenfürsorge.[135]

Die Künstlerin Martha Traut sowie die Schulgründerin und Schuldirektorin Amalie Kablé werden in dem Kapitel zu Scheidt näher beleuchtet.

Die genannten vier Frauen hatten – bei aller Unterschiedlichkeit – eines gemeinsam: einen bürgerlichen Hintergrund, der ihnen für ihre jeweilige Zeit gewisse Bildungs- und damit Karrieremöglichkeiten bot, von denen eine Frau wie **Käthe Limbach** nur träumen konnte.

Käthe Limbach – der Blick auf die politische Jugend

Käthe Limbach, am 19. Februar 1915 in Malstatt als Käthe Westenburger in eine kommunistische Arbeiterfamilie geboren, ist das politische Engagement in die Wiege gelegt. Sie wird Jungpionierin, dann Mitglied im Kommunistischen Jugendverband (KJVD). Nach Volks- und Handelsschule wird sie selbst Arbeiterin, zeitweilig ist sie, nach vorhergehender Arbeitslosigkeit, als Büroangestellte für die Kommunistische Partei tätig. Trotz des Anschlusses des Saargebiets 1935 an Hitlerdeutschland geht Käthe Westenburger nicht ins Exil, sondern bleibt bei ihren Eltern in Saarbrücken. Sie findet Arbeit in einer Seilerei und unterstützt die illegale Parteiarbeit, indem sie die kommunistische Jugend neu organisiert. Organisieren will, besser gesagt, denn sie kommt nicht dazu, den Auftrag zu erfüllen, da sie am 7. August 1935 verhaftet wird. Zehn Monate verbringt sie in Untersuchungshaft in Saarbrücken, der Volksgerichtshof in Frankfurt verurteilt sie zu zweieinhalb Jahren Gefängnis und anschließender Polizeiaufsicht. Ihre Haftzeit sitzt sie in Einzelhaft im Frauengefängnis von Gotteszell bei Schwäbisch-Gmünd ab. Die folgende Polizeiaufsicht wird unter anderem damit begründet, dass bei der Angeklagten eine besonders starke kommunistische Einstellung feststellbar sei, die Anlass zu der Vermutung gebe, Käthe Westenburger könnte nach ihrer Haftstrafe weitere hochverräterische Handlungen beabsichtigen. Außerdem wird ihr zur Last gelegt, mit ihren Aktivitäten gerade die besonders gefährdeten Jugendlichen in staatsfeindlicher Absicht zu beeinflussen. Als Käthe Westenburger aus Schwäbisch-Gmünd nach Saarbrücken heimkehrt, sind ihre Eltern beide in Haft. Während des Kriegs wird sie zwei Mal evakuiert, sie heiratet 1941, zwei Töchter kommen 1942 und 1945 zur Welt. Ihr Mann wird vermisst. Nach dem Krieg nimmt Käthe ihre politische Arbeit wieder auf, widmet sich besonders der Frauenarbeit. Sie engagiert sich im Demokratischen Frauenbund Saar, bis dieser 1961 verboten wird, dann in der westdeutschen Frauen-Friedensbewegung. Und sie heiratet erneut, im Jahr 1956, dieses Mal den Eisenbahner Emil Limbach, der ihr politisch nahesteht. Neben ihrem frauenpolitischen Engagement geht es Käthe Limbach zeit ihres Lebens um die Arbeit mit jungen Menschen. Sie will, mittlerweile „alt" geworden, ihre Erfahrungen bezüglich Faschismus und Krieg weitergeben in der Hoffnung, die Jugend gegen Neonazismus und Rassismus zu immunisieren. Eine Möglichkeit dazu: antifaschistische Stadtrundfahrten, die zu historischen Städten des NS-Terrors, aber auch des Widerstandes führen. Ende der 1970er Jahre entwickelt Limbach zusammen mit anderen (siehe u. a. Irene Altpeter im Kapitel zu Bischmisheim und Maria Röder im Kapitel zu Sulzbach) ein Konzept für diese alternativen Fahrten und begleitet sie als Zeitzeugin mit, um mit den nachfolgenden Generationen ins Gespräch zu kommen. So lange, wie es ihre Gesundheit erlaubt.[136] Käthe Limbach stirbt am 4. September 2003.

Angela Braun war 23 Jahre alt, als Käthe Limbach auf die Welt kam. Die Politikerin, Frauenrechtlerin und Mitbegründerin der saarländischen Arbeiterwohlfahrt hatte zu diesem Zeitpunkt keinerlei Bezug zum Saarland.

Angela Braun – eine moderne Frau in vormodernen Zeiten

Eine Straße in Malstatt im Gewerbepark Saarterrassen trägt den Namen Angela-Braun-Straße. Den Namen Braun nimmt Angela Stratmann, die 1892 in Neuss geboren wird, erst nach ihrer Eheschließung mit dem SPD-Politiker Max Braun 1923 an. Im gleichen Jahr zieht sie mit Braun nach

Saarbrücken, wo sie sich am Aufbau der Arbeiterwohlfahrt (AWO) beteiligt, deren Vorsitz sie übernimmt. Unter ihrer Leitung werden Ferienmaßnahmen und Bildungsveranstaltungen organisiert sowie Nähstuben und Volksküchen eingerichtet. Ende der 1920er Jahre werden ihre Beiträge zunehmend politischer, Frauenrechte und Frauenbildung gewinnen an Bedeutung. Ihre Themen respektive die Forderungen der SPD-Frauen: Gleicher Lohn für gleiche Arbeit, Mutterschaftsschutz, Arbeitslosenfürsorge für Frauen. Angela Brauns besonderes Interesse gilt darüber hinaus dem Kampf gegen den § 218. Mit dem aufziehenden Nationalsozialismus gerät die oppositionelle Arbeit in den Fokus. 1935 wird die AWO verboten. Das Ehepaar Braun flüchtet wie viele Oppositionelle nach Frankreich, Angela Braun arbeitet im *Office pour les Réfugiés Sarrois*. Mit Kriegsbeginn müssen die Brauns weiterziehen, die nächste Station ihrer Flucht ist London, wo Braun unter anderem im *Woman's Voluntary Service* aktiv ist. In der Emigration trennen sich schließlich die Wege der Brauns. Nach dem Krieg muss Max Braun um die Rückkehr ins Saarland kämpfen, Ränkespiele politischer Kontrahenten versuchen diese zu verhindern. Als er endlich die Nachricht und vor allem einen Pass erhält, der ihn zur Einreise ins Saarland berechtigt, „macht er – nun 52 Jahre alt – einen Kopfstand. Am Abend des 3. Juli [1945, Anm. von G.M.] ist Max Braun tot. Er stirbt an einer, den Ärzten unerklärlichen Verstopfung der Hauptschlagader"[137]. Diese Information stammt aus der Biografie über Max Braun des Historikers Gerhard Paul. Angela Braun kommt allein zurück ins Saarland, wo sie erneut den Vorsitz der AWO übernimmt. Um ihr Auskommen zu sichern, arbeitet sie als Journalistin bei der Saarbrücker Zeitung und als Chefredakteurin der Frauenzeitschrift Charme. Der Politik bleibt sie verbunden, wird einziges weibliches Mitglied der Verfassungskommission des Saarlandes und zieht 1946 als eine von drei Frauen in den Landtag ein. In ihrer publizistischen Arbeit sieht Angela Braun vor allem die Möglichkeit, Frauen zu informieren und zu politisieren. Sich in das politische Tagesgeschäft einzumischen, die eigene, weibliche Stimme zu erheben, nicht jammern, sondern selbst aktiv werden, dafür wirbt Angela Braun nicht zuletzt in ihren Leitartikeln für die *Charme*. Das ambitionierte Zeitschriftenkonzept selbst ist nicht wirklich von Erfolg gekrönt. Die erste Nummer erscheint 1947, von da an zwei Mal monatlich in einem Umfang von 24 bis 32 Seiten und mit einer Auflage von bis zu 70.000 Stück. Eineinhalb Jahre nach ihrem Erscheinen, im Februar 1949, wird das Projekt wieder eingestellt.[138] Kurz nach dem abermaligen Anschluss des Saarlandes 1955 an die Bundesrepublik Deutschland verlässt Angela Braun das Land und lässt sich in Frankreich nieder, wo sie bis zu ihrem Tod 1966 lebt. Wahrscheinlich kehrt sie mindestens einmal ins Saarland zurück, um die Urne von Max Braun[139] von Saarbrücken nach Neuss in die Braun'sche Familiengruft umbetten zu lassen – nicht aus einem wie auch immer gearteten Familiensinn heraus, sondern aus Protest gegenüber der Entscheidung der Stadt Saarbrücken, die Max-Braun-Straße in Saarbrücken-St. Johann in Großherzog-Friedrich-Straße rückzubenennen. Seit 1983 erinnert erneut eine kleine Straße am Saarbrücker Rotenbühl an den frühen Europäer.

Eine von Angela Brauns politischen Mitstreiterinnen ist heute weitgehend vergessen: **Wilhelmine Breihof**.

Wilhelmine Breihof – die Frau ist politisch

Geboren 1886 in Nussbach in der Pfalz, verdingt sich Wilhelmine Karch, so ihr Mädchenname, als Dienstmagd, bevor sie 1919 in Saarbrücken den aus ihrem Heimatort stammenden Maurer August Breihof heiratet. Zehn Jahre später ist ihr Mann Gewerkschaftssekretär und sie selbst betreibt einen kleinen Kolonialwarenladen. Zudem haben die beiden vier Kinder durchzubringen. 1917 ist Wilhelmine Breihof der SPD beigetreten, wo sie zu irgendeinem Zeitpunkt Angela Braun-Stratmann begegnet, mit der zusammen sie sich dafür einsetzt, Frauen zu politischer Arbeit zu animieren. Sie selbst ist dafür das beste Beispiel, zieht sie doch 1926 – 20 Jahre bevor Braun-Stratmann in den saarländischen Landtag eintritt – als eine von drei Frauen in das Saarbrücker Stadtparlament ein. Das Stadtarchiv Saarbrücken hat auf der Homepage der Landeshauptstadt in der Rubrik *Von den Nazis verfolgt* Kurzbiografien von Stadtverordneten hinterlegt, die sich gegen Hitler stellten. Hier finden wir einen Auszug aus der *Volksstimme*, dem Organ der Sozialdemokratischen Partei des Saargebiets, vom 10. Februar 1927, der auf einen Auftritt Wilhelmine Breihofs vor einer Frauenversammlung Bezug nimmt:

> Nach ihr [A. Braun-Stratmann] sprach noch die Genossin Breihof, Saarbrücken, ein paar Worte zu den versammelten Frauen, streifte nochmals verschiedene Punkte des Referats und appellierte an das Gewissen der Frauen, an ihr Interesse für Heim und Familie, für das Volk, sich an der sozialistischen Frauenbewegung zu beteiligen, beizutreten und durch aktive Mitarbeit mitzuhelfen an dem Bau der neuen Gesellschaftsordnung.[140]

Die Nationalsozialisten kommen, die Breihofs gehen. Wilhelmine Breihof muss ihr Stadtratsmandat niederlegen, ihr Mann, mittlerweile städtischer Angestellter, verliert seine Arbeit. Während des Kriegs pendelt die Familie zwischen Saarbrücken und Nussbach, bis Wilhelmine Breihof im Herbst 1944 wegen unerlaubter politischer Umtriebe durch die Gestapo verhaftet und vom 22. August bis zum 5. September in Kaiserslautern inhaftiert wird. 1945 kehrt die Familie nach Saarbrücken zurück. Die bis ins hohe Alter politisch interessierte Wilhelmine Breihof lebt zum Schluss bei ihrer Tochter auf dem Eschberg, wo sie 1978 mit 92 Jahren stirbt.

Summa summarum lohnt sich ein Ausflug nach Mòòlschd, wie **Edith Braun**, die Fachfrau für saarländische Mundarten und selbst Mòòlschderin, sicher unterschreiben würde. Das ò steht für ein langes, offenes o, das im Hochdeutschen nicht existiert.

Edith Braun – eine waschechte Mòòlschderin

„De Dood muss emòòl e Aanfang hann", hadd se als äfdersch gesaad. Unn iwwer äämòò hadds Lääwe e Enn."

Dieser Spruch ziert die Traueranzeige für Dr. Edith Braun, gestorben am 14. Oktober 2016 im Alter von 95 Jahren.[141] Bevor sie zu ihrem Herzensthema, der Mundart, kommt, lebt sie das Leben vieler Frauen des 20. Jahrhunderts. Zwar macht sie das Abitur und beginnt ein Jura-Studium in München, wechselt sogar nach Prag, bricht aber ihr Studium später ab und widmet sich nach ihrer Eheschließung mit Alfred Braun im Jahr 1947 zunächst ihrer Familie; ihre Tochter wird 1949 geboren. Mit 50 Jahren kehrt Edith Braun 1971 zurück an die Universität. Nicht nach

München und nicht in die Juristerei, sondern an die Universität des Saarlandes, wo sie 1976 ihr Diplom als Übersetzerin in Englisch und Russisch erwirbt. Im selben Jahr stirbt ihr Ehemann. Ab 1981 beginnt Edith Braun zu schreiben; parallel dazu nimmt sie ein Studium in den Fächern Phonetik, Germanistik und Slawistik auf und wird 1988 bei dem Saarbrücker Professor Max Mangold zur Dr. phil. promoviert. Sie fängt, so Cathrin Elss-Seringhaus von der Saarbrücker Zeitung, „gleich zweimal Feuer: für einen neuen Mann, den Saarbrücker Phonetik-Professor Max Mangold, und für dessen Passion Dialektforschung"[142]. Einem größeren Publikum wird Edith Braun vor allem durch ihre Mundart-Werkstatt beim Saarländischen Rundfunk und mit ihrer wöchentlichen Kolumne *Unsere Mundart* in der Saarbrücker Zeitung bekannt. In ihrer 2015 im Eigenverlag veröffentlichten Autobiografie *In Alters Frische: Erlebtes und Erdichtetes aus neun Jahrzehnten meines Lebens* schließt sich der Kreis zu einer Frau, deren Bekanntschaft wir bereits gemacht haben, nämlich Katharina Weißgerber. Edith Braun erinnert sich an eine Wanderung, die sie als kleines Mädchen im Alter von vier oder fünf Jahren zusammen mit dem Vater und dem Bruder auf die Spicherer Höhen macht. Der Vater erzählt vom Deutsch-Französischen Krieg 1870/71, der Name Schultze Kathrin fällt. Braun schildert weiter:

> ‚Weib, geh sie weg! Hier wird geschossen!', hatte ihr [Katharina Weißgerber, Anm. von G.M.] ein deutscher Offizier zugerufen. ‚Ei die schieße jò nidd uff misch, Herr Offizier', hatte sie nur zur Antwort gegeben und ihre Samariterdienste unerschrocken fortgesetzt. Wir sind sehr beeindruckt, und Paul will Genaueres wissen: Ob diese Kathrin auch Tassen oder Becher dabei gehabt hätte? Und ob sie den Soldaten nicht auch was zu essen gebracht hätte?[143]

3.3 St. Johann: Vom Hinterhof zum Wohnzimmer

Flanieren wir zunächst durch die Haupteinkaufsstraße der Stadt, die Bahnhofstraße, die 2014 150 Jahre alt wurde und eine wechselvolle Geschichte erzählt. In der Bahnhofstraße treffen wir berufliche Pionierinnen ebenso wie mutige Widerständlerinnen, vor allem freilich arbeiteten (und arbeiten) in dieser Straße Generationen von Verkäuferinnen.

Die weibliche Seite der Saarbrücker Bahnhofstraße

In Höhe einer Apotheke erinnert eine Stele an **Marie Juchacz** und **Johanna Kirchner**, Juchacz unterhält in der heutigen Bahnhofstraße 95 (1924: Bahnhofstraße 80) im zweiten Stock eines Geschäftshauses eine kleine Pension mit preiswertem Mittags- und Abendtisch. Hier können sich geflüchtete, mittellose Menschen treffen, hier findet die Kommunalpolitikerin und Widerstandskämpferin Johanna Kirchner Arbeit als Serviererin, bevor sie Max Braun, der Vorsitzende der Sozialdemokraten im Saargebiet, als Parteisekretärin einstellt. Marie Juchacz, geboren 1879 in Landsberg an der Warthe, ist eine deutsche Sozialdemokratin und Frauenrechtlerin, unter deren Leitung 1919 die Arbeiterwohlfahrt gegründet wird. Sie hält nach der Einführung des passiven Wahlrechts für Frauen am 19. Februar 1919 in der Weimarer Nationalversammlung als erste Frau eine Rede. Ins Saarland beziehungsweise Saargebiet kommt Juchacz nach der Machtergreifung der Nationalsozialisten. Nach Bekanntgabe des Ergebnisses der Saarabstimmung am 15. Januar und dem darauffolgenden Machtantritt der Nazis im Saargebiet ist dieses für Marie Juchacz nicht mehr sicher, sie flieht über Frankreich und Martinique bis in die USA. Wie ihre Geschichte weitergeht, erzählt Käthe Fey-Kirschmann im Kapitel zu Alt-Saarbrücken. Johanna Kirchner gelingt es dagegen nicht, den Nazis zu entkommen. 1942 wird sie von der Vichy-Regierung[144] verhaftet und an die Gestapo ausgeliefert. Wegen Landesverrats zu zehn Jahren Zuchthaus verurteilt, wird das Urteil später in eine Todesstrafe umgewandelt. Johanna Kirchner wird am 9. Juni 1944 in Berlin-Plötzensee hingerichtet. An anderer Stelle in St. Johann, unweit des Stadions Kieselhumes, erinnert die Hanna-Kirchner-Straße an die streitbare Demokratin. Parallel dazu: die Bertha-von-Suttner-Straße in Gedenken an die österreichische Schriftstellerin, Journalistin und Pazifistin Bertha Freifrau von Suttner, die 1905 als erste Frau den Friedensnobelpreis erhält.

Zurück in die Bahnhofstraße. Ein paar Häuser weiter, in der Bahnhofstraße 72, praktizieren die Gynäkologin Dr. **Wally Steinthal** und die Zahnärztin Dr. **Edith Pulewka**. Letzterer wird am 20. Juli 1923 von der Universität Heidelberg der Doktortitel verliehen. Zur Einordnung: a) Der Beruf des Zahnarztes ist zu der Zeit sehr „jung" – bis in die 1910er Jahre sucht lediglich eine begüterte gesellschaftliche Minderheit einen Zahnarzt auf, der große Rest vertraut sich sogenannten Zahnheilern an –; b) Frauen sind erst 1900 zum zahnärztlichen Studium zugelassen worden. Damit ist Deutschland ein Spätzünder, können doch Frauen beispielsweise in der Türkei bereits seit 1894 Medizin studieren, die USA, Russland und die Schweiz öffnen ihre universitären Pforten ebenfalls früher.[145] Wally Steinthal, Fachärztin für Frauenleiden und Geburtshilfe, wird, wenn auch auf andere Weise als Johanna Kirchner, ein Opfer der Nationalsozialisten. Sie kommt 1924 nach Saarbrücken, wo sie als eine der ersten Gynäkologinnen praktiziert.[146] Verheiratet ist sie mit dem bekennenden Hitlergegner Dr. Hugo Steinthal, Mitglied der jüdischen Gemeinde in Saarbrücken. 1935 verlassen Wally Steinthal und ihre Tochter das Saargebiet in Richtung Palästina, der Sohn wird nach Breslau geschickt (von dort stammt Wally Steinthal gebürtig) und Hugo Steinthal geht ins französische Annemasse, um in Kontakt zum Völkerbund zu treten. Wally und ihre Tochter werden in Palästina nicht heimisch und gehen zurück nach Frankreich. Ihr Antrag auf Zulassung als Ärztin wird abgelehnt. Der Versuch, in die USA zu emigrieren, scheitert, Hugo Steinthal wird nach Kriegsausbruch in Frankreich interniert. Nach dem Einmarsch der Wehrmacht in Paris setzt Wally Steinthal ihrem Leben ein Ende. Der Rest der Familie überlebt und bleibt dauerhaft in Paris.[147] Edith Pulewka hingegen steht anfänglich dem Nationalsozialismus offen gegenüber. Sie fühlt sich der rechtskonservativen, evangelischen „Neulandbewegung" um Guida Diehl verbunden und feiert die Rückgliederung des Saargebiets an Hitlerdeutschland als Befreiungstag. Unter anderem das Verschwinden der Grußformel „Heil Hitler" in ihrem Gästebuch seit dem Ausbruch des Zweiten Weltkriegs legt nach

Meinung von Hans-Christian Herrmann, Leiter des Saarbrücker Stadtarchivs, die Vermutung nahe, dass Pulewkas Sympathie gegenüber dem Nationalsozialismus mit der Zeit Ernüchterung Platz gemacht habe.[148] Die 1898 in Saarbrücken geborene Edith Pulewka stammt aus bürgerlichen Verhältnissen. Ihr ein Jahr jüngerer Bruder Karl studiert Medizin in Hamburg, wie Edith. Zusammen praktizieren die Geschwister in der Zeit der Evakuierung in Bad Kreuznach, nach dem Krieg darf Edith Pulewka ihren Beruf zunächst nicht ausüben, betreibt dann bis Mitte der 1950er Jahre wieder mit ihrem Bruder zusammen eine Gemeinschaftspraxis in der Puccinistraße im Saarbrücker Stadtteil St. Arnual. Wie Pulewka ihren Beruf der Zahnärztin ausübt, darüber ist wenig bekannt, so Herrmann. „Zeitzeugen erinnern sich aber an ihren verständnisvollen Umgang mit Kindern, die natürlich Angst vorm Zahnarzt hatten."[149] Mit 56 Jahren heiratet Edith Pulewka den Nervenarzt Dr. Rudolf Leppien, seines Zeichens Leiter der Landesnervenklinik Merzig. „Das Ehepaar sollte noch eine aktive und glückliche Zeit miteinander verbringen können. Beide machten im dritten Anlauf den Führerschein und fuhren einen VW Käfer."[150]

Beruflich erfolgreich auf gänzlich anderem Gebiet sind **Alma Engel** und **Lidy Utsch**. Alma Engel, Tochter eines Bankbeamten, besucht die private Münchener Debschitz-Schule für angewandte und freie Kunst, eine reformorientierte Kunstschule, die ihren revolutionären Geist beispielsweise darin ausdrückt, Frauen erstens als Studentinnen und zweitens als Lehrende zuzulassen. Im Sommer 1909 richtet Alma Engel zusammen mit ihrer Kommilitonin Lidy Utsch in der Bahnhofstraße 31 eine kunstgewerbliche Werkstatt ein. Die beiden Frauen versehen ihre Werke – Porzellanmalereien aus Öl- und Aquarellarbeiten, ornamentalen Buchschmuck, Handpapiere – mit der Buchstabenkombination EU für Engel und Utsch. Am 7. April 1919 besteht Engel die Meisterprüfung für das Goldschmiede- und Silberschmiedehandwerk mit Auszeichnung, sie ist damit die zweite Goldschmiedemeisterin Preußens. Bald darauf heiratet sie den aus St. Ingbert stammenden (und zwanzig Jahre jüngeren) Goldschmied Oswald Richter – das Ende der Zusammenarbeit mit Lidy Utsch. Sie führen in der Bahnhofstraße 62 die gemeinsame Werkstatt Richter-Engel, bis ihre Wege sich im Jahr 1938 gleichfalls trennen. Es bleibt zu vermuten, dass Alma für Oswald Richter als Goldschmiedemeisterin eine gute Lehrerin war.[151] In direkter Nachbarschaft zur früheren Werkstatt Engel-Utsch wirkt die Hut- und Pelzspezialistin **Amalie Gädicke**, die 1870 zusammen mit ihrem früh gestorbenen Mann Wilhelm ein Hutgeschäft in der Bahnhofstraße 32 gründet, später das Geschäftshaus komplett erwirbt und mehrfach umbaut. 1918 weitet sie ihren Handel auf Pelze aus. Stärkste Konkurrentin der Gädickes ist das Hut- und Pelzhaus Korn in der Bahnhofstraße 78. Ähnlich Amalie Gädicke übernimmt **Johanna Schmitz** nach dem Tod ihres Mannes die Leitung des Unternehmens, erweitert das Sortiment, wird zu einem führenden Herrenausstatter. Die beiden Rivalinnen, oder besser gesagt: Mitbewerberinnen, Johanna Schmitz und Amalie Gädicke sind zwei starke Frauen, die zu einer Zeit, die Frauen in Führungspositionen nicht vorsieht, mit Können und Fleiß in genau diese „Höhen" vorstoßen.[152] Mehr als drei Jahrzehnte später wirbelt eine weitere erfolgreiche Unternehmerin die Bahnhofstraße auf, als sie im Haus Nr. 74 einen Beate-Uhse-Shop eröffnet, eine der ersten und in der Folge umsatzstärksten Filiale in Deutschland. Die Flensburgerin Beate Uhse erscheint übrigens in persona zur Eröffnung ihres Fachgeschäfts für Ehehygiene am 28. Juni 1968 in Saarbrücken.

1968 – was hat sich nicht alles innerhalb zweier Dekaden geändert. In den 1950er Jahren, weiß Hans-Christian Herrmann zu berichten, „war es […] tabu, eine Schaufensterpuppe nackt zu zeigen. Beim Umdekorieren wurde sie in weißes Tuch verhüllt"[153]. In die Bahnhofstraße kommen Frauen zum Einkaufen. Stellen wir uns dieses Szenario aus den 1950er und 1960er Jahren vor: Die Chauffeure wohlhabender Fabrikanten oder erfolgreicher Rechtsanwälte fahren deren Gattinnen vor, diese kaufen ein. Stunden später, der Einkauf ist erfolgreich getätigt, rauschen die Gattinnen durch die sperrangelweit für sie geöffneten Türen, im Schlepptau eine oder mehrere Verkäuferinnen, die die Tüten und Päckchen zum Auto tragen und gemeinsam mit dem Chauffeur verstauen.[154] Nachgerade aus der Zeit gefallen scheint die folgende Berufsauffassung einer Verkäuferin aus den 1970er Jahren beim Bekleidungshaus Overbeck:

> Die Kundin oder der Kunde betrat den Laden, ein erster Blickkontakt unsererseits erfolgte, dann ein Gruß. Eine Erwiderung zeigte Interesse und womöglich die Bereitschaft, sich auf Beratung und Kauf einzulas-

> sen. Jetzt behielt man die Kundin oder den Kunden im Auge, fragte ‚Wie oder womit kann ich ihnen [sic] helfen?', bitte niemals nur ‚Kann ich ihnen [sic] helfen?', die Wendung konnte ein lapidares ‚Mir ist nicht zu helfen!' nach sich ziehen und schon war alles verloren. Wendete sich die Kundschaft der Verkäuferin zu, hieß es im Gespräch zu bleiben, mit ehrlicher Anteilnahme auf die individuellen Wünsche der Kaufwilligen einzugehen. Nun konnte sich ein erfolgversprechender Dialog entfachen, gleichzeitig war die persönliche Leidenschaft geweckt, sich auf die Kundenbedürfnisse einzustellen, dies zu suchen und jenes zusammenzustellen [...]. Und das Glück lag auf beiden Seiten: die Käuferin oder der Käufer hatte ihr oder sein Ziel, modisch gekleidet den Alltag zu bestreiten erreicht, wir unser Verkaufstalent bewiesen.[155]

Leider wurde und wird dieses Talent nicht wirklich gewürdigt, weder pekuniär noch sonst wie wertschätzend. Im Lauf der Jahre kommen längere Öffnungszeiten hinzu, der Einzelhandel ändert sich, große Ketten übernehmen die Bahnhofstraße, die Kundschaft bekommt ein anderes Gesicht, ihr Bedürfnis nach Beratung und qualitativ wertvoller Ware nahm und nimmt zunehmend ab.

Zeit für einen Kaffee am St. Johanner Markt. Bis vor kurzem warb die Stadt Saarbrücken folgendermaßen mit diesem historischen Ort: „Kaum jemand kann sich heute noch vorstellen, dass noch vor wenigen Jahrzehnten der St. Johanner Markt – heute das Wohnzimmer der Saarbrücker, ehemals das Schlafzimmer war. Die Namen Tante Maja, Tante Anna und die Keltermannpassage erinnern heute noch an diese Vergangenheit."[156] Bis in die 1970er Jahre war der St. Johanner Markt eines der Rotlichtviertel schlechthin, und das seit Jahrzehnten. Bereits um die Jahrhundertwende betrieb die Witwe Mathias Keltermann[157] ein Eckhaus am Ausgang des Marktes in Richtung Bahnhofstraße, in dem unten eine Gastwirtschaft und im Obergeschoss entsprechende Fremden- und Mädchenzimmer eingerichtet waren. Dieses wie viele andere Gebäude wurden in den 1960er Jahren abgerissen. Das Thema Prostitution beschäftigt Politik und Gesellschaft nach wie vor. Die Grenzlage zu Frankreich, wo Prostitution im April 2016 für Freier unter Strafe gestellt wurde, führte zwischenzeitlich dazu, dass sich Saarbrücken abermals zu einer Hochburg der Prostitution entwickelte. Die erste und bislang einzige Frau an der Verwaltungsspitze Saarbrückens, die SPD-Politikerin

Charlotte Britz, die von 2004 bis 2019 Chefin im neogotischen Rathaus St. Johann war, versuchte mit Maßnahmen wie der Verkürzung des Straßenstrichs und der Einschränkung von Bordellwerbung sowie der Mobilmachung gegen Groß- und Flat-Rate-Bordelle die Lage für Prostituierte zu verbessern – eine Never-Ending-Story mit vielen Facetten. Eine ihrer Vorgängerinnen, politisch im rechtskonservativen Spektrum angesiedelt, war die 1878 in St. Johann geborene **Anna Therese Rawengel** von der Deutschnationalen Volkspartei (DNVP).

Anna Therese Rawengel – Karrierefrau im Krieg

Rawengel besucht die höhere Mädchenschule und anschließend das Lehrerinnenseminar in Trier. Danach zieht es sie zum Geschichtsstudium nach Göttingen, später nach Berlin. Dazwischen lebt sie einige Zeit in Frankreich. 1914 schließt sie ihre Studien mit dem Titel der Studienprofessorin ab. 1916 wird sie vom preußischen Kriegsministerium mit diversen Aufgaben betreffend Frauen im Kriegseinsatz betraut, wie der Beaufsichtigung der Frauen in einer bestimmten Etappe. Frauen werden im Ersten Weltkrieg als Krankenschwestern und Etappenhelferinnen eingesetzt. Letztere sollen den männlichen Etappenhelfern nachrücken, die dadurch an die Front verlegt werden können. Die Frauen arbeiten als Schreibkräfte, in Wäschereien oder in der Küche, eben dort, wo es in der Etappe Arbeitskräfte braucht. Gerade für junge Frauen birgt diese Entwicklung durchaus Chancen, nämlich früh erwerbstätig zu werden und selbstständig zu leben, vorgesehene Plätze in Haushalt und Familie nicht notwendigerweise übernehmen zu müssen und ja, auch Führungspositionen übernehmen zu können.[158] Anna Therese Rawengel jedenfalls wird schon während des Kriegs mit Ehrenzeichen ausgezeichnet, leitet nach dem Krieg die Demobilisation der Frauen im 21. Armeekorps und ist schließlich für kurze Zeit im Oberpräsidium der Rheinprovinz angestellt, dem Sitz des obersten Verwaltungsbeamten dieser preußischen Provinz. Nach Jahren der Abwesenheit entscheidet sie sich für eine Rückkehr ins Saarland. Sie arbeitet wieder als Lehrerin, unter anderem am Gymnasium am Rotenbühl. Sie tritt in die DNVP ein und zieht in den Saarbrücker Stadtrat. Als Vertreterin ihrer Partei wird sie mehrfach zum

Völkerbund nach Genf entsandt. Bei der Reichstagswahl im November 1932 wird sie in den Reichstag gewählt, dem sie allerdings nur kurz angehört, da sie knapp einen Monat später im Alter von 54 Jahren stirbt. Ein halbes Jahr danach löst sich ihre Partei, die DNVP, selbst auf, ihre Reichstagsabgeordneten schließen sich der NSDAP-Fraktion an.

Die erste und vermutlich einzige Grubendirektorin in ganz Preußen, **Catharina Margarethe Heintz**, wurde übrigens ebenfalls in St. Johann geboren, im Jahr 1764. Zu diesem Zeitpunkt war **Susanna Elisabetha Weinranck** bereits als Hebamme unterwegs, bevor sie 1780 zur obersten Stadthebamme in St. Johann gewählt wurde. Ob sie Catharina Margarethe Heintz zum Start ins Leben verholfen hatte, ist hingegen nicht überliefert.

Catharina Margarethe Heintz – eine Frau über Tage

Hinter jedem erfolgreichen Mann steht eine starke Frau, heißt es. Catharina Margarethe Heintz und ihr Mann Johann Jacob Heintz, Verwalter der Steinkohlengrube Rußhütte sowie der Kohlenniederlage Kohlwaage, wechseln zeitig die Positionen. Kurz nach der Eheschließung und der Geburt des einzigen Sohnes 1787 erkrankt Johann Jacob Heintz schwer und Catharina übernimmt dessen beruflichen Aufgaben. Offensichtlich erledigt sie die Geschäfte so gut, dass Fürst Ludwig von Nassau-Saarbrücken sie 1790 – zu Lebzeiten ihres Mannes – offiziell in die Dienststellung ihres Mannes einsetzt. Nach der Besetzung von Nassau-Saarbrücken durch französische Truppen erhält Catharina Heintz die Bestätigung ihrer Stellung in der Bergverwaltung durch den französischen Staat. Johann Jacob Heintz stirbt am 16. Mai 1801 im Alter von 52 Jahren. Die Witwe Heintz wird zur offiziellen Direktorin der Steinkohlengrube Rußhütte. Als die Saarregion nach dem Sieg der Alliierten über Napoleon 1814 dem preußischen Staat zufällt, bestätigt dieser die Stellung der „Wittib Heintz", wie sie in offiziellen Schreiben genannt wird, und beschäftigt sie weiter. Sie erhält jährlich 894 Franken und somit 344 Franken weniger als ihre männlichen Kollegen.[159] Die Preußen übertragen ihr zudem die Verwaltung der Salzniederlage in St. Johann. Doch mit der politischen Übernahme durch Preußen setzen sich im Land an der Saar nach und nach dessen weltanschauliche Ansichten und Spielregeln durch. Werfen wir einen Blick in die *Zeitschrift für das Berg-, Hütten- und Salinen-Wesen im Preussischen Staate*, die sich knapp 80 Jahre später mit den Ereignissen um Catharina Heintz auseinandersetzt:

> [...] Schon am 26. Juli 1816 erklärte es der Geheime Oberbergrath Graf v. Beust in Bonn ‚mit den Dienst-Einrichtungen und den übrigen Umständen nicht vereinbar', daß die p. Heintz die bisher bekleidete Stelle eines Oberschichtmeisters ferner behalte. Mit Ende des Jahres 1816 wurde Frau Heintz ihres Dienstes als Verwalterin der Kohlwaage enthoben und die Stelle dem Geschwornen Thönnes übertragen. [...]
>
> Wie sehr man mit den Leistungen der Witwe Heintz zufrieden war, geht aus einem Berichte des Königlichen Bergamtes zu Saarbrücken vom 10. October 1819 hervor, worin es heißt, daß die p. Heintz bisher ihre Geschäfte stets treu und vollständig erfüllt habe, ja, daß sie die Geschäfte als Oberschichtmeisterin besser und pünktlicher wie alle übrigen Oberschichtmeister versehen habe. [...] Auch das Königl. Oberbergamt zu Bonn verwandte sich lebhaft für Frau Heintz, indessen das Königl. Schatzministerium zu Berlin es für verfassungswidrig erklärte, daß ein Kassenposten von einer Frau verwaltet werde.[160]

Also schickt die Obrigkeit die Witwe Heintz am 1. Juli 1820 im Alter von 56 Jahren mit einer lebenslangen Pension von 145 Talern in Rente. Catharina Margarethe Heintz stirbt am 8. Mai 1835 in Saarbrücken.

Susanna Elisabetha Weinranck – Hebamme und Sittenpolizei

Wie erwähnt, wird Susanna Weinranck 1780 zur obersten Stadthebamme gewählt, und zwar nur von den Bürgerinnen von St. Johann. Ein reines Frauenvotum, zynisch gesprochen das einzige Frauenwahlrecht zu der Zeit.[161] Weinranck ist 44 Jahre alt, verheiratet, und hat selbst acht Kinder, als sie die Oberhebammenstelle antritt. Konkret bedeutet dies eine weitere Ausbildung, da laut Erlass des Fürsten Wilhelm Heinrich aus dem Jahr 1763 oberste Stadthebammen sich einer professionalisierten

Ausbildung an der Accouchieranstalt (aus dem Französischen: accoucher = entbinden) in Straßburg unterziehen müssen. Die Kosten werden zwar übernommen, dennoch muss Susanna Weinranck für ein Jahr, so lange dauert die Lehrzeit an der renommierten Hebammenschule, ihre Familie zurückzulassen – sicher eine große Ausnahme für das 18. Jahrhundert.[162] Nach ihrer Rückkehr ist Weinranck über 20 Jahre als städtische Hebamme in St. Johann tätig. Zu ihren Aufgaben gehören neben der Geburtshilfe (Schwangerschaft, Geburt und Wochenbett) das Recht zur Nottaufe, die Ausbildung von Lehrhebammen und nicht zuletzt die Übernahme städtischer Aufgaben wie zum Beispiel die Unterstützung der Sittenpolizei. Das heißt: eine Meldepflicht in Bezug auf alles, was gegen das Gesetz, die Sitten und die allgemeine Ordnung der Zeit verstößt, allen voran außereheliche Schwangerschaften und Abtreibungen. Die Medizinhistorikerin Dr. Claudia Hilpert hat sich mit der Geschichte von Mainzer Hebammen in früheren Jahrhunderten beschäftigt. Sie verweist darauf, dass Hebammen schon in der Antike vor Gericht als Sachverständige auftraten, ab dem 16. Jahrhundert erweiterte sich ihr Aufgaben- und Pflichtenbereich sukzessive, nicht zuletzt als Folge von Reformation und Gegenreformation, die zu einer Neubewertung außerehelicher Schwangerschaften und Geburten führten. Neubewertung heißt in dem Fall: Sexualkontakte zwischen ledigen Personen werden offiziell strafbar, Schwangerschaften in dem Kontext gelten als illegitim und müssen angezeigt werden. Wer soll anzeigen? Ledigen Müttern drohen – neben der sozialen Stigmatisierung – Geld- und Zuchthausstrafen. Abtreibungen, Kindesaussetzung oder Kindesmord scheinen oftmals der einzige Ausweg aus dieser Lage. Und wer soll beispielsweise einen Kindesmord nachweisen? Wir ahnen es – die Hebammen werden verpflichtet, bei Verdacht auf Kindesmord die Schwangere sowie das tote Kind zu untersuchen. Zur Ermittlung des Kindsvaters sind die Hebammen angehalten, „durch Befragung während der Geburt unter Androhung von Verweigerung der Hilfeleistung („Geniesverhör")" die Frauen unter Druck zu setzen.[163] Die Frauen – sowohl die ungewollt Schwangeren als auch die Hebammen als Handlangerinnen der (geistlichen und weltlichen) Obrigkeit – zahlen den Preis für ein Gesellschaftsbild, in dem es nicht nur um die Ehe als (moralischen) Hauptpfeiler der guten Ordnung geht, sondern um handfeste ökonomische Interessen.

So hat die Eindämmung des Ehebruchs eine erhebliche familien- und erbrechtliche Komponente. Darüber hinaus hat der Staat ein hohes Eigeninteresse daran, den ärmeren Schichten insgesamt Ehebeschränkungen aufzuerlegen, denn je weniger Kinder die Armen in die Welt setzen, eheliche und uneheliche, desto weniger belasten sie die staatlichen Kassen. Die Saarbrücker Bürgerschaft ehrt ihre Oberhebamme mit einem Sitzplatz in einer der vorderen Reihen in der barocken Ludwigskirche. Bis ins damalig hohe Alter von 68 Jahren übt Susanna Weinranck ihren Beruf aus, sie sieht viele Kinder zur Welt kommen und viele Kinder und Mütter sterben.

3.4 Eschberg: Eine Vision

Der heutige Eschberg ist das Ergebnis stadtplanerischer Überlegungen, die spätestens ab den 1950er Jahren einsetzten. Im Saarland herrschte große Wohnungsnot, insbesondere in den Ballungsgebieten. So entstand unter anderem auf dem Eschberg ein neuer Stadtteil mit 1.518 Wohneinheiten unterschiedlicher Couleur: vom Hochhaus bis zum Einfamilienreihenhaus.[164] Im März 1959 präsentierte der damalige Baudezernent Dr. Hans Krajewski (**Lore Krajewski**) seine Vision einer Gartenstadt erstmals der Öffentlichkeit. Herrlich nachzulesen, wie eine Eschbergerin der ersten Stunde, die „Hergeloffene aus dem Reich", Christel Thies, die „Batschzeit" beschrieb:[165]

> Als wir […] im Jahre 1964 auf den Eschberg zogen, stand mittendrauf eine Fabrikhalle, in der die Betonplatten gegossen wurden, die nachher zu den bis zu 12-geschossigen Gebäuden aufeinandergestapelt wurden wie riesige Kartenhäuser. Baggerschaufeln hatten längst die Erde von allen Spuren botanischen Lebens befreit und der Eschberg hatte wieder jenen Zustand angenommen, den die Erde am ersten Schöpfungstag gehabt haben soll: Er war wüst und leer, und das Feste war noch nicht vom Wasser geschieden, sondern bildete jenes mal festere, mal flüssigere Gemenge, das die Saarländer mit dem lautmalerischen Wort ‚Batsch' bezeichnen. […]
>
> Am Waldrand hatte der Batsch jene zähklebrige Konsistenz, die in glücklichen Fällen, widerwillig, mit einem schmatzenden Geräusch die Schuhe wieder freigibt, meist sich aber gar nicht mehr von ihnen trennen will und dann in dicken, bei jedem Schritt sich vergrößernden Klumpen unsere Füße beschwert. Sie machte uns das Leben schwer, diese Anhänglichkeit der Erde. […] ‚Aha, auch vom Eschberg', so begrüßten wir in der Stadt die mit den Schlammspritzern bis zum Kragen. […]
>
> An einem kalten Januarabend trat ich vor die Haustüre. Die Farben hatten sich schon verabschiedet und der Lärm der Baumaschinen gelegt. Kaum konnte man erkennen, wo die graue Nässe der Erde überging in die hellere Feuchtigkeit des Nebels. Ein Bauarbeiter hatte sich auf einen Bretterstapel gerettet, um sich umzuziehen. Da stand er nun in all der trostlosen Hässlichkeit, nur mit einer Unterhose bekleidet. Da wusste ich,

das ist der Tiefpunkt, schlimmer kann es jetzt nicht mehr werden. Wie einem Verdurstenden Wasser, so erschienen mir Rasenflächen mit leuchtenden Krokussen, Rosensträucher und Amselgesang. Heute wissen wir, die Vision ist wahr geworden.

Lore Krajewski – Baumeisterin im Schatten

Hans Krajewski, von 1957 bis 1970 Beigeordneter und Baudezernent der Stadt Saarbrücken, gilt als der städtebauliche „Vater" des Wohngebiets Eschberg. Bei Wikipedia steht: „Krajewski war verheiratet mit der Architektin Lore Krajewski, Tochter von Arnold Agatz, dem Präsidenten der Bremer Hafenbauverwaltung."[166] Frau von, Tochter von. Nein, das wird Lore Krajewski nicht gerecht. Also auf Anfang. Dieses Mal geht die Recherche über Startpage, Suchbegriff: Lore Krajewski, Eintrag auf der ersten Seite: Kieferts Wurstpavillon.[167] Was ist besonders an einem Wurstpavillon? Und was um alles in der Welt hat der mit Lore Krajewski zu tun? Lore Krajewski ist eine Architektin und Kieferts Wurstpavillon ist eine „Bremensie", ein Stück Bremer Stadtgeschichte mit „beachtlichen Denkmalqualitäten", so das Bremer Landesamt für Denkmalpflege 1998. Entworfen wurde das stromlinienförmige Gebäude von Eberhard Gildemeister. Nach seiner Zerstörung im Zweiten Weltkrieg wurde Lore Krajewski mit der Rekonstruktion des Pavillons beauftragt, wobei sie nicht stehenblieb, sondern das Gebäude gekonnt weiterentwickelte.[168] Seit August 2016 ist Kieferts Wurstpavillon, der bis 1998 auf dem Bahnhofsplatz stand, im Besitz des Bremer Focke-Museums (Bremer Landesmuseum für Kunst und Kulturgeschichte). Sicher hat die Architektin Lore Krajewski mehr Spuren in Bremen hinterlassen, bevor sie mit ihrem Mann die Stadt verlässt. Bald nach der Eheschließung muss sie auf Wunsch ihres Mannes ihren Beruf aufgeben. „Für mich war es traurig, dass ich den Beruf, den ich mir erkämpft hatte, dass ich den nicht ausüben konnte [...]."[169] Lore Agatz studiert Architektur und Ingenieurwesen in Berlin und Graz. Noch im Krieg, 1945, tritt sie ihre erste Anstellung an, und zwar als erste Architektin überhaupt im Bremer Hochbauamt. Als studierte Architektin erhält sie das Gehalt eines Technischen Zeichners und damit deutlich weniger als ihre männlichen Architekten-

Kollegen. Ihr Vorgesetzter, Hans, verliebt sich in sie. Der junge Witwer braucht nicht nur eine Ehefrau, sondern auch eine Mutter für seine drei mutterlosen Söhne.

> Hans war sehr hartnäckig in seiner Werbung, dass ich ihn heiraten sollte, und nachdem ich dieses ganze Unglück mit Loisl hinter mir hatte, hatte ich ehrlich gesagt keinen seelischen Widerstand mehr gegen irgendwas. Ich bin dann in diese Ehe reingetappt mit Hans und den drei Kindern und dass sich das zum Glück erweisen sollte, das habe ich nicht geahnt und das habe ich eigentlich auch erst sehr spät erkannt. Ich habe einfach gemerkt, er war eine Festung, die ich hinter mir hatte. [...] Auch aus diesen Dingen heraus kann sich Liebe entwickeln. [...] Als ich es wusste, da war es schon zu spät, da war er schon tot.

Das ganze Unglück mit Loisl, damit ist ihre erste große Liebe – Alois Mayerhofer – gemeint, der im April 1942 mit 25 Jahren fällt. Eine Schatulle mit Liebesbriefen bewahrt Lore bis zu ihrem eigenen Tod auf. „Das war das Schicksal meiner Generation. [...] Man muss einsehen, dass Krieg Töten bedeutet. Und das hat mich eigentlich zur Pazifistin gemacht. Es gibt keinen Grund, einen Krieg anzufangen." Nach der Hochzeit mit Hans Krajewski arbeitet Lore zunächst weiter, sie gründet ein eigenes Architekturbüro, stellt vier Mitarbeiter ein und ist sehr produktiv. Gleichzeitig startet ihr Mann immer mehr durch, wird Baudezernent erst in Leverkusen, später in Saarbrücken. Einer ihrer Stiefsöhne erinnert sich:

> Er hat sie doch um ihren Beruf gebracht. Danach ist ja nicht mehr viel gelaufen. Dann hat er gesagt in Leverkusen, ich bin jetzt der leitende Beamte in Leverkusen, ich kann nicht zulassen, dass du hier arbeitest, das könnte ja nach Schiebung aussehen. Und in Saarbrücken war es dasselbe. Sie konnte dann noch dieses Haus entwerfen, und von der Schwester das Haus, und das war's dann.

39 Jahre bleiben Hans und Lore Krajewski verheiratet, bis zu Hans' Tod. Auf die Frage der Enkeltochter, was ihr eigentlich an Hans gefallen habe, antwortet Lore Krajewski mit einem nüchternen Lachen: „Gar nichts. Weil ich immer gezweifelt hab, dass ihm das ja auch nicht gefallen

könnte, so ein Riesenweib und er so klein und knuppig daneben. Das hat mein ästhetisches Gefühl etwas gestört." Ähnlich trocken reagiert sie auf die Frage, welche Form der Trauerfeier sie sich wünsche. „Das ist doch nur Asche und Materie, da soll man doch nicht so ein Theater mit machen." Immerhin will sie „mit Poesie in die Grube", unter anderem mit Joseph von Eichendorffs berühmten Mondnacht-Gedicht, dessen letzte Zeilen lauten: *Und meine Seele spannte weit ihre Flügel aus, flog durch die stillen Lande, als flöge sie nach Haus*. Lore Krajewski stirbt am 14. Juli 2019 im Alter von 98 Jahren.

Der Eschberger Hofplatz wird von einer Brunnenlandschaft aus Sandstein dominiert. Sie stammt von der Künstlerin Liselotte (Lilo) Netz-Paulik, geboren 1922 in Cottbus, 1948 emigriert nach Paris, ab 1955 freischaffende Bildhauerin in Saarbrücken, 2007 im Alter von 85 Jahren gestorben. Die Schülerin unter anderem von Ossip Zadkine (Paris) lebte und arbeitete zeitweise auf dem Eschberg, der Brunnen ging aus einem Projekt Ende der 1970er Jahre hervor und wurde 1980 fertiggestellt. Am Brandenburger Platz gestaltete die Eschberger Keramikkünstlerin Hilde Bock (1916–2010) 1989 im Auftrag der Stadt Saarbrücken den Treppenaufgang zur Kirche St. Augustinus mit Fliesen aus Steinzeug und Feldspatglasur. Und das Evangelische Gemeindezentrum birgt ein Wandrelief der Künstlerin Brigitte Schuller-Kornbrust, dessen (Wieder-) Entdeckung eng mit den Soroptimistinnen zusammenhängt.

Annelies Obenauer und Brigitte Schuller-Kornbrust – beste Schwestern

Annelies Obenauer schreibt Gedichte und veröffentlicht diese im Selbstverlag sowie in Zeitschriften wie dem Saarbrücker Stadtmagazin Kakadu und in Anthologien. In erster Linie jedoch ist sie bildende Künstlerin (Gemälde, Skulpturen) und ihre visuelle Herangehensweise an die Themen zeigt sich in ihrer Lyrik, die häufig in Farben und Formen schwelgt.

im abend brennt das licht in den vier wänden
das gelb ruht heftig gelb und weiß gestreift

der tisch ist so geschmückt gedeckt
das weiße pferd springt auf der blauen tafel
die pimpernelle steht geschnitten grün im glas
die tänzerin aus ton hält leicht gebeugt
die vase in der hand[170]

Neben ihrer eigenen Kunst trachtet Obenauer danach, junge Künstlerinnen zu fördern, unter anderem als Soroptimistin. Soroptimist International Deutschland, lese ich auf der Webseite des Clubs, ist „eine der weltweit größten Service-Organisationen berufstätiger Frauen mit gesellschaftspolitischem Engagement". Der SI-Club Saarbrücken wird am 12. September 1987 als 59. Club gegründet und hat 2020 28 Mitglieder. 2021 bereiten sich die Soroptimistinnen weltweit auf ihre 100-Jahr-Feier vor, wurde doch 1921 in Oakland, Kalifornien der erste SI-Club konstituiert. Auf der Suche nach einem geeigneten Meeting-Raum in Corona-Zeiten ist der SI-Club im Evangelischen Gemeindezentrum auf dem Eschberg nicht nur fündig geworden, die Soroptimistinnen haben dort einen Schatz einer der Ihren entdeckt: ein Wandrelief der Künstlerin Brigitte Schuller-Kornbrust von 1975. Schuller-Kornbrust, geboren 1934 in Coburg, gestorben 2016 in Berlin, war lange Jahre Mitglied im SI-Club Saarbrücken. Im Saarland existieren Werke von ihr im öffentlichen und sakralen Raum, beispielsweise in der Uni-Klinik in Homburg. Annelies Obenauer und Brigitte Schuller-Kornbrust sind „sorores optimae", beste Schwestern. Wie bemerkte doch die taz launisch im Jahr 1994 anlässlich einer Kunstausstellung des Soroptimist Club Bremen, an der Obenauer teilnahm: „Ja, auch Frau Annelies Obenauer vergewisserte sich einst, daß sie es nicht mit dem etwas gehobeneren Häkelverein zu tun habe. […] Eine Soroptimist-Frau zu sein, das heißt für Annelies Obenauer, Jahrgang 1929, ‚Erfrischung, Pusch, Impulse zu bekommen'."[171] Obenauer stirbt 2007.

Last, but not least, ruht auf dem alten Friedhof Berta Schmidt von Schwindt geborene Stumm, 1840 bis 1876, die Schwester von Carl Ferdinand von Stumm auf Schloss Halberg sowie die Tochter des Industriellen Carl Friedrich Stumm. Die Stumm-Erbin Berta ist die älteste Eschbergerin, der wir hier oben begegnen können.[172] Ihre Mutter,

Marie Louise Stumm geborene Böcking, ließ nach dem Freitod ihres Mannes Carl Friedrich zwischen 1848 und 1850 die Eschberger Villa als Wohnsitz errichten. Nicht gesichert ist, ob es sich bei der Villa um einen kompletten Neubau oder um einen Um- beziehungsweise Erweiterungsbau handelte. Marie Louise Stumm ehelichte in der Folge den früheren Hauslehrer ihrer Kinder, Heinrich Hodler, mit dem sie angeblich schon zu Lebzeiten ihres Mannes ein Verhältnis hatte, und zog mit diesem 1860 nach Ilsenburg im Harz, wo sie vier Jahre später starb. Die Villa wurde 1867 als Mitgift an den Schwiegersohn Alexander Schmidt von Schwindt überschrieben. Im 20. Jahrhundert, kurz vor Beginn des Zweiten Weltkriegs, erwarb die Stadt Saarbrücken das Ganze für umgerechnet gut 3 Millionen Euro, um ein städtisches Kinderheim zu errichten. Der Krieg verhinderte das Vorhaben und der Eschberger Hof wurde stattdessen als Hilfskrankenhaus genutzt. Ab Oktober 1956 wurde die im Krieg teilweise zerstörte Anlage abgerissen, um der Vision der Gartenstadt Eschberg – siehe den Kapitelanfang – Platz zu machen.[173]

3.5 St. Arnual: Das Dorf in der Stadt

Im Südosten von Saarbrücken liegt der Stadtteil St. Arnual. Bis heute wird dieses Viertel „das Dorf in der Stadt" genannt. Das Stift von St. Arnual wird zum ersten Mal in Urkunden aus dem Mittelalter erwähnt. Die Stiftskirche stammt in ihrer heutigen Form aus dem 13. und 14. Jahrhundert. Die gotische[174] Kirche zählt zu den bedeutendsten Baudenkmälern im südwestdeutschen Raum, sie ist eines der wenigen gotischen Gebäude überhaupt an der Saar. Der Innenraum der Kirche beherbergt zahlreiche Grabdenkmäler, die Kirche diente über 300 Jahre lang als Grabkirche der Grafen von Nassau-Saarbrücken. Besondere Beachtung verdienen die Grabdenkmäler für **Elisabeth von Lothringen** sowie für Graf Johann III. und seine beiden Gemahlinnen.[175]

Elisabeth von Lothringen – frühe Belletristin

Elisabeth von Lothringen gilt als die erste deutsche Romanschriftstellerin. Sie erfindet ihre Geschichten nicht selbst, sondern überträgt sie aus dem Französischen: sogenannte Chansons de Geste (gereimte Ritterromane) aus dem Sagenkreis um Karl den Großen. So entstehen *Herzog Herpin*, *Königin Sibille*, *Loher und Maller* und *Huge Scheppel*. „Und was waren das für verrückt-vertrackte, verschlungene Abenteuer- und Liebes-Storys!", schreibt Cathrin Elss-Seringhaus, Kulturredakteurin der Saarbrücker Zeitung, in einem Artikel über Elisabeth von Lothringen anlässlich der Ausstellung *Prominente Menschen aus dem Saarland. Von Gräfin Elisabeth bis in das 21. Jahrhundert*, die 2017/2018 im Historischen Museum Saar zu sehen war. Wie der Ausstellungstitel bereits verrät, war Elisabeth die „älteste" Ausstellungsteilnehmerin. Welche Storys aber hat sie denn da nun für uns Deutschsprachige übertragen? Hören wir noch einmal Elss-Seringhaus:

> Sie spielen zwischen Henkern und Mördern, beschreiben Irrfahrten und Verbannungen, Verrat, Intrigen und Rachefeldzüge. Die Helden entwickeln eine für heutige Verhältnisse bestialische Gewaltlust und – insbesondere Königssohn Lothar in ‚Loher und Maller' – eine animalische

> Sexualität. Dementsprechend ‚geil und fröhlich' geht's denn auch zu, Elisabeth beschreibt einen frühen Casanova, einen großen Verführer.[176]

Ob ihr Ehemann, der 30 Jahre ältere Graf Philipp I. von Nassau-Saarbrücken, als großer Verführer gelten darf, ist nicht überliefert. Fakt ist, die Zeiten, in denen Elisabeth lebt, haben wenig mit mittelalterlicher Romantik zu tun. Um 1395 geboren, ihr genaues Geburtsjahr ist unbekannt, wird sie 1412 die zweite Gemahlin von Philipp. Nach seinem Tod auf dem Schlachtfeld im Jahr 1429 übernimmt Elisabeth die Regentschaft für ihre unmündigen Söhne. Ihr gelingt es, dass Nassau-Saarbrücker Territorium, das Gebiete an der Saar, der Blies, in Lothringen, in der heutigen Pfalz und in Hessen umfasst, zusammenzuhalten und Streitigkeiten mit den umliegenden Herrschern zu vermeiden. Unter ihr entwickelt sich Saarbrücken zu einer Residenzstadt. Hier hält sie sich vornehmlich auf, was sicher mehrere Gründe hat: die zentrale Lage der Stadt, gleichzeitig die Nähe zu Frankreich und nicht zuletzt die Tatsache, dass sie als Frau doch seltener unterwegs war als beispielsweise ihr Gatte zu seinen Lebzeiten.[177] Eine weitere Pioniertat geht auf ihr Konto: Sie ist das erste Mitglied eines Saarbrücker Grafenhauses, das sich in der St. Arnualer Stiftskirche beisetzen lässt. Sie begründet damit die Nassau-Saarbrücker Grablege, die diesen gotischen Pfahlbau zu einem besonderen Kleinod macht. Die Tumba Elisabeth von Lothringens steht im Chor. Der unbekannte Künstler hat sie einer Nonne gleich mit gefalteten Händen in schwarz und weiß abgebildet. Ihre Tochter, Margarethe von Rodemachern (1426–1490), erbt die handgeschriebenen Bücher von ihrer Mutter und kann diese in ihre enorme Büchersammlung einfügen, die sie stetig durch Käufe, darunter Auftragsarbeiten, erweitert. Die Sammlung ist zum Teil erhalten geblieben.

Nicht weit vom St. Arnualer Markt und der Stiftskirche entfernt erzählt das Haus in der Koßmannstraße 12 eine besondere Geschichte: die des einstigen Frauenwohnheims Saarbrücken.

Hedwig Behrens und das Frauenwohnheim Saarbrücken

„Drachenburg", „Schraubenlager", „Nonnenbunker" – Medien und Bevölkerung sind ausgesprochen kreativ, wenn es um das Frauenwohnheim Saarbrücken geht. Dabei sind Frauenwohnheime keine Erfindung der 1950er Jahre, es gab und gibt sie unter unterschiedlichen Vorzeichen. In den 1950er Jahren geht es um verfügbaren Wohnraum, und da stehen alleinstehende Frauen am Ende der „Nahrungskette", teils aufgrund ihrer Einkommenssituation, aber auch aufgrund der Konkurrenzsituation zu alleinstehenden Männern, von Familien ganz zu schweigen. Dieser Tatsache bewusst, ist es eines der Anliegen der ersten Frauenbeauftragten im Saarland, Hedwig Behrens[178], Wohnraum für alleinstehende Frauen zu schaffen. Im Januar 1951 verfasst sie zusammen mit saarländischen Frauenorganisationen als eine ihrer ersten Amtshandlungen eine Eingabe an den Ministerpräsidenten Johannes Hoffmann, eben diesen Wohnraum durch den Bau eines Häuserblocks herzustellen. Die Frauen stoßen durchaus auf offene Ohren, aus anderen deutschen Städten sind Bemühungen in diese Richtung bekannt. Im selben Jahr werden 80 Millionen Franken für den Bau eines Ledigenwohnheims in Saarbrücken eingestellt. Geplant ist ein zweites Haus, für das die Mittelbewilligung allerdings vom „richtigen Verhalten" der Bewohnerinnen des ersten Hauses abhängig gemacht wird.[179] Das heute unter Denkmalschutz stehende Gebäude wird in den Jahren 1952 bis 1953 errichtet und bietet ursprünglich Platz für 54 Frauen, das heißt die beiden Flügel in V-Form beherbergen über sechs Stockwerke 54 Ein- und Zweizimmerwohnungen. Hinzu kommen eine Hausmeisterwohnung im Erdgeschoss sowie Gemeinschaftsbäder, Kellerboxen und Heizungsräume im Keller. Verbunden sind die Flügel durch eine Glaswand, hinter der Treppenhaus und Aufzug angeordnet sind. Für die 1950er Jahre typisch, wechseln sich an der Straßenfassade Balkone mit Fenstern ab, an der Gartenseite Fenstertüren mit Fenstern. Der linke Gebäudeflügel endet niedriger als der rechte. Dort oben befindet sich eine Liegeterrasse. Das Frauenwohnheim ist wiederholt Gegenstand medialer Auseinandersetzungen, insbesondere das Thema Wohnungsleerstand beschäftigt die Presse; dabei ist das Frauenwohnheim zwischen 1955 bis 1970 fast durchgehend belegt, wenn auch nicht durchgängig mit denselben Mieterinnen.

Desgleichen ist die Hausordnung ein viel diskutiertes Thema – innerhalb und außerhalb des Wohnheims, insbesondere was männliche Besuche betrifft. Hedwig Behrens veranlasst – vor dem Hintergrund, dass das Frauenwohnheim unter besonderer öffentlicher Beobachtung steht und bis 1967 ein „Kuppelparagraf" existiert – einen Passus in der Hausordnung, der den Besuch und die Aufnahme von Personen in den einzelnen Wohnungen nur ermöglicht, wenn die Hauswartin entsprechend informiert wird und ihrerseits gegebenenfalls die Genehmigung der hausverwaltenden Dienststelle eingeholt hat. Eine Zeitzeugin erinnert sich:

> Und ich hatte damals einen Bekannten. Der ist mit dem Auto gekommen und ist bei mir geblieben. Ja, gebe ich zu. Was meinen sie [sic], was da schon im Haus erzählt worden ist. Es hatte scheinbar geregnet und als mein Bekannter weg gefahren ist, war es unter dem Auto natürlich trocken ... So Sachen sind da beobachtet worden. Das glauben Sie gar nicht. Das waren alles die Älteren. Aber das ist dann nachher alles im Sande verlaufen.[180]

Eines der größten Probleme für die Mieterinnen ist die Hellhörigkeit des Hauses. „Es kostet überhaupt keine Mühe, ein Gespräch aus einer anderen Wohnung mit zu bekommen. Man braucht es nicht zu verfolgen, es kam auf einen zu."[181] In der großen Mehrheit begreifen die Mieterinnen laut den Berichten der Zeitzeuginnen das Frauenwohnheim indes als Ort der Zuflucht und fühlen sich dort wohl. Dieser neu entstandene Wohnraum ist für die 1950er und 1960er Jahre ein wichtiger Baustein der Stadt bei der Bekämpfung der Wohnungsnot in der Zeit.

Dr. Hedwig Behrens leitete übrigens von 1951 bis 1955 das Frauenamt; sie arbeitete erst seit Kurzem für die Landesregierung, als diese ihr das Amt antrug. Richtig glücklich war die Regierung nicht mit diesem Amt, welches auf Forderungen saarländischer Frauenverbände fußte. Diese wollten Klara-Maria Faßbinder auf der Stelle sehen, sie lernen wir gleich im Anschluss in diesem Kapitel kennen. Um die Interessen der Frauenverbände nicht völlig zu ignorieren, schließlich standen Landtagswahlen ins Haus, richtete die Regierung die Stelle zwar ein, stattete sie jedoch mehr schlecht als recht aus und besetzte sie mit einer loyalen Regierungsangestellten.[182] Diese wiederum nutzte den Regierungswechsel 1955, um sich beruflich erneut zu verändern und die Politik zu verlassen. Sie zog ins Ruhrgebiet und arbeitete als Werksarchivarin. Sie starb 1984 in Essen, bis 1985 (!) blieb die Stelle der saarländischen Frauenbeauftragten nach ihrem Weggang 1955 unbesetzt. Behrens war 1951 übrigens noch mit einem ganz anderen Thema beschäftigt: dem Filmzensurgesetz. Sie und 43 Mitstreiterinnen forderten, doch bitte schön bei der Zensur von Filmen herangezogen zu werden. Besonderen Wert legte frau auf die Möglichkeit, Razzien durchzuführen und erklärte sich im gleichen Atemzug bereit, an solchen Aktionen aktiv teilzunehmen.[183] Bereits Anfang des Jahres hatte die Leiterin des saarländischen Frauenamtes den direkten Zusammenhang zwischen Film-Fiktion und Realität für sich ausgemacht. Im *Bericht über die 1. Zusammenkunft des Frauenamtes bei der Regierung des Saarlandes am 17.1.51* gab sie zu Protokoll, „[s]ie habe ‚Beweise' für die Beeinflussung der Jugendlichen durch den Film [...] und ‚führte zum Beispiel den Fall eines Jungen an, der selbst zugegeben hat, daß er durch einen bestimmten Film zu einem Sexualvergehen verführt worden ist'"[184]. Aber es ging ja nicht nur um die Jugendlichen. Was war mit Filmen wie *Eva und der Frauenarzt*, ein deutsch-amerikanischer Aufklärungsfilm von 1951? Uraufgeführt im selben Jahr im Frankfurter Filmpalast, blieb er bis 1957 im Saarland verboten. Als er schließlich im Saarland anlief, ging dies einher mit der bundesweiten Einstufung des Films von 16 auf 18 Jahre. Gezeigt wurde der Film unter anderem im 1959 gegründeten Lichtspieltheater Camera in Malstatt, wo er sogleich den Spitzenplatz einnahm. Kurz nach dem Erfolg in der Camera geriet der Film bundesweit auf die Zensurliste und wurde verboten. Hintergrund war – neben inhaltlichen Begründungen wie der „rein lustorientierten Sexualmoral des dargestellten Paares" oder „wegen abscheulicher Darstellungen von Geschlechtskrankheiten"[185] – die Aufhebung der Geschlechtertrennung im Kinosaal, was so gesehen nachgerade skurril war. Serge Krivicky, einer der Hintermänner des Films respektive der Verleihfirma, hatte sich als umsatzfördernde Maßnahme überlegt, Männer und Frauen im Kinosaal getrennt zu platzieren, um die Neugierde im Hinblick auf vermeintlich besonders erotische Szenen anzufachen. So trennte beispielsweise in der Malstatter Camera ein durch die Mitte des Saales gespanntes Seil die Männer- von der Frauenseite. Die *Freiwillige Selbstkontrolle der Filmwirtschaft GmbH (FSK)* schloss sich dem an und folgte damit einer Tradition aus der Weimarer Republik. Da jedoch eben diese Geschlechtertrennung im Kinosaal im Laufe der 1950er Jahre zunehmend unüblich wurde, hob die FSK diese Auflage 1959 wieder auf, legte indes im gleichen Atemzug den Film dem Arbeitsausschuss vor. Unter diesen Bedingungen, wurde dann dort befunden, verletze der Film das sittliche Empfinden und dürfe überhaupt nicht mehr gezeigt werden.[186] Letztlich drehte sich die Zensurdebatte des Kinos der 1950er Jahre immer auch um den (nackten) Körper der Frau oder, wie es der Historiker Burgard ausdrückt, „wie offenkundig Macht- und Ordnungsvorstellungen einer – im Bezug auf die Öffentlichkeit – noch fast reinen Männergesellschaft hier in den Körper der Frau eingeschrieben wurden"[187]. Es war die Zeit, in der Hildegard Knefs entblößte Brust in dem Film *Die Sünderin* dazu führte, dass „moralfeste Jungmänner Stinkbomben in Kinos"[188] warfen; im Saarland wurde der Film erst gar nicht gezeigt. *Sie tanzte nur einen Sommer* mit der schwedischen Schauspielerin Ulla Jacobson hingegen durfte erscheinen, da die Produktionsfirma in vorausschauendem Gehorsam verschiedene Versionen gedreht hatte, mit und ohne Nacktbadeszene, je nach nationaler Zensur. Dabei war es ja beileibe nicht so, dass es nicht ein vornehmlich männliches Publikum gegeben hätte. Eine Möglichkeit bot das im Mai 1959 eröffnete City-Kino am St. Johanner Markt, dessen Gassen zu der Zeit eine Reihe Etablissements beherbergten. Der Standort war also bewusst gewählt worden, um Streifen wie *Ihre Liebesnacht*, *Nachts fällt der Schleier* oder *Paris Tabu* zu zeigen. Auf der Leinwand wurden sogar sogenannte Nudistenfilme abgespielt. Wobei die nackten Menschen in Wirklichkeit hautfarbene Trikots trugen und nur von hinten zu sehen waren.[189]

Aufmerksame Spaziergängerinnen haben vielleicht die Klara-Maria-Fassbinder-Straße bemerkt, an der sie in Richtung des Theaters Überzwerg vorbeikamen. Im angrenzenden Quartier Artilleriekaserne St. Arnual, errichtet in den 2000er Jahren, wurden zwei Straßenzüge benannt nach der frauen- und friedensbewegten Aktivistin **Klara Maria Faßbinder** und der Widerstandskämpferin Sophie Scholl (1921–1943) von der Weißen Rose.

Klara Maria Faßbinder – katholisch und frauenbewegt

Um sich Klara Maria Faßbinder zu nähern, hilft ein Blick auf ihre Herkunft. Sie wächst als fünftes von sieben Kindern in einer gläubigen und kaisertreuen Trierer Familie auf, katholische Werte und Bildungshunger prägen sie. Folgerichtig will sie Lehrerin werden, nebenbei eine der wenigen Möglichkeiten für Frauen in Preußen, akademische Bildung zu erlangen. Erst 1908 werden Frauen dort zum Abitur und Studium zugelassen, eine Möglichkeit, die Faßbinder ergreift. Trotz ihres bereits erworbenen Lehrerinnenexamens und erster Berufserfahrungen absolviert sie das geforderte einjährige Vorbereitungsjahr auf das Abitur und legt 1913 als Externe in Münster das Abitur ab. Anschließend studiert sie in Bonn und München Deutsch, Geschichte und Französisch. Der Erste Weltkrieg unterbricht alle Pläne. Der Krieg politisiert Klara Maria Faßbinder. Ist sie zuvor, trotz ihrer Französischstudien, von der moralischen Überlegenheit der Deutschen gegenüber dem Erbfeind überzeugt, ändert sich ihre Haltung. Die Lage der Frauen rückt zunehmend in ihr Bewusstsein, sie engagiert sich nach dem Krieg im Verein katholischer deutscher Lehrerinnen, dem Katholischen Deutschen Frauenbund und dem Deutschen Staatsbürgerinnenverband, der bis 1920 Allgemeiner Deutscher Frauenverein hieß und der erste Frauenverein in Deutschland war. Zentrale Forderungen sind das Recht der Frauen auf gleiche Bildung sowie auf Chancengleichheit am Arbeitsmarkt. 1920 kommt Faßbinder ins Saarland, nicht zuletzt ihrer Familie wegen, ihr Vater ist 1914 nach St. Wendel versetzt worden. In Saarbrücken nimmt sie den Lehrberuf wieder auf, wird dann Landessekretärin des neu gegründeten Landesverbandes des Bühnenvolksbunds (BVB), einer Vereinigung zur Theaterpflege in christlich deutschem Volksgeist. Sie stimmt 1935 für den Anschluss des Saargebiets an Deutschland, obwohl sie die nationalsozialistische Regierung zutiefst ablehnt, was dieser nicht verborgen bleibt. Der BVB fällt der Gleichschaltung zum Opfer, Faßbinder erhält Berufsverbot. Die Wiederbewaffnung Deutschlands unter Adenauer 1950 führt dazu, dass Klara Maria Faßbinder abermals „auf die Straße geht". Sie wird erste Vorsitzende des aus einem Frauenfriedenskongress von 1951 resultierenden Frauennetzwerks Westdeutsche Frauenfriedensbewegung (WFFB). 1956 reist sie mit acht Frauen (teils aus anderen

Frauenbünden) nach Moskau, um angesichts des Kalten Kriegs mit den Frauenverbänden der UdSSR in einen Dialog zu treten. Dieses Engagement ist ihrem Land ein Dorn im Auge; 1966 verhindert der damalige Bundespräsident Lübke die Verleihung des Ordens *Les Palmes Académiques* durch den französischen Präsidenten de Gaulle. Erst drei Jahre später, unter dem Nachfolger Heinemann, wird ihr der Orden verliehen. Klara Marie Faßbinder stirbt 84-jährig in einem Altersheim in Berkum in der Nähe von Bonn. „Ihr sehnlichster Wunsch war es, mit dem Orden ‚Les Palmes Académiques', der höchsten Ehrung, die ihr das geliebte Frankreich je zuteil werden ließ, begraben zu werden"[190], weiß der Historiker Thomas P. Becker von der Universität Bonn zu berichten.

Passend zur Klara-Maria-Fassbinder-Straße hätte die Elly-Beinhorn-Straße, entlang der wir in Alt-Saarbrücken auf der Bellevue 2.0 spaziert sind, in St. Arnual dem ehemaligen Flugplatz Referenz erweisen können. Die Pionierin der Lüfte, Elly Beinhorn, legte hier ihre Bruchlandung hin. Wie das? Das Naturschutzgebiet Daarler Wiesen ist neben den St. Arnualer Felsenwegen eine grüne Oase inmitten der Stadt respektive des Stadtteils. Kaum jemand erinnert sich daran, dass die Wiesen einst Teil des ersten Saarbrücker Flughafens waren. 1914 baute die Stadt Saarbrücken mit Unterstützung des Militärs auf den Saarwiesen zwischen der Ortslage von St. Arnual und der Saar einen Flughafen, der – während des Ersten Weltkriegs – als Militärflugplatz diente. Ab 1924 wurde der Flughafen zum Verkehrsflugplatz ausgebaut. Neben einer Verbindung nach Paris wurden vor allem innerdeutsche Verbindungen geflogen; das Verkehrsaufkommen war insgesamt eher dürftig. 1936 wurde mit dem Bau des Flughafens in Ensheim begonnen, auf dem alten Flughafen absolvierte die Lufthansa im August 1939 den letzten Linienflug. In der Folge nutzte ihn wieder das Militär, nach dem Zweiten Weltkrieg die Sportfliegerei. Und so kam Elly Beinhorn nach Saarbrücken, wenn auch nicht ganz, wie von ihr gewünscht. Ein riskantes Landemanöver kostete sie ihr Flugzeug, sie selbst und ihr Passagier blieben unverletzt.

3.6 Gersweiler: Auferstanden aus Ruinen

Das alte Gemäuer der Aschbachkirche inmitten von verwilderten Obstbäumen ist eines der wenigen erhaltenen Zeugnisse aus der Zeit des Mittelalters. Die Kirche wurde während des Dreißigjährigen Kriegs (1618–1648) wegen ihrer abgelegenen Lage als Pestlazarett genutzt. Dieser Krieg traf die ganze Grafschaft Saarbrücken und damit Gersweiler schwer. Am Ende des Kriegs lebten weniger als eine Handvoll Personen in Gersweiler. Eleonore Klara von Hohenlohe-Neuenstein (1632–1709), die Witwe des Grafen Gustav Adolf von Nassau-Saarbrücken, bemühte sich zur Wiederbesiedlung ihrer Gebiete um Menschen aus ganz Europa. So haben die heutigen Saarländerinnen und Saarländer unter anderem hugenottische, österreichische und niederländische Vorfahren. Ein ebenfalls unter Denkmalschutz stehendes Gebäude ist der Gersweiler Wasserturm, der 2015 von privater Hand erworben und renoviert wurde. Vormals diente der Wasserturm als „Büro" für Literaten wie den georgischen Schriftsteller Giwi Margewalischwili aus Tbilissi und die Cottbuser Schriftstellerin **Dorothea Kleine**.

Dorothea Kleine – Ost-West-Dialog

Dorothea Kleine kommt 1988 als Stadtschreiberin nach Saarbrücken-Gersweiler, im Rahmen eines Kulturaustauschs mit Cottbus, wo sie lebt. Geboren wird sie 1928 als Dorothea Morawietz in Krappitz in Oberschlesien. Sie studiert Journalismus und arbeitet als Redakteurin bei verschiedenen Tageszeitungen der DDR, ab 1961 vorwiegend als Gerichtsreporterin. In dieser Zeit beginnt sie, belletristisch zu schreiben. Sie macht sich einen Namen als Kriminalautorin, entwickelt gleichzeitig Stoffe fürs Fernsehen, darunter für den legendären Polizeiruf 110 (den „Ost-Tatort"). Als Vorsitzende des bezirklichen Schriftstellerverbandes vertritt sie die Interessen ihrer Kolleginnen und Kollegen. Mit ihrem 1985 veröffentlichten Roman *Das schöne bißchen Leben* legt Kleine einen stark biografisch geprägten Roman vor, in dem sie die Fluchterfahrungen zweier Schwestern aus Schlesien ebenso schildert wie spätere Herausforderungen in Form von enttäuschter Liebe und schwerer

Erkrankung. Ihren Aufenthalt im Saarland hält sie in dem Buch *Ausflug mit Folgen* (Lebach 1990) fest. Darin beklagt sie Repressalien vonseiten der Staatssicherheit.[191] Später gerät sie selbst in den Verdacht der Stasi-Mitarbeit. Fakt ist: Sowohl ihr Roman *Eintreffe heute* als auch der Film, der unter dem Arbeitstitel *Am hellerlichten Tag* für die Polizeiruf-Serie entsteht, werden verboten. Für den Film greift Dorothea Kleine auf den Fall Hagedorn zurück; Erwin Hagedorn war ein deutscher Sexualstraftäter und mehrfacher Kindermörder. Auf ministerielle Anweisung werden die Arbeiten am Film abgebrochen, das Material soll vernichtet werden. Warum? Der Publizist und Kriminalromanautor Reinhard Jahn alias H. P. Karr spekuliert über die Gründe:

> Die Auffassung, dass das Thema eines homosexuellen Triebtäters den Verantwortlichen zu heikel erschien wurde ergänzt von der Vermutung, dass die DDR sich durch das Erscheinen des Kriminalberichts ‚Der Fall Heckenrose' von Friedhelm Werremeier zum Fall Hagedorn zum Handeln gezwungen sah – Werremeier hatte enthüllt, dass Hagedorn als Minderjähriger gar nicht hätte hingerichtet weden [sic] dürfen.[192]

Nach der Wiedervereinigung taucht eine Kopie des Rohschnitts ohne Ton im Rundfunkarchiv der ehemaligen DDR auf. Dorothea Kleine steuert ein aufbewahrtes Drehbuch bei, und so wird der Film in einer synchronisierten Fassung am 23. Juni 2011 vom MDR unter dem Titel *Im Alter von …* zum 40-jährigen Jubiläum der Polizeiruf-Serie doch noch gesendet. Dorothea Kleine selbst kann dieses Jubiläum nicht mehr verfolgen, sie stirbt im Januar 2010 mit 82 Jahren in ihrer Wahlheimat Cottbus.

Zwischen Cottbus und Gersweiler liegen Luftlinie etwa 600 Kilometer. Während Cottbus im 18. und 19. Jahrhundert unter anderem mit Maulbeerbäumen für die Seidenspinnerzucht, einer Wollgarn-Spinnerei und einer Baumkuchen-Bäckerei aufwartete, prägten Glas und Steingut die Region in und um Gersweiler. So stellte die Gersweiler Steingutfabrik (ursprünglich eine Glashütte) von 1846 bis 1901 einfaches Gebrauchsgeschirr wie Speise-, Kaffee- und Waschgeschirr, aber auch hochwertiges Tafelgeschirr mit bedruckten und handbemalten Motiven sowie eine Reihe von Schmuckgegenständen (Vasen, Schalen, Figuren) her. Das mittelständische Unternehmen, das bis zu 100 Arbeitsplätze bot, zielte mit dem preisgünstigen Porzellanersatz Steingut auf die Bürger-, Arbeiter- und Bauernschaft. Dass die Glasindustrie sich an der Stelle ansiedelte, war kein Zufall, die Bedingungen waren günstig. Der zum Stift St. Arnual gehörende umliegende Wald lieferte das wichtige Brennmaterial und die Pottasche, der nötige Sand für die Glasmacher stammte vom Buntsandstein der Gegend. Somit war die Glasindustrie vor dem Bergbau und vor der Eisenindustrie ein wichtiges Gewerbe in der Saarregion bis in die 1920er Jahre hinein. Wenig bekannt ist die Geschichte der Glasmacherinnen, ich bin zwar bei Recherchen über den Namen der Glasmacherin Johanna Luisa Julia Wagner gestolpert, konnte jedoch nichts weiter über sie herausfinden. Überliefert ist, dass in der Glasmacherbranche, ähnlich wie in anderen Branchen, oftmals untereinander geheiratet wurde, das heißt Partner wurden in benachbarten Glasmachersippen gesucht. Glasarbeit war gesundheitlich fordernd, Staub und Hitze begünstigten Tuberkulose und andere Atemwegserkrankungen. Hinzu kamen Verbrennungen, rheumatische Erkrankungen und sicher Krebserkrankungen. Über Anna Maria Hegel (Högel) ist bekannt, dass sie im 17. Jahrhundert das Monopol im Glashandel für die gesamte Grafschaft Saarbrücken hielt. Die Kunsthistorikerin Ruth Bauer hat recherchiert, dass Hegel ihre Waren mit dem Schiff über Saar und Rhein nach Holland brachte. „Für diesen Handel forderte sie ganz selbstbewußt von Graf Gustav Adolph größere eigenmächtigere Handelskompetenzen bei Vertragsabschlüssen. Schließlich war sie eine freie Unternehmerin, die alle Risiken ihrer Tätigkeit selbst zu tragen hatte."[193]

Louise Pfähler war nach allgemeinem Kenntnisstand zwar keine Unternehmerin, aber für ihre Zeit ausnehmend vermögend, was Saarbrücken nach ihrem Tod zugutekam. Louise (auch: Luise) Pfähler war die Schwester von Gustav Pfähler, der wiederum Mitglied der am 1. Oktober 1861 gegründeten königlichen Bergwerksdirektion zu Saarbrücken war, bevor er zum Geheimen Bergrat ernannt wurde. Das Verhältnis der Geschwister schien eng gewesen zu sein, Louise zog mit Gustav im Jahr 1858 nach Saarbrücken. Später verließ sie das Saarland wieder, bestimmte nichtsdestotrotz in ihrem Testament den Landkreis Saarbrücken zu ihrem Erben (also eigentlich dem Erben des Familienvermögens,

Gustav war bereits tot). Als sie am 30. August 1899 in Wiesbaden starb, bedeutete das in Summe rund 620.000 Mark für die Region. Konkret stellte sich Louise Pfähler eine den Namen Pfähler-Stiftung führende Wohltätigkeitsanstalt vor, die mit ihrem Geld gegründet und unterhalten werden sollte mit dem Ziel, Wohnraum für arme, altersschwache und/oder arbeitsunfähige Menschen zu schaffen. Wichtig war ihr, dass dies ohne Unterschied der Konfession geschah. Tatsächlich beschloss der Kreistag des Landkreises Saarbrücken im Mai 1900, diese Erbschaft anzunehmen.[194] Aus dem Fonds wurden in verschiedenen Gemeinden Ein- und Mehrfamilienhäuser gebaut. Die Pfählerstraßen in Gersweiler, Alt-Saarbrücken und Dudweiler erinnern an die Stifterin. Die Stiftung selbst wurde zum 3. Oktober 1966 aufgelöst, die Häuser verkauft. Was aus der „Fahndungs"anzeige im Sulzbacher Tageblatt vom 11. Januar 1908 nach einer Franziska Relly von Pfähler als der angeblichen Tochter Louise Pfählers aus einer Beziehung zu Papst Leo XIII. wurde, auf die das Internetportal *Saarland Biografien* verweist, ist leider nicht überliefert.[195]

3.7 Klarenthal: Klar wie Glas

Die Herkunft des Namens Klarenthal ist gut belegt: Am 9. April 1662 errichtete der damalige Landesherr der Grafschaft Saarbrücken, Graf Gustav Adolf von Nassau-Saarbrücken, daselbst eine Glashütte. Diese trug den Namen seiner Gattin, Gräfin Eleonore Klara von Hohenlohe-Neuenstein, nämlich „Clarathal". Die Glashütte existierte bis 1723. Ein Gedenkstein mit den Köpfen der beiden erinnert an die Ortsgründung. Darauf ist zu lesen:

> 1662 gründete
> Gustav Adolph
> von
> Nassau-Saarbrücken
> diesen Ort
> und gab ihm
> den Namen
> Clarenthal
> zu Ehren seiner
> Gemahlin
> Eleonora Clara
> von Hohenlohe

Eleonore Klara, Gräfin und Vormünderin von Nassau-Saarbrücken, bestattet in der Saarbrücker Schlosskirche, sind wir schon im vorangegangenen Kapitel zu Gersweiler über den Weg gelaufen. In ihre Amtszeit fiel der Lehnseid, den sie am 9. Januar 1681 vor der Kammer in Metz leistete, demzufolge Saarbrücken sich mit der eines Oberamtes vergleichbaren Funktion zu begnügen hatte. Vorausgegangen war dem eine Auseinandersetzung, bei der die Reichsfürsten Frankreich Paroli bieten wollten. Die Konsequenzen für die linksrheinischen Territorien waren fatal. Frankreich hinterließ im wahrsten Sinn des Wortes verbrannte Erde. Saarbrücken ging im Mai 1677 in weiten Teilen in Flammen auf, nur wenige Gebäude, so die Überlieferung, hielten dem Inferno stand. Die schlimmste Katastrophe der Stadtgeschichte.[196] Der Friede von Nimwegen 1679 brachte keine Ruhe, Ludwig XIV. zeigte sich nicht gewillt, auf seine Reunionspläne zu verzichten, in deren Folge unter anderem die Saargegend dem Königreich einverleibt wurde. Kaiser und Reich sahen ohnmächtig zu, wie die Witwe des 1677 gefallenen Grafen Gustav Adolf, Eleonore Klara, den Dienst einer Vasallin leisten musste.

Verlassen wir dieses unrühmliche Kapitel und reisen ins ausgehende 19. und beginnende 20. Jahrhundert. Das Erlebnisbergwerk Velsen erinnert an die Geschichte des Bergbaus. Das Gebäudeensemble der Grube ist das einzige fast vollständig erhaltene aus der Ära des preußischen Bergfiskus. Der Bergbau bot und bietet vor allem Männern Arbeit. Nichtsdestotrotz waren Frauen im Bergbau tätig – und sind es bis heute in Ländern wie Polen.[197] Der Bildband *Rosseln früher und heute* aus dem Jahr 2001, herausgegeben vom Heimatkundlichen Verein Warndt, zeigt auf Seite 93 ein Bild mit sechs Frauen an der „Griwwel", dem Leseband der Kohlenwäsche in Velsen in den Jahren 1914 bis 1918, also während des Ersten Weltkriegs, als Arbeitskräftemangel herrschte. Im Kapitel zu Jägersfreude wird näher auf Frauen über und unter Tage eingegangen.

In Klarenthal wurde aber nicht nur gearbeitet. Bis Mitte der 1940er Jahre gab es ein Naturwasser-Schwimmbad am Waldrand, genauer: am Ende der Straße Am Bruch im Tal des Gehlenbachs, der das Bad mit Wasser speiste. Als es 1932 eröffnet wurde, war es mit 150 mal 50 Metern die größte Badeanstalt des Saarlandes. Das Bad wurde während des Zweiten Weltkriegs zerstört. Dennoch lassen sich bis heute Hinweise auf das Schwimmbad finden, wie Reste von Duschbecken oder Absperrungen, die erkennbar sind.[198]

Weibliche Bademode: vom Ganzkörperanzug zum Bikini

Zu Beginn des 20. Jahrhunderts verfügen Frauen und Mädchen über einen eigenen, streng bewachten Badestrand an der Saar. Die „Bewacher" sind natürlich – Männer. Das Schwimmen respektive der Aufenthalt im Wasser sind eine recht neue Erscheinung; dass dies „gut für die Volksgesundheit" sei, zumindest nach der ärztlichen Meinung im ausgehenden 19. Jahrhundert, bedeutet zu der Zeit oftmals, die Füße ins (Meer-)Wasser zu halten. Für die Seebäder an der Nord- und Ostseeküste sieht das laut NDR in etwa so aus:

Mit Badekarren können die Badegäste direkt ans Wasser gefahren werden. In langen Kleidern halten die Damen die Füße ins kühle Nass. Hauptsache, die Haut ist bis zum Knöchel bedeckt. Reifröcke werden mit Gewichten behängt, damit sie nicht hochrutschen. Die Kostüme aus Wolle, Leinen und Seide saugen sich allerdings schnell mit Wasser voll und werden schwer – es kommt sogar zu Badeunfällen.
Vor allem an der Ostsee entwickeln sich bald getrennte Badebereiche: Mit einer Wand als Abtrennung können Frauen und Männer – ohne Blickkontakt zum jeweils anderen Geschlecht und sittsam bekleidet – ins Meer gehen. Die Wahrung eines ausreichenden Abstands wird streng kontrolliert – sogenannte ‚Kieker', die von einer Düne aus das andere Geschlecht beobachten, müssen mit Strafgeldern rechnen.[199]

Von Bademode kann also keine Rede sein. Die entwickelt sich erst ab 1900. Frauen tragen jetzt pludrige Einteiler, wahlweise Pumphosen und Badehemden aus Flanell und Leinen, gerne mit einem Rock darüber. Die ersten Badeanzüge, die bald darauf von mutigen Frauen angezogen werden, sind lang und hoch geschlossen. Wichtigster Punkt: Der Stoff darf nicht durchscheinend sein! In den 1920er Jahren findet erstmals eine Bademodenschau auf dem Berliner Ku'damm statt, begleitet von Protesten. Die Hosen werden kürzer, der Stoff leichter. Die Freikörperkultur, deren Anfänge im ausgehenden 19. Jahrhundert liegen, gewinnt an Zulauf, in den Augen mancher Betrachtenden herrschen Sodom und Gomorrha. Sie begrüßen den sogenannten Zwickelerlass von 1932, der genauestens vorschreibt, welche Kleidung beim Baden zu tragen ist, und bei dem der Zwickel eine entscheidende Rolle spielt. In der Badepolizeiverordnung des preußischen Innenministeriums vom 1. November 1932 heißt es:

§ 1. (1) Das öffentliche Nacktbaden ist untersagt.

(2) Frauen dürfen öffentlich nur baden, falls sie einen Badeanzug tragen, der Brust und Leib an der Vorderseite des Oberkörpers vollständig bedeckt, unter den Armen fest anliegt sowie mit angeschnittenen Beinen und einem Zwickel versehen ist. Der Rückenausschnitt des Badeanzugs darf nicht über das untere Ende der Schulterblätter hinausgehen.

(3) Männer dürfen öffentlich nur baden, falls sie wenigstens eine Badehose tragen, die mit angeschnittenen Beinen und einem Zwickel ver-

sehen ist. In sogenannten Familienbädern haben Männer einen Badeanzug zu tragen.[200]

Wahrscheinlich sorgt die Vorführung des ersten Bikinis nach dem Krieg für den einen oder anderen Herzinfarkt bei den Herren und Damen, die seinerzeit den Zwickelerlass begrüßt haben. Und so zeigt die Geschichte dessen, was wir im Wasser tragen, dass etwas im Grunde so Banales Ausdruck von gesellschaftlichen Normen ist und damit die Stellung der Geschlechter in der Gesellschaft berührt.

Die geneigte Leserin möge sich nun selbst ausmalen, wie es im Klarenthaler Schwimmbad in den 1930er und 1940er Jahren zwischen Frauen und Männern zugegangen ist. Vielleicht suchte auch die Pädagogin **Maria Graus** aus Klarenthal-Krughütte in ihrer Freizeit selbiges auf.

Maria Graus – Pädagogin aus Leidenschaft

Maria Graus ist die Tochter eines Grubensteigers und das älteste von drei Kindern. Nach dem Besuch der Realgymnasialen Studienanstalt der Ursulinen in Dorsten, Westfalen, mit dem Abitur in der Tasche (1926), studiert sie an den Universitäten München, Wien, Paris, Berlin und Münster, kommt also weit herum – für diese Zeit sicher ungewöhnlich. Sie entscheidet sich für die Studienfächer Germanistik, Anglistik, Romanistik und Musikwissenschaften. Im Jahr 1931 promoviert Maria Graus mit dem Thema *Held und Mutter in der erzählenden Dichtung des deutschen Mittelalters* zum Doktor der Philosophie. Das Examen für das Lehramt an höheren Schulen legt sie im Jahr 1934 in Emsdetten ab, im Anschluss ist sie als Studienreferendarin und dann als Studienassessorin in Essen tätig. Gleichwohl führt ihr Weg sie schließlich zurück ins Saarland, zunächst zum Städtischen Oberlyzeum in Saarlouis. In den 1940er Jahren wechselt Dr. Maria Graus an das Mädchenrealgymnasium St. Ingbert, wo sie die Ernennungen zur Studienrätin beziehungsweise Oberstudienrätin erhält. Im Jahr 1950 wird ihr die kommissarische Leitung des Staatlichen Mädchenrealgymnasiums Saarlouis übertragen, am 15. November 1952 wird sie zur Oberstudiendirektorin ernannt. Die

Schule wächst bis auf über Tausend Schülerinnen, das Schulgebäude, ein im Jahr 1903 errichtetes Gebäude in der Kaiser-Wilhelm-Straße 15 (heutiges Verwaltungsgericht des Saarlandes), platzt aus allen Nähten. Eine Holzbaracke für drei Klassen in der Prof.-Notton-Straße soll helfen. 1960/61 erfolgt der Umzug an den heutigen Standort der Schule, das ehemalige Knabengymnasium am Prälat-Subtil-Ring; dieses bezieht ein neues Gebäude am Stadtgarten. Vielleicht hätte sich Dr. Graus mitsamt ihren Schülerinnen in dem Gebäude am Stadtgarten einquartieren sollen, auf alle Fälle wird es am neuen Standort bald wieder zu eng, es können Räume in der benachbarten Grundschule angemietet werden. Ein weiteres Problem für die Schulleiterin: die fehlenden Lehrkräfte, ein Fakt, der die Schulen insgesamt in eine unangenehme Konkurrenzsituation bringt. Trotz dieser schwierigen Rahmenbedingungen leitet Maria Graus „ihre" Schule mit viel Herzblut und Engagement. Sie gilt durch ihr vorbildliches Verhalten als Autorität; gleichzeitig genießt sie ein hohes Ansehen bei Schülerinnen und Kolleginnen. Zweiundzwanzig Jahre wirkt Graus am Staatlichen Mädchenrealgymnasium Saarlouis und drückt der Schule in dieser Zeit ihren Stempel auf. Bis zu ihrem Eintritt in den Ruhestand 1972 leitet Dr. Maria Graus das Staatliche Mädchenrealgymnasium Saarlouis, welches sich mittlerweile Robert-Schuman-Gymnasium nennt.[201]

3.8 Altenkessel: Einmal Louise und zurück

Dass der Spitzname des Saarbrücker Stadtteils Altenkessel „Alte Dippe" lautet, verwundert zwar nicht, erklärt jedoch auch nicht, wo die alten Kessel oder Töpfe herkommen. Und warum es überdies einen Ortsteil namens Rockershausen gibt, der so gar nicht zu den alten Kesseln passen will und wohin uns doch unsere erste Station führt. Rockershausen wiederum hieß nicht immer Rockershausen – 1719 benannte Marie Charlotte, die Witwe von Graf Friedrich Ulrich von Friesland, das Dorf nämlich nach ihrer Tochter Christine Louise in Louisenthal um. Louise war Anfang des 18. Jahrhunderts als Erbin ab dem Alter von knapp zwei Monaten die Herrscherin über Saarwellingen, Crieching (heute Region Grand Est), Puttlingen (Püttlingen) und Rollingen (Region Grand Est). Die Luisenthaler Straße in Saarbrücken-Altenkessel erinnert an die junge Gräfin. 1790 umfasste die Siedlung sieben Häuser, 1820 zehn Häuser. Insgesamt 35 Bewohnerinnen und Bewohner lebten in Louisenthal, wobei der Name Rockershausen für die Siedlung nach wie vor benutzt wurde. Die Siedlung setzte sich in der Folge über die Gemeindegrenzen nach Völklingen fort. Erst 1951 wurde das Hin und Her beendet, Louisenthal wurde als neuer Name für den Völklinger Stadtteil Öbervölklingen gewählt und Rockershausen blieb dem Altenkesseler Anteil der Siedlung vorbehalten.[202] Zu diesem Zeitpunkt war **Maria Magdalena Josephine Willach**, Tochter des Jacob Rodé, Metzger zu Saarlouis, lange tot. Ihre Heimat wurde Rockershausen, pardon: Louisenthal, nach ihrer Heirat mit dem Tierarzt Dr. Karl Heinrich Christian Willach im Jahr 1854.

Maria Magdalena Josephine Willach – von der Metzgerstochter zur Unternehmerin

Maria Magdalena Rodé wird am 26. Februar 1833 in eine Metzgersfamilie in Saarlouis geboren. Gerade volljährig geworden, heiratet sie den Tierarzt Karl Heinrich Willach. Die Heirat zwischen der Tochter des Metzgers und dem Sohn eines Gerichtsvollziehers in Perl findet im Dezember 1854 statt, das Paar zieht nach Louisenthal. Neben seiner Tierarztpraxis betätigt sich Dr. Willach als Unternehmer, er betreibt die

Pferdeförderung auf den beiden Gruben Von der Heydt und Heinitz. 1877 stirbt Karl Heinrich Willach. Seine Witwe, Maria Magdalena Willach, übernimmt den Betrieb und leitet als Unternehmerin die Pferdeförderung, bis diese von der Bergverwaltung auf fast allen Gruben selbst übernommen wird. Dies ist nicht die einzige „Unternehmung" Frau Willachs. 1884 erwirbt sie den Fenner Hof; später beteiligt sie sich mit einer Bareinlage von 50.000 Mark an der 1893 gegründeten Klarenthaler Dampfziegelei. Der Fenner Hof war vormals im Besitz einer Seitenlinie der Unternehmerfamilie Röchling. Als die Witwe Willach das Hofgut kauft, ist dieses in einem schlechten Zustand, die Gebäude sind verwahrlost, die Felder und Wiesen versumpft. Neben der Gebäudeerneuerung und Trockenlegung der Felder mittels Gräben und Drainagerohren kommen unter Maria Magdalena Willach neue Ländereien hinzu. Der eingestellte Verwalter Wilhelm Drache pflanzt gängige Gemüsesorten und Kräuter neben Beerenobst und Obstbäumen. Insbesondere für Zuckerrüben eignet sich der Boden; diese werden zu Rübenkraut verarbeitet, welches den Namen *Fenner Harz* erhält. Maria Magdalena Josephine Willach stirbt im Juli 1902 im Alter von 69 Jahren. Hermann Wiotte zitiert in seinem Beitrag *Louisenthal: verschiedene Orte – ein Name*[203] aus dem Nachruf auf die Witwe Willach aus *Der Bergmannsfreund* vom 5.8.1902:

> Nach einem arbeitsreichen, aber auch von schönen Erfolgen reich gesegneten Leben ist am vorigen Dienstag die Gutsbesitzerin Frau Witwe C. Willach von Louisenthal im beinahe vollendeten 70. Lebensjahre nach kurzem Krankenlager zur ewigen Ruhe eingegangen. Unter äußerst zahlreicher Beteiligung aus allen Kreisen der Bevölkerung fand am Freitag Nachmittag die Beerdigung derselben in der Familiengruft auf dem Friedhofe zu Neudorf statt. In dem imposanten Trauergefolge waren u.a. auch der Vorsitzende der Königl. Bergwerksdirektion II, Herr Bergwerksdirektor Althans, sowie die Spitzen verschiedener anderer Behörden und Körperschaften der Umgegend vertreten.

Im Folgenden wird der Witwe Willach rastlose Tätigkeit und enorme Energie bescheinigt, „mit fester und thatkräftiger Hand" leitete sie nach dem Tod ihres Ehemannes „vollständig allein dieses Unternehmen" – gemeint ist die Pferdeförderung.

> Mit größter Gewissenhaftigkeit sorgte die Verstorbene dafür, daß in ihrem Geschäfte stets peinliche Ordnung und Zuverlässigkeit herrschte und trug durch Gestellung eines vorzüglichen Pferdematerials, welches ja bekanntlich für die Förderung von großer Wichtigkeit ist, nicht am allerwenigsten dazu bei, daß der Betrieb auf den betreffenden Gruben in dieser Beziehung stets ein geregelter blieb.

Außerdem wird die Entwicklung des Fenner Hofes lobend erwähnt, der Nachruf versteigt sich zu der Aussage, Witwe Willach habe den Hof „aus kleinen Anfängen zu einer Musterwirtschaft ersten Ranges" emporgebracht.

> Bei ihrem zahlreichen Personal erfreute sich die Dahingeschiedene wegen ihres streng rechtlichen und leutseligen Charakters großer Beliebtheit, ebenso war ihre unbeschränkte Mildthätigkeit den Armen und Notleidenden gegenüber allgemein bekannt und grade in Louisenthal, wo sie so manche Thräne trocknete, wird ihr auch in dieser Hinsicht weit über das Grab hinaus ein ehrendes und dankbares Gedenken für alle Zeiten bewahrt bleiben.

Ist dem so? Die Spuren der Nachkommen verwischen sich. Bis heute findet sich allerdings das „Harzschmier" genannte Rübenkraut unter dem Namen *Fenner Harz* im gelben Becher in den saarländischen Supermarktregalen, obwohl dieses schon seit den 1960er Jahren nicht mehr im Saarland, sondern im rheinländischen Meckenheim hergestellt wird. Außerhalb des Saarlandes wird das gleiche Produkt unter dem Namen *Grafschafter Goldsaft* vermarktet.

Kehren wir vom Ortsteil Rockershausen zurück ins Zentrum von Altenkessel. Hier wurde 1899 die Sprechstundenhilfe, Kosmetikerin und Widerständlerin **Emilie Ferdinand** geboren.

Emilie Ferdinand – eine treue Seele

Einige Episoden im Leben der Emilie Ferdinand liegen im Dunkeln. So ist nicht bekannt, wie sie die Zeit des Ersten Weltkriegs verbringt, nachdem sie 1913 die Schule abgeschlossen hat. Im März 1921 tritt sie in die Kongregation der Barmherzigen Schwestern vom hl. Karl Borromäus in Trier ein. Sie erhält Unterricht in der Krankenpflege, was in ihrem weiteren Leben eine Rolle spielen wird. Belegt ist, dass sie im Februar 1923 ihr Gelübde ablegt, zehn Jahre später aber als Schwester Rigalda in einem anderen Orden in Saarbrücken aufgeführt wird. Warum es zu ihrem Ausscheiden kommt und welcher Weg sie in die Praxis und in den Haushalt von Dr. Rudolf Fromm führt, bleibt unbekannt. In Louisenthal ist sie ab dem 1. Oktober 1933 als Sprechstundenhilfe und Wirtschafterin tätig. Die Arbeit bei einem jüdischen Arzt hat für Emilie Ferdinand Auswirkungen. Es beginnt langsam, mit sinkenden Patientenzahlen, Schmähungen, ersten verbalen Attacken in ihre Richtung wie „Judenhure" oder „Judenschicks". Mehrfach wird ihr von offizieller Seite nahegelegt, das Arbeitsverhältnis bei Dr. Fromm zu beenden. Am 11. November stürmen die Nazis das Haus, in dem Dr. Fromm und Emilie Ferdinand, seine Wirtschafterin und Praxis-Helferin, wohnen. Emilie ruft die Polizei. Das Ende vom Lied: „Schutzhaft" von Emilie Ferdinand und Rudolf Fromm, der letztlich von der Gestapo abgeholt wird. Emilie zieht in der Folge zu ihrer Mutter, die ebenfalls in Louisenthal wohnt. Dr. Fromm, dessen Verlobte Dr. Rose Meyer früher ins Exil ging, betrieb bereits vor der Pogromnacht seine Ausreise, da ihm mittlerweile die Approbation entzogen war und er keine Perspektive sah. Nachdem er aus dem KZ Dachau freigekommen ist, schafft er die Ausreise in die USA. Vorher schreibt er Emilie Ferdinand ein hervorragendes Zeugnis und tritt ihr sämtliche Außenstände ab, verbunden mit einem Dankesbrief für die gemeinsame Zeit. Der Terror gegen Emilie Ferdinand und ihre Familie lässt nicht nach, sie überlegt, für eine Zeit das Land zu verlassen. Mit Hilfe einer Freundin, die ihr ein Visum beschafft und für sie bürgt, kann sie im April 1939 Deutschland in Richtung USA verlassen. Sie wird zehn Monate bei ihrer Freundin in Kalifornien bleiben. Ob sie in dieser Zeit Dr. Fromm, der in New York lebt, trifft oder in brieflichem Kontakt zu ihm steht, ist nicht überliefert. Mit Kriegsbeginn bittet die Mutter um die Rückkehr der Tochter. Emilie Ferdinand passiert am 21. Februar 1940 an der Brenner-Straße die deutsche Grenzkontrolle. Von dort geht es für sie jedoch nicht ins Saargebiet, sondern nach Kassel, wo es ihre Mutter hin verschlagen hat. Sie versucht trotz der Kriegswirren eine berufliche Neuorientierung, eignet sich Kenntnisse in der Fußpflege an. 1943 zurück an der Saar, wird ihr, obschon sie gute Zeugnisse vorweisen kann, eine Zulassung als Kosmetikerin und Fußpflegerin versagt. Erst nach Kriegsende, ab 1947, kann sie ihren neuen Beruf ausüben. Zu diesem Zeitpunkt ist ihr alter Arbeitgeber, Dr. Fromm, tot, im November 1946 plötzlich gestorben. Sie selbst erleidet in den 1970er Jahren einen Schlaganfall und stirbt 1984 in einem Altersheim.[204]

Bekannter als Emilie Ferdinand ist die fünf Jahre später geborene Parlamentarierin und Widerstandskämpferin **Luise Herrmann-Ries**.

Luise Herrmann-Ries – mehr als ein Stolperstein

Luise (genannt Lilli) Karoline Ries wird 1904 in Altenkessel geboren. Die Mutter stirbt bei der Geburt, der Vater, ein Maschinenwärter, stirbt wenige Jahre später. So wächst Lilli bei einem Bruder der Mutter in Wiebelskirchen auf. Dort besucht sie die Volksschule, arbeitet nach der Schule als Hausgehilfin, später findet sie eine Lehrstelle und wird Verkäuferin in Neunkirchen. 19-jährig heiratet sie Willi Herrmann, 1924 wird ihr einziges Kind, Helga, geboren. Willi Herrmann ist ein „Linker", und Lilli beginnt sich bald für die Interessen der arbeitenden Bevölkerung einzusetzen. Sie wird Mitglied verschiedener Organisationen der Arbeiterbewegung wie dem Bund werktätiger Frauen, in dem sie schnell zur Wiebelskircher Organisationsleiterin aufsteigt. Im folgenden Jahr wird sie zum Mitglied des Bezirksvorstandes gewählt und schließlich zur Bezirksleiterin Saar des „Bundes". 1931 wird Luise Herrmann-Ries Mitglied der KPD; die Partei nominiert sie als Kandidatin zur Landesratswahl 1932. Als einzige Frau wird sie in dieser Legislaturperiode in den 30-köpfigen Landesrat gewählt. Ihre antifaschistische Haltung führt nach der Abstimmungsniederlage 1935 zur Flucht des Ehepaares nach Frankreich; die Tochter bleibt bei Bekannten. Von Paris aus wird Lilli auf die Internationale Leninschule nach Moskau delegiert. Erst 1937 wird sich die Familie in Paris wiedersehen. Nach Kriegsbeginn werden die Herrmanns interniert, Lilli kommt mit ihrer Tochter in das berüchtigte Camp de Gurs am Fuß der westlichen Pyrenäen. Im Sommer 1941 bietet die deutsche Regierung Emigrantinnen und Emigranten die Möglichkeit der Rückkehr nach Deutschland an. Lilli willigt auf Drängen ihrer Tochter ein. Die beiden reisen nach Wiebelskirchen, wo Lilli nach wenigen Wochen von der Gestapo festgenommen und der „Vorbereitung zum Hochverrat" angeklagt wird. Das Urteil lautet: 4 ½ Jahre Zuchthaus. Willi Herrmann, der zwischenzeitlich ebenfalls im Saarbrücker Gefängnis einsitzt, wird später an den Volksgerichtshof in Berlin überstellt. Nach seiner Verurteilung zu 14 Jahren Zuchthaus wird er von Moabit in das Zuchthaus Butzbach nach Hessen verlegt. Sein letztes Lebenszeichen stammt von einem Brief an seine Familie vom 10. Februar 1944. Am 17. Februar 1944 meldet Butzbach den Tod des Gefangenen Willi Herrmann an die Reichsanwaltschaft beim Volksgerichtshof.[205] Die wirklichen Umstände des Todes wurden nie bekannt. Lilli Herrmann ist bis zu ihrer Befreiung im Mai 1945 im *Frauenzuchthaus und Frauenverwahrungsanstalt Aichach/Oberbayern* inhaftiert. Sie kehrt nach Wiebelskirchen zurück und stirbt 1971 im Alter von 67 Jahren in Neunkirchen. Nach dem Krieg engagiert sich Luise Herrmann-Ries nicht mehr politisch. Ein Stolperstein in der Wilhelm-Heinrich-Straße in Wiebelskirchen erinnert an sie.[206]

Noch einer Frau begegnen wir in Altenkessel, ihre Geschichte ist vorsichtig ausgedrückt mysteriös, ein Zeitgenosse hat sie überliefert. Die Rede ist von der in den 1920er Jahren in Altenkessel lebenden Seherin namens **Maria Michely**.

Maria Michely – jenseits von Gut und Böse

Der Zeitgenosse, Karl Schneider, dem Spiritismus nicht abgeneigt, veröffentlicht 1920 im (dazu passenden) Friedensreich-Verlag ein Porträt der Seherin, wobei er sich – bis auf einige wenige Passagen – auf das Medium Maria Michely konzentriert, getreu dem Motto: „Mensch und Medium, so innig sie auch zusammengehören, sind oft zwei grundverschiedene Dinge."[207] Was erfahren wir über den Menschen Maria Michely? Geboren wird sie 1870 in Eppelborn als Maria Ammann, ihr Vater ist ein Bergmann, nicht ungewöhnlich. Im Alter von 6 Jahren hat sie eine erste Erscheinung, die Mutter ist in heller Aufregung, „Kind, das darfst du nicht sagen!" Warum nicht? Wir schreiben das Jahr 1876, die Mutter bezieht sich in ihrer Aufregung auf drei Mädchen, von denen sie gehört hat und die die Gottesmutter in Marpingen beim Beerenpflücken gesehen haben wollen. Laut Karl Schneider wurden die drei Mädchen später eingesperrt und vor Gericht verhört, letzten Endes in ein Kloster verbannt. Keine gute Zeit für Seherinnen, die Mutter hat zu Recht Angst. Die kleine Maria schweigt. Acht Jahre später, Maria ist mittlerweile 14 Jahre alt, zieht die Familie nach Altenkessel, mit 19 Jahren heiratet Maria den Bergmann Johann Michely, zehn Kinder werden im Lauf der Ehe geboren. Wie dürfen wir uns Maria Michely vorstellen?

> Eine nicht sehr große, dafür aber sehr rundliche Frau in einfachem Hauskleid empfing uns. [...] Trotz ihrer fünfzig Jahre sind ihre glatt an den Kopf gescheitelten, pechschwarzen Haare noch frei von jeglichem Silberglanz. Sanft wölben sich die Augenbrauen über den Basedow-Augen, aus denen neben Liebe und Güte auch Schalk und Humor sprechen. Keine zusammengewachsenen Brauen! Nichts Unheimliches, Geheimnisvolles, Verstecktes! Nein, Mensch wie alle Menschen! Das ist Maria Michely.[208]

Nun gut, das ist ein großer Sprung von dem Mädchen über die junge Frau hin zu einer 50-Jährigen. Viel mehr erfahren wir über Maria Michely in der Folge tatsächlich nicht mehr, dafür umso mehr über ihre seherischen Fähigkeiten. Dies kann ausführlich bei Karl Schneider nachgelesen werden. Bleibt der Hinweis, dass Maria Michely sich in einer Art Familientradition wiederfindet, ihr spiritueller „Führer", Kontrollgeist genannt, ist ihre Urgroßmutter gleichen Namens: Maria Ammann. „Sie soll zu Erdenslebzeiten eine einfache Frau gewesen sein, was natürlich kein Hinderungsgrund war, daß sie heute ein hochentwickelter, intelligenter Geist ist."[209] Dem ist nichts hinzuzufügen.

3.9 Burbach: Tief im Westen

Mitten in Burbach, in der Brunnenstraße, wuchsen die beiden Schwestern Ingrid und Gertrud Elisabeth Schmidt als Töchter eines Saarbrücker Zigarettenhändlers auf. Es muss musikalisch hergegangen sein im Elternhaus oder wie sonst ist es zu erklären, dass die beiden auf je ihre eigene Art zu musikalischem Ruhm kamen: Ingrid Schmidt alias Ingrid Caven[210] als Chanson-Sängerin und Gertrud Elisabeth Schmidt alias **Trudeliese Schmidt** als Mezzosopranistin. In dem biografischen Roman *Ingrid Caven* des französischen Schriftstellers Jean-Jacques Schuhl (gleichzeitig der Lebensgefährte der Caven) aus dem Jahr 2000 heißt es über ihre Heimatstadt: „Hier habe ich gespielt, in den heruntergekommenen Vierteln, den Armenvierteln. Ich bin zwischen den Schotterhaufen, den Autowracks, den Schloten herumgelaufen, ein zerstückeltes Universum, fremd und kalt …"[211] Weiter ist die Rede von gelbem Himmel und gusseisernem Gerumpel von Loren, von Ruinen, Schluchten, Leere.

> […]
> Und Skelettgerüste
> Der Sinterstaub auf den Fenstern
> des Hauses
> dass einem angst wird
> […][212]

Ingeborg Becker schrieb ebenfalls über ihre Heimatstadt Burbach, jedoch vor einem anderen Hintergrund. 14 Jahre älter als die 1938 geborene Caven, hatte sie Burbach nie verlassen. Wie auch, ihr Lebensweg steht für den vieler Frauen ihres Jahrgangs respektive ihrer Generation: die finanziellen Verhältnisse bescheiden, für den Besuch der höheren Schule fehlte das Geld, hinzu kam der frühe Tod des Vaters, die Mutter hielt die Familie mit ihrem Musikgeschäft in Burbach über Wasser. Vielleicht haben sich hier die Schwestern Schmidt und Ingeborg Becker einmal getroffen? Ingeborg Becker jedenfalls heiratete, zog vier eigene Kinder groß – und schließlich drückte sie wieder die Schulbank, legte die mittlere Reife ab, schrieb für die „Schublade". So der Titel ihres erst mit 75 Jahren veröffentlichten Erinnerungsbandes *Geschichten aus der Schublade* über ihre

Kindheit in Burbach, in denen die Großmutter eine zentrale Rolle spielt. Burbach war zwar das Industrieviertel von Saarbrücken, besaß trotzdem ländliche Züge. „Ich sehe die Großmutter noch heute vor mir, wie ihr bei jedem Schritt ihre langen, grauen, am Rockbund eingekrausten Röcke gegen die Beine schlugen. Ein faszinierendes, fast archaisches Bild."[213] Ingeborg Becker starb 2010 im Alter von 86 Jahren.

Trudeliese Schmidt – von Idamente bis Wellgunde

Sie ist der Hänsel in Humperdincks *Hänsel und Gretel*, Isabella in der *Italienerin in Algier* und Fatime, die Ehefrau von Abu Hassan, dem Günstling des Kalifen, in einem Singspiel nach der Musik von Carl Maria von Weber. Als Mozart-Sängerin in den Rollen des Pagen Cherubino in *Figaros Hochzeit*, Idamante in *Idomeneo* und Dorabella in *Così fan tutte* sowie als Strauss-Protagonistin (Octavian im *Rosenkavalier*, Komponist in *Ariadne auf Naxos*, Clairon in *Capriccio*) steht sie ab Mitte der Sechzigerjahre des 20. Jahrhunderts auf vielen Brettern, die die Welt bedeuten. Sie singt die Wellgunde in *Rheingold* und in der *Götterdämmerung*, außerdem die Grimgerde in der *Walküre*. Für Verdis *Falstaff* schlüpft sie in die Rolle der Meg Page. Nach ihrem Operndebüt am Staatstheater Saarbrücken zieht es Trudeliese Schmidt zum Hessischen Staatstheater in Wiesbaden. Dann an die Deutsche Oper am Rhein, an das Staatstheater Nürnberg, es schließt sich eine Tourneereise nach Japan mit der Bayerischen Staatsoper an. Es folgen die Bayreuther Festspiele, die Salzburger Festspiele, die Wiener Staatsoper, das Teatro Colón in Buenos Aires. Unter der Leitung von Herbert von Karajan singt sie als Solistin mit den Wiener Philharmonikern in Mozarts Krönungsmesse anlässlich eines Sonderkonzerts für Papst Johannes Paul II. im Vatikan. Ein reiches Sängerinnenleben, das am 24. Juni 2004 im Alter von 61 Jahren endet. Trudeliese Schmidt ist auf dem Waldfriedhof in Burbach beerdigt. Auf dem Familiengrab steht unter den Namen ihrer Eltern schlicht Gertrud Schmidt. In einem Nachruf in der WELT steht:

> Sänger brauchen die Bühne. Ihr Ruhm aber vergrößert sich hauptsächlich dank Schallplattenaufnahmen. Das hat schon manche Sänger-

> Karriere getrübt, so auch diejenige der wunderbaren Trudeliese Schmidt. Ihre Bühnenpräsenz und die mitunter narkotische Raumwirkung ihres Mezzosoprans wird auf keiner Schallplatte adäquat wiedergegeben.[214]

Erinnern wir am Ende dieses Kapitels noch an Zwangsarbeiterinnen, von denen einige nicht zuletzt in Burbacher Industrieanlagen beschäftigt waren. Polina Bortkova, geboren 1927 in der Ukraine, wurde als 15-Jährige zur Zwangsarbeit nach Deutschland verschleppt und im Reichsbahn-Ausbesserungswerk Burbach eingesetzt. Sie schloss sich einer Widerstandsgruppe von „Ostarbeiterinnen" an, was ihr die Verhaftung durch die Gestapo einbrachte. Vom Lager Neue Bremm ging es für sie in die Gestapo-Arrestzelle im Saarbrücker Schloss, wo sie verhört, geschlagen, eingesperrt wurde. Nach etlichen Wochen Haft wurde sie in verschiedene Konzentrationslager verschleppt, erkrankte an Typhus, überlebte und kehrte nach 1945 in die Ukraine zurück. In der Gestapo-Zelle hinterließ sie eine Inschrift auf der Tür der Zelle: „Hier war Bortkova Polina verhaftet wegen … ‚einer Sache'; bin hier seit 6 Wochen und weiß nicht wie lange noch. Meine Adresse ist in Stalino, ich kam aber aus Dnepropetrovsk. Geburtsdatum: 15.11.1927."[215] Dies ist nicht die einzige Inschrift. „Clémence Vécrin wurde eingesperrt, weil sie ihrem Bruder half, nicht der Boche-Fahne zu dienen. Saarbrücken, den 12.10.1944, geboren am 16.10.23." Clémence Vécrin lebte mit ihren Eltern und zehn Geschwistern im Großraum Metz. Weil ihr Bruder, der in die Wehrmacht gezwungen wurde, nach einem Urlaub nicht mehr bei der Truppe auftauchte, wurde die Familie in Sippenhaft genommen, mit Ausnahme der drei jüngsten Schwestern. Clémence und ihre Mutter Cécile kamen ins Lager Neue Bremm, zeitweilig in die Arrestzelle im Schloss, schließlich nach Ravensbrück und Bergen-Belsen. Die Mutter starb in Bergen-Belsen kurz nach der Befreiung des Lagers. Clémence Vécrin überlebte. „Hentzien Amélie. Geboren am 2.9.1920 in Russange/Moselle. Eingesperrt am 25.10.1944, Saarbrücken, den 1.11.44, Grund Krankheit." Amélie Hentzien folgte 1943 ihrem Mann, der zum Arbeitseinsatz in Deutschland gezwungen war. Sie arbeitete als Straßenbahnschaffnerin in Saarbrücken, vermisste die bei Verwandten in Frankreich gelassenen Söhne. Nach einem Besuch bei den Kindern wollte sie eigentlich nicht mehr nach Deutschland zurück, wurde jedoch bei einer Kontrolle in Tours verhaftet und nach Saarbrücken gebracht, wo sie in der Folge von einer Streife ohne Papiere aufgegriffen und ins Lager Neue Bremm gebracht wurde. Am 1. November 1944 wurde Amélie Hentzien wegen Arbeitsverweigerung kurzfristig in der Gestapo-Arrestzelle im Schloss eingesperrt. Nach ihrer Entlassung aus dem Lager Neue Bremm am 13. November 1944 versteckte sie sich in Forbach, von wo aus sie sich im März 1945 zu ihrer Familie nach Mirebeau durchschlagen konnte.

3.10 Dudweiler: Heimat nicht nur der schreibenden Zunft

Dudweiler war der Geburtsort der Schriftstellerin **Liesbet Dill**. Zwei Themen prägen ihre Werke: die deutsch-französische Grenzregion und die Stellung der Frau in der Gesellschaft.

Liesbet Dill und die Stellung der Frau in der Gesellschaft

Die 1877 in Dudweiler geborene Liesbet Dill ist nach der Wende zum 20. Jahrhundert eine in Deutschland viel gelesene Autorin. Die meisten ihrer Werke sind heute vergessen, eine Ausnahme bildet der Roman *Virago*[216], der im Jahr 2005 vom Röhrig Universitätsverlag in St. Ingbert neu aufgelegt wurde. Der Hauptschauplatz des 1913 erschienenen Romans heißt Neuweiler, unschwer als Neunkirchen zu erkennen. Dill thematisiert den ersten Bergarbeiterstreik im Saarrevier 1889, sie schildert die Industrielandschaft, einen Hochofenabstich oder die Arbeit unter Tage. Vor allem ist Virago die Geschichte einer jungen Frau, genannt Friederike Konz, Tochter eines Industriellen, die einen großen Wunsch hat:

> ‚Ich wollte dich fragen', begann das Mädchen und hielt sich an der Klinke fest.
> Herrn Konz' Gesicht verfinsterte sich. ‚Raus oder rein', rief er. ‚Kann das herumstehen [sic] an der Tür nicht leiden.'
> Friederike drückte die Tür ins Schloß. Sie hatte sich fest vorgenommen, mit dem Vater einmal energisch zu sprechen, anstatt daß er nur immer energisch mit andern sprach, aber als sie seine hellgrauen Augen auf sich gerichtet sah, wußte sie nicht, wohin sie mit den langen Armen sollte.
> ‚Ich wollte dich fragen', begann sie mit einer ungewollten Feierlichkeit, ‚ob du es erlauben würdest …'
> ‚Was erlauben würde?'
> Friederike schluckte und vollendete entschlossen: ‚Daß ich Medizin studieren dürfte?'
> Nun war es heraus, was ihr jahrelang auf dem Herzen gesessen. Der große Wunsch war ausgesprochen.

> Man hätte Herr Konz sagen können, ein Hochofen auf der Hütte stünde still oder der ‚brennende Berg' spie Feuer, er hätte nicht so aus der Fassung gebracht werden können wie durch diese Worte. Er schlug mit der Hand auf das Pult, daß der Staub wirbelte und rief:
> ‚Was will das Mädel?!'[217]

Mädchenpensionat statt Medizinstudium, das will der Patriarch. Doch statt sich in der Rolle der bürgerlichen Frau einzurichten, lotet die Protagonistin stets aufs Neue ihre Möglichkeiten aus. Nach dem Tod des Vaters führt sie seinen Betrieb weiter, scheitert letztlich sowohl aufgrund der wirtschaftlichen Rezession als auch wegen der mangelnden Unterstützung, genauer gesagt wegen des Misstrauens der Arbeiter und der Dorfbewohner. Privat bleibt ihr Glück ebenso verwehrt. Als Virago diffamiert, wird sich die Heldin am Ende das Leben nehmen, zerbrochen an den Konventionen ihrer Zeit. Die Autorin Liesbet Dill hingegen ist beruflich und privat durchaus erfolgreich. Sie wird, ähnlich ihrer Protagonistin Friederike, in eine wohlhabende Dudweiler Guts- und Brauereibesitzerfamilie geboren. Sie besucht die höhere Töchterschule in Saarbrücken und danach ein englisches Pensionat in Wiesbaden. In erster Ehe heiratet sie einen Saarbrücker Landrichter, der später zum Senatspräsidenten am Oberlandesgericht in Hamm avanciert. Zu den beiden Söhnen aus dieser Ehe gesellen sich zwei weitere Kinder – Tochter und Sohn – aus der zweiten Ehe mit einem Stabsarzt und späteren Medizinprofessor und noch späteren hessischen Sozialminister. Mit ihrem zweiten Ehemann, die erste Ehe wurde im Übrigen geschieden, zieht sie 1925 nach Berlin, 1942 geht es zurück nach Wiesbaden, wo Liesbet Dill als Lektorin für die *Deutsche Verlagsanstalt Stuttgart* arbeitet. Hier wird sie bis zu ihrem Tod zwanzig Jahre später bleiben. Die Stadt Dudweiler erwirbt 2007 den gemeinsamen Grabstein Liesbet Dills und ihres Ehemanns und überführt ihn von Wiesbaden nach Dudweiler, um ihm auf dem Friedhof einen Ehrenplatz zu geben.

Emilie Stölzer zerbrach nicht an den Konventionen ihrer Zeit, sie wurde ein Opfer zuerst des Faschismus und dann des Stalinismus. Sie war Mitglied der Kommunistischen Jugend, ihre gesamte Familie engagierte sich in unterschiedlicher Weise in der sozialistischen Arbeit. Ihre jüngere Schwester Charlotte führte eine Langzeitbeziehung mit dem jungen Kommunisten Erich Honecker aus Wiebelskirchen.

Emilie Stölzer – eine Saarländerin in Moskau

Im kommunistischen Umfeld trifft die 1904 in Dudweiler geborene Emilie auf den gebürtigen Bitterfelder Ernst Stölzer, der 1926 ins Saarland kommt und der Dudweiler KPD beitritt. Die beiden heiraten und leben fortan in schwierigen Verhältnissen, nicht zuletzt, da Ernst Stölzer 1929 für seine Teilnahme am „Dudweiler Kommunistenkrawall" zu sechs Monaten Freiheitsstrafe verurteilt wird. Nach der Saarabstimmung 1935 müssen die beiden das Saarland endgültig verlassen. Über Frankreich wollen sie in die Sowjetunion reisen. Dies gelingt für den Moment nur Ernst Stölzer, der am 4. Juni 1935 nach Moskau reisen kann. Von dort geht es für ihn in die Ukraine, wo er als Schriftsetzer für eine Zeitung arbeitet. Da Emilie kein offizielles Parteimitglied ist, verweigern die sowjetischen Behörden ihr die Einreise. Sie lebt unter katastrophalen Bedingungen in Paris, völlig verarmt und nahe dem Hungertod. Vor lauter Verzweiflung versucht sie, zu ihren Eltern ins Saarland zu gelangen. Bei Forbach überschreitet sie mehrfach illegal die Grenze, um die Eltern zu besuchen. Es kommt, wie es kommen muss: Bei einem dieser Grenzübertritte wird sie von der Gestapo verhaftet, allerdings nach drei Tagen wieder freigelassen. Dadurch ist der Weg nach Deutschland endgültig versperrt, eine abermalige Festnahme hätte schlimme Konsequenzen. Ernst Stölzer lässt unterdessen nichts unversucht, um seine Frau nachreisen zu lassen, mobilisiert seine Kontakte auf allen Wegen und endlich, am 10. August 1936, kann Emilie „Lilli" Stölzer mit einem gefälschten Pass über die Niederlande und Skandinavien nach Moskau reisen. All dies wäre ohne ein gut funktionierendes Netzwerk aus Antifaschisten nicht möglich gewesen. Statt eines glücklichen Endes beginnt in Moskau die zweite Odyssee des Ehepaars Stölzer. Sie versuchen, sich in die sowjetische Gesellschaft zu integrieren, lernen Russisch, suchen Arbeit. Vergeblich, die beiden werden am 12. März 1938 verhaftet, der Staatsapparat scheint die beiden seit Emilies Einreise ins Land beobachtet zu haben. Hauptanklagepunkt: Emilies kurzzeitige Gestapohaft und ihre mögliche Anwerbung durch das Naziregime. Andere unsinnige Anschuldigungen kommen hinzu. Ernst Stölzer hält dem physischen und psychischen Druck, der während der Vernehmungen auf ihn ausgeübt wird, irgendwann nicht mehr stand. Vielleicht hofft er darauf, durch ein Geständnis das Leben seiner Frau zu retten. Jedenfalls gibt er irgendwann zu, vermeintlich „trotzkistische" Positionen bezogen zu haben. Am 2. Juli wird Emilie Stölzer zu fünf Jahren Haft verurteilt. Einen Monat später, am 2. August, wird ihr Mann Ernst zum Tod verurteilt. Das Urteil wird am 10. August 1938 vollstreckt: Hinrichtung durch Erschießen. Emilie stirbt im Dezember 1941 in einem russischen Internierungslager.[218]

Liesbet Dill ist eine Straße in Dudweiler gewidmet, ebenso der Diakonisse Maria Wolf (Schwester-Marie-Straße), von 1924 bis 1964 Gemeindeschwester des evangelischen Krankenpflegedienstes Dudweiler, sowie der Kinderärztin Hedwig Stalter (1907–1986), die in Dudweiler praktizierte. Stalter machte 1931 ihr Abitur, 1936 folgte das Staatsexamen nach Studien in München, Bonn, Kiel und Heidelberg. Sie stammte aus einem großen, bäuerlichen Betrieb, was sie zum Thema ihrer Dissertation, Vergiftungen in der Landwirtschaft, brachte. Ihre erste Stelle trat sie im Saarbrücker Bürgerhospital an, während des Kriegs verschlug es sie nach Bremen. 1948 zurück im Saarland, eröffnete sie eine Kinderarztpraxis in Sulzbach, von wo aus sie – mit einem Motorrad unterwegs – die Kinderstation im Dudweiler Krankenhaus betreute. 1960 zog sie mit ihrer Praxis nach Dudweiler um. Testamentarisch hinterließ sie ihr Vermögen dem Universitätsklinikum in Homburg mit der Auflage, die Hedwig-Stalter-Stiftung zur Förderung des qualifizierten Nachwuchses am Institut für Humangenetik zu implementieren. Die Stiftung wurde zwei Jahre nach ihrem Tod 1988 eingerichtet. Der Hedwig-Stalter-Preis wird in Form eines Forschungsstipendiums für zwei Jahre vergeben. Hätte Hedwig Stalter vor 1944 ihre Praxis in Dudweiler gehabt, wäre höchstwahrscheinlich eine Anzeige in der Dudweiler Zeitung erschienen. Die Dudweiler Zeitung war eng verbunden mit dem Namen **Friederike Emma Blankenburg**, der Verlagsleiterin der Zeitung, sowie deren Tochter Salome Kootz, Heimatdichterin und durch ihre langjährige Mitarbeit in der Dudweiler Geschichtswerkstatt wertvolle Chronistin der Arbeit ihrer Mutter.

Friederike Emma Blankenburg und die Dudweiler Zeitung

Die im Elsass geborene Friederike Emma Eglinsdörfer heiratet in erster Ehe Arthur Unterkeller, den Sohn von Johann Unterkeller, der 1888 in Dudweiler eine Druckerei gründet, den bereits existierenden Dudweiler Anzeiger, das amtliche Nachrichtenblatt für die Bürgermeisterei, übernimmt und in Dudweiler Zeitung umbenennt.

> Gleich anfangs wäre zu erwähnen, daß die Druckerei noch bis 1913 im vollen Sinne des Wortes ein Handwerksbetrieb war, mit all den althergebrachten und damals noch gebräuchlichen Gepflogenheiten. So wohnten zwei Gesellen [...] auf dem Speicher der Druckerei, in zwei Kammern, doch nicht genug damit: Alle Setzer und Drucker wurden von meiner Großmutter Katharina, sie war eine geborene Ruppenthal von der Mosel, verköstigt. In der Küche des Wohnhauses stand der lange Eßtisch. Drei Mahlzeiten trug die Frau Meisterin auf, und tat noch so, als meine Mutter, die Ehefrau ihres Stiefsohnes Arthur, ins Haus kam. Ja, und die junge Frau stellte dann, nachdem sie mit ihrem Mann alles gründlich durchgerechnet hatte, diese Plackerei ab. Gewiß, zunächst war die Großmutter nicht so ganz einverstanden.[219]

Dazu ist zu wissen, dass Arthur Unterkeller nicht irgendwen geheiratet hat, sondern eine Unternehmertochter, die sich in geschäftlichen Dingen auskennt, wenn auch das Verlagswesen für die aus einem Maschinen-Geschäftshaus kommende Friederike Emma Neuland ist. Neuland, das sie bald allein zu beackern hat, da Johann Unterkeller 1914 eingezogen wird, kaum ist der Erste Weltkrieg ausgebrochen. Sie meistert die Herausforderung, die Dudweiler Zeitung wird zu einem wichtigen Teil der Berichterstattung in diesen schwierigen Zeiten.

> Meine Mutter mußte alsdann die strenge Hand geben, die zusammenhielt, so wie sie es in Colmar gelernt hatte. Und wie gut, daß sie aus dem Elsaß stammte und französisch sprach, war doch irgendwie die Verständigung erleichtert während der ersten Nachkriegszeit mit dem französischen Ortskommandeur, der tagtäglich erst nach Einsicht in die zu erscheinende Zeitung sein Einverständnis zum Druck gab. Und wie gut auch, daß sie im Betrieb blieb, starb doch mein Vater 1921. Sie stand wieder allein.[220]

Die Dudweiler Zeitung im Jahr 1923 erscheint unter Federführung von Druck und Verlag, Schriftleitung und Anzeigenteil von E.(mma) Unterkeller, ab Februar 1923 zeichnet Fritz Blankenburg, den Emma Unterkeller im Dezember 1922 in zweiter Ehe heiratet, für Schriftleitung und Anzeigenteil verantwortlich. Anfang der 1930er Jahre bekommt die Dudweiler Zeitung das Prädikat „Meisterbetrieb". Die Zeitung steht gut da, jedoch:

> Mutter gehörte nicht der NSDAP an [...], was wahrscheinlich maßgeblich dazu beitrug, daß man von der Partei aus eine Jagd auf die ‚Dudweiler Zeitung' begann. Nichts blieb unversucht, um meiner Mutter den Betrieb aus den Händen zu schlagen. Aber auch nichts ließ meine Mutter unversucht, um den Betrieb zu halten. Sie konnte in Erfahrung bringen, daß die ‚Nachfolger' für den Betrieb schon benannt sind. Mit diesem Wissen um die Machenschaften reiste sie endlich im März 1943 nach Berlin zum Reichsleiter für das Zeitungswesen, Amann, [dadurch, Ergänzung durch G.M.] konnte sie den bösen Plan endgültig durchkreuzen.[221]

Sechzehn Monate später, am 31. Juli 1944, geht hinter dem Betriebsgelände der Zeitung ein amerikanischer Bomber nieder, mit erheblichen Schäden, die Druckerei und das Verlagshaus betreffend. Emma Blankenburg lässt sich nicht unterkriegen, nach Aufräumarbeiten erscheint die Dudweiler Zeitung nach kaum zwei Wochen wieder. An Weihnachten 1944 wird der Druck der Zeitung dennoch eingestellt, erst später stellt sich heraus, dass dies das endgültige Aus für die Dudweiler Zeitung ist.

Salome Kootz, die Tochter von Arthur und Emma Unterkeller, ist zu diesem Zeitpunkt bereits verheiratet, lebt zwischenzeitlich in Wien, 1945 flüchtet sie aus Tschechien ins Allgäu, zurück in Dudweiler trifft sie ihren Mann wieder, der aus dem Krieg heimgekehrt ist. Dieser eröffnet in Dudweiler eine Zahnarztpraxis, stirbt allerdings ein Jahr später mit 36 Jahren. Anfangs kann die junge Witwe, die in der Familientradition verhaftet nach Schule und Abitur in Heidelberg Zeitungswissenschaften studiert hat, im Druckereibetrieb der Mutter mitarbeiten, bis dieser verpachtet wird. Salome Kootz verdient sich ihren Familienunterhalt durch eine Tätigkeit als Buchhalterin in der öffentlichen Verwaltung, später in der Aufnahme des Dudweiler Krankenhauses und schließlich als Sekretärin der musikwissenschaftlichen Abteilung der Universität des Saarlandes. Neben ihren beruflichen und familiären Pflichten widmet sich Salome Kootz dem Schreiben. Ihr Repertoire umfasst Lyrik und Essays, Mundartliches und Hochsprachliches, Heiteres und Dramatisches.[222] Sie stirbt im Juli 1999 in Bernau am Chiemsee.

3.11 Jägersfreude: Grubenfrauen und die Kinder der Toten

Was verbindet den Saarbrücker Stadtteil Jägersfreude mit der Literaturnobelpreisträgerin Elfriede Jelinek? Dafür müssen wir uns zur Halde an der Grühlingstraße bequemen. Die saarländischen Halden dokumentieren den massiven Einfluss des Bergbaus auf die Landschaft. Die Halde an der Grühlingstraße ist knapp 60 Meter hoch und bietet einen grandiosen Ausblick auf den Saarkohlewald. Der Abraumhaufen der Grube Jägersfreude hat von weitem etwas von einem Elefanten, durch seine tiefen Erosionsspuren. Der Gipfel des Spitzkegels erhielt 1994 ein weithin sichtbares Haldenkreuz als Zeichen der Verbundenheit des Menschen mit dem Bergbau. Um zu diesem Gipfel zu gelangen, sind unter anderem weitläufige Stufen angelegt worden. Diese regen zum Innehalten an. Nicht nur, um nach Luft zu schnappen, sondern um zu lesen, was dort steht: Gedankenanstöße der österreichischen Literatin Jelinek. Auf jeder Stufe finden sich einige Zeilen, vor allem aus ihrem Roman *Die Kinder der Toten*. „[I]m Gebirge sind ein paar Menschen verschwunden. Dafür sind andere wiedergekommen, die wir gar nicht vermisst haben." Die Saarbrücker Zeitung stellte eine Analogie zum Bergbau her: „Auch da gehen Menschen ins Gebirge und kommen teilweise als andere raus. Diese Gedanken legt die Halde Grühlingstraße ihren Besuchern zu Füßen. Neben vielen anderen."[223] *Die Kinder der Toten* gilt als Opus Magnum von Jelinek. Der Roman beschäftigt sich auf existenzielle Art und Weise mit der Erinnerung und der Verdrängung des Holocaust. 1995 erschienen, verstörte der Roman die Kritiker und die Leserinnen gleichermaßen. Oder, wie es die ZEIT-Journalistin Gisela von Wysocki beschrieb, „[r]igoroser als dieses Buch kann die Absage an eine Literatur, die dem Leser Geschenke macht, nicht ausfallen. Er hat es nicht anders verdient, würde Elfriede Jelinek (geboren 1946) sagen"[224]. Jelinek hat eine Art Endzeitporträt skizziert, welches von Untoten bevölkert ist. Eine nacherzählbare Handlung gibt es nicht. In einer oberösterreichischen Pension hat sich eine gruselige Nachwelt eingefunden. „Im Zentrum der Turbulenz die Umrisse eines kollektiven Albtraums: dass die Gemordeten ihre Stimme erheben und die Nachwelt auffordern, ihnen ihr Leben zurückzugeben."[225] Doch lesen Sie selbst … auf den Stufen der Halde Grühlingstraße! Beim Abstieg von der Halde schweifen die Gedanken zu den Menschen, die im Bergbau gearbeitet haben, in den Gruben im Saarland. Waren darunter eigentlich Frauen?

Frauen über, vor allem aber unter Tage in den Gruben in Dudweiler

Die erste und vermutlich einzige Grubendirektorin Preußens, Catharina Margarethe Heintz, betritt 1764 in St. Johann die Szene. Zu ihr gibt es eine halbwegs gute Quellenlage, für die Zeit vorher wird es dünn. Karl Heinz Ruth listet in seinem Beitrag *Frauenarbeit in den Gruben in Dudweiler* für die Geschichtswerkstatt Dudweiler weitere Frauen als Mitbetreiberinnen oder Mitbesitzerinnen an Kohlengruben für das frühe 18. Jahrhundert auf, wie Maria Margaretha Schmeltzer geborene Maul und Susanne Catharina Groß geborene Lück, sowie Regina Christina Hoffmann als Mitbeständerin einer Erzgrube.[226] Nicht überliefert ist, ob die Frauen ihre Grube anteilmäßig selbst bearbeiteten und ausbeuteten. Ruth hält es für nicht abwegig, dass Frauen, sei es als Mitbetreiberin oder Ehefrau oder Tochter eines Grubenbetreibers „aktiv in der Grube mitarbeiteten, weil sie schon allein von der Armut her, arbeiten mußten, um wenigstens ein armseliges Leben fristen zu können[227]". Die gesetzliche Einschränkung von Frauenarbeit unter Tage vom 9. Februar 1827, erlassen durch das königliche Oberbergamt zu Bonn, welches zu dem Zeitpunkt zuständig für den Bergamtsbezirk Saarbrücken ist, deutet in gleicher Weise darauf hin, dass Frauen in den Gruben an der Saar gearbeitet haben, sonst bräuchte es jetzt nicht das Verbot. Während des Deutsch-Französischen Kriegs 1870/71 und vermehrt während des Ersten Weltkriegs ist der Einsatz von Frauen in den Gruben belegt. Ein wiederkehrendes Moment: Frauen ersetzen in Kriegszeiten die fehlenden Männer und werden wieder entlassen, sobald diese aus dem Krieg zurückgekehrt sind. Genaue Zahlen dazu hat wieder Ruth:

> Von den ersten sechs Frauen arbeiteten im Juli 1916 vier auf der Grube Sulzbach und zwei auf der Grube Heinitz.
> Im August 1916 wurden auf der Grube Dudweiler neun und auf der Grube Jägersfreude 15 Frauen zur Arbeit angenommen. Auf der Grube

> Camphausen wurden erst im Oktober 1916 die ersten Frauen, 45 an der Zahl, beschäftigt. Diese Zahlen schwankten in den nächsten Jahren je nach Grube und Monat. [...] Ende August 1917 war mit 1.287 Frauen auf allen Saargruben zusammen die größte Anzahl erreicht.[228]

Ab März 1918 beginnen die Entlassungen, im September 1919 arbeiten ganze sechs Frauen auf der Grube Dudweiler und eine Frau auf der Grube Jägersfreude. Karl-Heinz Ruth zitiert einen Bergmannskalender aus dem Jahr 1919, der die Arbeiten der Frauen in den Gruben beschreibt:

> In den Lampenkauen reinigen sie die Grubenlampen und setzen sie wieder instand, sie halten auf den Anlagen und Werkstätten Ordnung und Sauberkeit, helfen die Kohlen reinigen, schieben Wagen hin und her, sind in der Holzverladung und -beförderung behilflich und leisten Büroarbeit. ... Die in den Rätteranlagen abgestürzten Kohlen werden durch das sogenannte ‚Leseband' in die Eisenbahnwagen befördert. Auf diesem Wege werden die Bergestücke zwischen den Kohlen herausgelesen oder wie es heißt: ‚ausgeklaubt'. Die Arbeit wurde früher durch jüngere Arbeiter (jugendliche), die sogenannten ‚Klauberjungen', ausgeführt, heute sehen wir vielfach unser zartes Geschlecht mit Erfolg bei dieser Beschäftigung. ... Sogar beim Heizen der Dampfkessel helfen unsere Frauen und Mädchen mit, ...[229]

Da auch in der Folge die Zahl der Beschäftigten weder nach den einzelnen Gruben noch nach den ausgeübten Tätigkeiten aufgeschlüsselt wurde, ist eine Gesamtbilanz schwierig. Am Ende seines Beitrages erinnert der Autor an die Mütter und Ehefrauen der Bergleute, die jahrzehntelang die Arbeitskleidung waschen mussten, da erst Anfang des Jahres 1970 die Saarbergwerke AG die Arbeitskleidung zur Verfügung stellte und für Reinigung und Instandsetzung verantwortlich zeichnete.

3.12 Herrensohr: Kalt und nackig

Den Uznamen „Kaltnaggisch" kennt fast jede Saarländerin. Im Internetlexikon Wikipedia heißt es dazu schlicht und ergreifend, Herrensohr werde aufgrund der kahlen Rodungsfläche, auf der es erbaut worden sei, „kaltnaggisch" genannt – kalt und nackig. Wie viel lebendiger sind da die Aufzeichnungen einer echten „Kaltnaggischerin", nämlich Lieselotte Loew, die ihre „Erinnerunge on ‚FRIEHER'", ihre „KINNAZEIT in KALTNAGGISCH 1921 bis 1945" im Alter von 76 Jahren „uffgeschrieb" hat.[230]

> Die Kaltnaggischer sin uff ihr Herkunft stolz! Mir ware jo schun imma aus besonnerem Holz. Monche menne jo, es wäre aach Holzkepp debei, na un, die gäbts iwwerall, das is doch nit nei.
> Kaltnaggischer konn ma nur vun Geburt aus genn, all onnere sin Herrensohrer --- wie ich menn.[231]

Als Mädchen in den 1920er und 1930er Jahren aufzuwachsen, bedeutete viel mehr noch als für die späteren Generationen, in der Schule (und natürlich sonst) auf „typisch" weibliche Rollenbilder getrimmt zu werden.

> Die Frl. Rotkehl war jo ‚e Fall for sich', awwer doch nit vakehrt. Bei der hon mir Stricke, Häkele, Stobbe, Flicke un Koche gelehrt. Die Schlauberjersch hat imma in jedi vun unserer Handarbeitsstunn e Haufe eischenes Flickzeich vun sich dehemm in die Schul mitgebrung. Hat e Määde sei Arwet ‚vagess', wollt die Hänn in de Schoß leje, do hats awwer nit midda Fräulein Rotkehl gerechent – vun weje! Die leht ihm nämlich e Siwwe-Liter-Unnabux vun sich zum Flicke hin, do hats kinne knurze – meischdens ware e Haufe Löcher drin. Die Stroof hat gezoh, besser wie ‚Plätzjer' in die Hond auszedääle, bei dem Määde dut die Arwet in kääner Hondarbeitsstunn meh fähle.[232]

Über „Fräulein" Rotkehl ist nichts näher bekannt, aber über die eine Generation früher in Herrensohr beschäftigte Lehrerin, korrekt: Aspirantin (Junglehrerin) **Maria Rhoden** wissen wir immerhin, dass sie 1876 ihre erste Arbeitsstelle antrat. Sie war zu diesem Zeitpunkt 20 Jahre alt, selbstredend ledig und selbstredend katholisch, da sie eine katholische Schulstelle in Herrensohr aufnahm.

Maria Rhoden und das Lehrerinnengehalt im 19. Jahrhundert

Die Klassen respektive die Schülerinnen und Schüler, die die Junglehrerin Maria Rhoden zu Beginn ihres Berufslebens zu betreuen hat, belaufen sich auf 96 Jungen und Mädchen. 34 Unterrichtsstunden sind in der Woche zu absolvieren, eine kurze Mittagspause unterbricht den Ganztagsunterricht. Rhoden erhält dafür 720 Mark – im Jahr. Umgerechnet also 60 Mark im Monat für Essen, Kleidung und Sonstiges, was eine junge, alleinstehende Frau vor hundert Jahren benötigt. Miete muss sie nicht bezahlen; theoretisch hat sie Anrecht auf eine Dienstwohnung im Schulhaus, und da dort keine Wohnung zur Verfügung steht, erhält sie zusätzlich zu ihrem Gehalt eine „Mieths-Entschädigung" von jährlich 120 Mark.[233] Ohne Frage bezieht ein (Jung-)Lehrer mehr Gehalt als seine Kollegin; im Vergleich zu sonstigen Berufen sind beide schlecht bezahlt. Ab April 1890 werden von der staatlichen Steuerklasse die Dienstalterszulagen gezahlt. Dies bedeutet für Lehrer mit über 30 Dienstjahren 500 Mark, für Lehrerinnen entsprechend 350 Mark. Was kann sich Maria Rhoden von ihren monatlichen 60 Mark leisten? Pi mal Daumen kann sie sich beispielsweise für 3,80 Mark ein Kilogramm gebrannten Kaffee kaufen, für 2,70 Mark 30 Eier, für 1,30 Mark 4 Päckchen Butter und für 1,80 Mark ein Kilogramm geräucherten Speck. Plus 60 Pfennige für die Graupen zur Suppe.[234] Maria Rhoden wird dringend gebraucht, denn im Landkreis Saarbrücken herrscht großer Mangel an Lehrkräften. Umso besser, dass sie erst Aspirantin ist, dies entlastet die Dudweiler Gemeindekasse zusätzlich. Das geht so weit, dass der zuständigen behördlichen Stelle vonseiten der Gemeinde signalisiert wird, sie sei äußerst zufrieden mit der Arbeit der Aspirantin und beabsichtige keine ordnungsgemäße Besetzung der Schulstelle. Die Klassenfrequenz von 96 Kindern ist indes keine zusätzliche Schikane, sondern absolut üblich zu der Zeit, eher am unteren Level angesiedelt. Maria Rhoden bleibt nicht lange in Herrensohr. In den Lehrerverzeichnissen ab 1879 ist ihr Name nicht mehr aufgeführt.

Fräulein Rhoden, die zu dieser Zeit übliche Anrede, wurde mit an Sicherheit grenzender Wahrscheinlichkeit zu Hause geboren, mit tatkräftiger Unterstützung einer Hebamme. In früheren Zeiten war dies gang und gäbe, bis ins 19. Jahrhundert war der Beruf der Hebamme – neben dem der Magd – in ländlichen Gegenden fast der einzige Frauenberuf. Erst im 20. Jahrhundert entwickelte sich die Geburtshilfe zu einem Miteinander von Hebammen und Ärzten, nicht immer konfliktfrei bis in die Jetztzeit.

Dudweiler Hebammen in früheren Jahrhunderten

In St. Johann haben wir die Bekanntschaft der obersten Stadthebamme Susanna Weinranck gemacht. Ihre Grundausbildung und die ihrer Kolleginnen verläuft in fürstlich-nassauischer Zeit im Wesentlichen wie folgt: Potenzielle Anwärterinnen werden zunächst durch einen Physikus (veraltet für Kreis- oder Bezirksarzt) auf ihren psychischen und physischen Zustand „begutachtet", erst dann können sie ausgebildet und unter Eid genommen werden. Im ländlichen Bereich, zu dem im 18. Jahrhundert Dörfer wie Dudweiler zählen, wird nicht notwendigerweise in der Form ausgebildet. In der Praxis sieht es eher so aus, dass jüngere Frauen bei den älteren, erfahrenen Hebammen in die „Lehre" gehen. Dies ist gleichzeitig eine vertrauensbildende Maßnahme für die Frauen im Dorf. Wie die Geburtshelferinnen ausgestattet sind, welche „Werkzeuge" in der Zeit zur Verfügung stehen, darüber gibt ein städtisches Inventarium Hinweise. Heidelinde Jüngst-Kipper verweist in ihrem Beitrag *Dudweiler Hebammen im 18. und 19. Jahrhundert* für die Dudweiler Geschichtswerkstatt auf das im Stadtarchiv Saarbrücken aufbewahrte Inventarium, welches aufweist, was auf städtische Kosten für Hebammen zwischen 1826 und 1909 angeschafft wurde. Darunter: Lehrbücher, Klistierspritzen, Milchpumpen, Katheter, Scheren, Bürsten, Schwämme und Schlingen.[235] Lange Zeit wählen nur die Frauen eines Bezirks „ihre" Hebamme. Laut einer Pfarrchronik aus Dudweiler sind beispielsweise dort einzig die verheirateten Frauen und die Witwen des Dorfes abstimmungsberechtigt[236] – diese Gruppen sind umgekehrt als einzige berechtigt, den Beruf der Hebamme auszuüben. 1759 wird dieser „Brauch" für ganz Nassau-Saarbrücken verboten. In der Regel werden die gewählten Hebammen abschließend von einem Physikus geprüft. Ab 1793 steht Dudweiler unter französischer Verwaltung, das Hebammenwesen wird strenger reglementiert. 1800 eröffnet im Trierer Hospital St. Irminien eine eigene Hebammenschule für Anwärterinnen des Saarraumes. Sechs Monate lang werden theoretische Inhalte vermittelt, daran schließt eine dreimonatige praktische Phase, für die Schwangere aus der Umgebung bei freier Kost und Logis seitens des Hospitals rekrutiert werden. Jüngst-Kipper bezieht sich auf die Historikerin Eva Labouvie und deren Aufsatz *Selbstverwaltete Geburt*[237], wenn sie schreibt, dass es „1807 [...] im französisch verwalteten Saardépartement 110 anerkannte Landhebammen [gab], von denen aber nur 18, also nur 16 % eine Hebammenschule besucht hatten"[238]. Ab 1815 regeln die Preußen das Staatswesen und damit den medizinischen Bereich. Die Ausbildungsmöglichkeiten werden vielfältiger, neben der Hebammenschule in Trier und der Straßburger Schule kommt das Provinzial-Hebammen-Lehrinstitut in Köln dazu. Von diesem ist der Lehrstoff überliefert. Die Frauen werden unterrichtet hinsichtlich des Verfahrens bei normaler Geburt und normalem Wochenbett, was zu tun ist bei auftretenden Blutungen im Wochenbett, was zurückgebliebene Nachgeburtsteile für den Organismus bedeuten, wie bei Kindbettfieber zu verfahren ist. Weitere Unterrichtsinhalte sind das weibliche Becken, der Kindskopf, der Geburtsmechanismus bei Schädellage, der Mutterkuchen und das Verhalten der Hebamme in der Nachgeburtsperiode. In dieser Zeit ändert sich die Besoldung für die Hebammen. Wurden in fürstlicher Zeit die Hebammen pro Geburt bezahlt, wobei schwerere Geburten „fürstlicher" entlohnt wurden, führt Preußen ein Jahresgehalt ein. Dies bedeutet einerseits ein sicheres Einkommen, auf der anderen Seite bekommen dadurch die Hebammen de facto weniger Geld, da die Geburtenzahl im 19. Jahrhundert stark ansteigt. Nicht zuletzt wegen dieses Umstandes schließen sich die Hebammen gegen Ende des 19. Jahrhunderts in einer Standesorganisation zusammen. 1891 wird für den Kreis Saarbrücken ein Hebammen-Verein gegründet, alle Ämter innerhalb des Vereins bis zum Vorsitz sind ausschließlich mit Frauen besetzt. 1899 folgt die Gründung einer Provinzial-Unterstützungs- und Sterbekasse für Hebammen, die zusätzlich eine Versicherung gegen Invalidität beinhaltet. Anhand alter Kirchenbücher und Zivilstandsregister kann Jüngst-Kipper sogar Namen nennen. Die erste Hebamme, die sie ausfindig macht, heißt Anna Mag, die ihren Dienst während der Zeit des Dreißigjährigen Kriegs (1618–1648) verrichtet. Die letzte in Dudweiler zum 19. Jahrhundert zu rechnende Hebamme ist Margarethe Steinhauser, die 1934 stirbt. Dazwischen listet die Autorin eine Vielzahl von praktizierenden Hebammen über die Zeit auf, die Überraschendes verbindet: Die Hebammen wurden in früheren Jahrhunderten im Schnitt fast zehn Jahre älter als ihre Geschlechtsgenossinnen (rund 70 statt 60 Jahre). Außerdem hatten sie durchschnittlich mehr (!) Kinder, nämlich 8 statt 6. Die wiederum hatten eine höhere Lebenschance, denn während im Allgemeinen nicht einmal 40 Prozent der Neugeborenen das 14. Lebensjahr erreichten, waren es bei den Hebammen rund 70 Prozent. „Und dennoch", so Jüngst-Kipper, „blieb auch eine Hebamme nicht von schweren Heimsuchungen ihrer Kinder verschont. So verlor die Anna Elisabeth Oger 4 Knaben im zarten Kindesalter zwischen einem und drei Jahren an den 1740 und 1745 in Dudweiler epidemisch auftretenden Pocken."[239]

3.13 Scheidt: Bildende Kunst und höhere Töchter

Vielleicht möchten Sie mehr über Ihre Herkunft erfahren als das, was Ihnen Ihre Eltern oder Großeltern erzählen (können). Oder Sie interessieren sich allgemein für die Geschichte des Saarlandes oder speziell für Spuren, die Frauen in der Region hinterlassen haben. Dann führt Ihr Weg nach Scheidt, genauer: in die Dudweilerstraße 1, zum saarländischen Landesarchiv. Das Landesarchiv verwahrt die Geschichtsquellen der Region. Es übernimmt die Unterlagen von allen staatlichen Behörden, Gerichten und sonstigen öffentlichen Stellen, die dort für die laufende Arbeit nicht mehr gebraucht werden, und ordnet und verzeichnet sie.[240] Nach Ablauf bestimmter Fristen stehen diese allen Interessierten als neue Quelle für die Benutzung zur Verfügung. Das heißt, alle Bürgerinnen und Bürger haben Zugang, die beispielsweise in Katasterbüchern, Notariatsurkunden oder Zivilstandsregistern private Nachforschungen anstellen wollen. Sie können auch die Teile der Nachlässe von einzelnen Persönlichkeiten, vor allem Künstlerinnen, sichten. So sind beispielsweise von der Universitätsprofessorin Edith Ennen[241] unter anderem Korrespondenzen, Fotos und eine Ausgabe ihres Klassikers *Frauen im Mittelalter* in tschechischer Sprache aufbewahrt. Die Kleinblittersdorfer Malerin Gisela Bernasko-Kany überließ neben persönlichen Unterlagen Skizzenhefte, Fotos, Pressetexte und Ausstellungsunterlagen, ebenso wie die im Kapitel zu Spiesen-Elversberg erwähnte Malerin, Bildhauerin und Puppenmacherin Marta Kuhn-Weber.

In Scheidt lohnt sich unbedingt der Besuch der katholischen Kirche St. Ursula. Der eher schlicht anmutende Sakralbau aus dem Jahr 1935, der durch den Zweiten Weltkrieg schwer beschädigt und im Anschluss wiederaufgebaut wurde, birgt im Inneren einige Kunstschätze. Auf Initiative des Kirchenvorstandsmitgliedes Jakob Toussaint nahm die Kirchengemeinde Kontakt zu der Schule für Kunst und Handwerk in Saarbrücken auf mit der Bitte um Vorschläge für eine Bemalung der Kirchenwände. Im Sommer 1948 brachte Frans Masereel gemeinsam mit seinen Meisterschülerinnen **Martha Traut** und Marliese Scheller sowie seinen Schülern Volkmar Groß, Otto Lackenmacher und Hans-Ernst Wenzel zwei große Secco-Gemälde nach Entwürfen von Marliese Scheller auf die Chorseitenwände von St. Ursula. Sie stellen Menschen dar, die sich in betend-flehender Haltung vor dem Kreuz an der Altarrückwand verneigen.

Martha Traut – ein Leben für die Kunst

Martha Traut, deren Teilnachlass ebenfalls im Landesarchiv Saarbrücken deponiert ist, gehört nach dem Zweiten Weltkrieg zu den ersten Schülerinnen der neu gegründeten Schule für Kunst und Handwerk in Saarbrücken. Hier begegnet sie dem belgischen Künstler Frans Masereel, der ihr Lehrer und Mentor wird. Sowohl die sozialkritischen Ansichten Masereels als auch die „anklagende" Kunst einer Käthe Kollwitz prägen die Arbeiten Martha Trauts – stilistisch wie thematisch. Ein Beispiel: das aus dem Jahr 1949 stammende Mosaik *Die Arbeiterfamilie* im Gebäude der Arbeiterwohlfahrt in der Saarbrücker Hohenzollernstraße, an dem Martha Traut und ihr Kommilitone Volkmar Groß mitgearbeitet haben. Das Wandmosaik ist an der Stelle angebracht, an der sich bis 1937 ein Sgraffito von Käthe Kollwitz mit dem Titel *Die Mütter* befand, welches Frauen zeigte, die einen dichten Kreis um ihre Kinder bildeten und diese mit ihrem Körper beschützten und trösteten. In der Arbeiterfamilie kommt zur Mutter der Vater hinzu. Diese Familie scheint sehr traditionell, die Frau lehnt den Kopf an die Schulter des Mannes, beider Hände liegen auf den Schultern des Sohnes, der wiederum ein Buch in seinen Händen hält. Die Kunsthistorikerin Karin Maaß interpretiert die breite Schrittstellung, mit der das Paar abgebildet ist, als „sichere Basis der Bildkomposition und bildlich gesprochen der Familie"[242]. Jedenfalls wirkt das Ganze sehr innig und während der Blick des Mannes in die Ferne schweift, schaut die Frau in die Augen der Vorübergehenden. Martha Traut entwickelt sich mit zunehmendem Alter weiter, in ihrem späteren Werk ist eine Tendenz zur Abstraktion festzustellen. Vor dem Hintergrund, dass Martha Traut als 15-Jährige im Jahr 1921 die Vereinigung fortschrittlicher Künstler mitbegründete, die sich später in Saarländischer Künstlerbund umfirmierte, kann wohl mit Fug und Recht davon gesprochen werden, dass diese Frau ihr Leben der Kunst gewidmet hat.

Verlassen wir die Bildende Kunst und die Künstlerinnen und wenden uns der 1857 in Scheidt geborenen **Amalie Kablé** zu, ihres Zeichens Schulgründerin und Schuldirektorin. Warum Schulgründerin? Im 19. Jahrhundert bis hinein ins 20. Jahrhundert betrachtete der Staat allenfalls die Volksschulbildung von Mädchen als öffentliche Aufgabe, und zwar – wir werden darauf mehrmals während unserer Spurensuche stoßen – mit einem klaren Fokus auf die „Bildung" hin zu einer guten Hausfrau und Mutter. Und lange Zeit wurde selbst diese Form der Bildung den ärmeren Schichten vorenthalten. Höhere Bildung war nicht vorgesehen, Töchter aus der Bürgerschaft hatten dann eine Chance, wenn ihre Eltern (allen voran der Mann als Oberhaupt der Familie) den Wert von Bildung erkannten und entsprechend unterstützten, sei es in Form eines Privatlehrers, der engagiert wurde oder sei es, dass die Mädchen an Pensionate nach Metz oder Straßburg geschickt wurden. Hier kommt Amalie Kablé ins Spiel.

Amalie Kablé und die „höheren Töchter"

Die Pädagogin Amalie Kablé eröffnet am 20. September 1888 in der Futterstraße 14 in Saarbrücken-St. Johann die Kablé-Schule mit 35 Schülerinnen. Durch ihre mehrjährige Unterrichtspraxis an einer höheren Töchterschule und einem Pensionat in Kreuznach und die Ablegung der Prüfung zur Schulvorsteherin besitzt sie – neben ihrer Zielstrebigkeit – die formale Qualifikation zur Schuldirektorin. Mit ihrem fortschrittlichen Konzept, das ergänzend zu dem für die damalige Zeit üblichen Fächerkanon Turnunterricht und die beiden Fremdsprachen Französisch und Englisch vorsieht, überzeugt sie nicht nur die Elternschaft, sondern auch die politisch Verantwortlichen. Und nicht zuletzt die St. Johanner Kaufleute, für die Fremdsprachenkenntnisse im Geschäftsverkehr zunehmend an Bedeutung gewinnen. Nur zwei Jahre nach der Gründung der Kablé-Schule ist die Zahl der Anmeldungen auf das Dreifache gestiegen, weshalb Amalie Kablé mit ihrer Einrichtung in ein größeres und repräsentativeres Gebäude am Saarufer umzieht. Einen Grund für den Erfolg sieht die Kunsthistorikerin Karin Maaß in dem Konzept Kablés, welches den Lehrplan konsequent an einer möglichen späteren

Berufstätigkeit der Absolventinnen orientiert.[243] Der Abschluss an höheren Töchterschulen entspricht zu diesem Zeitpunkt offiziell weder dem Real- noch dem Gymnasialabschluss von Jungen. Formal berechtigt er Mädchen lediglich zum Besuch eines Lehrerinnenseminars; in der preußischen Rheinprovinz sind das die Seminare in Saarburg, Koblenz, Trier und Xanten. Erst 1908 reformiert der preußische Staat das Mädchenschulwesen und setzt die höheren Mädchenschulen mit den weiterführenden Jungenschulen gleich. Das heißt, Mädchen können ab diesem Zeitpunkt zur Reifeprüfung und in der Folge zum Universitätsstudium zugelassen werden. Diese Reform, so willkommen sie ist, verursacht für die Mädchenschulen in privater Trägerschaft erhebliche Zusatzkosten. Trotz ihres Erfolgs, trotz eines staatlichen Zuschusses, den Kablé 1910 für ihre Schule durchsetzen kann, trotz einer Unterstützung vonseiten der Stadt Saarbrücken, muss Amalie Kablé 1920 die Schule schließen und das Schulgebäude verkaufen. Ein zusätzlicher Grund: die zunehmende Konkurrenz, zum Beispiel durch die in Alt-Saarbrücken gelegene Ursulinenschule, die, wir haben es im ersten Kapitel erfahren, 1938 schließen muss, dieses Mal aus anderen Gründen. Die Schülerinnen der Kablé-Schule gehen 1920 zum einen auf die Ursulinenschule; die oberen Klassen werden als Lyzeum II an der Auguste-Viktoria-Schule weitergeführt, der dritten höheren Mädchenschule in Saarbrücken. Diese bezog 1904 das Schulhaus Ecke Tal- und Spichererbergstraße, nachdem die bis dato darin residierende Gewerbeschule für Knaben in einen Neubau nach St. Johann umgezogen war. Gegründet 1832 als private Vereinsschule für Knaben zur Vorbereitung auf ein städtisches Gymnasium, wurde die Schule drei Jahre später in eine höhere Töchterschule umgewandelt. Seit 1909 nannte sich die Schule Auguste-Viktoria-Schule, mit dem Anschluss an Hitlerdeutschland wurde der Name in Katharina-Weißgerber-Schule umgewandelt. In dieser dunklen Zeit wurden die weiterführenden Bildungszweige für Mädchen wieder abgeschafft und die Schulzeit auf acht Jahre begrenzt. 1964 zog die Schule in ein neues Gebäude am Neugrabenweg in Saarbrücken-St. Johann. Im heutigen Gymnasium am Rotenbühl wird seit dem 1. August 1973 koedukativ unterrichtet. Damit endet dieses Kapitel der letzten verbliebenen höheren Mädchenschule in Saarbrücken.

3.14 Schafbrücke: Frauenrecht und Landtag

Schafbrücke gehört ebenso wie die nachfolgend aufgeführten Stadtteile zum Stadtbezirk Nr. 4 von Saarbrücken, Halberg, auf dem der gleichnamige Halberg thront, seit 1959 Sitz des Saarländischen Rundfunks (SR). Gehen wir in der Geschichte zurück. Die damalige Reichsrundfunkgesellschaft hatte kurz vor Beginn des Zweiten Weltkriegs Berg und Schloss[244] für den Reichssender Saarbrücken gekauft, der 1939 den Komplex bezog. Allerdings nur für kurze Zeit, da das Gelände während des Kriegs vom Militär okkupiert wurde – der Blick hinüber ins Land des französischen Erbfeindes war einfach zu gut. Nach dem Zweiten Weltkrieg residierten der französische Generalgouverneur Gilbert Grandval und seine Gattin, **Madame Grandval**, von 1946 bis 1952 im Schloss, bevor sie in den Neubau der Französischen Botschaft am Saarufer in Alt-Saarbrücken umzogen.

Madame Grandval und das Schloss

Ob dieser Blick der Grund dafür ist, dass Gilbert und Yvonne Grandval das im Zweiten Weltkrieg stark beschädigte Schloss zu ihrem Wohnsitz bestimmen? Auf alle Fälle zieht diese Entscheidung eine Vielzahl von Reparatur- sowie generellen Umbauarbeiten auf Wunsch der Grandvals nach sich, von den Kosten ganz zu schweigen. In diesem Zusammenhang wird gern auf Yvonne Grandval, die von ihrer Ausbildung her Innenarchitektin ist, verwiesen, an der „schließlich und endlich [...] kein Weg zum Halberg"[245] vorbeiführt, so der Historiker Paul Burgard in einem Beitrag für den Saarländischen Rundfunk (SR) zur Geschichte von Schloss Halberg. Auch Axel Buchholz, Journalist und Urgestein des SR, hat sich mit dem Ort und den Grandvals auseinandergesetzt. Er bedauert die dürftige Quellenlage, die wenig Rückschlüsse darüber zulasse, welche Rolle Madame Grandval in Gestaltungsfragen wirklich innehatte. Überhaupt sei ihm nicht bekannt, „dass Frau Grandval irgendwann einmal Gegenstand einer seriösen Betrachtung geworden wäre. Das ist schade. Denn Frauen spielen in der saarländischen Geschichte im Allgemeinen eine mehr als untergeordnete Rolle"[246]. Fassen wir das Wenige, das wir wissen, zusammen: Yvonne Schwenter heiratet Gilbert Grandval im Jahr 1927. Für ihn ist es die zweite Ehe. Zwei Kinder werden geboren. Rainer Freyer, ehemaliger Lehrer und profunder Kenner der saarländischen Nachkriegsgeschichte, weiß zu berichten, dass Madame Grandval am 15. Juli 1950 „die symbolisch wichtige Aufgabe [übernahm], in Neunkirchen als Ehefrau des Hohen Kommissars den ersten Hochofen des Eisenwerks wieder in Betrieb zu setzen"[247]. Sicher eine Aufgabe von vielen als Gattin eines Hohen Kommissars[248] beziehungsweise späteren französischen Botschafters (1952–1955). Und als treue Gattin wird sie Grandval auf seinen weiteren Stationen gefolgt sein. Wenige Wochen vor der Saarabstimmung zum Europa-Statut 1955 wird Grandval Generalresident in Französisch-Marokko, allerdings nur für fünfundfünfzig Tage. Er wechselt als Generalsekretär zur Handelsmarine. Unter Georges Pompidou avanciert Grandval von 1962 bis 1966 zum Arbeitsminister. Anschließend hat er bis zu seinem Ruhestand im Jahr 1972 das Amt des Präsidenten einer Reederei inne. Er stirbt 1981 in Paris. Madame Grandval, die große Unbekannte, stirbt zwei Jahre später im Alter von 75 Jahren.

Was Yvonne Grandval zu dem Zusammentreffen ihres Mannes mit dem Spatz von Paris im Frühjahr 1946 zu sagen hatte, darüber gibt es leider keine verbürgte Aussage – interessant wäre dies allemal.

Monsieur Grandval und die Piaf

Frühjahr 1946, kein Jahr nach dem Krieg. Saarbrücken liegt in Trümmern, die Menschen hungern, leben in erbärmlichen Verhältnissen. Da kündigt ein Plakat einen Star an: Edith Piaf, der Spatz von Paris, wird nach Saarbrücken kommen! Sie soll am 11. April in der Salle du Foyer, besser bekannt als Johannishof, um 21 Uhr ein Konzert geben. Lange Zeit bleibt dieses Plakat die einzige Spur dieses – wie es heute heißen würde – Events.[249] War der Spatz von Paris wirklich in Saarbrücken? Er, der Spatz beziehungsweise sie, die Piaf, kam, sang – und wurde unterbrochen. Dies fand der Historiker Paul Burgard beim Sichten der Archivunterlagen der Militärverwaltung heraus. Warum wurde sie bei ihrem Auftritt unterbrochen? Ganz einfach, sie hatte nicht auf Gilbert Grandval gewartet! Wieso kam der zu spät? Wollte er vielleicht einen Skandal provozieren? Bekannt ist, dass der Chef der französischen Militärverwaltung weder die Piaf noch ihre Musik noch ihren in seinen Augen schlechten Ruf mag: zu viele Männer, zu viele Nazikontakte während des Kriegs. Oberst Gilbert Grandval ist da von ausgesprochen anderem Kaliber: großbürgerlicher Hintergrund (elsässische Buchhändler- und Verlegerfamilie), Résistance-Kämpfer und nun von de Gaulle zum Militärgouverneur des Saarlandes ernannt. Und den Franzosen geht es im Saarland nicht nur um Kohle und Stahl. Ein umfangreiches Kulturprogramm soll die Herzen (und Köpfe) der Saarländerinnen und Saarländer erreichen und sie zu guten Franzosen umerziehen. Die wiederum hören Musik von Debussy und Ravel, nicht die Gassenhauer einer Piaf, einer nach Meinung von Grandval „dahergelaufenen Pariser Straßengöre". Und so kommt es in der Salle du Foyer „zu einer Art Podiumsdiskussion zwischen dem Colonel und der Chanteuse", wie das vom Saarländischen Rundfunk ausgelobte Digitalprojekt „Saar100" erinnert. „Auf Französisch zwar, aber wie ein Beobachter vorsichtig notierte: in wenig akademischer Ausdrucksweise. Der Rest war Schweigen."[250]

Und nun zu Schafbrücke. Auf dem dortigen Friedhof findet sich das Grab der Frauenrechtlerin und Landtagsabgeordneten **Ilse Reiter**, Mitbegründerin des Deutschen Frauenrings und des Frauenrats Saarland.

Ilse Reiter – ungebührlich gegenüber der Obrigkeit

Ilse Reiter wird als Ilse Jacobs 1920 in Neuwied geboren. Von ihrer Ausbildung her Chemotechnikerin, beginnt sie sich früh politisch zu engagieren. Nach dem Umzug ins Saarland 1949, zusammen mit ihrem Ehemann Franz Reiter, tritt sie in die DPS[251] ein. Durch das Werben der Partei für den Wiederanschluss an Deutschland ist Ilse Reiter dem Druck der Behörden ausgesetzt, die etwa ihr Telefon abhören. Als zusätzliche Konsequenz werden die Reisepässe des Ehepaars eingezogen.[252] Am 2. Januar 1953 kommt es vor dem Oberverwaltungsgericht Saarlouis zum Prozess zwecks Wiedererhalt der Reisepässe. 1956 wird Ilse Reiter Mitglied des Stadtrats Saarbrücken, 1959 für kurze Zeit Mitglied des saarländischen Landtags bis zum Ende der Legislaturperiode 1960. Danach wechselt sie in die Wirtschaft, unter anderem als Personalchefin bei Kaufhof. Im Lauf der Jahre widmet sich Ilse Reiter zunehmend dem Thema Gleichberechtigung respektive Frauenrechte. Sie wird Mitglied im 1949 gegründeten Deutschen Frauenring, einem Verband von Frauenvereinen, der die Interessen von Frauen in allen Bereichen des öffentlichen Lebens vertreten will und in der Tradition des Bundes deutscher Frauenvereine (BdF) steht, einem Zusammenschluss von Frauenorganisationen aus der vielfältigen Verbandslandschaft der frühen Frauenbewegung des 19. Jahrhunderts. Seit 1951 ist der Deutsche Frauenring Mitglied des Internationalen Frauenrats, der wiederum als Dachorganisation von national organisierten Frauenbewegungen insbesondere für die Förderung von Frauenrechten eintritt. Im Saarland wird 1976 die Arbeitsgemeinschaft saarländischer Frauenverbände, die Vorläuferin des Frauenrats Saarland, gegründet. Erste Vorsitzende wird Ilse Reiter, die bis 1984 – dem Gründungsjahr der Nachfolgeorganisation Frauenrat Saarland – das Gremium durch die Höhen und Tiefen der Gründungsjahre leitet. In einer Festschrift zum 30-jährigen Jubiläum des Frauenrats betonen die Herausgeberinnen die „von Anfang an ausgewogene Zusammensetzung dieses Bündnisses". Sowohl traditionelle Verbände wie der Katholische Deutsche Frauenbund als auch Gruppen der Neuen Frauenbewegung werden eingeladen. Dieser Prozess verläuft nicht konfliktfrei, hält die Frauen jedoch nicht davon ab, sich politisch einzumischen und in die Öffentlichkeit zu gehen.[253] Am 21. Dezember 1995 wird Ilse Reiter „als Zeichen der Anerkennung für besondere Verdienste um das Saarland" vom damaligen Ministerpräsidenten Oskar Lafontaine der Saarländische Verdienstorden verliehen.[254] Während im Frauenrat Saarland im Jahr 2023 41 Frauenverbände und Frauengruppierungen organisiert sind, existiert vonseiten des Frauenrings kein Landesverband Saarland mehr, geschweige denn ein Ortsring Saarbrücken, in dem sich weiland Ilse Reiter und ihre Mitstreiterinnen engagierten.

3.15 Bischmisheim: Im Widerstand

Bischmisheim war über Jahrhunderte hinweg ein reines Bauerndorf. Hier wurde am 2. Mai 1908 **Irene Altpeter** geboren. Während ihrer Volksschulzeit und danach in ihrer Ausbildung zur Bürokauffrau ahnte sie sicher nicht, wie sehr die Erfahrung des Nationalsozialismus ihr weiteres Leben prägen sollte.

Irene Altpeter und das Gepäck der anderen

1932 heiratet Irene Altpeter Leander (Leo) Bernard und heißt fortan Irene Bernard. Ein Jahr später ergreifen die Nationalsozialisten die Macht und das Saarland wird zur ersten Station für all jene, die aus Deutschland fliehen müssen, von sich aus ins Exil gehen und dort ihren Kampf gegen die Faschisten fortsetzen wollen. Irene und Leo Bernard sind in der Sozialistischen Arbeiterjugend aktiv und organisieren die Solidaritätsaktionen für die sogenannten Reichsemigranten mit, stellen ihre Wohnung und ihren Kühlschrank zur Verfügung. Nach dem Anschluss des Saarlandes an Hitlerdeutschland muss die Familie, mittlerweile sind zwei Kinder geboren, selber fliehen – Leo Bernard ist aufgrund seiner politischen Aktivitäten gefährdet, vor allem aber, weil er ein Jude ist. Sie stranden in Agen in Südfrankreich, wo Leo Bernard 1939 in Gefangenschaft gerät. Die Geburt des dritten Kindes im Mai 1940 führt zwar zur Freilassung, doch die Gefährdung bleibt. 1942 taucht Bernard endgültig unter. Irene bleibt mit den drei Kindern zurück, und neben der Aufgabe, ihr Überleben zu sichern, leistet sie im Rahmen ihrer Möglichkeiten Widerstand: in der Unterstützung anderer, mit Kurierdiensten und Ähnlichem. 1944 geht auch sie in die Illegalität.[255] Die Familie überlebt den Zweiten Weltkrieg. Seit 1946 leben sie wieder im Saarland. Irene Bernard engagiert sich erneut, in der Friedens- und Frauenbewegung, unter anderem im Demokratischen Frauenbund[256]. Maßgeblich arbeitet sie mit an der Konzipierung alternativer, antifaschistischer Stadtrundfahrten, die sie später vielfach selbst begleitet. Ihre Intention: jungen Menschen die Erfahrungen mit Krieg und Faschismus zu vermitteln, vor allem: Solidarität zu leben. 1988 erhält Irene Bernard zusammen mit anderen saarländischen Antifaschisten den Saarländischen Verdienstorden. Irene Bernard stirbt mit 94 Jahren in Saarbrücken, sie überlebt ihren Mann und politischen Weggefährten Leo um 42 Jahre. Der Historiker Luitwin Bies resümiert auf einer Gedenkfeier für Irene Bernard am 15. Juli 2002 ihr Leben mit folgenden Worten:

> Wenn man im nachhinein [sic] ein Motto für ein solches Leben finden wollte [...], dann würde ich wieder das Dichterwort von Martin Andersen-Nexö wählen: Der verantwortliche Mensch trägt ein schweres Gepäck durch das Dasein – es ist das Gepäck des anderen. Irene trug das Gepäck lange Jahrzehnte. Für andere denken und handeln, sie mitnehmen wollen im Friedenskampf, gegen Faschismus und Krieg; an diesem Gepäck trug sie, solange ihre Kräfte ausreichten. Wenn wir von diesem Leben etwas begreifen und selbst aufnehmen wollen, dann ist es jenes Vermächtnis, am Gepäck des anderen mittragen zu sollen.[257]

3.16 Ensheim: Vom Werken und Wirken

Ensheim, vor allem durch seinen Verkehrsflughafen bekannt, war ab Mitte des 18. Jahrhunderts bis ins 20. Jahrhundert hinein Sitz einer bedeutenden Industriellenfamilie, der Pappmachédynastie Adt. Auf dem Höhepunkt ihres Erfolgs am Anfang des 20. Jahrhunderts gehörte das Unternehmen mit zu den größten Arbeitgebern in der Region und produzierte mit Tausenden Arbeitnehmerinnen und Arbeitnehmern an mehreren Standorten (u. a. Forbach) von Knöpfen über Schnupftabakdosen bis hin zu Papphülsen für Granaten nahezu alles, was aus Pappmaché hergestellt werden konnte. Solche Firmengeschichten wurden maßgeblich von den Familienmitgliedern geschrieben, die hinter der Entwicklung des Unternehmens standen beziehungsweise maßgeblich daran beteiligt waren. Dabei wurde wie selbstverständlich das Augenmerk auf die Männer der Familie gelegt. Wo wäre beispielsweise Mathias Adt, Sohn des Johann Michael Adt, dem frühsten bekannten Träger des Familiennamens, im 18. Jahrhundert geblieben ohne die Müllerstochter Anna Catharina Jung, mit der er acht Söhne bekam. Oder – wir springen ins 19. Jahrhundert – Gustav Adt, der durch die Heirat mit Mathilde Karcher, Tochter eines Kaiserslauterer Bankiers, das ohnehin beträchtliche Vermögen für Familie und Unternehmen ausbauen konnte. Die Frauen der Familie Adt konnten für sich die gleiche Bedeutung in Anspruch nehmen wie die Unternehmergattinnen Stumm, Röchling, Boch & Co.

Einen gänzlich anderen Weg ging Isa Hartmann alias Schwester Gottfrieda, Mallersdorfer Schwester und einzige Ehrenbürgerin von Ensheim und zudem die letzte Bürgerin, der die Gemeinde die Ehrenbürgerrechte verlieh, und zwar am 8. Juni 1966. Danach gab es keine Verleihungen mehr, zumal die Selbstständigkeit der Gemeinde zum Jahresende 1973 endete. Ensheim hat ferner eine Straße nach ihr benannt; die Schwester-Gottfrieda-Straße verläuft passenderweise nahe der Bischof-Baltes-Straße. Die Mallersdorfer Schwester erhielt diese Auszeichnung für ihr jahrelanges Wirken im Ensheimer Krankenhaus. Festzuhalten bleibt an der Stelle einmal mehr, dass, um Ehrenbürgerin einer saarländischen Kommune zu werden, die Mitgliedschaft in einer Ordensgemeinschaft von großem Vorteil ist. Die Benennung einer Straße nach einer sich in den Dienst anderer stellenden Frau, wie in dem Fall die Schwester-Gottfrieda-Straße in Ensheim, scheint den meist männlichen Entscheidern weniger abzuverlangen als die Benennung nach einer im weltlichen Leben erfolgreichen Frau, siehe die Diskussion um eine mögliche Margarethe-Bacher-Straße in Neunkirchen-Kohlhof. Statt einer Sterneköchin haben dort die Anwohnerinnen und Anwohner jetzt „Auf der Sandgrube" in ihrer Adresse stehen. Mittlerweile ist in Neunkirchen eine andere Straße nach Margarethe Bacher benannt worden.

Mallersdorfer Schwestern – die Armen Franziskanerinnen von der Heiligen Familie

Die volkstümliche Bezeichnung Mallersdorfer Schwestern leitet sich vom heutigen Mutterhaus der Kongregation, dem Kloster Mallersdorf in Bayern in der Diözese Regensburg, ab. Diese 1803 säkularisierte Benediktinerabtei ist Heimat der *Armen Franziskanerinnen von der Heiligen Familie*, so der offizielle Name des römisch-katholischen Frauenordens bischöflichen Rechts. Gegründet wird der Orden von einem Mann. Dieser, der Priester Paul Josef Nardini, übernimmt 1851 die Diaspora-Pfarrei Pirmasens in der Pfalz und ist entsetzt ob der wirtschaftlichen Not der Katholiken in der Stadt. Zwei Jahre zuvor ist in Bad Niederbronn im Elsass durch Elisabeth Eppinger (Mutter Alfons Maria) die Ordensgemeinschaft der Schwestern vom göttlichen Erlöser, Niederbronner Schwestern genannt, gegründet worden. Nardini will eine Niederlassung der Schwestern in Pirmasens errichten, was ihm gelingt. Im Juni 1853 übernehmen Niederbronner Schwestern die Armen- und Krankenpflege in der Stadt. Da ihr Mutterhaus im französischen Elsass liegt, gelten sie als Ausländerinnen und werden Ende des Folgejahres des Landes verwiesen. Zwar wird der Ausweisungsbefehl im Januar 1855 wieder zurückgenommen, doch Nardini und den Schwestern erscheint die politische Situation zu unsicher, die Schwestern kehren ins Mutterhaus nach Niederbronn zurück. Eine unabhängige Schwesterngemeinschaft muss her. Am 2. März 1855 überträgt Nardini die Armen- und Krankenpflege in Pirmasens zwei Mitgliedern des Franziskanischen Dritten Ordens und steckt sie in eine Art Ordenskleid. Aus Barbara Schwarz wird Schwester Agatha und aus Juliane Michel Schwester Aloysia, und die beiden sind die ersten Schwestern der neuen Ordensgemeinschaft mit dem Namen *Arme Franziskanerinnen von der Heiligen Familie*.[258] Bald wird das Mutterhaus in Pirmasens zu klein und die Schwestern ziehen um ins Kloster Mallersdorf. Heute leben an dem Ort über 500 Schwestern. An ihren diversen Niederlassungen führen sie Kinderkrippen, Erziehungsheime, Kindergärten und Hausarbeitsschulen und arbeiten in Krankenhäusern, in der ambulanten Krankenpflege sowie in Altenheimen. Einige Schwestern leben mittlerweile sogar in Südafrika, wo sie vorrangig in der Aids-Aufklärung und der Betreuung Infizierter tätig sind. Schwester Doris (Walburga Engelhard) freilich ist im Kloster Mallersdorf geblieben, wo sie als eine der wenigen Braumeisterinnen überhaupt die Bierbrauerei des Klosters leitet. Während ihrer Gesellinnenzeit hat es die gebürtige Bayerin übrigens für sieben Jahre in eine weltliche Groß-Brauerei im Saarland verschlagen.

3.17 Brebach-Fechingen: Von Bauerntöchtern und Müllerstöchtern

Von der Bauerntochter zur Fürstengattin und Reichsgräfin – das macht **Katharina Margarete Kest** so schnell keine nach! Fechingen ist dermaßen stolz auf das Mädchen aus dem Dorf, dass die Gemeinde sie im Wappen verewigte, ihr einen Brunnen baute und an den Ortseingängen Schilder mit der Aufschrift „Willkommen im Gänsegreteldorf Fechingen" angebracht hat.

Katharina Margarete Kest oder wie die Gans den Erpel fängt

Warum Gänsegretel? Je nach Lesart soll sich der Name darauf beziehen, dass Katharina auf dem Hof des Vaters die Gänse gehütet hat, ein andermal wird kolportiert, sie habe die entlaufene Gans des Pfarrers gerettet. Halten wir uns nicht zu lange mit der Bauerntochter auf. Nach dem Tod des Vaters kommt die erst 13-jährige Katharina als Kindermädchen nach Saarbrücken zur Freifrau von Dorsberg[259], der Mätresse des 26-jährigen Fürsten Ludwig von Nassau-Saarbrücken. Von dort wird sie für zwei Jahre nach Frankreich geschickt und zur Hofdame ausgebildet. Um in der Gunst eines Fürsten aufzusteigen, braucht es nämlich eine gewisse Bildung. Mätressen sind nicht nur Geliebte, sondern auch intellektuelle Partnerinnen sowie gute Gastgeberinnen, durchaus anspruchsvolle und mitunter anstrengende Aufgaben.[260] Wir wissen nicht, ob der Fürst Katharina deshalb nach Frankreich beförderte, wir wissen aber, dass sie bald nach ihrer Rückkehr zur Freifrau von Dorsberg diese als Mätresse ersetzt. 1774 wird sie zu Ludwigs „maitresse en titre", seiner zur Linken angetrauten Ehefrau. Zur Rechten, also offiziell, ist er schon vermählt. Als Mätresse hat Katharina am Hof eine anerkannte und rechtlich abgesicherte Stellung, ihre zu diesem Zeitpunkt sechs gemeinsamen Kinder werden am Hof erzogen, sind finanziell abgesichert, jedoch nicht erbberechtigt. Der Fürst erhebt Katharina in den Adelsstand (u. a. Reichsgräfin von Ottweiler, Herzogin von Dillingen); nach dem Tod seiner Ehefrau heiratet Ludwig sie zu seiner rechten Hand. So märchenhaft der Aufstieg der Katharina Kest, so kurz dauert er. Infolge der Französischen Revolution fliehen Ludwig und seine Familie, er stirbt 1794 und Katharina wird bis zu ihrem Tod 35 Jahre später in Mannheim bleiben und daran festhalten, dass ihr 1812 gefallener Sohn Adolf lebt. Nicht nur Trauer beziehungsweise das Nichtakzeptieren dieses Verlustes spielen dabei wohl eine Rolle, sondern dahinter stecken ganz handfeste Gründe. Nur Adolf als einziger ehelich geborener Sohn ist der Garant von Erbansprüchen gegenüber der Nassauer Verwandtschaft, die Katharina Kest ansonsten verwehrt bleiben.[261]

Die Alte Sammlung des Saarlandmuseums am Saarbrücker Schlossplatz beherbergt Teile des sogenannten Grünen Kabinetts der Katharina Kest, die einzige erhaltene höfische Raumausstattung der Fürstenzeit in Saarbrücken. Die Moderne Galerie, gleichfalls Teil des Saarlandmuseums oder vielmehr der Museen der Stiftung Saarländischer Kulturbesitz, hütet einen weiteren Schatz. Dieser ist nicht immer zu sehen ist und im Jahr 2019 ist überdies ein Streit darüber entbrannt, ob es sich bei dem Gemälde Das *Bildnis der Mutter* von Max Slevogt gar um Raubkunst handelt. Wer war Max Slevogt und – für uns interessanter – was hat es mit der Mutter auf sich, **Sophia Caroline Lucas**?

Sophia Caroline Lucas, die Tochter des Müllers

Max Slevogt wird am 8. Oktober 1868 in Landshut geboren. Sein Vater: ein Militär fränkischer Abstammung namens Friedrich Ritter von Slevogt. Seine Mutter: Sophia Caroline Lucas, eine Unternehmertochter aus der Nähe von Saarbrücken. Genauer: die Tochter des Müllers der Gipsmühle in Brebach. Ihr Geburtsort ist im Übrigen St. Johann, ihr Geburtsjahr 1840. Die Gipsmühle gilt als das erste Ölgemälde des Impressionisten.[262] Caroline und ihr Mann trennen sich kurz nach der Geburt ihres Sohnes, zwei Jahre später, 1870, stirbt der Vater, Friedrich von Slevogt. In den Biografien zu Max Slevogt wird immer wieder betont, dass die Mutter, im Gegensatz zum Vater, den Künsten gegenüber aufgeschlossen gewesen sei und entsprechend ihrem Sohn privaten Zeichenunterricht, aber auch Klavierunterricht ermöglicht habe.[263] In dem begleitenden Katalog zur Ausstellung *Max Slevogt: Gemälde,*

Aquarelle, Zeichnungen aus dem Jahr 1992 im Saarland Museum heißt es über Caroline Slevogt:

> Sie hatte als junge Frau viel Zither gespielt und sich erst spät dem Klavier zugewandt. In München war sie – erst allein, dann in Begleitung ihres Bruders – eine fleißige Besucherin der Hofoper, in der man sie fast täglich in der vordersten Reihe, auf dem Platz hinter dem Kapellmeister sehen konnte. (...) Dagegen stand sie den bildenden Künsten eher ferne und sammelte ziemlich wahllos Bildchen, die ihr der Zufall gab.[264]

München ist die letzte Station des Zusammenlebens von Mutter und Sohn. Zunächst zieht Caroline Slevogt 1870 mit ihrem zweijährigen Sohn Max nach Bielefeld zu ihrem Bruder, von dort im gleichen Jahr zu ihren Eltern nach Brebach. 1870 ist das Jahr der Schlacht bei Spichern, die die Slevogts von Brebach aus verfolgen. 1871 geht es für ein Jahr nach Landshut, anschließend für drei Jahre nach München, schließlich für einen längeren Zeitraum nach Würzburg zu einer Freundin, nicht zuletzt wegen eines Choleraausbruchs 1875 in München. 1884, nach dem Schulabschluss von Max, lassen sich Mutter und Sohn erneut in München nieder, wo der mittlerweile 16-Jährige in die Akademie der Bildenden Künste eintritt. Alles in allem kann konstatiert werden, dass Caroline und Max Slevogt viel unterwegs waren. Was ebenso konstatiert werden muss: An dem Punkt verlieren sich in den Biografien die Spuren von Caroline Slevogt, übermittelt ist nur, dass sie am 13. Juni 1913 in Lagerlechfeld stirbt.

Ida und **Anna Böcking** waren weniger Unternehmertöchter denn Unternehmergattinnen, bei denen der „Geschichtsschreiber [...] nicht umhin [kann], an dieser Stelle zweier verdienstvoller Brebacher Frauen zu gedenken"[265], so der Autor Willibrord Lithardt. Das Gedenken richtete sich dabei wesentlich auf das soziale Engagement der Frauen.

Anna Böcking und der Vaterländische Frauenverein

Freifrau Ida von Stumm-Halberg lernen wir (ein wenig) im Kapitel zu Neunkirchen kennen, weshalb wir uns hier auf die Gattin ihres Bruders Rudolf konzentrieren, Anna von Ammon, Tochter des Geh. Justizrats von Ammon, geboren 1848 in Köln. In Saarbrücken begegnet sie dem Hüttenbesitzer Rudolf Böcking, den sie 1873 heiratet. Was folgt, ist in weiten Teilen das, was Unternehmergattinnen in der Zeit üblicherweise tun, nämlich sich in vielfältiger Weise ehrenamtlich zu betätigen und, allem voran, sich um die Frauen und Kinder der Arbeiter ihres Mannes zu kümmern, was auch immer das genau bedeutet. Böcking lässt im Übrigen die ersten Arbeitersiedlungshäuser bauen.[266] Im Zusammenhang mit Anna Böcking interessiert insbesondere ihr frauenspezifisches Engagement. Sie gründet den Vaterländischen Frauenverein in Brebach. Ursprünglich basiert der Vaterländische Frauenverein oder korrekt: *Deutscher Frauenverein zur Pflege und Hilfe für Verwundete im Kriege* auf einer Initiative der preußischen Königin und späteren deutschen Kaiserin Augusta. Nach der Gründung 1866 konstituierten sich bald erste Kreisvereine, die in der Folge die Vorläufer der Frauenvereine des Roten Kreuzes bildeten. In Brebach leitet die Gründerin Anna Böcking den Verein bis zu ihrem Umzug nach Saarbrücken im Jahr 1918.[267] In Saarbrücken ruft Anna Böcking die erste Ortsgruppe des Kolonialen Frauenbundes ins Leben. Die Hauptaufgabe des 1907 deutschlandweit gegründeten *Frauenbundes der Deutschen Kolonialgesellschaft (FDKG)* besteht darin, in den deutschen Kolonien den deutschen Familiengeist und die deutsche Art zu pflegen. Ihr Beitrag konkret: mitzuhelfen, den Anteil deutscher Frauen in den Kolonien zu erhöhen, nicht zuletzt zur Vermeidung von „Mischehen" und daraus resultierenden „Mischlingskindern". Der FDKG soll bei der Suche nach geeigneten ledigen Frauen helfen und diese bei ihrer Übersiedlung nach Deutsch-Südwestafrika unterstützen. Außerdem begründet Anna Böcking den Verein für Frauenbestrebungen, den sie bis ins hohe Alter leitet. Unter anderem richtet sie eine kostenlose Rechtsschutzstelle für Frauen ein. Anna Böcking stirbt Ende des Zweiten Weltkriegs in Mehlem am Rhein.

3.18 Eschringen: Blaues Blut

In Eschringen weist die Gräfinthaler Straße auf die Gräfin Elisabeth von Blieskastel (gest. 1273) hin. Sie mündet am Bärentrisch-Brunnen in den Gräfinthaler Weg, der – der Name ist weder Schall noch Rauch – zum Kloster Gräfinthal führt und bis in die Gegenwart als Wallfahrtsweg genutzt wird. Die Geschichte von Kloster und Gräfin wird im Kapitel über Mandelbachtal erzählt. Dass Eschringen wiederum die Gräfin im Straßennamen führt, hängt – welch Wunder – mit seiner Geschichte zusammen. Im 13. Jahrhundert wurde unter anderem das Wilhelmitenkloster Gräfinthal Grundherr in Eschringen. Im Lauf der Jahrhunderte setzte sich dessen Anteil der Rechte als Gemeinde-, Bann- und Hochgerichtsherr auf ein Viertel zusammen (daneben herrschten der Deutsche Orden, Nassau-Saarbrücken und die Grafen von der Leyen). Bis ins 13. Jahrhundert reichten auch die Geschicke von Ritter Heinrich dem Roten und seinen Töchtern Ida und Lyza. Ritter Heinrich, Vasall im Dienst des Grafen Simon von Saarbrücken, wird namentlich im Zusammenhang mit einem Rechtsstreit 1267 genannt, wo er als Zeuge auftrat, sowie im Zusammenhang mit einem Teilungsvertrag aus dem Jahr 1291, ausgestellt vom Dekan des Stiftes St. Arnual auf Initiative des Deutschen Ordens. In diesem werden die Töchter Ida und Lyza aufgeführt. Die Geschichtswerkstatt Eschringen eruierte weiter:

> Im Jahre 1303 wird Lyza, die Witwe des Ritters Gerwin von Castel, nochmals in einem Dokument erwähnt, und zwar ausdrücklich als ‚Lyza von Eschringen'. Folglich muss sie, wie ihre Schwester Ida und ihr Vater, noch in Eschringen gewohnt haben. Leider ist ansonsten nichts über das Leben dieser Familie, vor allem ihre Rolle im dörflichen Alltagsleben Eschringens, bekannt. Sie ist im regionalen Landadel aufgegangen; ihre Spuren verlieren sich endgültig im 15. Jahrhundert.[268]

Der Teilungsvertrag von 1267 ist insofern interessant, als er bereits einige ortsspezifische Details benennt, wie die St. Laurentius-Kapelle oder die „gemeinsamen Wälder", aus denen sich später der Vierherrenwald entwickelt hat. Hier dümpelt ein Teich vor sich hin, der von den Eschringer Bürgerinnen und Bürgern „Ellere Puhl" (Puhl = Erdgrube) genannt wird und heute meist ausgetrocknet zwischen viel Gebüsch und Gestrüpp zu erreichen ist. Es gab eine Zeit, weiß die Legende, da war dieser Teich voller Seerosen, und inmitten dieser lebte eine wunderschöne Seejungfrau. Der bildhübsche Sohn des Schultheißen (= Bürgermeister), gleichzeitig Pflegesohn des Ritters Boos von Waldeck, konnte sich dem Sirenengesang nicht entziehen, streckte trotz vielfacher Mahnungen von allen Seiten die Arme nach der Seejungfrau aus und versank mit ihr in der Tiefe. Lesen wir in den Saarlandsagen aus dem Jahr 1934 nach, ob es für ihn Rettung gab:

> Am Ufer lag der halbvermoderte Stamm einer vor Alter gestürzten Eiche. Ritter Boos von Waldeck schwang sich hinauf, zog das Schwert und angelte damit die Kappe seines Pflegesohnes aus dem Schilfe. Er betrachtete das armselige Käppchen, bis ihm die Augen feucht wurden. Da steckte er es schnell in sein Wams. Das gezückte Schwert immer noch in der Rechten haltend, begann er abermals über das Unheil, das ihm sein Speerkind geraubt hatte, zu fluchen. Dabei fiel sein Blick auf die allerschönste der Seerosen, die neben dem Baumstamm ihren Kelch ausbreitete. Ergrimmt über soviel unversehrte Pracht, die da angesichts seines Leides in den Tag hinein blühte, führte er einen Schwerthieb nach der Pflanze. Er traf sie gut. Die weißen Blütenteile stoben auseinander und fielen wie tote Schmetterlinge nieder. Aber im gleichen Augenblick tat es einen so furchtbaren Schrei, wie ihn nur ein tödlich getroffenes Wesen auszustoßen vermag. Dem Ritter bebten die Knie, und er musste sich festhalten, um nicht ins Wasser zu gleiten. Erstaunt sah er sich nach seinem Kaplan um. Der stand am Ufer und war bleich geworden. Er deutete auf eine Stelle im Teich, und als der Ritter dorthin blickte, sah er, dass aus dem Stengel der geköpften Wasserrose ein dicker, dunkelroter Blutstrom quoll, der ringsum die Flut mit Purpur tränkte. Die Wasserjungfer war tot.
> Doch, ob sie auch tot war, jung Gerlieb, das Speerkind, kehrte nicht wieder.[269]

Diese Sage bezieht sich auf ein real existierendes Unglück aus dem Jahr 1751, als ein junger Mann aus Eschringen in dem Seerosennixenteich ertrank. Auch Ritter Boos von Waldeck ist historisch verbürgt, allerdings lebte er im 15. Jahrhundert.

3.19 Güdingen: Früheste Menschheitsgeschichte(n)

Wie im Kapitel über Ensheim geschildert, steigen die Chancen, Ehrenbürgerin eines Ortes zu werden oder auf einem Straßenschild zu erscheinen, signifikant mit dem Eintritt in eine Ordensgemeinschaft und dem damit einhergehenden dokumentierten selbstlosen Eintreten für andere. So auch in Güdingen, wo der Diakonieschwester Johanna Wendel (1897–1975) im Juni 1959 eine Plakette „Für besondere Verdienste" der Gemeinde Güdingen und zehn Jahre später die Ehrenbürgerwürde verliehen wurde. St. Arnual würdigt sie mit einem Straßennamen. Machen wir die Bekanntschaft einer Frau, nach der sogar eine Höhle benannt ist, und das will was heißen, finden die Namen von Frauen doch noch schwerer zu einer Höhle als auf ein Straßenschild. Die Rede ist von der Höhle Auvent **Maria Koenig** in Moigny-sur-École im Département Essonne in der Region Île-de-France.

Marie E. P. König – die Venus von Güdingen

Maria Koenig, eigentlich Marie E. P. König, ausgebildete Lehrerin und autodidaktische Prähistorikerin, hat sich zeit ihres Lebens darum bemüht, neugierig zu sein und offen zu bleiben in dem, was sie beschäftigt: die Symbolik paläolithischer Höhlenmalereien und -ritzungen sowie das Weltbild vorgeschichtlicher Menschen. Dabei betont sie in einem Interview mit der Zeitschrift EMMA aus dem Jahr 1982, wie wichtig es sei, jenen historischen Gesellschaften nicht mit dem ausschließlichen Blick von heute zu begegnen und sie unhinterfragt in unsere Begriffswelten einzuordnen. Sie verdeutlicht diese Problematik an Beispiel der Geschlechterbeziehungen:

> Gerade in meinem Forschungsbereich habe ich mein Leben lang gegen die Lehren meiner (männlichen) Kollegen ankämpfen müssen, die […] den urzeitlichen Höhlenkult mal als ‚Jagdzauber', ‚Totemismus', ‚Schamanismus' oder als ‚Sexualmagie' erklärten […]. Sie alle griffen nur einen bestimmten Aspekt, den sie glaubten entdeckt zu haben, heraus und erklärten ihn zum Schlüssel für das Verständnis sehr früher Zeiten. Ebensowenig halte ich es für zulässig, Jahrtausende menschlicher Ge-

> schichte zum Herrschaftsbereich der Frau zu erklären, nur weil zahlreiche weibliche Darstellungen gefunden wurden.[270]

König forscht in Hunderten von Höhlen vor allem in Frankreich, aber auch in anderen europäischen Ländern, und beleuchtet das Material unter dem ihr eigenen Blickwinkel. Die aus kugeligen Elementen aufgebauten Frauenstatuetten wie beispielsweise die berühmte Venus von Willendorf zeigen nach Auffassung von König die Rundung der Welt mit dem Nabel als Mittelpunkt und der Vulva als Symbol für die Wiedergeburt. Die häufig mit einem Netzmuster überzogenen Köpfe der Frauengestalten stehen für eine räumliche Ordnung und das Wissen um den zyklischen Prozess respektive die Kontinuität des Lebens. Ihre Thesen werden von der Fachwelt entweder ignoriert oder nicht geteilt. Nur vereinzelt gibt es eine Würdigung ihres Schaffens. Nicht wehren kann sich König gegen die Vereinnahmung von verschiedenen Seiten. So scheint die eher bürgerlich-konservative Frankfurter Allgemeine Zeitung (FAZ) Marie König vor ihrer Biografin Gabriele Meixner, bekennend frauenbewegt, schützen zu wollen, wenn sie schreibt:

> Schlimmer noch, am liebsten nähert sich die Autorin ihrer Heldin gebückt – durch den breiten, seichten Strom des Privaten watend. Aus dem Unternehmer-Haushalt bastelt sie eine Puppenstube des Wirtschaftswunders, mit Hedwig, der Hausangestellten, erstem Auto und Schnellkochtopf. Wir lernen viel über die Gastfreundschaft der Königs, ‚mit allem Komfort, nicht zu vergessen die köstliche Verpflegung durch Hedwig'. Einmal im Jahr, berichtet Frau Meixner glücklich, habe Herr König sogar die Schwestern des Evangelischen Krankenhauses eingeladen: ‚Im Garten waren Tische gedeckt, und die weißen Hauben und schwarzen Schwesterntrachten müssen einen reizvollen Kontrast zum Meer der Rosen gebildet haben.' Da ist das Buch bei sich selbst angekommen: Marie König schenkt als Doris Day der Urgeschichte Kaffee aus. Schwarzweiß, wohin man schaut. Und über allem liegt der süße, schwere Duft der Rosen.[271]

Ach ja, Herr König, das war – fürs Protokoll – der Kaufmann Heinrich König, den Marie Emilie Paula Schwager im März 1923 heiratet und mit dem sie im gleichen Jahr nach Saarbrücken zieht. Und hinter Hedwig verbirgt sich Hedwig Diesinger, die ab 1934 für 54 Jahre bei der Familie König arbeitet. Marie E. P. König stirbt am 5. Oktober 1988 im Alter von 89 Jahren in Güdingen.

3.20 Bübingen: Alltag ist weiblich

Dank des Heimatforschers Michel Mohr wissen wir einiges über den Alltag von Bübingerinnen um die Jahrhundertwende. So berichtet Mohr in seinen *Erinnerungen an das alte Bübingen*[272] von Anna Mohr, der Dorfgoth, Margarethe Mohr ('s Gretche em Hauwäch), Berta Kausch (Miele Berta), Lina Munz (Wertmüllersch Lina) und Martha Frisch geborene Mohr. Der Name „Dorfgoth" leitet sich wohl daraus ab, dass die so Bezeichnete, Anna Mohr, unverheiratet blieb und sich – neben ihrer Berufstätigkeit als Verkäuferin – in den ehrenamtlichen Dienst der katholischen Kirchengemeinde stellte. Auch Marie Kihl heiratete nie, erreichte das biblische Alter von 99 Jahren und war zeitlebens autark: Zu ihrer Landwirtschaft übernahm sie vom Großvater die Poststelle und betrieb darüber hinaus über viele Jahre ein Kolonialwarengeschäft. Margarethe Mohr erinnert sich daran, wie sie mit 17 Jahren einen Kochkurs besuchen durfte und dort das Rezept für eine Erbsensuppe erlernte, die, wie die folgende Geschichte erzählt, offensichtlich erheblich vom traditionellen Familiengericht abwich:

> Min Brurer, der hat nur so gestrahlt, wie er minn gutt Sippche gess hat und wie er owens hemm kumm isch, do hat er als Erschdes die Momme gefrot, ob noch von der gut Supp do wär. Wie honn ich mir do ens gekäst, wie demm min Esse so gutt geschmackt hat. [...] De Babbe isch hemm kumm. Es Erschde, was er die Momme gefrot hat, war: ‚Wer hat donn heit es Esse gekocht?' Do hat die Momme gesat: ‚Ei es Gretche!' Do war de Babbe bees und hat gesat: ‚Honn ich dich geheirat oder es Gretche?' Donn hat er witschder gesat: ‚Ich will en Zukunft wirrer siehn, was ich esse, daß Du das verstonn haschd!'[273]

Berta Kausch stammte aus der Bübinger Mühle. Bis in die 1870er Jahre wurde der Sand aus der „Sonderkull" der Mühle zum Bau des Eisenbahndammes geholt. Um 1900 konnte die kleine Berta – sie wurde 1889 geboren – die Frauen aus dem Dorf dabei beobachten, wie sie mit ihren Handwagen kamen, um Sand zu holen. Diese Frauen bauten keinen Eisenbahndamm, sie streuten den Sand auf die Fußböden in ihren Wohnungen. Anschließend nahmen sie ein Gefäß mit Löchern, den

„Sprengkrug", und feuchteten den Sand damit an („Gießkannenprinzip"). Zu guter Letzt wurde der Sand wieder zusammengefegt und die Stube war sauber. Ob Martha Frisch, geboren 1913 als Martha Mohr, in die Saar baden ging, ist nicht überliefert. Sie gehörte zu der ersten Generation von jungen Frauen, die in den 1930er Jahren begannen, den Badestrand in Bübingen aufzusuchen, ein Freizeitvergnügen, das bis dahin Männern vorbehalten war: die Saar als Schwimmbad. Wir können getrost davon ausgehen, dass der Pfarrer und mindestens die älteren Bübinger darüber „not amused" waren.[274] Ebenso entrüstet waren selbige Personen sicher ob der Haarmode der Frauen, die sich ab Mitte der 1920er Jahre drastisch änderte: vom langen Zopf, gern als Kranz um den Kopf gelegt, zum Bubikopf. Tränen waren vorprogrammiert: Entweder bei den Töchtern, weil denen rigoros untersagt wurde, sich die Haare dergestalt zurechtstutzen zu lassen, oder bei den Eltern, wenn sich die Mädchen, ohne um Erlaubnis zu fragen, den Zopf abschneiden ließen. Sicher gab es die eine oder andere Tracht Prügel bei zu viel Selbstständigkeit in dieser Sache. Auf dem Land hielt sich der Widerstand noch länger. Eine Freundin aus dem Köllertal erinnert sich an das Jahr 1951: „Meine Mutter hat Mittagspause gemacht. Sie lag im Liegestuhl. Andernfalls wäre sie umgefallen, als ich, 10-jährig, vom Friseur kam mit kurzen Haaren und Dauerwelle. Fortan musste ich einen Haarreif tragen." Apropos: In den 1920er Jahren befreiten sich die Frauen vielerorts nicht nur von ihren Zöpfen, sondern vom bis dato herrschenden strengen Modediktat überhaupt. Die engen Vorkriegs-Korsetts waren Geschichte, Rocksäume gingen nach oben, Taillen nach unten. Manche Frauen wagten sich sogar in Hosen. Wie schön war die Zeit, als die kleinen Katharinas (wahlweise Katchen, Käthe, Kathi, Katt oder Kätt) und die kleinen Annas (Änni, Anni, Ännchen) und die kleinen Magdalenas (Marga, Gretel, Gretchen) widerspruchslos in die Schule gingen (wohl der, die eine Schulbildung genoss) und über dem von der Mutter selbst geschneiderten Kleid die Schürze drei Tage rechts und drei Tage links trugen. Michel Mohr setzt der Mutter oder vielmehr Frau des Hauses ein (unbezahltes) Denkmal, wenn er schreibt, sie sei

> Schuhmacherin, Schneiderin, Bäuerin, Bäckerin, Krankenpflegerin und alles, was man sich nur denken kann […]. Sie hat Schuhe zu besohlen,

> zu nageln, zu nähen, ‚Klärer' (Kleider) zu flicken, Strümpfe zu stricken und zu stopfen, zu waschen und zu bügeln. Da steht der Stall voll Vieh, das auf das Futter wartet. Es müssen Kartoffeln gepflanzt, gehackt, gehäufelt und schließlich auch von Hand geerntet werden. Rüben müssen für die Winterfütterung der Kühe gepflanzt und im Herbst oft bei eiskalter Witterung eingebracht werden. Sie muß säen und mähen können. Überall, wo man hinschaut, ist Arbeit. Auch der Mann hat alle Hände voll zu tun. Ihm fallen die schweren bäuerlichen Arbeiten zu, wobei nicht gesagt sein soll, daß die Arbeiten der Frau leichter wären[275].

Wolfgang Laufer hat sich ebenfalls mit der Geschichte seines Heimatortes beschäftigt und dabei zahlreiche Archivquellen ausgewertet. So liegen zum Beispiel erst für 1837 Zahlen für die Bübinger Schulkinder vor, die zu diesem Zeitpunkt ins benachbarte Güdingen beziehungsweise nach Kleinblittersdorf zur Schule gingen. So besuchten sechs Jungen und vier Mädchen in Güdingen die Schule und in Kleinblittersdorf waren es 18 Jungen und 3 Mädchen aus Bübingen.[276] Ob Maria Wagner eine der Schülerinnen war? Jedenfalls erhielt sie drei Jahre später, am 15. Mai 1840, gegen 6 Uhr nachmittags, eine Anzeige, weil sie verbotenerweise zwei Rinder in einer Schonung weiden ließ. Mit ihr wurden fünf Knaben und junge Männer angezeigt.[277] Solche „Neben"einlässe werfen einen teils entlarvenden Blick auf die Lebensumstände von Frauen im Vergleich zu Männern. So bildet Laufer eine Liste der Bübinger Haushaltsvorstände von 1858/61 ab, auf der weibliche Haushaltsvorstände, so sie denn Witwen waren, wie selbstverständlich unter dem Namen des Mannes aufgeführt wurden, wie damals eben üblich. Sichtbar sind deshalb nur zwei ledige Frauen, Katharina Bläsius und Maria Katharina Mann, obwohl die aus 78 Namen bestehende Liste neben den namentlich genannten Frauen acht weitere Frauen beinhaltet. Selbstredend wurde im Gegensatz zu den Männern nirgendwo ein Beruf aufgeführt.[278] Von hier ist es nicht weit zum Thema Frauenarmut am Beispiel der Bübinger Armenpflege.

Armut ist weiblich

Zu den Kernaufgaben der Gemeinde gehörte die Armenpflege, die in Form von Mietzuschüssen, einmaligen oder laufenden Beihilfen sowie der Übernahme von Pflegekosten für Waisenkinder oder Kranke gewährt wurde. Die Hilfe war in der Regel individualisiert und musste entsprechend beantragt werden. Zudem war sie beschränkt auf die „Ortsarmen", das heißt auf diejenigen, die aus Bübingen stammten. Dabei mussten sie nicht notwendigerweise in der Gemeinde wohnen; umgekehrt konnte eine zugezogene Familie üblicherweise keine Hilfe erwarten. Die Bübinger Armenpflege Anfang des 20. Jahrhunderts bedeutete im Wesentlichen Unterstützung von verwitweten Frauen. Einblick in konkrete Schicksale vermittelt der Fall der Witwen Lehr und Köst, die 1877 einen Antrag auf freie Wohnung stellen.

> [...] Der Rat lehnte in beiden Fällen mit der Begründung ab, es seien ‚noch mehr dergleichen bedürftige Familien vorhanden', die dann alle Ansprüche erheben könnten; das könne die Gemeinde nicht verkraften. Die Witwe Lehr gab jedoch nicht auf. Im Dezember musste der Rat sich der Verfügung des Saarbrücker Landrats beugen, der Antragstellerin bis auf weiteres die Wohnungsmiete aus der Gemeindekasse zu zahlen. 1878 erstattete der Rat dem Jakob Maurer einen Teil (75 Mark) der rückständigen Miete für die verstorbene Witwe Sophie Köst mit der Bemerkung, er hätte die Frau gleich aus dem Haus schaffen oder sofort nach dem Tod ihres Mannes die Miete fordern sollen. Die Verstorbene hinterließ das zweijährige Waisenkind Wilhelm Köst, das dem Tagelöhner Heinrich Matthieu zur Pflege übergeben wurde. Die Gemeinde übernahm die Kosten.[279]

Laut Bübinger Gemeinderatsprotokoll vom 22. September 1922 waren von den zehn aufgeführten Personen, die aufgrund ihrer finanziellen Verhältnisse für Leseholzscheine[280] keine Gebühr von 10 Mark zu zahlen brauchten, neun Frauen respektive Witwen.[281]

4. Der Regionalverband Saarbrücken

4.1 Friedrichsthal: Von Putzeimern und Gedankenkugeln

Er gilt als der Geburtsort der Arbeiterbewegung an der Saar: der Rechtsschutzsaal Bildstock, das älteste deutsche Gewerkschaftsgebäude. Ende des 19. Jahrhunderts kämpften die Bergleute um gerechtere Lebens- und Arbeitsverhältnisse, wobei sie sich nicht einmal unter freiem Himmel versammeln durften, da die damalige Obrigkeit öffentliche Versammlungen ebenda verbot. Also musste ein eigener Versammlungsraum her. Die Mitglieder des Rechtsschutzvereins steuerten je eine Reichsmark und zwei Backsteine zum Bau bei und finanzierten somit den Rechtsschutzsaal. 2016 wurde einer der vier Säle nach der Gewerkschafterin und Frauenrechtlerin **Lucie Meyfarth** benannt.

Lucie Meyfarth und der Putzeimer

Lucie Meyfarth wurde durch ihre Wahl zur DGB-Kreisvorsitzenden im Jahr 1985 zur ersten hauptamtlichen Funktionärin beim DGB Saar. Dabei kandidierte sie gegen den einstimmigen Beschluss des DGB-Landesbezirksvorstands für dieses Amt. Die Argumente ihrer Gegner: wahlweise zu alt oder zu feministisch. Geboren 1930 in Simmern als Tochter einer Bergmannsfamilie, wechselt Lucie Klauck, wie ihr Mädchenname lautet, mehrfach die Schule, da ihr Vater auf verschiedenen Grubenanlagen eingesetzt wird. In der Oberprima angelangt, muss sie die Schule schließlich ganz verlassen, die Familie ist auf ein zusätzliches Einkommen angewiesen. Mittlerweile im Saarland lebend, absolviert sie eine kaufmännische Ausbildung in einem Kaufhaus in Friedrichsthal, heiratet, wird Mutter, arbeitet teils in Heimarbeit oder als Aushilfe. Ein scheinbar völlig „normaler" Werdegang für Frauen ihrer Generation. Wäre da nicht die ihr eigene Aufmüpfigkeit, die immer schon dagewesen sei, so Lucie Meyfarth in einem Interview mit der Saarbrücker Zeitung anlässlich ihres Eintritts in den (Un-)Ruhestand.[282] Ein Beispiel gefällig? In ihrer Zeit als Angestellte in einem Saarbrücker Betrieb will sie, die mit 21 Jahren Gewerkschaftsmitglied wurde, einen Betriebsrat gründen. Da scheint es sicherer, ihr wegen Störung des Betriebsfriedens zu kündigen. Zur Erinnerung: Bis Ende der 1950er Jahre konnten Ehemänner die Arbeitsverträge ihrer Frauen fristlos kündigen, ohne Rücksprache mit den Betroffenen. Lohngleichheit, ein Fremdwort. Nun gut, das ist es in Teilen bis heute. Frauen wie Meyfarth, die an diesen Verhältnissen etwas ändern wollen, in die Öffentlichkeit treten, sich organisieren, in ihrem Fall gewerkschaftlich, gelten als „unfraulich".[283] Ab dem Jahr 1964 ist der DGB auch beruflich ihre Heimat. Sie arbeitet in der Verwaltung, wird die Sekretärin des Kreisvorsitzenden, parallel avanciert sie zur Vorsitzenden des Landesfrauenausschusses. Die Rechte arbeitender Frauen bleiben ihr ein Herzensanliegen. Nach ihrer Pensionierung engagiert sich Lucie Meyfarth im Vorstand der Ehrenamtsinitiative „Pro Ehrenamt", lässt sich zur Vorsitzenden der Evangelischen Arbeitnehmerschaft wählen, wird Mitglied des Stadtrats Friedrichsthal für die SPD-Fraktion sowie Vorstandsmitglied der Christlich-Jüdischen Arbeitsgemeinschaft des Saarlandes. Nicht zuletzt tritt sie am 8. März 2011 – im Alter von 80 Jahren – als Clara Zetkin in der Revue *Brot und Rosen und morgen noch mehr* zum 100. Internationalen Frauentag im Saarbrücker Schloss auf die Bühne. „Im Putzwasser werde ich mich sicherlich nicht ertränken"[284], sagt Lucie Meyfarth folgerichtig am Ende des oben erwähnten Interviews anlässlich ihrer Pensionierung.

Umtriebig, diese Lucie Meyfarth. Die Autorin **Ulla Vigneron** gehört auf den ersten Blick in dieselbe Kategorie, werden im Zusammenhang mit ihrem Namen doch gleich eine Vielzahl von Tätigkeiten aufgelistet: von der Übersetzerin und Lektorin über die Büroangestellte bis hin zur Souffleuse, um nur einige zu nennen.[285]

Ulla Vigneron und ihre Gedankenkugeln

In einer Dissertation über saarländische Lyrikerinnen der Gegenwart wird Vigneron als eine der „mutigsten und experimentierfreudigsten Autorinnen des Saarlandes"[286] bezeichnet. Dabei liegt nur eine einzige eigenständige Buchveröffentlichung von Vigneron vor: *Einer raucht nStixi* in der Reihe Topicana des Saarländischen Schriftstellerverbandes aus dem Jahr 1999 – es war der erste Band der neu kreierten Reihe. Elf Jahre später konstatiert die Saarbrücker Zeitung: „Mit Erleichterung vernimmt man jetzt, dass die Saarbrücker Schriftstellerin heute Abend zur Werkstattlesung ins Saarländische Künstlerhaus kommt. Denn seit damals hat man wenig von ihr gehört, vergeblich auch auf weitere Veröffentlichungen gewartet."[287] Dabei macht Ulla Vigneron keine Schreibpausen, geschweige denn leidet sie unter Schreibblockaden. „Kleine Gedankenkugeln", erzählt sie in einem Interview, „müssen raus, der Drang zum Schreiben ist beständig da."[288] Die Autorin erinnert in ihren Texten an die Nazi-Zeit, mischt sich genauso tagesaktuell ein, zum Beispiel in ihrem Saarbrücken-Gedicht, entstanden 1992, wo es heißt:

> Ob Lyoner oder Arsch
> was hier zieht
> ist das Fleisch.
> [...]
> McKlops und McShoe
> McFick an der Ecke
> McWichs für zwei Mark.
> [...][289]

Aber, um auf die Umtriebigkeit zurückzukommen – Ulla Vigneron, so sagt sie selbst in erwähntem Interview, ist nicht notwendigerweise offensiv, schreibt viel, geht nicht unbedingt raus damit. Sie bringt Trägheit und/oder mangelnden Ehrgeiz ins Spiel, an dem es ihr außerdem fehle. Gleichzeitig spricht sie von der „Bewegtheit im Geiste", die keine „äußere Weltreise brauche". Mit 18 Jahren verlässt Ulla Vigneron, geboren am 1. April 1944 in Friedrichsthal, die saarländische Provinz, um als Künstlerin in Paris zu leben. 1983, gut zwanzig Jahre später, kommt sie aus familiären Gründen nach Hause zurück. Dazwischen liegen Jahre als Bildhauerin, nach zwei Arbeitsunfällen die Tätigkeit als Grafikdesignerin, Lektorin, Übersetzerin und so weiter. Und in den Anfangsjahren im Hintergrund der Mai '68 nicht zu vergessen. Ulla Vigneron stirbt am 6. November 2016 und wird auf dem Friedhof in Petite Rosselle beigesetzt.

4.2 Püttlingen: Heiliges Pflaster

Püttlingen ist auf seine Art ein heiliges Pflaster. In der Stadt im südlichen Saarland mit über 18.000 Einwohnerinnen und Einwohnern (Stand 2023) begegnen wir Franziskanerinnen wie Metella (Katharina) Altmeyer, geboren 1890 in Köllerbach-Engelfangen[290] und spätere Oberin der Waldbreitbacher Schwestern. Wir treffen auf **Theodolinde (Katharina) Katzenmaier**, eine Benediktinerin, die in den 1940er Jahren Seelsorgerin in Püttlingen, im Ortsteil Ritterstraße, war und aus ihrer Haltung gegenüber den Nazis kein Geheimnis machte – mit schlimmen Folgen für sie.

Theodolinde Katzenmaier – verzeihen ja, vergessen nein

Vom KZ ins Kloster lautet der Titel der autobiografischen Aufzeichnungen von Katharina Katzenmaier. Der Untertitel, *Ein Stück Lebensgeschichte*, macht deutlich, worum es der Autorin geht: die Zeit ihres Lebens zu dokumentieren, die sie in der „Hölle von Ravensbrück" verbringen musste. Es ist ihr ein Anliegen, Zeugnis von diesem dunklen Kapitel deutscher Geschichte abzulegen, wobei ihr Buch nur einen Baustein des Erinnerns bildet. Bereits kurz nach dem Krieg geht sie vor allem in die Schulen, um die nachkommende Generation aufzuklären. So auch in Püttlingen im Jahr 1947, dem Ort, an dem sie seit 1942 als Seelsorgerin und Religionslehrerin tätig war. Katharina Katzenmaier zieht insbesondere mit ihrer Kritik an den „Euthanasie"-Programmen der Nationalsozialisten das Augenmerk der Obrigkeit auf sich. Die systematische Ermordung kranker und behinderter Menschen ist für die Christin nicht hinnehmbar. Die Gestapo schreckt nicht davor zurück, in die Familien zu gehen und Kinder über ihre Lehrerin auszufragen respektive diese unter Druck zu setzen, um Katzenmaier aus dem Verkehr ziehen zu können. Scheinbar mit Erfolg. Am 21. Juli 1943 wird sie verhaftet. Sie habe, so der Vorwurf, vor den Schülerinnen und Schülern von Mord im Auftrag des Staates im Zusammenhang mit den „Euthanasie"-Programmen gesprochen und darüber hinaus Zweifel am Endsieg geäußert.[291] Wobei Katzenmaier in ihren Erinnerungen darauf hinweist, gerade die

Infragestellung des Endsieges habe sie niemals im Religionsunterricht thematisiert, sondern ausschließlich im privaten und kirchlichen Umfeld, wohlwissend um die Gefährlichkeit dieser Aussage. Sie wird mehrfach verhört, in Schutzhaft genommen und letztlich 1943 in das KZ Ravensbrück gebracht. Hier gehört sie zur Gruppe der „Verfügbaren", sie wird zum Bau von Baracken eingesetzt, zur Leichenkolonne abkommandiert, muss bei Siemens & Halske für die deutsche Rüstungsindustrie arbeiten. Menschliche Gesten wie das Teilen eines Krumen Brots mit einem kranken jüdischen Kind führen zu vierzehn Tagen „Strafblock". Katharina Katzenmaier überlebt all das und den Todesmarsch, auf den die Menschen in der Schlussphase des Zweiten Weltkriegs geschickt werden. Nach 5 Monaten und knapp 600 Kilometern Landstraße erreicht eine völlig entkräftete Katharina Katzenmaier am 15. September 1945 ihr Elternhaus in Heppenheim im Odenwald. Von der Diözese Trier, ihrem Arbeitgeber, kommt einige Zeit später ein Schreiben mit der Bitte, in der Pfarrgemeinde St. Bonifatius in Püttlingen eine Ansprache zu halten, nicht zuletzt, da ihre Verhaftung „Spannungen und Ängste in die Gemeinde gebracht" habe.[292] Wohl wahr, irgendwer musste die Gestapo mit „Informationen" über Katharina Katzenmaier versorgt haben. Sie kommt der Bitte nach. In ihrer Ansprache vor der Gemeinde betont sie, sie wolle verzeihen. Denjenigen, die sie verraten hätten und denjenigen, die geschwiegen hätten, aus Angst oder warum immer. Vergessen aber könne sie nicht, was ihr angetan worden sei.[293] Eine Rückkehr nach Püttlingen in ihre alte Stelle lehnt sie ab und entscheidet sich stattdessen für eine Ausbildung auf der Lehrerakademie in Darmstadt-Jugenheim. 1949 tritt sie in den Orden der Benediktinerinnen von der heiligen Lioba ein und wird Schwester Theodolinde. 2001 bekommt sie posthum das Püttlinger Ankerkreuz – die höchste Ehren-Auszeichnung der Stadt – verliehen. Im Ortsteil Ritterstraße wird eine Straße nach ihr benannt, die Theodolinde-Katzenmaier-Straße. Eine Gedenktafel neben der Kirche St. Bonifatius erinnert ebenfalls an sie.

Eine andere Widerstandskämpferin aus dem Köllertal war **Dora Zeitz**, geboren 1913 ebenfalls in Engelfangen.

Dora Zeitz – die Genossin aus dem Köllertal

Knapp ein Jahr vor dem Beginn des Ersten Weltkriegs ins Bergbaumilieu hineingeboren, besucht Dora Zeitz von 1920 bis 1928 die Volksschule, um sich im Anschluss als Haushaltsgehilfin zu verdingen. Der Vater stirbt 1921, sie hat keine Chance, einen Beruf zu erlernen, muss früh zum Familienunterhalt beitragen. 1929 wird sie Mitglied im Kommunistischen Jugendverband Deutschlands, wo sich ihr Weg mit dem des Kommunisten Fritz Nickolay, ihrem späteren Ehemann, kreuzt. Er stammt aus Dudweiler. 1933 kommt es zu einer großen Verhaftungswelle, die auch Dora Zeitz trifft. Sie hält sich zu diesem Zeitpunkt in Mannheim auf. Nach zweimonatiger Haft wird sie ins Saargebiet abgeschoben – Glück im Unglück. Nach dem Abstimmungsergebnis vom 13. Januar 1935 bleibt Dora Zeitz nur der Weg ins Exil. Wie so viele geht sie nach Frankreich, landet über Umwege in Tours, wo im Oktober ihre Tochter Karin zur Welt kommt. Fritz Nickolay bleibt im lothringischen Grenzgebiet, geht später nach Paris, wo er 1938 Dora Zeitz und seine Tochter wiedertrifft. Anfang 1940 abermalige Verhaftung, zuerst von Fritz Nickolay, dann von Dora Zeitz. Die Tochter wird in einem jüdischen Kinderheim in Limoges untergebracht. Fritz Nickolay kommt frei und macht sich auf die Suche nach seiner Frau. Er findet sie im Lager Gurs, im Sommer 1940. Ihre Lage ist verzwickt: Nach Paris können die beiden nicht zurück, die Stadt ist mittlerweile von deutschen Truppen besetzt. Auf der Suche nach einem halbwegs sicheren Ort landen sie zu guter Letzt im Süden Frankreichs in dem kleinen Städtchen Pézenas. Der dortige Bürgermeister und der Polizeikommissar sind Mitglieder der Sozialistischen Partei. Sie verschaffen Fritz Arbeit in einem Steinbruch, Dora kann bei einer Marktfrau mitarbeiten und findet dort Quartier.[294] In Pézenas können sie ihre Tochter wieder zu sich nehmen. Die Familie bleibt bis Kriegsende unentdeckt, Dora ist in jenen Jahren hauptsächlich als Kurierin unterwegs. Mit Hilfe eines deutschen Soldaten, den sie nach der Besetzung Südfrankreichs durch deutsche Truppen kennenlernt, kann sie ihrer Mutter ein Lebenszeichen senden. Nicht alle sind Nazis, nicht jeder zum aktiven Widerstand bereit. Nach der Befreiung von Paris unterstützen Dora und Fritz dort für kurze Zeit das Komitee Freies Deutschland für den Westen. Seit Juni 1945 ist Dora Zeitz im Saarland.

Zusammen mit ihrem Mann und den Genossen versuchen sie, die kommunistische Bewegung zu reaktivieren. In der Zeit kommt Fritz Nickolay mit einer anderen Frau zusammen. Die Partei empfiehlt ihr deshalb, in die Sowjetische Besatzungszone überzusiedeln.[295] Vielleicht sind es ganz andere Gründe, die Dora Zeitz veranlassen, nach Dresden zu gehen, ihre Tochter zu sich zu nehmen und sich in der DDR ein neues Leben aufzubauen. Sie übernimmt führende Funktionen, unter anderem wird sie Leiterin der Personalabteilung an der Hochschule für Verkehrswesen. Sie stirbt ganz plötzlich, 1980, im Alter von 66 Jahren.

Zurück zu dem eingangs erwähnten heiligen Pflaster. In Püttlingen stoßen wir auf das einzige Redemptoristinnenkloster Deutschlands, das *Kloster Heilig Kreuz.*

Redemptoristinnen – gekommen, um zu erlösen

Eine Redemptoristin ist eine Angehörige der römisch-katholischen Ordensgemeinschaft der Kongregation des Heiligsten Erlösers (lateinisch: redemptor – Erlöser). Gegründet wird die Gemeinschaft im 18. Jahrhundert in Italien. Während der männliche Zweig des Ordens sich der Mission verschreibt, handelt es sich beim weiblichen Zweig um eine kontemplative Gemeinschaft. In Deutschland existiert zum heutigen Zeitpunkt nur das Kloster Heilig Kreuz in Püttlingen als Niederlassung des Ordens. Die Grundsteinlegung für das Kloster in Püttlingen erfolgt am 15. Oktober 1956. Zuvor lebten die Redemptoristinnen in Aachen, waren aber kurz vor Ende des Zweiten Weltkriegs von der Gestapo aus ihrem Kloster vertrieben worden, das anschließend durch Bomben völlig zerstört wurde. Der Bau des neuen Klosters wird ermöglicht durch die Erträge aus Kollekten, Benefizveranstaltungen, weiteren Geld- und Sachspenden sowie die ehrenamtliche Mitarbeit zahlreicher helfender Hände: von der Handwerkerin bis zum Künstler. Erste Priorin des Klosters in Püttlingen ist **Maria Benedikta (Maria) Charlier**, die wie viele andere auf dem Klosterfriedhof in Püttlingen bestattet ist. **Hildegard Kossorz**, eine Tante des Entertainers Thomas Gottschalk, ist 23 Jahre Oberin der Redemptoristinnen im Kloster Heilig Kreuz. Im Innenraum der Klosterkirche ist ein Dreifaltigkeitsfenster des ungarisch-deutschen Architekten und Kirchenfenstermalers György Lehoczky zu bewundern, der – obwohl ehedem als fast mittelloser Ausländer ohne Arbeitsgenehmigung – pro bono für das Kloster arbeitet. In einer Broschüre über Heilig Kreuz heißt es dazu:

> Die drei gleichgroßen Dreiecke, deren Spitze jeweils die Basis des vorangehenden Dreiecks überdeckt, unterstreichen die christliche Deutung der Trinität: Der Vater ist nicht der Sohn, der Sohn ist nicht der Hl. Geist, der Hl. Geist ist nicht der Vater; der Vater ist Gott; der Sohn ist Gott; der Hl. Geist ist Gott. Lehoczky knüpft mit seiner Konzeption an die Interpretationen vieler Künstler der Gotik und Renaissance an; er vermeidet jede hierarchische Fehlinterpretation. Gott ist geschlechtslos – auch in der Trinität. Für einen Frauenorden eine wohltuende künstlerische Konzeption.[296]

Die Hostenbacher Künstlerin Elfriede Prümm (1920–1987) gestaltet für das Kloster Heilig Kreuz einige Holzplastiken, wie *Josef und Jesusknabe* oder die Pietà. Die Plastiken sind aus unbehandeltem, naturbelassenem Holz geschaffen, „an dem die kräftigen Arbeitsspuren der Künstlerin deutlich sichtbar sind"[297], so zu lesen in genannter Broschüre. Eine Besonderheit der Klosterkirche ist die Galerie beeindruckender Frauen im Südflügel. Das erste Betonglasfenster zeigt eine Redemptoristin im roten Ordenskleid mit blauem Schleier. Ihr folgt die skrupellose, machtbesessene Kaiserin Helena, die ihrem Sohn den Weg zum Thron mit zahlreichen Morden und Mordkomplotten ebnet. Später rückt sie zur großen Heiligen des Bistums Trier auf. Die heilige Elisabeth von Thüringen ist in fürstlichem Gewand mit Königskrone dargestellt; dabei lebt sie selbst nach dem Tod ihres Gatten freiwillig in bitterster Armut und stirbt mit nur 24 Jahren. Theresia von Avila, die Mystikerin, wird von dem Heiligen Geist in Gestalt einer Taube besucht. Die heilige Margaretha Maria Alacoque bittet nach einer Vision König Ludwig XIV., Frankreich dem Herzen Jesu zu widmen. Es dauert 200 Jahre, bis die Sacre Coeur auf dem Montmartre errichtet wird. Das Fenster in der Klosterkirche zeigt die Heilige mit dem leuchtenden göttlichen Herz Jesu. Die große Theresia haben wir bereits getroffen. Die kleine Theresia, die heilige Thérèse von Lisieux, sichten wir in der Galerie beeindruckender Frauen als Sinnbild für Demut, stilles Gebet, kleine Alltagsgesten. Hildegard von Bingen, bekannt als diejenige, die die klassische griechische Medizin mit der Volksmedizin verbindet und die Heilpflanzen in ihren Aufzeichnungen mit deren volkstümlichen Namen kennzeichnet, hängt neben der heiligen Bernadette, eine der populärsten Heiligen der katholischen Kirche. Als Marie Bernadette Soubirous geboren, Tochter eines armen Tagelöhners, hat sie 1858 in der Grotte von Lourdes eine Marienerscheinung. Schließlich wird der heiligen Oranna, die wir im Kapitel zu Überherrn näher betrachten, mit einem Fenster in dieser Galerie ein Denkmal gesetzt. 2021 leben noch zwei betagte Redemptoristinnen im Kloster, zusammen mit ihren Nachfolgerinnen, den Nazareth Schwestern aus dem indischen Bundesstaat Kerala, die 2014 das Kloster Heilig Kreuz als neues Diozösanzentrum und Hauptsitz ihres Ordens in Deutschland übernommen haben.

4.3 Sulzbach: Ein Stück Boulevard

Neben der Eisenschmelze, dem Steinkohlebergbau und der Glasindustrie spielte von Beginn des 19. Jahrhunderts bis zum Jahr 1936 die Sulzbacher Blaufabrik eine wirtschaftlich bedeutende Rolle. In der Blaufabrik wurde das koch- und lichtfeste Preußische oder Berliner Blau produziert, das zum Einfärben von Stoffen verwandt wurde. Um den Fabrikantensohn Georg Appolt rankt sich eine abenteuerliche Geschichte, in der Appolt'schen Familiengruft[298] soll es spuken, trotzdem die sterblichen Überreste der Eheleute Georg und Auguste Appolt längst auf dem Sulzbacher Friedhof liegen, wo sie nach dem Zweiten Weltkrieg hingebracht und anonym bestattet wurden. Der Geist der schlaflosen **Auguste Appolt** aber soll im Wald geblieben sein.

Auguste Appolt – ein Stück Boulevard in Sulzbach

19. Jahrhundert: Der junge Fabrikantensohn Georg Appolt lernt Auguste Stöcker kennen, in Berlin, und zwar in einem Wirtshaus, wo sie als Kellnerin arbeitet. Ein Verhältnis mit Folgen. Neun Monate später taucht Auguste Stöcker in Sulzbach auf und präsentiert Georg Appolt seinen Sohn. Die Familie ist außer sich: eine Servierfrau als Schwiegertochter. Nun denn, Georg muss Auguste heiraten. Sie zieht mit dem vermeintlich gemeinsamen Sohn ins familieneigene Herrenhaus. Vermeintlich? Der Legende nach soll Auguste dem Sulzbacher Fabrikanten das Kind untergeschoben haben. Dann wird die Geschichte vollends absurd. Das Kind, mit dem Auguste aufgetaucht ist, ist behindert und körperlich durch einen Buckel gezeichnet. Bald nach ihrer Eheschließung reist Auguste angeblich zu Verwandten nach Amerika. Wo auch immer sie war und was auch immer sie dort getan hat – heim kommt sie mit einem offensichtlich anderen Kind, nicht behindert, ohne Buckel. Kindesunterschiebung, Kindertausch, niemand kann ihr etwas nachweisen. Georg Appolt vertraut seiner Frau – zunächst. Erst kurz vor seinem Tod erfährt er die ganze Wahrheit. Im Alter von 50 Jahren muss sich Auguste Appolt einer Unterleibsoperation unterziehen und dabei wird festgestellt, dass sie nie ein Kind geboren hat. Vor lauter Gram sei Georg Appolt im März

1899 gestorben. Ein halbes Jahr später stirbt Auguste. Sie wird neben ihrem Mann in der Gruft beigesetzt. Der Sohn zieht kurz darauf nach Luxemburg; dort verliert sich seine Spur wie die der Geschichte. Das schlechte Gewissen lasse Auguste nicht schlafen, das ist die Meinung einiger vornehmlich älterer Sulzbacherinnen: „Die alt' Frau Appolt geht um."

Der Alaun- und Glasfabrikant Carl Philipp Vopelius war familiär und geschäftlich mit dem Vater von Georg Appolt verbunden. 1807 übernahm er mit seinem Schwager Johann Georg Appolt die komplette Blaufabrik. Die Villa seiner Tochter Charlotte Sophie Caroline Vopelius (1796–1864) aus dem Jahr 1837 in der Sulzbachtalstraße 40 ist das letzte bauliche Überbleibsel des Vopelius-Clans in Sulzbach. Als junge Witwe erteilte sie einem italienischen Architekten den Auftrag zum Bau dieser heute unter Denkmalschutz stehenden neoklassizistischen Stadtvilla. **Maria Röder** konnte von einer Stadtvilla nur träumen, ob klassizistisch oder barock. Sie wurde in eine Sulzbacher Arbeiter- beziehungsweise Bergmannsfamilie namens Assmann hineingeboren.

Maria Röder und der Preis des Widerstands

Das Elternhaus von Maria Röder ist trotz des Arbeitermilieus eher christlich denn sozialistisch geprägt. Die Mutter ist streng katholisch, der Vater dem Alkohol zugetan. So landen etliche der wenigen Groschen, die die Familie eigentlich bitter nötig braucht, im Opferstock der Kirche, in der Hoffnung, der Vater möge dem Alkohol (und dem sozialdemokratischen Gedankengut) abschwören. Mindestens solle seine Seele dadurch gerettet werden. Maria und ihre Geschwister sollen genauso beten, statt allzu viel Hunger zu entwickeln. An Weihnachtsgeschenke ist nicht zu denken, zumindest nicht an unnütze. Trotz wochenlangem Beten bringt das Christkind oder wahlweise der Weihnachtsmann statt der gewünschten Puppe eine Schürze. Da kann ein Kind schon einmal den Glauben zwar nicht gleich verlieren, mindestens gerät er ins Wanken.[299] Eingeengt, bedroht, ausgenutzt – so kommt sich Maria Röder sowohl in ihrer Familie als auch in ihrer ersten „Stellung" vor.

Früh muss sie für sich selbst sorgen, die Eltern sterben kurz hintereinander nach dem Ende des Ersten Weltkriegs. Eine Ehe soll die Wende bringen, mit 19 Jahren heiratet sie einen Bergmann und bekommt zwei Kinder. Seitdem heißt sie Maria Müller. Die Freiheit, wenigstens die geistige, bringen ihr die Bücher. Sie liest in *Germinal* von Emile Zola über die unmenschlichen Verhältnisse in französischen Bergwerken im 19. Jahrhundert, zieht Parallelen zum Hier und Jetzt. Prägend wird das Zusammentreffen mit Angela Stratmann, der Frauenrechtlerin und späteren Frau von Max Braun, dem Vorsitzenden der saarländischen SPD. Bis an ihr Lebensende wird der 8. März, der Internationale Frauentag, ihr wichtigster Feiertag bleiben. Die SPD hingegen wird nicht lange ihre politische Heimat, zu oft stellen sich in ihren Augen SPD-Minister gegen die Arbeiterinnen und deren Forderungen für ein besseres Leben. Sie engagiert sich stattdessen im der KPD nahestehenden Bund werktätiger Frauen, tritt 1933 in die Partei ein. Währenddessen scheitert ihre Ehe, mit nunmehr drei Kindern zieht sie nach Saarbrücken, wo sie sich in der Kaiserstraße 2 mit einer Freundin die Wohnung teilt. Ihr Geld verdient sie sich mit Putz- und Zugeharbeiten. Maria, die junge Genossin, wird, obwohl in der Partei relativ unbekannt, mit einer Aufgabe betraut, die nicht ganz ungefährlich ist. Sie soll nach München fahren, um dort die Kinder des von den Nationalsozialisten verhafteten und später in Dachau ermordeten Reichstagsabgeordneten Franz Stenzer in Empfang zu nehmen und sicher aus München herauszubringen. Ort der Handlung: die Münchener Pinakothek. Fehlen noch der genaue Zeitplan und ein vereinbartes Kennwort. Die junge Frau mag sich wie in einem Spionagefilm vorgekommen sein, sie meistert den Auftrag mit Bravour und kann mit den drei Stenzer-Kindern unbehelligt ins Saargebiet fahren, wo sich Emma Stenzer, die Mutter der Kinder, bereits befindet. Es ist nicht die letzte Reise für Maria, im Gegenteil. Die Partei delegiert sie 1934 nach Paris zum Internationalen Frauenkongress – welch ein Erlebnis![300] Der Kontakt zu ihren eigenen Kindern bricht in der Folge teilweise ab, als sie in den Untergrund geht. Ihre jüngste Tochter war mit Unterstützung der kommunistischen Kameraden nach Frankreich in Obhut gegeben worden. Anfang August 1935 wird Maria Müller verhaftet, zusammen mit ihrer Freundin Ida Laub kommt sie ins Saarbrücker Gefängnis auf der Lerchesflur. Während Ida im Dezember freikommt, wird Maria vom

Volksgerichtshof in Frankfurt wegen Kurierdiensten und der Vorbereitung des Wiederaufbaus der KPD zu fünf Jahren Zuchthaus verurteilt, die sie hauptsächlich in einem Mecklenburger Gefängnis verbringt. 1940 kehrt sie zurück ins Saarland, unter steter Beobachtung der Gestapo. Mit Hilfsarbeiten bestreitet sie ihren Lebensunterhalt, heiratet 1944 den Bergmann Nikolaus Röder. Sie leben in Forbach. Nach Kriegsende ermittelt sie über den Suchdienst des Roten Kreuzes den Aufenthaltsort ihrer jüngsten Tochter, mittlerweile eine 15-jährige Jugendliche, die des Deutschen nicht mächtig ist. Die Tochter bleibt in Frankreich, bei wiederkehrenden Treffen benötigen Mutter und Tochter eine Dolmetscherin – Sprachlosigkeit in doppeltem Sinn! Maria und Nikolaus Röder ziehen nach Dudweiler, Maria bleibt politisch aktiv, engagiert sich zunehmend in der Erinnerungsarbeit. Neben Käthe Limbach, Else Merkel, Irene Bernard und anderen Aktivistinnen hilft sie mit bei der Entwicklung einer antifaschistischen Stadtrundfahrt in Saarbrücken und will vor allem bei den jungen Menschen die Gräuel der Nationalsozialisten als Mahnung wachhalten. Sie stirbt 82-jährig am 26. September 1985.

4.4 Völklingen: Das vermeintlich hässliche Entlein

Das Internetportal *Saarland Biografien* verzeichnet Augustine Walisch als Frau, der die Ehrenbürgerrechte von Völklingen und eine Bürgermedaille verliehen wurden. Wie es die 1919 bei Ulm geborene und mit einem Elektroingenieur verheiratete Frau überhaupt ins saarländische Völklingen verschlagen hatte, ist nicht bekannt. Warum sie Ehrenbürgerin der Stadt wurde, dazu erfahren wir Näheres aus ihrer Traueranzeige vom 12. Dezember 2016, wo es heißt, sie habe über viele Jahre im karitativen Bereich gewirkt. Im Vorstand der Frauen- und Müttergemeinschaft, als Patientenfürsprecherin im St. Michael Krankenhaus oder als Mitglied der sogenannten Lebensabendbewegung kümmerte sie sich um Menschen in Not ganz allgemein und im Besonderen unterstützte sie ältere Mitbürgerinnen und Mitbürger, ihren Alltag besser bewältigen zu können.[301]
Die fiktive **Gerti Jost** war ein Völklinger Urgestein und sollte – zumindest nach den Vorstellungen ihrer beiden „Mütter", Carola Stahl und Doris Müller, die diese Kunstfigur geschaffen haben – ihr Leben nicht mehrheitlich in den Dienst von anderen stellen. Im Gegenteil!

Gerti Jost – eine für alle

Zusammengesetzt aus den Befragungen von Zeitzeuginnen, haben die Soziologin Doris Müller und die Spiel- und Theaterpädagogin Carola Stahl ein Frauenleben in Völklingen geschaffen. Herausgekommen ist die fiktive Figur der Gerti Jost, geboren am 11. April 1925 in Völklingen als Gertrud Hollinger. So die Eckdaten der Frau, die im Mittelpunkt einer Ausstellung stand, die 1997 zuerst in Völklingen und dann in weiteren saarländischen Gemeinden gezeigt wurde.[302] Ich greife vor. Zunächst entwickeln die beiden Wissenschaftlerinnen also ihr Ideal, das wie folgt aussieht:

> Wir entwarfen eine außergewöhnliche Frau, stark, selbstbewußt, Antifaschistin, die mit 18 auf eigene Faust eine Fahrradtour durch Deutschland unternahm, Modistin aus Leidenschaft, elegant, ohne das gezierte Modepüppchen zu sein. Eine Frau, die ihr ganzes Leben berufstätig war

> und dafür eine Scheidung in Kauf genommen hätte, die ihre Frau gegen ihren Gatten stand und ganz nebenbei eine wohlgeratene Akademikerin der 68er großzog.[303]

So weit der „Entwurf". Die Gespräche mit den Zeitzeuginnen beginnen. Und aus der „Über-Gerti" der beiden Ausstellungsmacherinnen wird nach und nach eine Frau ihrer Zeit, mit ihrer spezifischen Rolle als Frau, Ehefrau und Mutter. Lassen wir noch einmal Doris Müller und Carola Stahl zu Wort kommen:

> Langsam begannen wir die Frauen ihrer Generation zu verstehen – und wir lernten unsere Mütter neu zu sehen, hatten wir diese vorher doch kaum so viel zu ihrem Leben befragt wie jetzt. So mußten wir feststellen, daß wir von den Zeitzeuginnen mehr wußten als von unseren Müttern. Aber wir fragten weiter, begriffen, und Gerti änderte sich.[304]

Mittels Alltagsgegenständen, Familienfotos und zur Verfügung gestellten persönlichen Dingen – vom Unterrock bis zum Parfümflakon, von der Bohnenschnippelmaschine bis zum Kaffeeservice – entsteht die Patchwork-Biografie der Frau Jedefrau. Ein Leben mit Höhen und Tiefen, Ecken und Kanten, der Sehnsucht nach Freiheiten und neuer Liebe und gleichzeitig der Zufriedenheit mit dem, was war und ist. Am Ende lernen wir mit Gerti Jost eine Frau kennen, die, auch ohne Fahrradtour durch Deutschland, auch ohne berufliche Karriere, eine außergewöhnliche Frau ist, wie wir alle, und in deren Geschichte die Geschichte vieler Frauen aufgehoben ist.

Gerti Jost wurde von den Ausstellungsmacherinnen mit einem Hüttenarbeiter namens Hermann verheiratet. Beide waren sicherlich ebenso wie die gesamte Region über das Grubenunglück in Luisenthal erschüttert.

Die Witwen von Luisenthal

Gegen 7.45 Uhr am 7. Februar 1962 nimmt die schlimmste Bergwerkskatastrophe der Bundesrepublik Deutschland mit einer heftigen

Schlagwetter-Explosion ihren Anfang: Im Alsbachfeld, einem von drei unterirdischen Abbaufeldern, die zur Grube Luisenthal gehören, ist in den Kohleflözen eingeschlossenes Methangas ausgetreten und hat sich entzündet. 299 Bergleute sterben, einige an Verbrennungen, die meisten an Gasvergiftungen. In Luisenthal erinnern 299 Hohlsteine, angeordnet in sechs übereinanderliegenden Reihen, an diese Katastrophe. 299 Bergleute, das heißt Hunderte von Witwen, Halbwaisen, Eltern, Geschwister. Die Behörden entscheiden, Angehörige bei der Identifizierung der Toten nur im Notfall, Ehefrauen überhaupt nicht heranzuziehen. Ebenfalls verzichtet wird auf eine offene Aufbahrung, zu der Zeit durchaus üblich. Die Autoren Paul Burgard, Ludwig Linsmayer und Peter Wettmann-Jungblut, die sich ausführlich mit der Katastrophe beschäftigt haben, weisen darauf hin, dass damals „das Wissen um die Notwendigkeit eines solchen Abschieds", heute psychologisches Standardprogramm, erst rudimentär vorhanden war. So sei bei vielen eine Leerstelle im Kopf geblieben, die manch eine Frau ihr Leben lang nicht füllen konnte.

> Auf der anderen Seite ist die Frage mehr als berechtigt, ob es tatsächlich sinnvoll gewesen wäre, den Angehörigen noch einen Blick auf die ihnen durch das Unglück Genommenen zu gewähren [...]. Insofern hatten die administrativen Entscheidungen vom Februar 1962 durchaus ihre Berechtigung, mochten sie damals auch noch auf der Grundlage einer Geschlechterphilosophie getroffen worden sein, die dem ‚schwachen' Geschlecht die Überwindung eines solchen Schockerlebnisses generell nicht zutraute.[305]

Das „schwache" Geschlecht muss fortan sehr stark sein, um das eigene Leben und das der nunmehr vaterlosen Kinder fortzuführen. Für ein Menschenleben gibt es keinen angemessenen monetären Gegenwert. Die Hinterbliebenen fühlen sich im Großen und Ganzen gut versorgt. Burgard et al. führen auf: „Unternehmen und Staat [...] standen zu ihrer Verantwortung, wenngleich die finanziellen Leistungen alles andere als üppig [...] waren: 77 Verletzte erhielten je 1.000 Mark, 226 Witwen und 365 Kinder unter 18 Jahren je 2.000 Mark und 73 Eltern(teile) von Ledigen je 3.000 Mark."[306] Hinzu kommt die Unterstützung durch verschiedene Hilfswerke in Form beispielsweise von Baukrediten oder Ausbildungshilfen sowie durch Spenden und Ähnlichem. Die Hinterbliebene Elisabeth Schmitt schildert, Saarberg habe sich um die Beerdigung gekümmert und alle Kosten übernommen. „Die ersten zwei, drei Jahre erhielten wir von Saarberg zu Weihnachten auch noch Päckchen mit einer Stange Grauwurst, Bienenhonig oder ähnlichen Sachen – und einen Pulli für den Kleinen, der dann aber gar nicht passte, weil sie natürlich seine Größe nicht kannten."[307] Am 30. Juni 2012 ist der Bergbau im Saarland mit der endgültigen Stilllegung des Bergwerks Saar in Ensdorf offiziell zu Ende gegangen.

Die *Rote Fahne von Kolomna* erzählt von der anderen großen Industrie, die das Saarland prägte und prägt, der Stahlindustrie.[308] Während eines Arbeitskampfes der Saarhüttenarbeiter 1927 reiste Albin Weiß, Völklinger Geschäftsführer des Deutschen Metallarbeiter-Verbandes, in die Sowjetunion. Von dort brachte er oben genanntes Banner mit, welches ihm die Genossen als Band der Solidarität zwischen den Arbeitern der Russischen Oktoberrevolution und den Stahlarbeitern von Völklingen überreicht hatten. Und hier traten die Frauen auf den Plan. Die russischen Arbeiterinnen waren es nämlich, die die Fahne nähten und bestickten. Auf der Vorderseite war ein Schmied abgebildet, darüber der berühmte Kampfruf aus dem Kommunistischen Manifest („Proletarier aller Länder, vereinigt Euch!") und darunter eine Widmung. Auf der Rückseite wurden die Arbeiter aufgefordert: „Hört auf, Amboss zu sein, werdet endlich Hammer!" Im Saarland war es folgerichtig eine Frau, die durch ihr cleveres Handeln die Fahne durch den Krieg brachte. Albin Weiß vertraute sie der Kommunistin Emma Jacob an, als er nach der Saarabstimmung 1935 das Saarland verlassen musste. Die Völklingerin nähte das Banner vorsorglich in das Kopfkissen ihrer bettlägerigen Mutter. Insgesamt sieben Mal wurde ihre Wohnung von der Gestapo durchsucht, nach der ersten Razzia brachte Emma Jacob das Banner an einen sichereren Ort, nämlich eingepackt in eine Blechdose und eingemauert in den Kamin. Während der ersten Evakuierung 1939 kam das Banner mit nach Thüringen, bei der Rückkehr landete es an seinem Platz im Kamin. Nach dem Krieg konnte Emma Jacob die rote Fahne unversehrt überreichen.

Die Hüttenstadt Völklingen prägte gleichermaßen das Leben der Künstlerin **Inge Andler-Laurenz**, bei ihr fanden Eisen und Stahl zu einer neuen Bestimmung.

Inge Andler-Laurenz – Kunst aus Eisen und Stahl

Die 1935 in Völklingen geborene (und ebenda 2018 gestorbene) Bildhauerin Inge Andler-Laurenz hat neben Ton und Gips beizeiten begonnen, Eisen und Stahl als Arbeitsmaterial für ihre Kunst zu nutzen. Und nicht nur das Material, auch das Leben und Arbeiten der Menschen in ihrer Heimat hat die Künstlerin inspiriert, vom Modell eines Eisenhüttenmannes aus dem Jahr 1970 bis zu drei Einzelfiguren von zwei Meter großen Bergmännern auf der Bergehalde der Grube Ensdorf im Rahmen des Projekts *Kunst auf Halde* aus dem Jahr 2005. Diese Kunst stellt vor ganz praktische, handwerkliche Probleme. „Kurzerhand fasste die Frau und Künstlerin Andler-Laurenz den Entschluss, regelmäßig die Lehrwerkstätten von Saarstahl in Völklingen zu besuchen und dort selbst das Schweißen zu erlernen“[309], hält Günter Scharwarth in seiner Rede anlässlich der Verleihung des Fritz-Zolnhofer-Preises der Stadt Sulzbach im November 2005 fest. Die Künstlerin, die in den 1950er Jahren Bildhauerei bei Prof. Theo Siegle an der Staatlichen Schule für Kunst und Handwerk in Saarbrücken und später in Düsseldorf studierte, war als Bildhauerin etabliert. Bereits 1952, während ihrer Ausbildung, erhielt sie ihren ersten Preis – sie nahm an einem Plakatwettbewerb des Kultusministeriums teil – und mehr als 50 Jahre später wird ihr – siehe oben – der renommierte Fritz-Zolnhofer-Preis verliehen (um nur die Eckpunkte eines erfolgreichen künstlerischen Schaffens zu nennen). Ein zweiter Schwerpunkt der Arbeiten von Andler-Laurenz sind Werke für kirchliche Auftraggeber. Als Mitglied der Gesellschaft für christliche Kunst e. V. nicht ungewöhnlich. So hat sie beispielsweise in ihrer Heimatstadt Völklingen mit den Brunnenfiguren *Mutter mit Kind* im Pfarrgarten St. Eligius Spuren hinterlassen. Laut Saarbrücker Zeitung wirkt die weibliche Figur „in sich gekehrt“ und „in sich selbst“ ruhend. „Ihren zarten Mund umspielt ein versonnenes Lächeln. Das Kind dagegen, das sie in ihrem Schoss [sic] hält, hat die Augen weit geöffnet, schaut dem Betrachter keck entgegen."[310] Außerdem stammt die Skulptur *Weinende Mutter* in der sogenannten Klein'schen Anlage – benannt nach dem ehemaligen Ortsvorsteher Jacob Klein und direkt vor dem Bürgerpark Völklingen gelegen – von Inge Andler-Laurenz. Die Skulptur ist eine Hommage an den jüdischen Künstler Benno Elkan, dessen Werke verschwunden respektive in weiten Teilen zerstört sind. Einst stand an dieser Stelle ein Denkmal Elkans, das den Opfern des Ersten Weltkriegs gewidmet war: die Granitskulptur einer trauernden Frauengestalt auf einem Sockel mit der Inschrift *Allen Opfern*. Andler-Laurenz' *Weinende Mutter* aus dem Jahr 2009 ist der Original-Figur von Elkan nachempfunden und erinnert an die Arbeiten von Rodin, von dem Elkan stark beeinflusst war.

Während Andler-Laurenz ihre Herkunft künstlerisch verarbeitete, ging die Schauspielerin und Synchronsprecherin **Tilli Breidenbach** einen gänzlich anderen Weg, der sie bis in die Münchener Lindenstraße führte.

Tilli Breidenbach alias Lydia Nolte

Tilli Breidenbach wird am 2. August 1910 in Völklingen geboren, wächst in Köln auf. Nach dem Abitur studiert sie Germanistik, Romanistik und Kunstgeschichte, bevor sie an die Schauspielschule der Kölner Bühnen wechselt. Der Zweite Weltkrieg durchkreuzt zunächst alle Pläne, nach dem Krieg gehört Breidenbach zum Ensemble des Staatstheaters Darmstadt, spielt am Landestheater in Kiel, Engagements in Essen, Luzern, Berlin, Hamburg, Zürich, Bern und Kassel folgen. Ab den 1960er Jahren tritt Tilli Breidenbach zunehmend in Fernsehproduktionen auf, einem breiten Publikum wird sie Ende 1985 durch die Rolle der Lydia Nolte in Hans W. Geißendörfers Familienserie Lindenstraße bekannt. Ab Folge 4 (bis Folge 370) spielt sie die aus dem schlesischen Landadel stammende Lydia Nolte geborene von Schemnitz, die es gemeinsam mit ihrer Tochter Berta in die Lindenstraße verschlagen hat. Ihr Ehemann Paul Nolte, ein höherer Verwaltungsbeamter im Baltikum, sowie ihr Sohn überleben den Krieg nicht, ihr Besitz geht verloren, es bleibt die Flucht in den Westen. Dort führt sie ein Leben zwischen Erinnerung und Verbitterung, Traditionen und gesellschaftliche Umgangsformen dominieren das Leben der Tochter, an die sie hohe Erwartungen hat. Erst mit zunehmendem Alter wird aus der Kunstfigur eine recht gütige, weise Dame. 1993 muss Tilli Breidenbach durch die Schauspielerin Ursula Ludwig ersetzt werden. Ein Jahr später stirbt Breidenbach in München nach schwerer Krankheit. Ihre Serienfigur darf bis Folge 475 weiterleben, bevor auch sie den Serientod stirbt.

4.5 Großrosseln: Bildung ist ein Mädchenrecht

Wiederholt klingt in dieser Spurensuche das Thema Mädchenbildung an, siehe ausführlicher dazu beispielsweise das Kapitel zu St. Ingbert. Wie sah erst die schulische Teilhabe von Mädchen in den 1920er Jahren aus, hatten sie, wie **Anna Siegwart**, ein körperliches Defizit? Die Journalistin Alexandra Broeren zeichnete für die Saarbrücker Zeitung in der Serie *Lebenswege* das Porträt einer besonderen Frau nach.[311]

Anna Siegwart und der Wunsch, gehört zu werden

„Taubstumm", mit diesem Begriff werden hörbehinderte oder gehörlose Menschen bis weit ins 20. Jahrhundert hinein gebrandmarkt, bevor anerkannt wird, dass Menschen mit einer Hörbehinderung durchaus sprechen und sich mitteilen, sei es mittels Gebärdensprache oder Lautsprache. Als Anna Oberhauser im November 1921 in Großrosseln als Tochter des Bergmanns Michael Oberhauser zur Welt kommt, ist anfangs alles in Ordnung mit dem kleinen Mädchen. Erst im Alter von knapp zwei Jahren verliert sie ihr Gehör als Folge einer zu spät erkannten Innenohrentzündung. Dank der Initiative ihrer Familie unter Federführung des Vaters wird Anna mit 7 Jahren in die Provinzial-Taubstummenanstalt Trier eingeschult. Geführt von Ordensschwestern, lässt das Internat den Mädchen eine strenge Erziehung zukommen. Gleichzeitig wird nach den zum damaligen Zeitpunkt modernsten Methoden unterrichtet. Die Kinder lernen nicht nur, von den Lippen abzulesen, sondern zugleich Gebärden- und Lautsprache. 1933 kommen die Nationalsozialisten an die Macht und Gehörlosenschulen wie die Trierer Anstalt geraten unter Druck. Der Autor Thomas Schnitzler hat in einem 2019 erschienenen Buch mit dem Titel *Die Zwangssterilisationsopfer der Provinzial-Taubstummenanstalt Trier* die NS-Historie der Schule aufgearbeitet, ihre Instrumentalisierung für die Rassenpropaganda und die Vollstreckung der Erbgesundheitsgesetze an der gehörlosen Schülerschaft mittels Zwangssterilisationen und Euthanasiemorden. Der Bogen reicht bis hin zur Entschädigungs- und Wiedergutmachungsproblematik in der Bundesrepublik. Anna Oberhauser entgeht der Zwangssterilisation durch die Hartnäckigkeit insbesondere ihres Vaters, der nachweisen kann, dass die Gehörlosigkeit seiner Tochter auf einer Krankheit basiert. Andere haben weniger Glück und Unterstützung. Seit 2016 erinnern Stolpersteine an die Opfer der Zwangssterilisationen der Schule. Nach acht Schuljahren verlässt die junge Anna das Internat und fängt in ihrer Heimatgemeinde Großrosseln eine Ausbildung zur Schneiderin an. Mit dem Argument, sie mache zu viel Mühe, weil sie nichts hören kann, wird ihr der vertraglich vereinbarte Lohn von fünf Mark monatlich vorenthalten. Die Berufsschule in Saarbrücken bietet hingegen eine Gehörlosenklasse an, in der eine Lehrerin aus Trier einmal in der Woche unterrichtet, ein Segen für die junge Frau. Nach dem Krieg engagiert sich Anna Oberhauser im anfänglich verbotenen Gehörlosenverein. Ein Kaplan organisiert heimliche Treffen der Gehörlosen im Saarbrücker Langwiedstift. Dort lernt Anna ihren späteren Mann Walter Siegwart kennen. Zeit ihres Lebens setzt Anna Siegwart sich für die Belange gehörloser Menschen ein.

Während Anna Oberhauser noch in den Windeln lag, waren wenige Kilometer weiter Frauen in der Grube Velsen zu Gange. Die Beschäftigung von Frauen über und unter Tage wird an anderer Stelle beschrieben. An dieser Stelle soll auf einen im Gegensatz zum Bergbau typisch weiblichen Nebenerwerb eingegangen werden: Tante-Emma-Läden. Vielleicht kaufte die kleine Anna Oberhauser im Auftrag der Eltern das Mehl bei Anna Portz, „Hansamm's Anna" genannt (in Anlehnung an ihren Mädchennamen Haser). Sie betrieb ihren Laden mit den Dingen des täglichen Bedarfs an der Ecke Johannis-/Karlsbrunner Straße. Das Mehl musste wie Salz, Kaffee und Ähnliches abgewogen und dann erst verpackt werden, gern in selbst mitgebrachte Behältnisse. Seit einigen Jahren sprießen wieder Unverpackt-Läden aus dem Boden – heute allerdings vornehmlich in den Städten, weniger auf dem Land. Jedenfalls hatte Anna Portz, heißt es, stets Zeit für ein Gespräch und die Kinder kamen oftmals in den Genuss eines kleinen, süßen Geschenks.[312] Womöglich kauften die Oberhausers manchmal bei „Wolf's Röschen" in der Warndtstraße ein, wo wahlweise die Genannte und/oder ihre Mutter hinter der Ladentheke standen. Zeitzeuginnen erinnern sich:

> Sachlich und trotzdem wohltuend war die Atmosphäre in diesem ‚Lädchen' am Eingang zum Mühlental. Sie führte wie viele andere Geschäfte die ‚Kolonialwaren'; Waren, vor allem Obst, aus den Ländern Afrikas. Auch hier konnte die Maggi-Flasche mitgebracht und nachgefüllt werden. [...]; ja, es war so eine Zeit, da wurde für ganz durstige Männerkehlen das Bier mit dem Aluminium-Blech nach Hause gebracht, denn Bier in Flaschen gab es in der guten alten Zeit noch nicht. Da mußte man noch drauf warten.[313]

Als die Amerikanerin Susan Eisenhower 1995 den Großrosseler Ortsteil Karlsbrunn besuchte, gehörten diese Tante-Emma-Läden zum Großteil der Vergangenheit an. Auf der Suche nach eben dieser Vergangenheit war die Beraterin und Autorin aus Washington D.C., ihres Zeichens Tochter von John Eisenhower und Barbara Jean Thompson sowie Enkeltochter von Dwight D. Eisenhower und Mamie Eisenhower. Was genau suchte eine Eisenhower aus Amerika in einem kleinen Dorf im Saarland? Die im 18. Jahrhundert aus Karlsbrunn ausgewanderte Familie des Johann Nicol Eisenhauer und der Anna Margarethe Strobel landete am 20. November 1741 mit dem Segelschiff *Europa* in Philadelphia. Der älteste Sohn, Johann Peter, wurde Vater von 17 Kindern aus drei Ehen. Seine dritte Frau, Anna Dissinger, stammte übrigens aus Klarenthal und war 1761 ebenfalls mit ihrer Familie nach Amerika ausgewandert. Einer der Söhne von Johann Peter, Frederick Eisenhauer, nahm als erster die Schreibweise Eisenhower an. Wir sind mittlerweile in der 3. Generation, gerechnet ab dem Zeitpunkt der Auswanderung. Ahnenforschende konnten belegen, dass der am 14. Oktober 1890 in Denison, Texas geborene Dwight David „ike" Eisenhower, 34. Präsident der Vereinigten Staaten, die 6. Generation der ursprünglich aus Karlsbrunn kommenden Familie Eisenhauer darstellt. Bis heute findet sich auf dem alten Karlsbrunner Friedhof das Grab von Georg Adam, „sechs Wochen und etliche Tage alt"[314], ein Sohn des später ausgewanderten Johann Nicol Eisenhauer und am 13. April 1725 die erste Bestattung auf dem damals neu angelegten Feld.

4.6 Heusweiler: Vom Bier zum Tier

Wenn Hopfen und Malz verloren waren, ging nichts mehr, egal, wie sehr sich die Brauerinnen und Brauer im Vorfeld angestrengt hatten. Hopfen und Malz waren und sind die Grundzutaten für Bier, das im Mittelalter als Grundnahrungsmittel galt. Umso ärgerlicher, wenn dieses trotz der Zutaten und der hineingesteckten Arbeit misslang. Dann waren – eben – Hopfen und Malz verloren. Wie viel Hopfen und wie viel Malz **Caroline Catharina Bruch** im Lauf ihres Lebens als Brauereibesitzerin verlor, ist nicht überliefert. Die von ihr 1860 gegründete Großwaldbrauerei in Heusweiler existiert bis dato, und das in 6. Generation (mittlerweile unter dem Namen Großwald Brauerei Bauer).

Caroline Catharina Bruch – Bier mit Verantwortung

Caroline Catharina wird 1822 als Tochter von Johann Jakob Kraemer und Magdalena Müller in eine Malstatter Bauernfamilie geboren. Über ihre Kindheit und Jugend ist wenig bekannt, mit 18 Jahren heiratet sie den 27 Jahre älteren Witwer Jakob Balthasar Bruch. Die Familie Bruch besitzt bereits eine Brauerei in Saarbrücken, die Brauerei Bruch. Dem Hüttenbesitzer Stumm gehört bei Heusweiler-Eiweiler ein Waldgelände mitsamt einer Quelle, dem sogenannten Fronbrunnen. Gute Voraussetzungen fürs Bierbrauen.[315] Caroline Bruch erwirbt das Gelände, lässt es roden und gründet darauf die Großwaldbrauerei. Die Braugerste liefert der neu geschaffene landwirtschaftliche Betrieb auf selbigem Gelände. Bis 1900 gehört zu der Brauerei eine Mälzerei zur Verarbeitung der Gerste zu Malz. Caroline Bruch lässt ihre Brauerei von einem Braumeister und den Hof von einem Verwalter bewirtschaften und bleibt selbst in Saarbrücken wohnen. Geplant ist, dass die gemeinsamen Söhne die Brauerei in Heusweiler übernehmen sollen, während Jakobs Kinder aus erster Ehe die Bruch'sche Brauerei in Saarbrücken weiterführen. Da die Söhne bis auf den Erstgeborenen Friedrich Georg früh sterben, einigt die Familie sich letztlich darauf, dass die Tochter, die zuerst heiratet, den Betrieb erhalten soll.[316] Caroline Sophie, die erstgeborene Tochter, ist die „Auserwählte". Sie heiratet den Kaufmann Alexander Bauer, 1876 wird ihr der Besitz von ihrer Mutter übertragen. Sie bringt einen Sohn zur Welt, stirbt jedoch, als dieser gerade 7 Jahre alt ist. Er tritt mit seinem Vater als Vormund die Erbfolge an. Im Ersten Weltkrieg wird der Betrieb hauptsächlich durch Frauen und Pensionäre aufrechterhalten. Dies wiederholt sich im Zweiten Weltkrieg, als die Witwe des mittlerweile gestorbenen Alexander jun., Johanna Köhl aus Saarbrücken, das Unternehmen durch die schwere Kriegs- und die Nachkriegszeit führt. Das Unternehmen heißt übrigens bis 1936 Brauerei Wwe. Jakob Bruch.

Caroline Bruch, die Gründerin, starb am 29. August 1891 in Heusweiler. Zu diesem Zeitpunkt lebten noch drei ihrer Töchter: Luise Sophie, Charlotte und **Berta Bruch**. Alle drei blieben unverheiratet und wohnten zusammen im Haus „Zum Stiefel" am St. Johanner Markt in Saarbrücken.

Berta Bruch – auf den Hund gekommen

Berta Bruch widmet sich der Kunst, und dies durchaus professionell. Aufgrund ihres Vermögens kann sie sich im „Stiefel" ein eigenes Atelier einrichten und sich Privatunterricht leisten. Es bleibt ihr auch nichts anderes übrig, kommen Frauen in den Akademien bis Anfang des 19. Jahrhunderts nur als (Akt-)Modell vor. Ausziehen dürfen Frauen sich also vor der versammelten Männermannschaft, umgekehrt wird angehenden Künstlerinnen aus Gründen der „Sittlichkeit" eine professionelle Ausbildung verwehrt. Beim gemeinsamen Aktzeichnen könnte ja weiß Gott was passieren. Und seien wir ehrlich: Eine eigenständige künstlerische Schöpferkraft oder gar Originalität ist bei Frauen eh' nicht zu erwarten.[317] Offiziell zum Akademiestudium zugelassen werden Frauen erst ab 1919. Berta Bruch kann trotz ihrer finanziellen Möglichkeiten, welche ihr eine private Unterrichtung ermöglichen, den Status der „Dilettantin" nie wirklich abstreifen. Erfreuen wir uns an der Tatsache, dass Berta ein „im heutigen Sinne [...] unbeschwertes Singledasein" führt, was nicht bedeutet, dass sie der Männerwelt abschwört. Es gibt wohl einen Lebensgefährten, wichtig ist ihr ihre Unabhängigkeit. Und sie avanciert zur Porträtmalerin. So lässt sich der Saarbrücker Kunsthistoriker Karl Lohmeyer mehrfach von ihr porträtieren, nicht ohne mit Bedauern festzustellen, dass es eine Verschwendung sei, „daß sie nur aus Liebhaberei malte".[318] Eine zweite Leidenschaft im Leben der Berta Bruch scheinen Tiere gewesen zu sein. Wie sonst ist es zu verstehen, dass sie große Teile ihres Vermögens dem Saarbrücker Tierschutzverein vermacht. Das unter dessen Obhut stehende Tierheim trägt den Namen seiner Gönnerin und sieht in seiner Stiftungsverfassung vor, dass die Leitung – gemäß dem Wunsch Bertha Bruchs – in den Händen einer tierfreundlichen, alleinstehenden Frau verbleibt.

Alleinstehend war auch **Charlotte Holubars**, und nach ihr wurde zwar nicht ein Tierheim, aber eine Straße benannt. Vielmehr ein Weg. Zu mehr hat es dann doch nicht gereicht, als der Ortsrat der Gemeinde Heusweiler in der Sitzung vom 10. Juni 2020 darüber beriet und den entsprechenden Entschluss fasste. Der Charlotte-Holubars-Weg findet sich in einem Neubaugebiet. Eine Stele steht seit 2002 in Erinnerung an die Lehrerin Holubars in Heusweiler. Darauf ein Zitat aus der Bergpredigt: „Selig seid Ihr, wenn Ihr um meinetwegen verfolgt werdet."

Charlotte Holubars – Ich aber sage euch

Eigentlich stammt Charlotte Holubars aus Schlesien. Hier wird sie 1883 geboren, ihr Vater, ein Gymnasiallehrer, wird nach dem Tod der Mutter zur wichtigsten Bezugsperson. Beruflich wandelt sie auf den Spuren des Vaters, wird Lehrerin und unterrichtet in Schlesien, später an der Volksschule in Heusweiler. Ihr Denken und Handeln sind durch tiefe Religiosität geprägt. Die Begegnung mit dem Gründer der Schönstatt-Bewegung, Pfarrer Josef Kentenich, führt dazu, dass sie sich dieser geistlichen Erneuerungsbewegung anschließt und 1929 die sogenannte Lebens-Weihe ablegt. Nach der Machtergreifung durch die Nationalsozialisten glaubt Charlotte Holubars, unbehelligt für ihre Ideale arbeiten zu können, im Lauf der Zeit wird deutlich, dass dies eine Illusion ist. Nach ihrem Austritt aus dem NS-Lehrerbund scheidet sie als nächstes aus dem Staatsdienst aus – formal aus gesundheitlichen Gründen. Sie stellt sich völlig in den Dienst von Schönstatt und zieht 1939 nach Vallendar um. Schönstatt ist ein Ortsteil von Vallendar bei Koblenz und Ursprungsort sowie geistlicher Mittelpunkt der Schönstatt-Bewegung. Als sie im Herbst 1942 von einer ihrer vielen Reisen nach Vallendar zurückkehrt, hat die Gestapo ihre Wohnung durchsucht und Abschriften von Briefen des Pfarrers Kentenich aus dem KZ Dachau sichergestellt. Sie wird ins Koblenzer Karmelitergefängnis gebracht, im anschließenden Prozess zu drei Jahren Gefängnis verurteilt und schließlich ins Frauen-KZ Ravensbrück verschleppt. In der von der Gestapo Koblenz zu ihrer Person angelegten Karteikarte steht unter dem Datum 11. November 1942:

> Wurde am 11. 11. 42 festgenommen, da sie die Festnahme der Pallottinerpaters Eise und Kentenich, die sich im Kzl. Dachau befinden, propagandistisch ~~für~~ für Zwecke der (MGO) ausgenutzt hat. Ermittl. laufen. Die H. hat, obwohl sie vom Staat als Lehrerin Pension bezieht, innerhalb der MGO. gegen den Nationalsozialistischen Staat gearbeitet. Sie wurde gem. Erl. des RSHA. vom 14. 5. 43 dem KL. Ravensbrück zugeführt.

Die Abkürzung MGO im Zitat steht für Marianische Opfer- und Gebetsgemeinschaft. Es gibt einen weiteren Eintrag in der Karteikarte vom 24. Januar 1945: „Die H. ist im KL. Ravensbrück verstorben."[319]

4.7 Kleinblittersdorf: Der Widerspenstigen Zähmung

Im Kleinblittersdorfer Ortsteil Rilchingen-Hanweiler betreibt die Ordensgemeinschaft der Barmherzigen Brüder eine Einrichtung für alte, kranke, behinderte und benachteiligte Menschen. Die einzelnen Häuser verteilen sich inmitten einer Parkanlage direkt an der Saar. Diese Anlage stammt in ihren Grundzügen aus der von-der-Leyenschen Zeit, der Park gehörte zu einem einfachen Schlossbau, den die Gräfin Marianne von der Leyen, der wir in Blieskastel begegnen, im Jahr 1790 bauen ließ. Gleichzeitig legte von der Leyen eine Saline an. Als Reste dieser ehemaligen Saline sind zwei Quelltürme zu besichtigen, der Viktoriaturm und der Turm mit der Augusta-Quelle. Die Augusta-Quelle wurde nach **Augusta Marie Luise Katharina von Sachsen-Weimar-Eisenach** benannt, Königin von Preußen und Deutsche Kaiserin an der Seite von Wilhelm I. Sie soll zugestimmt haben, dass ihr Name für die neu erbohrte Solquelle benutzt werden darf. Namensgeberin der Viktoria-Quelle ist wahrscheinlich die spätere deutsche Kaiserin Viktoria, als Gattin Friedrich Wilhelms (später Kaiser Friedrich III.) und Mutter Wilhelms II. die Schwiegertochter von Augusta. Eigentlich eine britische Prinzessin, stammte Victoria Adelaide Mary Louisa aus dem Hause Sachsen-Coburg und Gotha. Sie lebte von 1840 bis 1901 und war Kaiserin für 99 Tage.

Kaiserin Augusta und der Versuch der Widerspenstigen Zähmung

Augusta wird 1811 in Weimar geboren. Ihre Mutter, die Großfürstin Maria Pawlowna Romanowa, eine Schwester Zar Alexanders I. von Russland, ist eine gute Freundin des Dichters Johann Wolfgang von Goethe, zumindest ist er ein gern gesehener Gast, der der jungen Prinzessin Augusta im Jahr 1820 gar das Gedicht *Alle Pappeln hoch in Lüften* widmet. Augusta erfährt eine umfassende Bildung, um die für sie vorgesehenen späteren höfischen Repräsentationspflichten wahrnehmen zu können und ist somit eine formidable Partie für den preußischen Königshof. Als er die 15-jährige Augusta erstmals trifft, ist Prinz Wilhelm von Preußen zwar in die polnische Prinzessin Elisa Radziwiłł verliebt, diese Mesalliance kann jedoch nicht geduldet werden, die Polin ist nicht ebenbürtig genug. Am 11. Juni 1829 findet die Hochzeit zwischen Augusta von Sachsen-Weimar-Eisenach und Wilhelm von Preußen in der Kapelle von Schloss Charlottenburg statt. Bald hadert Wilhelm mit dem seiner Ansicht nach allzu regen Geist seiner jungen Gattin (er ist vierzehn Jahre älter). In einem Brief an seine Schwester schreibt er:

> Ihr Verstand ist so gereift und ihre Urteilskraft so scharf, dass sie sich zu oft auf Diskussionen einlässt, die sie allerdings mit voller Umfassung des Gegenstandes durchführt, die aber eigentlich über ihre Sphäre gehen, was ihr dann natürlich nicht nur Selbstgefühl gibt, dergleichen Diskussionen zu suchen, sondern ihr einen Anstrich von femme d'esprit gibt, der nicht erwünscht für sie ist, weil sie überhaupt schon in der Reputation immer stand, dass der Verstand über das Herz regiert … Ich habe sie schon oft darauf aufmerksam gemacht und ihr auch namentlich empfohlen, ihre sehr gereiften Geistesgaben wenigstens dadurch in Einklang mit ihrem Alter und ihrem Geschlecht zu halten, dass ihre Äußerungen weniger als festes Urteil erscheinen als vielmehr als ihre Meinung. [320]

Wir folgern: Augusta ist ein sehr politischer Mensch, wobei sie ihre politische Heimat in liberalen Kreisen sieht. Bereits zu den Zeiten, als ihr Gatte als Kronprinz fungiert, wird in eben diesen Kreisen ernsthaft darüber diskutiert, dieser möge zugunsten Augustas auf den Thron verzichten (allerdings nur bis zur Volljährigkeit des Sohnes). Inwiefern sie selbst diesen Plan ernsthaft erwägt – wer weiß? Die Kaiserkrone, die ihr der Deutsch-Französische Krieg von 1870/71 einträgt, empfindet sie als persönliche Niederlage, sie tritt als vehemente Kriegsgegnerin auf. Und sie tritt als vehemente Gegnerin Otto von Bismarcks auf, dem sie nicht zuletzt unterstellt, zumindest keinem Krieg aus dem Weg zu gehen.[321] Im sogenannten Kulturkampf, der sich vornehmlich gegen die katholische Kirche richtet, ergreift sie entschieden Partei für diese und setzt damit ihre Auseinandersetzungen mit Bismarck fort. 1878 muss dieser fast alle Zwangsmaßnahmen gegen die katholische Kirche wieder zurücknehmen. Erst in ihren letzten Lebensjahren erfolgt so etwas wie eine Annäherung zwischen den beiden. Ausgerechnet Bismarck soll jetzt den geliebten Enkel Wilhelm auf seine Regierungstätigkeit vorbereiten. Bismarck soll übrigens über Augusta gesagt haben, sie habe ihm viel Not bereitet, sei aber eine vornehme Frau voll Pflichtgefühl und damit einer aussterbenden Art zugehörig.[322] Im März 1888 stirbt Augustas Mann, der Kaiser. Gut drei Monate später stirbt ihr Sohn, der als Friedrich III. den Thron bestiegen hatte. So erlebt Augusta noch die Inthronisierung ihres Enkels Wilhelm II., des letzten deutschen Kaisers, bevor sie am 7. Januar 1890 während einer Grippe-Pandemie stirbt.

Zur Kaiserin Augusta führte uns das Wasser. Bleiben wir einen Moment bei diesem Element. Bekannt ist die Fährfrau Anne Bähr, die einzige Fährfrau auf der Saar. Sie transportierte täglich mehrere Hundert Personen zwischen Kleinblittersdorf und Grosbliederstroff und verband damit Menschen und Länder. Auf der einen Seite die Saarländerinnen und Saarländer, die zum Kraftwerk oder zur Grube mussten. Auf der anderen Seite Franzosen, die zur Halberger Hütte wollten, oder Französinnen auf dem Weg zum Kino in Kleinblittersdorf. Die Kaufleute auf beiden Seiten nicht zu vergessen.[323] Und das bis 1964, dann erst wurde eine im Zweiten Weltkrieg zerstörte Brücke neu errichtet.

Kleinblittersdorf ist weiter verbunden mit der Malerin Gisela Bernasko-Kany (1920–1991) und der Kostümbildnerin **Friedel Towae**. Letztere ist in Auersmacher, einem Ortsteil und Gemeindebezirk von Kleinblittersdorf, gestorben. Teile des Nachlasses von Bernasko-Kany werden, wie im Kapitel zu Scheidt erwähnt, im Archiv des Saarlandes aufbewahrt. Jedes Jahr zu Weihnachten können die Besucherinnen und Besucher in der Weihnachtskrippe von St. Agatha die Krippenfiguren bewundern, die in den 1960er Jahren von Bernasko-Kany geschaffen wurden.

Friedel Towae und der Erbförster

Geboren wird Friedel Towae 1913. In den 1930er Jahren macht sie eine Ausbildung zur Theaterausstatterin in Berlin. Nicht bekannt ist der Weg dorthin beziehungsweise ihr familiärer Hintergrund. Während des Kriegs arbeitet sie am Staatstheater Oldenburg und in den Babelsberger Film-Studios bei Berlin, auch über diese Zeit ist wenig bekannt. Sie zeichnet für die Kostüme in dem Heimatfilm *Der Erbförster* aus dem Jahr 1943 verantwortlich. Desgleichen für die in dem Spielfilm *Die Wirtin zum weißen Röss'l*, der um 1942/43 produziert wird. Sie hat vor der Kamera gestanden, zum Beispiel als *saloon girl* unter der Regie von Luis Trenker in *Der Kaiser von Kalifornien* aus dem Jahr 1936. Oder als Tochter des Schnitzermeisters Schönherr in dem Spielfilm *Kater Lampe* (1935/26). Ab 1950 ist sie als Kostümbildnerin im Stadttheater Saarbrücken beschäftigt. Für das Bodo-Kirchhoff-Stück *Vernichtung von Neuseeland*, das am 17. März 1979 im Saarländischen Staatstheater uraufgeführt wird, hat Towae die Kostüme erarbeitet. Sie betätigt sich daneben als Aquarellmalerin, zwei Werke werden 1954 vom Saarlandmuseum gekauft. Zu ihren Lebzeiten kommt es zu einer öffentlichen Versteigerung ihrer Skizzen und Zeichnungen; 1997, ein Jahr vor ihrem Tod, zeigt die Villa Lessing – Liberale Stiftung Saar eine Ausstellung zum Thema *Kostüm + Theater* mit Werken von Friedel Towae.[324]

4.8 Quierschied: Die Herrschaft des Weibes

Die etwa 120 Meter hohe Halde Lydia bei Camphausen ist der Tafelberg unter den saarländischen Halden, benannt nach dem Namen der Frau des damals zuständigen Grubendirektors. Wir interessieren uns indes für den Königlich-Preußischen Grubenbeamten Mathis, seines Zeichens Maschinensteiger, dem am 16. Juni 1887 eine Tochter, **Mathilde Mathis**, geboren wurde. Sie war das erste Kind der Familie Mathis und lernte, so schrieb sie es später, von der Großmutter am Spinnrad die alten Sagen der Heimat kennen und lieben.[325]

Mathilde Mathis – eine Heimat in Versen

In Sulzbach-Hühnerfeld, nicht in ihrem Geburtsort Quierschied, wird der Heimatdichterin mit einer Straße und einem Gedenkstein gedacht. Hierhin verschlagen hat es die Lehrerin nach einer Versetzung im Jahr 1913. Nach dem Besuch des Pensionats der Ursulinen in Saarbrücken von 1899 bis 1904 bereitete sie sich in Saarburg auf den Lehrberuf vor. Im Anschluss unterrichtete sie ab 1907 an der Volksschule in Kölln im Köllertal. 1928 erscheint die Publikation *Saarvöglein singe: Erzählungen von der Seele der Heimat*. Mathis greift in den Geschichten die regionalen Sagenstoffe auf, die sie von ihrer Großmutter überliefert bekommen hat. Dabei ist sie durchaus politisch, was folgender Auszug zeigt:

> Saarvöglein, einsam, umlauert von Schlingen,
> lockt dich der Fremdling und würgt dich die Not.
> Mußt du mit blutender Kehle auch singen,
> künde der Heimat der Stunde Gebot:
> ‚Gib für der Erde Verlust und Gewinn
> Saarland, die Seele der Heimat nicht hin!'
> [...][326]

Das Gedicht ist vor dem Hintergrund der Saargebietszeit zu lesen. Nur wenige sind in der Zeit für Frankreich, insofern fällt Mathis mit ihrer Haltung gegen Frankreich nicht aus dem Rahmen. Ihre Verse spiegeln vielmehr die Zeitumstände, in denen sie gelebt hat. Mathilde Mathis stirbt mit 64 Jahren an den Folgen eines Schlaganfalls. Ein Neffe, Max Rudolf Helfgen, produziert nach ihrem Tod auf der Grundlage ihrer Erzählungen ein Heimathörspiel mit dem Titel *Die Herrin des Köllertales*. Damit ist allerdings nicht die eigene Tante gemeint, sondern Mathilde von Saarbrücken, von 1271 bis zu ihrem Tod vier Jahre später Gräfin von Saarbrücken und damit – die Herrin des Köllertales.

Verlassen wir die Grube mitsamt ihren Menschen und reisen in der Zeit zurück. Ursprünglich wurde Fischbach-Camphausen als Arbeiterdorf mit einer Eisenschmelze gegründet. Diese wurde 1728/30 durch **Charlotte Amalie von Nassau-Usingen** errichtet. Die Fürstin führte von 1728 bis 1738 die Regierungsgeschäfte für ihre unmündigen Söhne in Nassau-Saarbrücken und legte den Grundstein für den Ausbau Saarbrückens zur Barockresidenz, den ihr Sohn Wilhelm Heinrich ausführte. Die Charlottenstraße in Alt-Saarbrücken erinnert an diese Regentin, von der es in einem der zahllosen Nachrufe auf sie hieß: „Sie stand unserem Nassau in einer Weise vor, dass, wovon die Staatsgeschäfte das sicherste, löbliche Zeugnis geben, es keinen reut, unter der Herrschaft eines Weibes gestanden zu haben.“[327]

Charlotte Amalie von Nassau-Usingen und die Herrschaft des Weibes

Das Haus Nassau-Usingen, in das die Dillenburger Prinzessin Charlotte Amalie einheiratet, ist eine junge Linie des Gesamthauses Nassau, die durch Heirat und Fortpflanzung ausgebaut werden soll. Charlotte Amalie bringt pflichtgemäß in 11 Ehejahren 10 Kinder zur Welt, dann stirbt ihr um vier Jahre jüngerer Gatte im Alter von 34 Jahren. In seinem Testament hat er sie zur Regentin bestimmt. Aus den Seitenlinien werden Mitvormünder gewählt, denen Charlotte Amalie sogleich das Wasser abgräbt. Innerhalb kürzester Zeit bestimmt sie, dass erstens die Regierung bis auf wenige Ausnahmen (wie Lehens-, Haus- und Religionsangelegenheiten) von der Fürstin allein geführt wird; zweitens ihr Witwengut von den Landeseinkünften abgetrennt und damit der

Rechnungsprüfung durch die Mitvormünder entzogen wird; drittens die Verfügungsgewalt über den Hofstaat, insbesondere die Ernennung der dazugehörenden Personen, allein der Fürstin überlassen bleibt und viertens die Besoldung des Hofstaates aus den Einkünften der Fürstin erfolgt, während die übrigen Beamten aus der Landeskasse bezahlt werden. Diese Maßnahmen zeigen den Machtanspruch der Fürstin auf, verbinden diesen darüber hinaus mit modernen Elementen. So kündigt die Trennung von Hofstatt und Landesverwaltung schon die späteren Verwaltungsreformen an. Die Mitvormünder sind indes „not amused" und nicht bereit, sich einfach beiseiteschieben zu lassen. Einer der Mitvormünder aus der Linie Nassau-Idstein ruft zum „Sturm auf die Bastille" auf und wirft der Fürstin Despotismus und Gewalt vor – ihm und den Untertanen gegenüber. Der Streit eskaliert militärisch, Idstein lässt Soldaten in Richtung Usingen marschieren und die Schultheißen des Amtes Usingen auf das dortige Rathaus bestellen. Dabei hat er die Rechnung ohne die Wirtin gemacht, wie es so schön heißt. Die Fürstin lässt sich nicht vorführen, handelt schnell und entschlossen, dirigiert die Schultheißen ins Schloss, setzt sie dort fest und verbarrikadiert sich mit ihnen. In der Folge wird aus der Fürstin die hilflose, bedrängte Witwe, die um Beistand bittet, und Idstein steht plötzlich als Landfriedensbrecher da. Im bleibt nur der Rückzug, und Schadenersatz muss er auch leisten.[328] Die Regentschaft von Charlotte Amalie bleibt in der Folge im Wesentlichen unangefochten, innerhalb weniger Jahre sterben nacheinander die Linien Idstein, Ottweiler und Saarbrücken aus und werden allesamt durch Nassau-Usingen beerbt. Die einstmals kleine Grafschaft Usingen wird zum entscheidenden Machtzentrum. Viel ließe sich noch schreiben über die fürstliche Reformpolitik in den Bereichen Verwaltung, Wirtschaft und Schulwesen, die unter dem Grundsatz von Vereinheitlichung und Zentralisierung stand. Für Saarbrücken wog der Verlust der Residenz schwer, die Fürstin und die Regierung in Usingen waren in weite Ferne gerückt. Durch eine Teilung des Landes 1735, die Sohn Karl die Territorien rechts des Rheins und Sohn Wilhelm Heinrich die linksrheinischen Besatzungen, Saarbrücken mit Ottweiler, zusprach, sollte die Funktionalität des Staates gewährleistet werden. Charlotte Amalie stirbt am 11. Oktober 1738 im Alter von 58 Jahren und nach 20-jähriger Regierungszeit. Zwei Jahre zuvor hatte sie eine Fürstengruft in der Hofkirche von Usingen errichten lassen, in die bereits die Gebeine ihres Mannes gebracht worden waren. „Die Entscheidung Charlotte Amalies für die Fürstengruft, also die Entscheidung für das dynastische gegen das konfessionelle Prinzip, ist durchaus bezeichnend für ihr Selbstverständnis als Begründerin eines neuen nassauischen Fürstenhauses“[329], so der Historiker Gregor Maier.

4.9 Riegelsberg: Das Verlassen frauenschaffender Pfade

Die Autorin Rita Dadder beschäftigte sich in einem Beitrag für das Internetportal *Saarland-Lese* mit dem Begriff „Frauenschaffen". Als Quelle diente ihr unter anderem ein Schulzeugnis von Christel S. aus dem Schuljahr 1966/67, ausgestellt von der Volksschule Walpershofen, einem Ortsteil Riegelsbergs. Das Zeugnis führte neben den klassischen Unterrichtsfächern Deutsch, Mathematik, Französisch, Erdkunde, Geschichte und Politische Bildung, um nur einige zu nennen, das Fach „Frauenschaffen" auf. Dieses umfasste Kochen, Haushaltsführung und Handarbeiten. Selbstredend wurde das Fach Frauenschaffen ausschließlich in den Mädchenklassen unterrichtet und Christian S. blieb davon verschont. Christel S., um es gesagt zu haben, absolvierte das Schuljahr mit der Note „sehr gut" in Frauenschaffen. In den mathematisch-naturwissenschaftlichen Fächern schloss die Schülerin flächendeckend mit „gut" ab, einzige Ausnahme: Chemie („befriedigend"). Leider ist nicht übermittelt, was die Walpershoferin Christel S. aus ihren Fähigkeiten machte.[330] Bereits während des Ersten Weltkriegs bezeugt die Schulchronik einer katholischen Schule der Region die Stoßrichtung von Mädchenbildung:

> Auch die Mädchenklassen hiesiger Gemeinden entwickelten vom Wiederbeginn des Schulunterrichts [...] an eine äußerst lobenswerte Tätigkeit in Anfertigung der verschiedensten Wollsachen für unsere Truppen. Die Handarbeitsstunden wurden nur mehr zu diesem Zwecke verwendet. Die Schülerinnen erhielten den nachhaltigsten Ansporn zu dieser segensvollen Arbeit durch das Beispiel, das ihnen von seiten ihrer Lehrerinnen gegeben wurde. Durch diesen unermüdlichen Fleiß wurde es z. B. möglich, daß in den oberen Mädchenklassen zu Riegelsberg, die unter der Leitung der Lehrerin Frl. Roth stand, 95 Paar Strümpfe, 147 Pulswärmer, 1 Kniewärmer, 1 Ohrenwärmer, 19 Mützen und 9 Schals angefertigt wurden.[331]

Luise Kreutzer, die „Kreutzer-Luwis" genannt, brauchte als Fuhrfrau wiederum komplett andere Qualitäten. Geboren 1863 als Luise Paul, zog sie nach ihrer Eheschließung von der Rußhütte nach Riegelsberg, genauer: in die Siedlung Buchschachen, die wenige Jahre zuvor als

Bergarbeiterkolonie gegründet worden war. Zeitzeuginnen erinnerten sie als „robuste und vitale Frau", die mit ihrem Pferd namens Max die Bergmannskohlen von der Grube Lampennest lieferte. „Als anständiger ‚Fuhrmann'", so wurde kolportiert, „verabscheute sie es keineswegs, einen herzhaften Schoppen zu sich zu nehmen." Im Gegenteil, angeblich konnte sie es mit jedem Mann aufnehmen. Höhepunkt der Legendenbildung um Luise Kreutzer war eine Wette, die sie selbst vorgeschlagen habe: in der Zeit, in der die Kirchenuhr zwölf schlage, trinke sie zwölf Glas Bier. Jedenfalls, da waren sich die älteren Riegelsberger Bürgerinnen und Bürger sicher, blieb das Pferd Max vor jedem Gasthof im Dorf stehen, um seiner Besitzerin die Möglichkeit zu geben, ihren Durst zu stillen.[332] Was lernen wir daraus? Kaum verlässt die Frau die „frauenschaffenden" Pfade, ist es zum Alkoholismus ein Wimpernschlag.

Anna Magdalena Schier, eine Magd aus Buch(en)schachen, erblickte ebenfalls 1863 das Licht der Welt, verließ jedoch im Alter von 18 Jahren ihre Heimat, um nach Nordamerika auszuwandern. Marie-Luise Klein wanderte 1894 über Antwerpen nach New York aus, Margarethe Kaspar 1902 nach Chicago. Drei junge Frauen, die sich allein auf den Weg machten, ihr Zuhause hinter sich ließen, ohne zu wissen, was sie in der „Neuen Welt" erwartete. Gleichzeitig konnten sie nicht darauf hoffen, mit offenen Armen empfangen zu werden, falls sie scheiterten, ebenso wenig wie männliche Auswanderer. Vonseiten der Obrigkeit hieß es schon während der ersten Auswanderungswelle in den 1830er Jahren, „daß sie im Falle der wirklichen Auswanderung alle Rechte eines preußischen Staatsangehörigen verlieren und wenn sie etwa mit der Zeit verarmt wieder zurückkehren sollten, unnachsichtlich als Landstreicher behandelt werden würden[333]".

5. Der Landkreis Saarlouis

5.1 Dillingen: Herz aus Stahl

Die Stahlstadt wartet mit einem Schloss auf, welches auf eine mittelalterliche Burg zurückgeht. Immer wieder gern erzählt wird die Sage von der Weißen Frau, einem Gespenst, das in mehreren Schlössern europäischer Adelsfamilien gespukt haben soll. So auch in Dillingen. Der Kunsthistoriker Karl Lohmeyer nahm die Sage von der eingemauerten Frau im Dillinger Schloss in seine Veröffentlichung *Die Sagen der Saar von ihren Quellen bis zur Mündung*[334] auf. Ehedem, erzählt die Sage, hätten die Menschen des Öfteren in der Nacht bitteres Klagen und Weinen vernommen. Mit den Lauten einher sei eine weiße Frau über den Schlosshof geschwebt und in einem der Schlosstürme verschwunden. Bei der Frau handelte es sich um den Geist der schönen, jedoch treulosen Frau des Dillinger Ritters. Sie hatte ihren Ehemann einmal zu viel betrogen – ihr schändliches Tun kam ans Tageslicht und der zornige Gemahl ließ seine Frau, die ihm die Hörner aufgesetzt hatte, lebendig in einem der dicken Schlosstürme einmauern. Dort, in ihrem feuchten und dunklen Verlies, schmachtete die Treulose elendig vor sich hin. Heute würde die weiße Frau vielleicht an der Ruine des Südostflügels verharren, schwebte sie über den Schlosshof, und vor dem *Vorhang* innehalten, der dort 1999 installiert wurde. Die Bleiplastik stammt von der 1950 in Saarlouis geborenen Künstlerin Magdalena Grandmontagne und entstand im Rahmen eines deutsch-französischen Kunstprojekts namens *Stadt – Menschen – Spuren. Double regard sur la cité* anlässlich des 50-jährigen Stadtjubiläums. Auf dem *Vorhang*, einer beweglich in ein steinernes Portal eingehängten Tafel aus Blei, lassen sich Abdrücke historischer Bauteile erkunden. Laut der Kunsthistorikerin Oranna Dimmig „verschließt der bleierne Vorhang den Blick in das Innere der Ruine, gewährt indessen durch die Spuren der historischen Fragmente einen anmutenden Blick in die Vergangenheit"[335]. Gleichzeitig nimmt die Plastik Bezug auf die Metallverarbeitung der benachbarten Dillinger Hütte. Die aus industriell genormten Eisenteilen zusammengesetzte Tischgesellschaft aus 16 skurrilen Gestalten, die einander auf zwei Bänken gegenübersitzen, verweist ebenfalls auf das benachbarte Stahlwerk. Margret Lafontaine hat ihre *Idiosynkratische Tischgesellschaft* 1993 neben dem Schlossgraben installiert, der Tisch ist mit Erde und Blumentöpfen gedeckt. Dimmig interpretiert das Kunstwerk wie folgt: „Erweckt die eine Reihe durch Form und Ausrichtung der Einzelteile den Eindruck, Behelmte säßen in Reih und Glied nebeneinander, so wirkt die andere wie eine Aufreihung vogelähnlicher Gestalten, die zusätzlich mit ‚langen Federn' aus Weidenruten geschmückt sind."[336] Nicht nur das Schloss, auch das neue Rathaus in Dillingen wurde von Künstlerinnen mitgestaltet. So wurde das Zimmer des Rathauschefs (Dillingen harrt noch einer Chefin) von der Textilkünstlerin **Dorothea Zech** ausgestattet. Das neue Rathaus entstand als Erweiterungsbau zum alten Rathaus Mitte der 1970er Jahre; das alte Rathaus – zwischen 1906 und 1908 errichtet – dient heute als Sitz der Polizeiinspektion.

Dorothea Zech – Kunst in Textil

Die 1929 in Aachen geborene (und 2017 gestorbene) Künstlerin ist eine bedeutende Vertreterin der Textilkunst, eine in Europa seit dem Mittelalter bekannte künstlerische Schaffensrichtung. Ins Saarland kommt Dorothea Zech im Alter von 8 Jahren, als ihre Familie (Eltern und Bruder) nach St. Ingbert zieht. Sie studiert in Saarbrücken an der Staatlichen Schule für Kunst und Handwerk, später umbenannt in Werkkunstschule und heute Hochschule der Bildenden Künste. Nach Aufenthalten in Paris, Darmstadt, München und Aachen eröffnet die junge Künstlerin 1955 ihre eigene Werkstatt zunächst in St. Ingbert, später in Saarbrücken und endgültig in Heusweiler. Dorothea Zechs Arbeiten konzentrieren sich nicht allein auf das Saarland. Viel ließe sich über die verschiedensten, in mehr als 50 Jahren geschaffenen „mit dem Faden gezeichneten" Kunstwerke schreiben. Beschäftigen wir uns an dieser Stelle mit dem Wandbehang im Dillinger Rathaus aus dem Jahr 1977, ein Baummotiv, das die Künstlerin immer wieder variiert. Hier streckt der Baum von seinem gerade aufragenden Stamm mit roter Rinde seine Äste mit den Blättern anfangs recht starr und steif ab, mit zunehmender Höhe scheinen die Äste an Lebendigkeit zu gewinnen. Vielleicht eine Metapher für das Absterben der Natur, mutmaßt die Architektin Marlen Dittmann, die sich auch mit einer Einzelausstellung der Künstlerin 1996 im Alten Schloss in Dillingen auseinandersetzt. In dieser Ausstellung sei vor allem Zechs „wilde Freiheit des Umgangs mit den textilen Stoffen" zu bewundern, so Dittmann.

> Hier ballen sich die weißen Stoffe wolkenartig zusammen, hängen von der Decke in einer Vielzahl von Kurven und einer Unzahl von Schichten, die nach der Grenze in kleinen scharfen Zacken in Erscheinung treten. Diesen Wolken aber eignet nichts Leichtes und Freundliches, sie wirken schwer und gefährlich, nicht nur wegen der ‚bissigen' Zacken, sondern vor allem wegen ihrer bildnerischen Irrationalität, ihrer gestaltlogischen Unfassbarkeit. Sie stürzen herab wie Urvögel. Und dennoch sind sie weiß und erstrahlen im Licht! Oder sie erscheinen gelb oder grau oder rosa im Wechsel des Lichts. […]. Solche Arbeiten zeigen, wie wenig Zechs Werke im Dekorativen aufgehen, sondern etwas Surreales und damit Inneres, Seelisches, kundgeben können.[337]

Im Ratssaal des alten Rathauses findet sich das Ehefenster. Die im Zweiten Weltkrieg zerstörten historischen Glasmalereien wurden 1951 neugestaltet. Das linke Fenster in der Arkade zeigt Paare in verschiedenen Lebensphasen: ganz links, ein Mädchen mit Blumenstrauß und ein Junge, dann ein Brautpaar unter einer Lorbeergirlande. Nach alter Tradition folgt auf die Eheschließung der Kindersegen und folgerichtig zeigt das nächste Bild ein Paar mit Kleinkind auf dem Arm der Mutter, die Familie steht unter einem grünen Baum. Last, but not least: Das in die Jahre gekommene Ehepaar, dargestellt in Form einer sitzenden, älteren Frau im blauen Kleid, die zu stricken scheint, sowie dem hinter der Frau stehenden alten, bärtigen Ehemann in grünem Rock. Höchstwahrscheinlich wurde in diesem Saal der einzigen Ehrenbürgerin der Stadt Dillingen, Klara Kunz, die Ehrenbürgerschaft im Jahr 1968 verliehen. Dabei spielte das Ehefenster im Leben der Klara Kunz eher keine Rolle, widmete sie sich doch als Ehrwürdige Schwester Maria Richardis der Vita activa der Franziskanerinnen, sprich: der Fürsorge für Hilfsbedürftige, Schwache, Alte und Kranke.

Margret Maria Baltes, geboren 1939 in Dillingen als Margret Maria Labouvie, machte nach ihrem Studium der Psychologie an der Universität des Saarlandes einen für ihre Karriere entscheidenden Schritt: sie wechselte Land und Kontinent.

Margret Maria Baltes und das gute Altern

Als Vertreterin einer weiblichen Generation, für die bereits ein Studium eher die Ausnahme darstellte, bedeutete es einen mehr als großen Schritt, nach Amerika zu gehen. Doch wenn wir schon bei Schritten sind, sollten wir einen nach dem anderen gehen. Die Universität des Saarlandes ist der Ausgangspunkt einer doppelten Psychologenkarriere: Margret Labouvie lernt Paul Baltes kennen, beide machen 1963 ihr Diplom und heiraten im gleichen Jahr. 1968 gehen die beiden beziehungsweise die drei, ein Sohn kommt 1965 zur Welt, in die USA. Margret Baltes hat an der Universität West Virginia die Möglichkeit, ein Graduiertenstudium in Experimenteller Psychologie aufzunehmen – in Deutschland zu dieser Zeit eine keineswegs übliche Option für Frauen. 1973 schließt sie als Doktorin der Philosophie (Ph.D.) ab. Die folgenden Jahre verbringt Baltes an der Pennsylvania State University, zunächst als Assistant Professor, dann als Associate Professor. 1980 übersiedelt die Familie mit nunmehr zwei Kindern nach Berlin, wo Margret Baltes Professorin für Psychologische Gerontologie an der FU Berlin wird. Margret Baltes liefert mit ihrer Forschungsarbeit Grundlegendes zum Thema „Gutes Altern" (Stichworte: Aufrechterhaltung von Selbstständigkeit, Alltagskompetenz u. Ä.). Für ihre Arbeit wird sie vielfach ausgezeichnet, unter anderem mit der Ehrendoktorwürde der Universität des Saarlandes. Ein Auszug aus ihrer letzten, unvollendeten Rede aus dem Jahr 1999 (Baltes stirbt kurz vor ihrem 60. Geburtstag an Herzversagen) zeigt auf geradezu prophetische Weise – sehen wir auf das Jahr 2020 und die gesellschaftlichen Diskussionen im Zusammenhang mit der Corona-Pandemie gerade in Bezug auf die vermeintliche Risikogruppe der Älteren – die Relevanz ihrer forscherischen Tätigkeit:

> Die Langlebigkeit und die damit verbundenen sozialen, ökonomischen, psychischen und spirituellen Implikationen sind also zu einem Zentralthema der Politik und der Forschungspolitik geworden. Sie gehen jeden Einzelnen in unserer Gesellschaft und die Gesellschaft selbst an. Die internationale Auseinandersetzung mit diesem Thema wird vielleicht auch hier in Deutschland die Diskussionen beflügeln und vielleicht auch, so hoffe ich, etwas verändern. Verändern dahingehend, daß nicht Verteilungskämpfe beschworen, belächelt oder angedroht werden, sondern daß man gemeinsam, alle Altersgruppen zusammen, solidarisch nach Lösungen sucht. Die heutigen Alten waren schließlich die gestrig Jungen, und die heute Jungen werden schließlich die morgigen Alten sein. Ihnen, den künftigen Alten, den Endlauf in einer Weise zu ermöglichen, daß er sinnstiftend und würdevoll erscheint, kann am besten dadurch vorbereitet werden, daß die heutigen Alten die Wege finden. Ein chinesisches Sprichwort bringt diese Perspektive auf den Punkt: ‚Die heutigen Generationen bauen die Straßen, auf denen die nächsten fahren.'[338]

Nehmen wir gegen Ende dieses Kapitels ein letztes Mal Bezug auf die Eisen- und Stahlstadt Dillingen an der Saar. Flüsse spielen eine entscheidende Rolle im Zusammenhang mit der Stahlproduktion. In Kleinblittersdorf sind wir der Fährfrau Anna Bähr begegnet. Sie mag die einzige Fährfrau auf der Saar gewesen sein, „Rehlingersch Mamme" war bereits Anfang des 20. Jahrhunderts als Fährfrau auf der Prims unterwegs, einem Nebenfluss der Saar. Die Prims entspringt in Malborn im Hunsrück und fließt nach 91 Kilometern bei Dillingen auf dem Gelände der Hütte in die Saar. In dem Band *Diefflen: Die Entwicklung einer kleinen dörflichen Siedlung zu einer großen Arbeiter-Wohnsitzgemeinde* des Heimatforschers Johann Spurk aus dem Jahr 1964 findet sich ein Bild, welches die Fährfrau beim Übersetzen von vier Dieffler „Mädchern" zeigt. Von wo genau nach wo, das lässt sich leider nicht mehr recherchieren. Wie kam die Fährfrau zu ihrem Job? 1911 wurde nach Recherchen von

Spurk der seitens der Gemeinde verpachtete private Fährkahn über die Prims dem Dieffler Nikolaus Rehlinger übertragen – zu einer Anerkennungsgebühr von 1 Mark. Und der übertrug den Kahn anscheinend familienintern an seine Frau. Der Fährbetrieb endete mit der Errichtung einer Brücke über die Prims.[339] Genau solche Alltagsszenen waren das Sujet von **Gretel Fischer-Becker**, 1907 in Cochem an der Mosel geboren, als Vierjährige nach Dillingen-Pachten gezogen und nicht nur in ihren Schriften (Prosa und Gedichte) durch und durch Pachtenerin. Sie veröffentlichte in Tageszeitungen, Anthologien, die Stadt Dillingen war in den 1970er und 1980er Jahren Herausgeberin zweier Bände mit Mundart-Texten von Gretel Fischer-Becker.

Gretel Fischer-Becker – eine Institution ohne Rahmen

„Von fern mag man in ihr nur die bekannte Mundartautorin sehen, aus der Nähe betrachtet ist nicht zu übersehen, dass sie über Jahrzehnte für Pachten eine Institution ist."[340] So beginnt der Artikel über Gretel Fischer-Becker Im Internetportal *Literaturland Saar*. Damit gemeint ist das akribische Zusammentragen regionalen Materials durch Gretel Fischer-Becker ebenso wie ihr ehrenamtliches Engagement. Dieses beginnt im Kindesalter in der Pfarrgemeinde St. Maximin, wo sie sich in der Pfarrbücherei einbringt. Ab 1924 übernimmt sie deren Leitung, sie wird die Geschicke der Bücherei bis 1974 lenken und wesentlich zum Wiederaufbau nach dem Zweiten Weltkrieg beitragen. Zwischenzeitlich heiratet sie – die kurze, kinderlose Ehe, 1931 geschlossen, endet bereits 1939 durch den Tod des Mannes, Peter Fischer. Als Pfarrsekretärin verdient sie ihr Geld, in ihrer Freizeit erstellt sie eine Pfarrchronik – eines von vielen Projekten. Eine Ortschronik soll folgen, weiter ein Gedenkbuch für die Pachtener Gefallenen und Vermissten der beiden Weltkriege. Und da ist die andere Chronik, die sie schreibt, die literarische. Neben den erwähnten Alltagsszenen, die das dörfliche Geschehen gleichermaßen wie familiäre Ereignisse skizzieren, widmet sich Gretel Fischer politischen Themen, so setzt sie dem jüdischen Ziegenhändler Isaak ein literarisches Denkmal:

Da Isaak
Mir Pähtda hätten all Ursach, em Isaak – metten em Dorf – en Stôndbild ze setzen, on dat mißt ungefähr so ausgesinn:
En schmônker Kerl em Halbzylinder, en Säckelchen ennam Arem on en Zeckel of da Scheller. En Bild, wo ôhn den gudden Hiert gemôhnt, den ma aus da Bibel her kennen, der ous awer erennan soll, ôhn de Isaak, den ärmschden Judd bei noch nôh. Of dem Sockel mißt geschrief stehn:
Isaak Hermann
– Ziegenhändler in Notjahren –
On donn gäht et jedem Pähtda, wo lôngerscht geht, gutt stehn, wenn a den Hout ze-ihen gäht.
[...]
Dat Fell von den Beckchan wôr sei Lohn. Datt on die iwerzehlich Zeckelcha hat a vahôndelt, ach gefeilscht on gemäärt. (Almählich dirfte ma wessen, äss ma dôfor kän Judd muß sen.)
[...|
Donn es der Dach komm, wo da Isaak kän Zeckel meh enna de Fengern sollt kre-in.[341]

Die Literaturwissenschaftlerin Katja Leonhardt hat sich in ihrer Dissertation ebenfalls mit der Lyrik Gretel Fischers auseinandergesetzt. Sie bescheinigt den Texten der Dichterin eine hohe Authentizität. Weiter betont sie die Traditionalität von Fischer-Becker und kommt zu dem Schluss, dass viele ihrer Gedichte als Zeitdokumente unersetzlich seien wie beispielsweise *Da Esswohn* über einen von Pferden gezogenen Esswagen der Dillinger Hütte.[342] „Den hott de Hett for all ihr Leit, die wo zwölf Stonn'n on meh om Dach geschafft honn seinerzeit. Der Wohn, dat wor'n Idee!"[343] Eine Institution also, die unersetzliche Zeitdokumente hinterlässt? Ihr Nachlass ist auf ihren Wunsch dem Pachtener Heimatmuseum übergeben worden, dort aber schwer zugänglich, weiß Mundartautor Peter Eckert, der den Artikel über Gretel Fischer-Becker für *Literaturland Saar* verfasst hat.[344] Auf der Webseite des Museums wird sie mit keinem Wort erwähnt.

5.2 Lebach: Zwei Leben ach in meiner Brust

Die Stadt Lebach listet eine Ehrenbürgerin auf, **Monika Schwinn**. „Was bleibt von einem Leben, wenn sich schon zu viel Vergangenheit zwischen das Damals und das Heute geschoben hat?", fragte die Saarbrücker Zeitung in Person ihres Reporters Oliver Schwambach am 13. März 2019 in einem Nachruf. „In Monika Schwinns Fall wohl auch die traurige Erkenntnis, dass Erinnerung, auch wenn es noch so wichtig wäre, sie wach zu halten, leider verblasst", heißt es in dem Artikel weiter. „Und allzu leicht vergessen wird, was Menschen alles auf sich nehmen, um anderen zu helfen."[345]

Monika Schwinn und der Vietcong

Monika Schwinn, geboren 1942 in Lebach, arbeitet als Kranken- und Säuglingsschwester, bevor sie 1968 im Alter von 26 Jahren einem Aufruf des Malteser Hilfsdienstes folgt und nach Südvietnam geht. Das Ziel der Mission: der Zivilbevölkerung helfen, die unter dem nicht enden wollenden Krieg leidet. Eingesetzt wird Monika Schwinn auf einer Kinderstation im Hospital von Da Nang, einer Küstenstadt im Zentrum Vietnams. Am 27. April 1969 macht Monika Schwinn gemeinsam mit ihrer Kollegin Marie-Louise Kerber aus Nohfelden-Türkismühle (Landkreis St. Wendel), einem Arzt und zwei weiteren Krankenschwestern einen Ausflug. Dabei geraten die Fünf in die Fänge des kommunistischen Vietcong und werden nach Nordvietnam verschleppt. Der Beginn einer Odyssee, die Monika Schwinn und der zweite Überlebende, der Arzt Bernhard Diehl, später in einem Buch mit dem Titel *Eine Handvoll Menschlichkeit* niederschreiben. Ihr Leben besteht fortan aus Marschieren und Dschungellager, Verhören, Folterungen, Hunger. Sie werden immer wieder krank, drei der Verschleppten werden das nicht überleben, darunter Marie-Louise Kerber, die 1969 in Gefangenschaft stirbt. Am 7. März 1973, vier Jahre nach ihrer Gefangennahme, kommen Monika Schwinn und der Arzt Bernhard Diehl frei, nicht zuletzt aufgrund des Pariser Abkommens über die Beendigung des Vietnamkriegs. Monika Schwinn erhält als erste Frau, die lebend aus der Gefangenschaft des

Vietcong entkam, internationale Aufmerksamkeit. Als Erste überhaupt verleiht ihr die Stadt Lebach die Ehrenbürgerschaft. In ihrer Dankesrede sagt sie: „So viel Ehre habe ich überhaupt nicht verdient. Das, was ich getan habe, ist eine Selbstverständlichkeit gewesen und ich glaube nicht, dass irgendjemand in irgendeiner Weise anders gehandelt hätte."[346] Später arbeitet Monika Schwinn wieder als Kinderkrankenschwester im Lebacher Krankenhaus, eine eigene Familie wird sie nicht gründen. Mit 55 Jahren geht sie in den Ruhestand, sie sei oft krank gewesen, erinnert sich ein Familienmitglied. Für die Jahre ihrer Gefangenschaft erhält sie keine Rente, „obwohl die Bundesrepublik damals so stolz darauf war", schreibt Schwambach, „dass Monika Schwinn in das Kriegsgebiet ging, um zu helfen".

Helfen, das war und ist das Anliegen von Ordensleuten, sei es weiblichen oder männlichen Geschlechts. Die Geschichte der **Maria Honorine Steimer** ist darüber hinaus ein Lehrstück in Sachen Frauen in Führungspositionen und der Umgang mit ihnen.

Maria Honorine Steimer – einmal Karriere und zurück

Elisabeth Henriette Steimer, so der Geburtsname, wird 1831 in Lebach geboren. Maria Honorine ist der Ordensname, den sie bei ihrem Ordensgelübde im elsässischen Niederbronn im Dezember 1852 annimmt. Warum die 21-Jährige der Kongregation der Schwestern vom Göttlichen Erlöser beitritt, ist nicht bekannt. 1866 wird Sr. Maria Honorine Steimer die erste Generaloberin der Erlöserschwestern in Würzburg. Ein Jahr später legen die ersten elf Schwestern ihre Gelübde ab. Bis zum Jahr 1880 werden es insgesamt 220 Schwestern sein. Diese sind nicht nur im Mutterhaus tätig, sondern auch in dem durch die Generaloberin entwickelten Filialnetz von im Lauf der Zeit 36 Filialen. Hauptarbeitsfelder sind Siechen- und Pfründerspitäler, Handarbeitsschulen, Kindergärten und die Krankenpflege bei vor allem armen Familien. Dann geht es mit der Karriere bergab. Eine Gemengelage aus personellen Veränderungen im Bistum, Eingriffen in die Kompetenzen der Generaloberin, Intrigen bis hin zu dem, was heute Mobbing heißt, führt in letzter Konsequenz zur Suspendierung von Maria Honorine im Mai 1880. Noch in derselben Nacht reist die „beurlaubte" Generaloberin zu ihrem Bruder, um wenige Tage später ihren Austritt aus der Kongregation zu erklären, nicht zuletzt, um deren Einheit zu wahren.[347] Spätere Untersuchungen ergeben die Haltlosigkeit der erhobenen Vorwürfe. Der zuständige Bischof von Stein genehmigt daraufhin den Beschluss der Schwesternschaft, der ehemaligen Generaloberin in Würdigung ihrer Verdienste eine lebenslängliche Leibrente auszusetzen, kann sich aber nicht zu einer korrekten und offiziellen Rehabilitation von Maria Honorine in der Kongregation und in der Öffentlichkeit durchringen. Ist es Stolz, ist es Bescheidenheit oder gibt es andere Gründe, die zugesprochene Rente nicht anzugreifen? Stattdessen ermöglicht Elisabeth Henriette Steimer – legen wir den Ordensnamen, der der Schwester so wenig Glück brachte, wieder ab – beispielsweise in Sponsheim mit ihren Ersparnissen eine Klostergründung der Niederbronner Schwestern. Insgesamt wirkt sie noch 23 Jahre als ambulante Krankenschwester zunächst im Hunsrück und eben in Sponsheim bei Bingen. Als wäre der feige Umgang des Ordens mit ihr nicht genug Schicksal für ein Leben, wird ihr in der Folge ihre Sparsamkeit zum Verhängnis. Im Jahr 1903 taucht ein entfernter Verwandter, nennen wir den Täter ruhig beim Namen: Anton Detroits, bei ihr auf und fordert ihr Geld. Weil er die gewünschte Summe nicht erhält, erschlägt er die mittlerweile 72-Jährige. So endet ein Leben auf die brutalstmögliche Weise. Detroits, der Stiefsohn einer Cousine, wird zwei Wochen später verhaftet und im September 1903 in Mainz hingerichtet. Die Gebeine von Maria Honorine werden 1989 in Sponsheim exhumiert und ins Würzburger Mutterhaus überführt, wo sie am 26. Januar 1990 feierlich beigesetzt werden konnten.

Kein Straßenschild erinnert an Elisabeth Henriette Steimer oder an Monika Schwinn. Dafür vergegenwärtigen im Neubaugebiet Am Weiherberg zwei Straßen **Emma Stern** und **Anna Simon**. Die Tochter von Anna Simon, Anna Schorr (Jahrgang 1908), war außerdem eine Spielgefährtin der Tochter von Emma Stern namens Ruth. Wir sind mittendrin in der Geschichte.

Die zwei Leben der Emma Stern

„Ihre Frau stand Emma Stern, geboren 1878, schon in jungen Jahren"[348], schreibt Frauke Scholl in ihrem Artikel in der Saarbrücker Zeitung vom 4. Januar 2011. Das Kaufhaus S. Daniel in der Lebacher Innenstadt, eine Niederlassung des elterlichen Geschäftshauses in St. Wendel, gilt zu Beginn des 20. Jahrhunderts als eines *der* florierenden Geschäfte im Ort, geführt von Emma Stern geborene Daniel und ihrem Ehemann Isaak Julius Stern, den sie mit 18 Jahren heiratet. Als Julius Stern 1920 stirbt, führt die erfolgreiche Geschäftsfrau das Unternehmen weiter, unterstützt von ihren Söhnen Kurt und Paul; die Jüngste, Tochter Ruth, ist zu diesem Zeitpunkt 12 Jahre alt. In den 1930er Jahren engagiert sich die Familie in der Status-quo-Bewegung, nach der Saarabstimmung von 1935 rettet Emma Stern sich und ihre Familie vor den Nationalsozialisten und zieht nach Metz, später nach Paris. Ihr Sohn Paul wird am 28. September 1943 bei einer Razzia in Paris verhaftet und mit dem letzten Transport vor der Befreiung von Paris am 31. Juli 1944 nach Auschwitz deportiert und ermordet. Die restlichen Mitglieder der Familie Stern überleben. In das Land der Täter kehrt Emma Stern nicht zurück. Vielmehr beginnt sie in Paris ein zweites Leben. 1948 entdeckt sie im zarten Alter von 70 Jahren die Malerei für sich, tatkräftig unterstützt von ihrer Tochter Ruth, die Kunst studierte. Die Autodidaktin widmet sich der „naiven Malerei" und erfährt internationale Anerkennung. Sie stellt in ganz Europa aus, posthum werden im Jahr 1979 Werke von ihr in Lebach gezeigt. In der französischsprachigen Wikipedia wird Emma Stern mit einem Beitrag gewürdigt, in dem es unter anderem heißt:

> Ce n'est qu'à l'âge de 70 ans, en 1948, que pour occuper ses journées, elle prend les pinceaux pour raconter sur la toile la vie de son monde d'autrefois. Totalement autodidacte en technique picturale, Emma Stern peint tout naturellement avec spontanéité, selon les critères d'une peinture que les historiens d'art décrivent comme naïve: absence de perspective, personnages de tailles diverses aux visages effacés ou stylisés, structures planes et vues de dessus, détails inégaux, couleurs à plat et thématiques populaires, vie quotidienne, nature, paysages ...[349]

Emma Stern stirbt im Alter von 91 Jahren in ihrer Wahlheimat Paris. Ihre Urne ist in einem Columbarium auf dem berühmten Friedhof Père Lachaise beigesetzt.

Frau Anna Simon, Hebamme zu Lebach

Anna Simon geborene Mertes stammt aus der Eifel. 1902 beginnt sie ihre Ausbildung in der Rheinischen Hebammenlehranstalt Köln-Lindenberg. Nach bestandenem Examen tritt sie 1906 die Nachfolge von Maria Graf in Lebach an. Acht Monate später heiratet sie Josef Simon. Auch wenn sich Anfang des 19. Jahrhunderts die Einstellung der Ärzte zur Geburtshilfe dahingehend wandelte, dass sie den Hebammen ihre beruflichen Schranken aufwiesen, und ab dem beginnenden 20. Jahrhundert die Geburtenquote in den Kliniken stieg, waren die Hebammen insbesondere im ländlichen Raum nach wie vor oft die einzige Hilfe bei Schwangerschaften und Geburten sowie in der Nachsorge. Anna Simons Einzugsgebiet reicht von Lebach, Eidenborn, Zollstock über Hoxberg, Landsweiler, Knorscheid bis zu Jabach, Hahn, Niedersaubach, Rümmelbach und Falscheid. Heute mit dem Auto kein Problem, zu der Zeit bedeutet es oftmals weite Fußmärsche bei Wind und Wetter. Zumal es ja mit der Entbindung nicht getan ist. Im Anschluss muss die Wöchnerin regelmäßig besucht werden. „Sie ist ein paar Mal um die Welt gelaufen"[350], konstatiert ihre Tochter Anna. 1998 stellt der Heimatforscher Ernst Schmitt die Hebamme Simon im Lebacher Historischen Kalender vor. Er erzählt die Anekdote vom Fahrrad, mit dem sie mobiler werden wollte. Ein folgenreicher, mindestens schmerzhafter Sturz beendet dieses Vorhaben beizeiten. Was bedeutet, wieder zu marschieren. „Auf dem Weg zum Zollstock überraschte sie ein Glatteisregen. Schlitternd ging es nur langsam vorwärts. Aber es eilte. Kurz entschlossen ging sie auf Strümpfen weiter und erreichte noch rechtzeitig das Entbindungshaus."[351] Zu den Aufgaben einer Hebamme gehört früher wie heute das Dokumentieren der eigenen Arbeit. In dem sogenannten Hebammenbuch hält Anna Simon alle Geburten fest, auch die, bei denen Ärzte von ihr hinzugezogen worden waren, sowie die Gründe dafür. Das für Lebach und Umgebung zuständige Gesundheitsamt in Saarlouis bescheinigt nach Prüfung der Einträge: „Das Tagebuch ist sehr gut geführt."[352] Anna Simon ist – so die Erinnerung ihrer Tochter – immer mit einer weißen Hebammentasche aus Leinen unterwegs. Diese ist entsprechend groß, da eine Hebamme viel mitzuschleppen hat. Bei Kindern hat der mögliche Inhalt dieser Tasche die Fantasie sprießen lassen, wie folgende Episode zeigt:

> Da war sie mal am hellen Mittag nach Jabach und auf einmal hat oben, über dem zweiten Stock, ist ein Fenster aufgegangen, wahrscheinlich hatten sie die Kinder da raufgeschickt, weil sie sie nicht gebrauchen konnten, da haben die gerufen: ‚Du kannst dein Kind nochmal mitholen, wir haben Kinder genug.'[353]

Unmittelbar nach Kriegsende wird die Hebamme während der nächtlichen Ausgangssperre von amerikanischen Soldaten aufgegriffen. „Erklärungen, Gestik nutzen nichts, englische Worte fehlten. So mußte sie im Keller Johänntgen (Gerwerpitz) übernachten und durfte erst um 6 Uhr nach Hause."[354] Nach 43 Berufsjahren quittiert Anna Simon 1949 im Alter von 73 Jahren ihren Dienst. Über 3.000 Kindern hat sie ins Leben geholfen. Um auf den Anfang der Geschichte zurückzukommen: Anna Simon und Emma Stern kennen sich gut, ihre Töchter sind befreundet. Die 101-jährige Anna Schorr erinnert sich: „Wo keine Nazis mehr sind, kann man ja von Sterns sprechen. Das war ja doch so: Wir hatten so ein gutes Verhältnis ... und dann auf einmal heißt es: Sterns müssen fort. Und zwar augenblicklich." Ruth Stern erzählt ihrer alten Freundin Anna Schorr später unter anderem von ihrer Zeit in Paris während des Kriegs, der ständigen Angst, entdeckt zu werden, nicht zuletzt, als sie sich während eines Freiluftkonzerts von deutschen Soldaten beobachtet fühlt. Diese, so stellt sich heraus, sind zwei junge Männer aus Lebach, die ihr versichern, ihr und ihrer Familie nichts Böses zu wollen. Einer der beiden wird den Krieg nicht überleben.

5.3 Saarlouis: Frauenbewegt, widerständig, überlebend

Der Name Fraulautern, ein Stadtteil von Saarlouis, leitet sich ab von den Frauen, also den Nonnen des Klosters, sowie dem keltischen Wort Lutra für sumpfiger Bach.

Die Äbtissinnen von Fraulautern

Die Abtei von Fraulautern war ein Augustinerinnen-Stift für Angehörige des Adels, gegründet im 12. Jahrhundert. Zunächst ein gemeinsames Mönch- und Nonnenkloster, wandelte sich dieses erst ab etwa 1200 zu einem reinen, hochadligen Frauenstift. Das Stift bestand bis zu seiner Auflösung während der Französischen Revolution. Das zur Abtei gehörende Klostergebäude ist zum Teil erhalten und wird heute als Grundschule genutzt. Mit dem Kloster beginnt die gesellschaftliche und wirtschaftliche Entwicklung von Fraulautern. Kloster, Ort und Bann bilden eine ungeteilte Herrschaft der Abtei, die hohe und niedrige Gerichtsbarkeit ausübt. Die hohe Gerichtsbarkeit befindet dabei über schwerwiegende Fälle wie Mord, Hochverrat, aber auch Vergehen wie die Herstellung von Falschgeld sowie Hexerei, Gotteslästerung und Ehebruch. Die niedere Gerichtsbarkeit befasst sich mit Eigentumsdelikten, Erbstreitigkeiten, Körperverletzung, Beleidigungen und Ähnlichem. Folgende Passage bezieht sich auf Schwarzenholz, das durch Schenkung ebenfalls unter die Abteiherrschaft Fraulautern geriet:

> Die Äbtissin hat in Schwarzenholz [...] die hohe und niedere Gerichtsbarkeit, Bann und Mann, Gebot und Verbot, Zug und Flug, Wasser und Weide, Weg und Steg, Maße, Ellen und Gewichte, straft und begnadigt nach freiem Willen, und wenn ein Verbrecher in beiden Dörfern aufgegriffen wird, so soll er der Äbtissin übergeben werden, welche die Sache untersuchen und ihn foltern läßt, und wenn er den Tod verdient, so sei in Schwarzenholz auf dem Katzenberg ein Galgen, an den er aufgehängt wird.[355]

Es geht also um Macht und die Anhäufung von Gütern, kurz: um Herrschaft. Das zeigt sich nicht zuletzt daran, dass die Klosterdamen hoch angesehen sind, und zwar durch alle Jahrhunderte. Benachbarte Dynastien und hohe Häuser betrachten es als Gunst, die Äbtissin von Fraulautern als Taufpatin ihrer Kinder oder als Zeugin bei wichtigen Handlungen anfragen zu können.[356] So wundert es nicht, dass die letzte Äbtissin, Sophia von Neuenstein, die mitsamt des Nonnenkonvents vor den Truppen der Französischen Revolution fliehen muss, womit die jahrhundertelange Klostertradition Fraulauterns endet, in ihrem Exil in Würzburg versucht, wenigstens das sogenannte Kollaturrecht – mithin das Recht, eine geistliche Stelle zu besetzen sowie eine Pfründe oder ein Stipendium zu vergeben – in den saarländischen Besitzungen aufrechtzuerhalten. Vergeblich! In die Westwand der ehemaligen Klosterkirche sind drei schwer beschädigte Grabsteine des 18. Jahrhunderts eingelassen. Es handelt sich um die Grabsteine der Äbtissinnen Anna Elisabet von Metzenhausen (1708–1720), Anna Maria von Geispitzheim (1720–1730) und Marie-Therèse Freifrau von Saintignon (1730–1757).

Auch die **Borromäerinnen** haben Saarlouis geprägt. Über ihr Wirken erzählt die Publikation *Hall of Fame: Auf den Spuren der Frauen. Lebensgeschichten aus Saarlouis*.[357] In dieser vom Frauenhistorischen Arbeitskreis Saarlouis herausgegebenen Veröffentlichung lassen sich die Lebensläufe so unterschiedlicher Frauen nachlesen wie **Margarete Bardo**, die von 1951 bis 1961[358] das Gasthaus Lothringer Hof in Saarlouis führte und eine unermüdliche Kämpferin für die Rechte und die Gleichberechtigung von Homosexuellen war, und **Barbe Céline Amélie Hubertine de Salis geborene de Galhau**, eine Mäzenin der Stadt, nach der im Stadtteil Beaumarais eine Straße, die Frau-von-Salis-Straße, benannt ist. Wir lernen die Pädagoginnen **Dora Dimel** und **Maria Graus** kennen, Dora Dimel machte sich einen Namen mit ihrer Veröffentlichung *Marschall Ney und seine Heimat*. An die Ordensfrau und Krankenschwester **Hermiona Brodbeck**, bekannt unter dem Namen „Mutter von Roden“, wird ebenso erinnert wie an Schwester Xaveria Rudler alias **Klara Rudler**. Die Kommunalpolitikerinnen **Waltraud Kühn** und **Mary Lonsdorfer** fanden Aufnahme, Lonsdorfer war darüber hinaus Unternehmerin und ab 1957 offizielle Alleininhaberin der

Firma Kohlen- und Baustoffhandlung Lonsdorfer in Lisdorf. Eine weitere Unternehmerin, **Elsa-Klara Schmidt**, machte in Sachen Bier und leitete nach dem Tod ihres Mannes 10 Jahre lang erfolgreich die Donner-Brauerei, die sie 1954 an die Becker-Brauerei verkaufte. Nebenher sammelte sie Kunst und vermachte, da das Ehepaar keine Kinder hatte, Saarlouis ein beträchtliches Vermögen, was die Stadt zum Bau des Städtischen Altenheimes (heute AWO Seniorenresidenz) nutzte. Eine Gedenktafel am Eingang des Hauses erinnert an das Ehepaar Schmidt-Klett, die Initiative für das Altenheim selbst ging übrigens von Mary Lonsdorfer aus. Beiden Frauen, Else Schmidt und Mary Lonsdorfer, wurden 2014 Straßennamen im Industriegebiet Lisdorfer Berg gewidmet. Damit nicht genug. Die schönen Künste respektive Künstlerinnen wurden in der Publikation nicht vergessen. So **Susanne Simon**, Grafikerin und Illustratorin, die in den Wirren des Zweiten Weltkriegs mit ihrer Familie aus dem Osten ins Saarland kam und – nach einem zwischenzeitlichen Aufenthalt in Köln – 1970 nach Picard zurückkehrte, wo sie 1995 starb. **Lisa Stromszky** aus dem Burgenland kam ebenfalls erst 1945 ins Saarland. Als Schriftstellerin ging sie mit ihren Werken spät an die Öffentlichkeit, umso mehr begeistert die Vielfalt und Produktivität. Interessant ist die Geschichte der **Anna Victoria Marie Christine de Rohan, Prinzessin de Soubise**, die 1758 angeblich als Spionin in das Kloster Fraulautern verbannt wurde und später das Torhaus erbauen ließ. Verheiratet mit Charles de Rohan, Prince de Soubise, sahen sich die Eheleute eher selten, da der Gatte dem Kartenspiel verfallen war. Wie genau es zum Verdacht der Spionage gegenüber der Prinzessin kam, ist nicht bekannt. Im Kloster jedenfalls fühlte sich die Prinzessin nicht wirklich wohl; ihr gewohnter Lebensstil lief dem der Stiftsdamen diametral entgegen. Bald wurde eine Trennung notwendig, auf Kosten der Prinzessin entstanden vor der Klosterkirche ein Wohnhaus und ein Torbogenhaus. Ende des Jahres 1763 durfte de Soubise ihr Exil verlassen.

In Sachen Spurensuche sind die Saarlouiserinnen vorbildhaft. Neben der Hall of Fame wurde ein frauenspezifischer Stadtrundgang konzipiert, der an Orte führt, an denen insbesondere Frauen gelebt und gearbeitet haben. Hella Arweiler vom Frauenhistorischen Arbeitskreis Saarlouis, die diese „alternative" Frauenführung leitet, betont in einem Gespräch mit der Saarbrücker Zeitung, dass nicht jede Geschichte außergewöhnlich sei. Aber es sei wichtig, dass Frauen sich einmischen, und dass das möglich sei, dafür hätten alle diese Frauen gekämpft.[359] Vielleicht fänden in einer Neuauflage der Hall of Fame die Pädagogin **Maria Magdalena Ringelstein**, von 1972 bis 1980 Oberstudiendirektorin des 1978 umbenannten Robert-Schuman-Gymnasiums und eine der wenigen Mathematik- und Physiklehrerinnen dieser Zeit, sowie die Mäzenin **Bernardine Gertrude Delphine Motte** einen Platz. Letztere, Alleinerbin des elterlichen Vermögens, war eine Förderin der Franziskanerinnen und der Krankenpflege und ihre testamentarische Hinterlassenschaft zugunsten der Franziskanerinnen bildete den Grundstock für den Neubau der 1902 eingeweihten Elisabethklinik. Auf Antrag des Frauenbeirats und der Frauenbeauftragten beschloss der Saarlouiser Stadtrat am 10. Dezember 2020, vier Innenstadtplätze zwischen Bibelstraße, Französischer Straße und Weißkreuzstraße nach Delphine Motte, Margarete Bardo, Lisa Stromszky-Stockhausen und den Borromäerinnen zu benennen. Offizielle Einweihung war am 18. Juni 2022. Mit Vergnügen wollte ich mehr erfahren über die Lyrikerin **Ursula Quirin** und die Lehrerin und Heimatforscherin **Maria Moll**, die sich intensiv mit der Geschichte der Stadt Saarlouis beschäftigt hat, unter anderem in ihrem Buch *Die Distriktverwaltung Saarlouis: Gewaltherrschaft zur Zeit der französischen Revolution 1790/1795*, herausgegeben von der Kreisstadt Saarlouis im Jahr 1980. Nicht zuletzt möchte ich **Antoinette Huy** treffen, verheiratet mit einem schottischen Schiffsoffizier, dessen Schiff Maryanne im August 1804 durch Franzosen gekapert und später nach Saarlouis verlegt wurde. Hier ließ sich Patrick O'Flaherty, so der Name des Schotten, als Holzhändler nieder und traf, siehe oben, Antoinette Huy. An der Stelle muss unbedingt auf eine weitere Tochter der Stadt näher eingegangen werden, **Esther Bejarano**, eine starke und streitbare Frau mit wahrlich außergewöhnlich berührender Geschichte.

Esther Bejarano und das Mädchenorchester in Auschwitz

Oberkantor Rudolf Loewy lebt erst seit Kurzem mit seiner Familie im Saarland, als die Tochter Esther als Jüngste von vier Geschwistern am 15. Dezember 1924 in Saarlouis das Licht der Welt erblickt. Als Esther ein Jahr alt ist, zieht die Familie nach Saarbrücken um. Esther wächst in einer Atmosphäre geselligen Treibens auf, an den Feiertagen ist das Haus voll, Hauskonzerte werden veranstaltet, und jeden Freitagabend zum Sabbath kommt der Rabbiner Dr. Lothar Rothschild zum Essen. In Ihren Erinnerungen schreibt sie: „Er war damals noch Junggeselle, 25 Jahre alt und sehr nett und charmant. Wir Mädchen waren alle in ihn verknallt. Seinetwegen gingen wir nochmal so gern am Sabbath in die Synagoge."[360] 1935 wird das Saargebiet ins Deutsche Reich eingegliedert; die ersten jüdischen Familien verlassen das Land. Familie Loewy bleibt, zieht nach Ulm um. Die nächsten Jahre werden zur Zerreißprobe für die Familie. Esther soll, wie vor ihr ihre Schwester Ruth, nach Palästina auswandern. Dafür wird sie in Berlin in die sogenannte Jugend-Aliah[361]-Schule aufgenommen, eine Vorschule für die Vorbereitungslager zur Auswanderung nach Palästina. Der Kriegsausbruch verhindert die Ausreise und 1943 wird Esther nach Auschwitz deportiert.

> Ich hatte großes Glück, dass in dem Block, in dem ich übernachtete, eines Abends Frau Tschaikowska, eine polnische Musiklehrerin, nach Frauen suchte, die ein Instrument spielen konnten. Die SS befahl ihr, ein Mädchenorchester aufzustellen. Ich meldete mich, sagte, dass ich Klavier spielen könne. Ein Klavier haben wir hier nicht, sagte Frau Tschaikowska. Wenn du Akkordeon spielen kannst, werde ich dich prüfen. Ich hatte nie zuvor ein Akkordeon in der Hand. […] Ich sagte ihr, dass ich auch Akkordeon spielen könne. Sie befahl mir, den deutschen Schlager ‚Du hast Glück bei den Frauen, Bel Ami' zu spielen. […] Es war wie ein Wunder. Ich spielte den Schlager […] und wurde gemeinsam mit zwei Freundinnen in das Orchester aufgenommen.[362]

Die Musik rettet Esther das Leben. Sie erlebt die Befreiung durch die Rote Armee und gelangt nach Israel, wo sie Unterschlupf bei ihrer Schwester und deren Mann findet. Erst jetzt erfährt sie, dass ihre Eltern bei Riga im Wald erschossen und in einem Massengrab verscharrt wurden. Sie beginnt ein neues Leben in Israel, lebt in Tel Aviv, später in Be'er Scheva. Sie verliebt sich in Nissim, heiratet, bekommt Tochter Edna und Sohn Joram. Aus politischen und persönlichen Gründen geht die Familie 1960 nach Deutschland – für Esther Bejarano, wie sie seit ihrer Eheschließung heißt, eine sehr emotionale Rückkehr. Ihre neue Heimat wird die Stadt Hamburg werden, zuvor besucht Esther mit ihrer Familie ihr altes Kindermädchen Kätchen Müller. Sie möchte ihrem Mann und ihren Kindern zeigen, wo sie geboren und aufgewachsen ist. Außer ihr versteht niemand den Saarlouiser Dialekt. Zwei Tage bleibt die Familie Bejarano in Saarlouis, Kätchen zeigt ihnen das Haus, in dem Esther geboren wurde und den Platz, wo einst die Synagoge stand. Sie fahren nach Saarbrücken, die Stadt hat sich sehr verändert, vieles ist neu gebaut worden, Esther kennt sich nicht mehr aus. Es bleibt keine Zeit, weiter nach Erinnerungen zu suchen, da der Zug von Saarbrücken Hauptbahnhof über Frankfurt am Main nach Hamburg wartet. Die Musik wird nach wie vor eine große Rolle in Esthers Leben spielen. Gemeinsam mit Tochter Edna und Sohn Joram gründet sie Anfang der 1980er Jahre die Gruppe *Coincidence* mit Liedern aus dem Ghetto und jüdischen sowie antifaschistischen Liedern. Mit der antifaschistischen Rap-Band *Microphone Mafia* absolviert sie bis ins hohe Alter zahlreiche Auftritte, gerade auch in Schulen. Am 29. November 2014 wird Esther Bejarano im Beisein zahlreicher Vertreterinnen und Vertreter aus Politik und Gesellschaft in der historischen Kaserne VI das Ehrenbürgerrecht der Stadt Saarlouis verliehen. Höhepunkt des Abends ist die emotionale Rede der Preisträgerin: „Ich gehöre zu euch, und ihr gehört zu mir. Ich komme unheimlich gerne nach Saarlouis und freue mich immer, etwas über die Stadt zu hören." Sie betont, dass bei ihrer Rückkehr nach Deutschland für sie klar gewesen sei, dass sie nur irgendwohin gehen konnte, wo sie vorher nicht war. „In eine Stadt, in der ich mit meinen Eltern und Geschwistern lebte, hätte ich nicht zurückgekonnt."[363]

Esther Bejarano starb am 10. Juli 2021 in Hamburg. Mit dem Esther-Bejarano-Preis zeichnet die Arbeitskammer des Saarlandes seit 2019 in Anlehnung an den Mut und die Courage der Namensgeberin Jugendliche aus, die Flagge zeigen gegen Rassismus, Antisemitismus, Fremdenfeindlichkeit und Intoleranz. Esther Bejarano erinnert mit ihrem Schicksal an das dunkelste Kapitel unserer Geschichte. **Maria Caspar**, eine der „drei mutigen Damen", zeugt davon, was Menschsein gerade in solchen Zeiten auch bedeuten kann.

Maria Caspar – Widerstand hat viele Facetten

„Wer seinen Beruf nicht mit einem Wort nennen kann, hat keinen" und „Unglaublich, was Leute alles tun, um nicht arbeiten zu müssen" – solch einprägsame Lebensweisheiten hinterlässt Dr. Maria Caspar.[364] Geboren 1895, gehört sie zur Generation der frühesten deutschen Studentinnen. Seit Ende des 19. Jahrhunderts erhielten Frauen in Deutschland allmählich Zugang zu den Universitäten, zunächst in Baden und Bayern, in Preußen sogar erst zu Beginn des 20. Jahrhunderts. Maria Caspar studiert Englisch, Germanistik und Geografie, schließt mit Promotion ab und wird Studienrätin am Mädchenrealgymnasium in Saarlouis (heute Robert-Schuman-Gymnasium). Zusammen mit ihren Kolleginnen Dr. Helene Hilger und Dr. Maria Kiefer entscheidet Maria Caspar, sich treu zu bleiben und nicht in die NSDAP einzutreten. Für sie als gläubige Katholikin stehen die religiösen Grundwerte ebenso wie Kants kategorischer Imperativ außer Frage. Florian Russi hebt in seinem Beitrag für das Internetportal *Saarland-Lese* hervor, dass allen drei Frauen bewusst war, dass sie, deren Parteibeitritt von der Schulleitung erwartet wurde, mit Pressionen rechnen mussten, wie immer die im Einzelnen aussehen mochten. An eine wie auch immer geartete Karriere war jedenfalls nicht mehr zu denken. „Dennoch blieben sie bei ihren Bedenken und anstatt in das Parteibüro gingen sie in ein nahe gelegenes Café und feierten ihren Entschluss mit heißer Schokolade und Kuchen."[365] In der Nachkriegszeit wird Maria Caspar als politisch unbelastet zur Oberstudienrätin und stellvertretenden Direktorin am Mädchenrealgymnasium Saarlouis berufen, Helene Hilger wird Direktorin des Auguste-Victoria-Gymnasiums in Saarbrücken (heute Gymnasium am Rotenbühl) und Maria Kiefer Leiterin des Mädchenrealgymnasiums Merzig (heute Peter-Wust-Gymnasium). Lassen wir zum Abschluss erneut Russi zu Wort kommen:

> Einmal saßen die drei Damen beisammen und Frau Dr. Hilger, die vielerlei Kontakte hatte, erzählte, dass die deutsche Wehrmacht an der Ostfront wieder mal eine Schlacht verloren hätte. Von Adolf Hitler ging das Gerücht, dass er nach jeder verlorenen Schlacht Tobsuchtsanfälle bekommen, sich auf den Boden geschmissen und in einen Teppich gebissen hätte.

‚Es war nur eine kleine, keine kriegsentscheidende Schlacht', klärte Frau Dr. Hilger auf.
‚Na, für'n Bettvorleger reichts', antwortete darauf Frau Dr. Kiefer.
Diese Bemerkung hätte zur damaligen Zeit alle drei Studienrätinnen in ein KZ bringen können.[366]

5.4 Bous: Von Arbeit und Haushalt

Das Thema Mädchenbildung blitzt an den verschiedenen Stellen im Buch auf, je nach Quellenlage. In den 1950er Jahren wurde vielerorts unter Mädchenbildung vor allem die Bildung oder vielmehr Unterrichtung von Mädchen hin zur gut ausgebildeten Hausfrau und Mutter verstanden, wie in der Bouser Haushaltungsschule. In einjährigen Lehrgängen sollten den Mädchen die grundlegenden Fertigkeiten zur Führung eines Haushalts vermittelt werden. Denn seien wir doch mal ehrlich (und zitieren an der Stelle aus einer Ortschronik aus dem Jahr 1952):

> Der Wunsch nach dem eigenen Heim, Mann und Kinder zu betreuen, den Haushalt als den eigentlichen Beruf zu betrachten – all das ist zutiefst im Wesen unserer Mädchen verankert, als daß der Hang nach Selbständigkeit im Berufsleben diese Sehnsucht ganz zu unterdrücken vermöchte. Es kommt nur darauf an, unseren schulentlassenen Mädchen den richtigen Weg zu zeigen und ihnen die Voraussetzungen zu geben, sich auf ihre ursprüngliche Aufgabe zu besinnen. Dieser schönen Bestimmung will auch die Bouser Haushaltungsschule dienen.[367]

Die Haushaltungsschule beziehungsweise hauswirtschaftliche Berufsschule war eine Außenstelle der Bezirksberufsschule Saarlouis. Der Schulbetrieb wurde am 27. August 1950 aufgenommen. Einzugsgebiet waren neben Bous die Ortschaften Schwalbach und Elm. Sitz der Schule war im Alten Rathaus. Immerhin: Der Unterricht war breit gefächert. Neben den klassischen Fächern Deutsch, Französisch, Rechnen, Turnen und Singen standen die Themen Kochen, Haus- und Gartenarbeit, Nadelarbeit, Säuglings- und Krankenpflege, Gesundheits- und Erziehungslehre, Haushalts- und Ernährungskunde, Geschäftskunde und Buchführung im Mittelpunkt des Unterrichts – „kurz, der gesamte Pflichtenkreis der Hausfrau und ihre verantwortungsreiche wirtschaftliche Tätigkeit innerhalb der Familie werden in froher und schöner Gemeinsamkeit erarbeitet"[368]. Vielleicht wären die Arbeiterinnen der Bouser Pulverfabrik froh gewesen, zur Hausfrau und Mutter ausgebildet zu werden und finanzielle Unabhängigkeit gegen Haushaltsgeld einzulösen, mit dem sie selbstredend verantwortungsvoll zum Wohl der ganzen Familie umgegangen wären. Wobei, finanzielle Unabhängigkeit sei in dem Fall dahingestellt. Wahrscheinlich war für die laut Ortschronik 1952 „zwischen 50 und 60 männliche und weibliche Arbeitskräfte in der Pulverfabrik“[369] jeder einzelne Pfennig überlebensnotwendig und es ging weniger darum, durch eine solche Lohnarbeit von einem Mann finanziell unabhängig zu werden.

Die Arbeiterin in der Fabrik

Die 1868 auf dem rechten Ufer des Bommersbaches bei Bous errichtete und in der Folge stetig vergrößerte und modernisierte Pulverfabrik stellt Sprengpulver aller Art sowie komprimierte Sprengsalpeter her und ist bis 1910 in Betrieb. Wir dürfen uns die Arbeitsbedingungen in der Pulvermühle durchaus als verheerend vorstellen. Der chemische Pulverstaub sorgt für Lungenschäden, abgeschliffene Zähne und eine Verfärbung von Haut und Haaren. Und über allem hängt die Gefahr von Explosionen, auch in Bous, wo sich im Herbst 1904 gegen 7 Uhr morgens eine Detonation ereignet, die zwei Arbeiter das Leben kostet. Leider ist nicht überliefert, wie viele Frauen in welchen Bereichen in der Pulvermühle arbeiteten. Bei den in der Fabrik geltenden Vorsichtsmaßnahmen stellt sich die Frage, ob Frauen zu der Zeit überhaupt in der Produktion eingesetzt waren. Während der Kriege, das zeigt die Geschichte der Alten Schmelz in St. Ingbert beispielhaft, ist es kein Thema, dass die Frauen die Männer in der Produktion ersetzen. Innerhalb der Fabrik verbinden Laufstege aus Holz, die mit Kokosläufern belegt sind, die einzelnen Betriebe. Die Fabrikgebäude selbst dürfen einzig mit Filzschuhen betreten werden. Peinlichste Sauberkeit ist oberstes Gebot. Das Mitführen metallener Gegenstände wie Uhren ist strengstens untersagt, desgleichen genagelte Schuhe und Gürtelschnallen. Eine Sicherheitskontrolle, wie es sie heute an den Flughäfen gibt, hätte die Arbeitsabläufe in der Fabrik sicher erheblich erleichtert. Das Umziehen zur Arbeit erfolgt in einem besonderen Aufenthalts- und Speiseraum, und spätestens hier wird es vermutlich eng mit weiblichen Arbeiterinnen. Bis in die Neuzeit wird gern darauf verwiesen, der Aufwand für separate Umkleide- und Waschräume sei zu hoch, allein die Genehmigungsverfahren und und

und. Dabei bedarf es keiner neuen Sanitärbereiche und demzufolge keiner Bürokratie. So weist die Journalistin Claudia Pinl in einem Beitrag für die taz aus dem Jahr 2003 darauf hin, dass – unbemerkt von vielen Betrieben – bereits 1983 die „Klobestimmungen" in der Arbeitsstättenverordnung entschärft wurden. Seitdem müssen nicht *mehr*, sondern lediglich *getrennte* Toiletten- und Umkleideräume vorgehalten werden, und das kann so schwer nicht sein. Dennoch muss das Nichtvorhandensein eines Damenklos bis in unsere Zeit dafür herhalten, Frauen nicht beschäftigen zu können.[370] Vermutlich also, um auf die Pulverfabrik zurückzukommen, ist davon auszugehen, dass Frauen, wenn sie Arbeit finden, vornehmlich im Bereich des Reinigungswesens tätig sind und eventuell im Bereich des Sekretariats. In der Schokoladen- und Zuckerwarenfabrik wird das wieder anders ausgesehen haben. Das Werk der heutigen Ludwig Schokolade GmbH & Co., das die bekannten *Edle Tropfen in Nuss* herstellt und mittlerweile im Saarlouiser Stadtteil Fraulautern beheimatet ist, hat seine Wurzeln in der Bouser Schoko-Fabrik der Firma Poser, gegründet 1933 unter dem Namen *Albin Poser – Fabrik für Fondantmasse, Schokolade und Backwaren*. 1938 übernimmt der Sohn die Fabrik, der Krieg verhindert weitere Ausbauten und führt zur zweitweisen Schließung der Produktion. Nach dem Tod des Poser-Sohnes 1944 ergreift dessen Gattin, Adi Poser, das Ruder. Sie kann die Fabrik nach dem Zweiten Weltkrieg zu altem Glanz führen. Ende 1948 sind rund 50 Personen im Betrieb tätig und 1952 zählt dieser circa 150 Arbeiterinnen, Arbeiter und Angestellte.[371]

Wer die Frauen waren, wie sie hießen, dies ist Geschichte, ebenso wie die längst vergessenen Nicknamen früherer Zeiten. Wer verbarg sich hinter Pittchens Anna und Pitts Mari? Oftmals wurde der Vorname des Kindes mit dem des Vaters oder der Mutter verknüpft. Andere paarten den Namen mit einem Beruf oder einer bestimmten Eigenschaft, sodass solch klangvolle Rufwörter wie Budnickels Hanne, Birschdenmariechen, Burrliesen, Gräschmari, Dudda Amaei und Schnapskatrin herauskamen.[372] Abwertung inklusive.

Das Namenswesen in der Historie

Gudrun Müller – Vorname, Familienname. Diese Namensgebung scheint in unserem kulturellen (Sprach-)Raum derart selbstverständlich, dass zumindest ich noch nicht allzu viele Gedanken daran verschwendet habe, dies könnte weiland nicht so gewesen sein. War es aber. Seit Ausbildung von Sprache sind Personen mit Namen verbunden. Lange Zeit hingegen war dieser Rufname die einzige Bezeichnung für Personen, es herrschte das „System der Einnamigkeit"[373]. Etwa ab dem 12. Jahrhundert setzte sich im deutschsprachigen Raum die „Zweinamigkeit" durch, bestehend aus Rufnamen und Beinamen. Dem Adel ging es dabei vor allem um die Klarstellung von Besitzverhältnissen, allgemein setzte sich dieses System wegen der eindeutigeren Identifizierung von Personen durch. Schließlich war die Zahl der Rufnamen begrenzt und steigende Mobilität machte eine individuellere Namenszuordnung notwendig. Beinamen konnten dabei Herkunfts- oder Berufsbezeichnungen sein, bekleidete Ämter oder wichtige Taten – der Fantasie waren keine Grenzen gesetzt. Am Anfang wurden diese Beinamen nur im mündlichen Verkehr verwendet, eine schriftliche Umsetzung geschah erst später. Für Frauen galt eine andere Namensordnung, da sie in der Geschäftswelt nicht vertreten waren, eine eindeutige Identifizierung über einen Beinamen nicht notwendig schien. Zumeist kamen sie in der Öffentlichkeit eh nicht vor, und wenn, dann mit dem Beinamen des Vaters oder wahlweise des Ehemannes. „Solange der Zweitname noch nicht juristisch und administrativ verankert war, wurde es als es ausreichend erachtet, dem Rufnamen der Frau den Namen des Vaters bzw. des Mannes in einer weiblichen Form anzufügen"[374], so die Sozialwissenschaftlerin Sarah Zaussinger. Im Prinzip passierte also bereits, was sich in der Folge mit dem Familiennamen etablierte: die Übertragung des Männernamens als Familienname auf die Frau. Der Familienname ist grob skizziert dadurch gekennzeichnet, dass er über mehrere Generationen hinweg weitergereicht wird, Geschwister denselben Familiennamen führen, allgemein eine Verschiebung weg von der Bedeutung des (Bei-)Namens für eine einzelne Person hin zu einem (Familien-)Namen für eine Gruppe von Menschen geschieht. Dabei sei erwähnt, dass die Entwicklung von Familiennamen zum einen geschlechtsabhängig, zum anderen milieuabhängig war. So blieben beispielsweise Dienstboten, Knechte und Mägde am längsten ohne Familiennamen. Selten sind Frauen mit einem eigenständigen Beinamen, aus dem ein Familienname hervorging. Zaussinger weist darauf hin, dass es vereinzelt zu Benennungen von Männern nach einer Frau kam, „über so genannte Metronymika. Doppelnamen als Familiennamen tauchten erst ab der zweiten Hälfte des 19. Jahrhunderts auf"[375]. Das Metronymikon bedeutet, der Name wird vom Namen der Mutter abgeleitet. Solche Frauennamen setzten sich durch, wenn sie unehelichen Kindern vererbt wurden oder in den seltenen Fällen, wenn der Ehemann sich durch die Übernahme des Frauennamens einen Vorteil versprach, sei es, weil die Frau aus einer angesehenen Familie stammte oder aus anderen Gründen. In Deutschland besteht seit einer Entscheidung des Bundesverfassungsgerichts vom März 1991 die Möglichkeit, keinen Ehenamen zu bestimmen, de jure also den jeweiligen Familiennamen zu behalten. Die aktuelle Ampelregierung hat im Jahr 2023 einen Gesetzentwurf beschlossen, um das Namensrecht zu modernisieren. Unter anderem sollen Eltern und Kinder echte Doppelnamen führen können, Namensänderungen, zum Beispiel nach Scheidungen, sollen vereinfacht sowie Minderheiten berücksichtigt werden. Das Gesetz zur Änderung des Ehenamens- und Geburtsnamensrechts soll im Mai 2025 in Kraft treten.

5.5 Ensdorf: Auf der Suche nach den Künstlerinnen

In den 1950er Jahren legte ein katholischer Pfarrer in dem saarländischen Bergarbeiterort Ensdorf eine Art Wallfahrts- und Erholungsstätte gleichzeitig an, den Ensdorfer Hasenberg. Dieser erstreckt sich zwischen dem südöstlichen Ortsrand und der Landstraße nach Griesborn, an der Taubentalstraße liegt der Eingang zum Park. Ein Fußweg führt zu einem sich unterhalb des Hügels erstreckenden großen ebenen Rechteckplatz mit Brunnenanlage. Jenseits des Platzes beginnt der Aufstieg zum Hasenberg. Vorbei an einem Kreuzweg mit schlichten Holzkreuzen kann die Besucherin entweder einen Serpentinenweg nehmen oder auf einem geraden Treppenweg direkt nach oben gehen. Die als Plateau gestaltete Kuppel des Hasenberges ist der heiligen Barbara gewidmet, alle anderen Plätze stehen in Verbindung zur Marienverehrung: Fatimaplatz und Lourdesplatz, Annaplatz, Rosenkranzweg und so weiter. Bei der Gestaltung des Hasenbergs kamen ausschließlich junge saarländische Künstler zum Zug: Albert Johann Zapp, Oswald Hiery, Oskar Holweck – um einige zu nennen. Keine einzige Künstlerin wurde einbezogen. Erst in der katholischen Pfarrkirche St. Marien in Ensdorf sind weibliche Spuren zu entdecken, nämlich bei den Messgewändern. Die hatte selbiger Pfarrer, der den Hasenberg initiierte, bei **Ella Broesch** in Auftrag gegeben.

Ella Broesch und die Staatliche Saarländische Schule für Kunst und Handwerk Saarbrücken

Bei der Besichtigung des Dillinger Schlosses sind wir der Textildesignerin Dorothea Zech begegnet. Sie lernt Bildstickerei und Paramentik bei der „weltweit anerkannten Textilkünstlerin“[376] Ella Broesch. Diese Bewertung stammt von der Architektin Marlen Dittmann, die sich in einem Beitrag für das Institut für aktuelle Kunst[377] mit Künstlerin und Werk beschäftigt. Paramente bezeichnen die im Kirchenraum und in der Liturgie verwendeten Textilien, die häufig künstlerisch aufwendig gestaltet sind. Ella Broesch hat sich hier einen Namen gemacht. Der frühere französische Botschafter an der Saar, Gilbert Grandval, beauftragte sie mit diversen Arbeiten, beispielsweise der Herstellung einer prachtvollen Bischofsmütze (Mitra), die von seiner Verbundenheit mit der katholischen Kirche zeugen sollte und die er dem aus Püttlingen stammenden Kardinal Josef Clemens Maurer schenkte. Ella Broesch unterrichtet an der 1946 von der französischen Militärregierung errichteten Staatlichen Saarländischen Schule für Kunst und Handwerk Saarbrücken. Weibliche Lehrkräfte sind zu der Zeit fast ausnahmslos in den traditionell als frauenspezifisch geltenden Bereichen tätig: Laure Malclès, Hélène Meunier, Marlis Haas und Ruth Herzog in den Modeklassen, Rosel Niemeyer-Catrein und Sofie Dawo in den Klassen für Weberei, Ella Broesch wie erwähnt in Bildstickerei und Paramentik sowie Anneliese Braunmüller in Keramik. Einzig Gisela Lehmann kann mit ihrer Klasse für Metallformung womöglich Studenten interessieren, ansonsten werden die genannten Klassen überwiegend von Studentinnen besucht. 1958 wird die Schule neugegliedert, nicht zuletzt wegen nicht enden wollender Auseinandersetzungen mit dem Kultusministerium und der Handwerkskammer bezüglich der Nähe der Hochschule zur Kunst beziehungsweise zum Handwerk. Konkret bedeutet die Neuausrichtung im ersten Schritt eine Auflösung zahlreicher Klassen, im Einzelnen: Metallformung, Bildstickerei und Paramentik, Bildhauerei, Fotografie, Keramik und Mode. Dadurch reduziert sich der Anteil weiblicher Lehrkräfte drastisch.[378] Sofie Dawo, die Leiterin der Klasse für Weberei und Stoffdruck, wird 1961 die stellvertretende Direktorin der Schule, die sich jetzt Staatliche Werkkunstschule Saarbrücken nennt. Von 1971 bis 1989 bildet die Schule gemeinsam mit der Hochschule für Technik und Wirtschaft die Fachhochschule des Saarlandes. 1989 wird sie unter dem Namen Hochschule der Bildenden Künste „neu" gegründet. Sie ist die einzige Kunsthochschule des Saarlandes. Der Malerin Andrea Neumann, 2020 mit 51 Jahren gestorben, widmet die HBKsaar den mit 5.000 Euro dotierten *Kunstpreis Andrea Neumann*. Der erstmals 2022/2023 ausgelobte Preis erinnert an eine bekannte Absolventin der Hochschule, die im Saarland nicht nur durch ihre Kunst, sondern auch durch ihre kuratorische Tätigkeit die Kunstszene des Saarlandes und der Großregion maßgeblich beeinflusst hat.[379]

5.6 Nalbach: Gleiche Rechte für alle

Nicht ganz so sichtbar wie das Saarpolygon in Ensdorf, ist das Gipfelkreuz auf dem 418 Meter hohen Litermont dennoch einen Ausflug wert. Es wurde zu Ehren der Burgfrau **Margarete vom Litermont** errichtet. Der Beweis für die Existenz der Burgfrau steht bis heute aus. Auf dem Litermont muss tatsächlich eine Festung gestanden haben, wovon die erhaltenen Spuren von drei Wällen mit Gräben und Mauerresten zeugen. Allerdings wurde die Burg nie urkundlich erwähnt.

Margarete vom Litermont und ihr unseliger Sohn Maldix

Nach rund neun Kilometern und etlichen Höhenmetern auf dem Premiumwanderweg *Nalbacher Gipfeltour* erreichen die Spaziergängerinnen das Gipfelkreuz, wo sie mit einem tollen Blick über das Nalbacher Tal bis nach Frankreich belohnt werden. Drehen sie der Aussicht den Rücken zu und studieren den detailreich gestalteten Putzsockel unter dem Metallkreuz, lesen sie folgende Inschriften: „Erinnerung an Margaretha von Lidermont. Hanc crucem anno 1852 erexit et anno 1902 renovavit parochia Nalbach". Letzteres besagt: Dieses Kreuz errichtete im Jahr 1852 die Pfarrei Nalbach und erneuerte es im Jahr 1902. Von Generation zu Generation werden die Geschichten von der frommen Burggräfin Margarete erzählt, die eine Wohltäterin des Ortes gewesen sein soll. Als in den 1760er Jahren die alte Nalbacher Kirche abgerissen und einem Neubau weichen musste, wurden die angeblichen Gebeine der Margarete im Chor der Kirche gefunden. Sie soll die letzte ihres Geschlechts gewesen sein. Die bekannteste Sage ist wohl die vom Ritter Maldix, Sohn der Margarete. An einem Karfreitag, einem hohen Feiertag der Christen, macht Margarete sich in den frühen Morgenstunden auf den Weg zur Andacht in die Nalbacher Kirche. Sie möchte, dass ihr Sohn sie begleitet, doch ihr Wunsch bleibt unerfüllt. Der hat nämlich ganz andere Pläne für diesen Tag. Mit seinen Kumpanen will er auf Treibjagd gehen. Margarete, von düsteren Vorahnungen geplagt, bekniet ihn nachgerade, von seinem Vorhaben abzulassen. Schnitt: Margarete ist in der Kirche, Maldix in wildem Ritt durch den Wald. Ein Hirsch kreuzt seinen Weg. Er hetzt ihn durch den Wald auf den Litermont. Angeblich mit den Worten: „Heute stirbt der Herr für dich, Mutter, und der Hirsch für mich." Allein es kommt anders. Eine steil abfallende Felsklippe taucht auf, das Pferd scheut, Maldix stürzt in die Tiefe. „Mit zerschlagenden Gliedern fand ihn die Jagdgesellschaft in seinem Blut. Der geheimnisvolle Hirsch aber war verschwunden."[380] Fest steht: Im Jahr 1393 übertrugen der Nalbacher Vogt Nikolaus von Kastel und seine Ehefrau Margarete dem Stift St. Simeon das Dorf Theter im Nalbacher Tal. Die genannte Margarete ist vermutlich das Vorbild der legendären Margarete vom Litermont aus der örtlichen Maldix-Sage.

Wie viel konkreter ist da das Sujet von **Anne Klein**, geboren 1950 in Bilsdorf und im Alter von 61 Jahren in Berlin gestorben. Als Juristin und Senatorin des Landes Berlin setzte sich Anne Klein vor allem für die Rechte von Frauen und gleichgeschlechtliche Lebensweisen ein.

Anne Klein – gleiche Rechte für alle

Die Grünen-Politikerin Renate Künast zitiert in ihrer Trauerrede für Anne Klein diese mit einem Satz über ihre Kindheit, der uns einen Blick auf die saarländischen Wurzeln von Anne Klein erlaubt:

> Meine Kindheit war geprägt von ländlicher Idylle in einer absolut perfekten, schönen Umwelt. Meine Eltern hatten ein kleines Grundstück, auf das nach dem Krieg, als mein Vater aus der Gefangenschaft kam, sofort gebaut wurde – an einem schönen mit Pappeln bestandenen Bach in einem süßen kleinen Tal, wo wir Kinder von morgens bis abends spielen konnten. Ich hatte eine sehr schöne Kindheit.[381]

Mit 22 Jahren geht Anne Klein nach Berlin, es sind die 1970er Jahre, die neue Frauenbewegung nimmt Kontur an und Fahrt auf. Nach ihrem Staatsexamen 1978 gründet Klein die erste feministische Kanzlei – gegen den erbitterten Widerstand der Anwaltskammer, die verlangte, dass ein Anwalt alle vertreten müsse. Und eine Anwältin natürlich genauso. Anfang der 1980er Jahre entwickelt Klein als wissenschaftliche

Mitarbeiterin der grünen Bundestagsfraktion einen Gesetzesentwurf für ein Antidiskriminierungsgesetz, das einige Jahre später in veränderter Fassung in den Deutschen Bundestag eingebracht wird. „Eine juristische Knochenarbeit war das", wird sie später dazu sagen. Seit dem 14. August 2006 gilt das Allgemeine Gleichbehandlungsgesetz (AGG). „Ziel des Gesetzes ist es, Benachteiligungen aus Gründen der Rasse oder wegen der ethnischen Herkunft, des Geschlechts, der Religion oder Weltanschauung, einer Behinderung, des Alters oder der sexuellen Identität zu verhindern oder zu beseitigen."[382] Zurück zu Anne Klein: 1989 wird sie als Parteilose für die Grünen zur ersten feministischen und offen lesbisch lebenden Senatorin für Jugend, Frauen und Familie ernannt. Als Senatorin gelingt es Klein, die Eigenbeteiligung von Frauen, die in Frauenhäuser flüchten, abzuschaffen sowie einen Zufluchtsort für asiatische Frauen, die in der Prostitution landeten, einzurichten. Ebenso ruft sie eine Stelle für gleichgeschlechtliche Lebensweisen ins Leben. Manche Kritikerinnen werfen ihr zögerliches Handeln vor. „[D]er erste rot-grüne Senat musste erst scheitern, bevor verstanden wurde, dass Anne Klein den radikalen Versuch gewagt hatte, feministische Ideen politisch umzusetzen"[383], so die Journalistin Waltraud Schwab. Anne Klein geht zurück in ihren Beruf und macht dort weiter, wie sie in der Politik aufgehört hat: Sie wird die erste Präsidentin eines Rechtsanwaltsversorgungswerks deutschlandweit, wo sie durchsetzt, dass auch jenen eine Mindestrente bezahlt wird, die in wenig lukrativen Arbeitsfeldern wie beispielsweise dem Fremdenrecht tätig sind. Sie schafft es, den Versorgungsanspruch auf gleichgeschlechtliche Hinterbliebene auszuweiten. In einem ihrer letzten Interviews, im Angesicht einer schweren Krankheit, betont sie gegenüber Schwab, sie sei eine Gerechtigkeitsfanatikerin. Und sie habe Glück gehabt im Leben, „Fortüne". Sie habe ihre Träume gelebt, wozu gehöre, „dass sie als Teenager die Schlagersängerin ‚Anouk' war, die durch Discos tingelte"[384]. Ihr Hit: *Die Liebe ist vorbei*. Seit 2012 wird jährlich der mit 10.000 Euro dotierte Anne-Klein-Frauenpreis durch die Heinrich-Böll-Stiftung vergeben. Er richtet sich an Pionierinnen, die „gesellschaftliche Veränderungen bewirken und sich so auch durch Zivilcourage und Widerstand auszeichnen"[385]. Die Preisträgerin von 2022 heißt Yosra Frawes und ist eine Anwältin, die seit dem Arabischen Frühling für die rechtliche Gleichstellung von

Frauen und Männern in Tunesien kämpft. 2019 erhielt den Preis die Gynäkologin Kristina Hänel (gemeinsam mit Natascha Nicklaus und Nora Maria Szász). Die in Gießen praktizierende Ärztin ist bekannt für ihren beharrlichen Kampf, das Informationsrecht von Frauen zu verteidigen. Dies trug ihr im Juni 2019 eine Geldstrafe wegen „Werbung für den Abbruch der Schwangerschaft" ein. Ihr Vergehen: Auf ihrer Webseite Frauen über einen Schwangerschaftsabbruch zu informieren. Am 24. Juni 2022 hat die aktuelle Ampelkoalition die Abschaffung des umstrittenen Paragrafen 219a beschlossen. Es könne nicht sein, sagt der amtierende Justizminister Marco Buschmann von der FDP im Vorfeld, „dass jeder alles über diese Dinge ins Internet setzen kann, aber ausgerechnet Menschen, die dafür qualifiziert sind, das nicht können".

5.7 Rehlingen-Siersburg: Von Hexen und Katzen

Mit dem Beginn der frühen Neuzeit breitete sich wie vielerorts sonst im Nalbacher Tal der Hexenwahn aus, der besonders in den Jahren zwischen 1570 und 1634 stark wütete. Die Nalbacher Straße Am Gälgesberg erinnert an die Hinrichtungsstätte. Neben Nalbach fanden Hexenprozesse im Saarland nachweislich in Roden, Merchingen, Dagstuhl und Wadgassen statt. Der Hexengarten in Siersdorf erinnert an dieses düstere Kapitel. An einem Hang unterhalb der St. Willibrordskapelle wurde der Kräutergarten nach dem Vorbild mittelalterlicher Klostergärten angelegt. Wohl wahr, dass es Männer gab, denen der Prozess gemacht wurde.[386] In der überwiegenden Zahl aber waren es alte und alleinstehende Frauen, die der Gemeinde ein Dorn im Auge waren, nicht zuletzt als Kostenverursacherinnen. Hebammen und Frauen, die der Heilkunde mächtig waren, galten als unliebsame Konkurrenz für Ärzte. Wurden die missliebigen Rivalinnen als Hexen gebrandmarkt, konnte sich ihrer entledigt werden. Nicht von ungefähr verstecken sich in dem Kräutergarten Pflanzen wie das Hexenhaar (Waldrebe), die Hexenleiter (Wurmfarn) oder die Hexenmilch (Wolfsmilch). Viele Kräuter waren und sind giftig. Da war es ein Einfaches, erst die Frau als Hexe zu bezeichnen und ihr in einem zweiten Schritt zu unterstellen, ihrem vermeintlichen Opfer Böses zu wollen. Inwiefern sich der 1933 in Rehlingen geborene Theologe Fulbert Steffensky für die Geschichte der Hexenverfolgungen interessierte, ist nicht überliefert. Wir interessieren uns an der Stelle mehr für seine Ehefrau, die streitbare evangelische Theologin und Dichterin **Dorothee Sölle**.

Das Credo der Dorothee Sölle

„Was wärst zum Beispiel du, Dorothee, ohne meine Bedächtigkeit, was wäre meine Bedächtigkeit ohne deinen Pfeffer? In der eher kleinbürgerlichen Umgebung, aus der ich stamme, hat man übrigens nicht gestritten."[387] Dieser Satz stammt aus einem Zeitungsinterview, dass Dorothee Sölle und Fulbert Steffensky 1998 gaben. Der vormalige Benediktinermönch Steffensky ist der zweite Ehemann von Dorothee

Sölle, die in erster Ehe mit dem Maler und Kunsterzieher Dietrich Sölle verheiratet war. Ihr Mädchenname lautet Nipperdey. Trotz ihres Studiums der Theologie, Philosophie und Literaturwissenschaft mit anschließender Promotion bleiben ihr höhere akademische Aufgaben in Deutschland verwehrt, „eine der bemerkenswertesten Torheiten der Kirchengeschichte der Nachkriegszeit"[388], wie es die Lübecker Bischöfin Bärbel Wartenberg-Potter auf der Trauerfeier formuliert, nachdem Dorothee Sölle 2003 im Alter von 73 Jahren an einem Herzinfarkt gestorben ist. Sölle hat zahlreiche Werke veröffentlicht. Immer wieder übt sie Kritik an der Vorstellung von Gott als dem Allmächtigen, für sie ist Gottes Wirken in dieser Welt abhängig von unserem eigenen Handeln. Dies bringt sie nicht zuletzt in ihrem Credo (Glaubensbekenntnis) zum Ausdruck, wenn sie schreibt:

> ich glaube an gott
> der die welt nicht fertig geschaffen hat
> wie ein ding das immer so bleiben muß
> der nicht nach ewigen gesetzen regiert
> die unabänderlich gelten
> nicht nach natürlichen ordnungen
> von armen und reichen
> sachverständigen und uniformierten
> herrschenden und ausgelieferten
> ich glaube an gott
> der den widerspruch des lebendigen will
> und die veränderung aller zustände
> durch unsere arbeit
> durch unsere politik
> […][389]

Das Bewusstsein, nach Auschwitz zu leben, prägt Dorothea Sölle und ihren Glauben. Sie engagiert sich in der Friedens-, Frauen und Umweltbewegung. Sie ist eine der Stimmen, die heute fehlt, wenn es um die Zukunft der Institution Kirche geht. „ich glaube an jesus christus […] jeden tag habe ich angst dass er umsonst gestorben ist weil er in unseren kirchen verscharrt ist weil wir seine revolution verraten haben […]."[390]

Begeben wir uns noch einmal in die weitere Vergangenheit und widmen uns einem der zahlreich vorhandenen adligen Gemäuer in der Umgebung: dem Schloss Fremersdorf. Die Ursprünge als mittelalterliche Burg liegen vermutlich im 12. Jahrhundert, heute befinden sich Schloss und Schlosspark im Privatbesitz der Familie von Boch und sind öffentlich nicht zugänglich. Um ein weibliches Familienmitglied der von Bochs beziehungsweise der von Galhaus sowie ihre Katze geht es im Folgenden.[391]

> Am 14. Februar 1793, dem Valentinstag, verließ die ‚Kupferkokarde', wie der Bursche aus Sarrelouis-Roden wegen seines rostroten Haarschopfes überall hieß, das Dillinger Rathaus, wo er den Sitz seines Revolutionsrates eingerichtet hatte, und sprengte mit einem Reitertrupp in Richtung Fremersdorf an der unteren Saar. […] Der frühere Hausdiener und Schloßgärtner des Freiherren von Galhau, wegen Trunksucht und Diebstahl in Unehren aus herrschaftlichen Diensten entlassen, schickte sich offensichtlich an, den Herrensitz derer von Galhau in seine Gewalt zu bringen.

Überliefert ist: Am Dreikönigstag des Jahres 1793, am 6. Januar, wurde die Schlossherrin Barbara (1754–1794), die Witwe des Jean Henri-Christophe de Galhau, wegen des Vorwurfs der Konspiration mit den Feinden der Französischen Republik festgenommen, kann also am 14. Februar desselben Jahres gar nicht mehr im Schloss gewesen sein, weil mittlerweile im Gefängnis. Nichtsdestotrotz wurde die Legende weitergesponnen:

> Nachdem die Schlosswache überwältigt, teils gefesselt als Gefangene abgeführt, teils erschossen oder erstochen in den Parkweiher geworfen, die schweren Gartentore aufgesprengt waren, drang die marodierende Meute […] in das Innere des Schloßgebäudes, trieben Dienerschaft und Gesinde unter Fluchworten und Lanzenpuffen in den Burghof und suchten die Gemächer nach der gräflichen Familie ab. Da der Freiherr mit seinen Kindern vor einigen Tagen das Haus verlassen hatte, um sie auf seinen rechtsrheinischen Besitzungen in Sicherheit zu bringen, stießen die Eindringlinge nur auf die junge Baronin von Galhau und ihren alten, fast achtzigjährigen Vater, die sich mit einer edlen, tigerartigen Katze,

> dem Lieblingstier der Schloßherrin, ins Erkerzimmer des Wehrturms geflüchtet hatten und angstvoll der Dinge harrten.

Soviel zur „Witwe" ... Doch brachte der Freiherr, der eigentlich schon tot war laut historischen Quellen, wirklich seine Kinder in Sicherheit und ließ Gattin und greisen Schwiegervater ins offene Messer rennen? Nun gut, wir wissen weder, wie groß die rechtsrheinischen Besitzungen seiner Lordschaft waren, noch wie es um die Ehe der beiden bestellt war.

> Malepartus Ickelsamer, der sich als Kommissar des Revolutionsrates zu Paris ausgab, von den bedrängten Edelleuten mit Entsetzen wiedererkannt, verlangte kaltschnäuzigen Tons und haßsprühenden Blicks, mit gebieterischer Stimme, die Schlüssel zu Schatztresor und Weinkeller herauszugeben. Die Gefangenen verweigerten, sei es, daß sie keinen Bescheid zu geben wußten, sei es, daß ihr Aristokratenstolz der schamlosen Dreistigkeit des ehemaligen Schloßdieners die Stirn bieten wollte, jede Auskunft. Aufgebracht und wutschnaubend gab der Bandenführer Malepartus den Marodeuren den Befehl, den Alten auf der Stelle zu töten. [...]

Da braute sich was zusammen.

> Als der begehrliche Anführer Hand an die junge Frau legte, ging die Tigerkatze, die bislang den Mann mit dem bedrohlichen Rotschopf nicht aus den Augen ließ und fauchend zu Füßen ihrer Herrin saß, den Schurken mit einem gewaltigen Satz an, biß sich an seinen Händen fest und zerkratzte dem wild um sich Schlagenden das Gesicht.

Umsonst – die Aktion wurde nicht mit Erfolg gekrönt. Malepartus ließ sich von seinem Vorhaben, der Baronin Gewalt anzutun, von einer Katze nicht abhalten.

> Es gelang ihm, das verwünschte Tier von sich abzuschütteln, er stürzte sich auf die Edelfrau und verübte das Schändliche an seinem willenlosen Opfer. Vor Entsetzen über die Gewalttaten, die der Schloßherrin und dem alten Vater zugefügt wurden, sprang die Katze auf einen hohen Schrank, reckte sich empor und erstarrte zu Stein.

So weit, so schlecht. Das wirkliche Schicksal der Barbara de Galhau war noch weniger erfreulich. Nach Gefängnisaufenthalten in Saarlouis, Metz und Paris wurde sie – zusammen mit ihrem Vater – aufgrund eines Urteils des Revolutionstribunals am 25. Februar 1794 durch die Guillotine enthauptet. Was aus der Tigerkatze wurde, ging in den Wirren der Revolution unter.

Bereits Anfang des 18. Jahrhunderts, genauer: im September 1706, war das Fremersdorfer Schloss der Gerichtsort, an dem der Prozess der Odilia Malsac geborene Laux aus Fremersdorf geführt wurde. Die Witwe hatte gemeinsam mit ihren Kindern Klage erhoben: Es ging um die Rückgabe von Gütern, die sie und ihr Ehemann in den Wirren des Dreißigjährigen Kriegs zurückgelassen hatten. Pikanterweise hatte der aktuelle Bürgermeister von Fremersdorf die Ländereien vereinnahmt, im Einzelnen einen „ungefähr 3 Morgen großen Garten" und „die darauf befindlichen Steine, (...) um damit ein Haus zu bauen"[392]. Diese Angaben verdanken wir den Recherchen des Heimat- und Ahnenforschers (sowie Archivars) Gernot Karge. Odilia Malsac (es finden sich auch die Schreibweisen Mahlsa, Malsach(e), Malsack, Malzac) verlangte nun ein anderes, anstoßendes Gelände, um darauf ein Haus bauen zu können.

> François Jean Malsac und Konsorten, wohnhaft zu Saarlouis und Fremersdorf, gegen Alexander Scheuer, Maire und Hautjusticier (Hochgerichtsschöffe) von Fremersdorf. Es klagen Odilie Laux, Witwe des verstorbenen Jacob Malsack, Caspar Malsack, wohnhaft in diesem Ort, Agnes Malsack, die Genannten für sich und ihre Konsorten, welche alle erschienen sind.[393]

Da Odilia Laux, als sie zwei Jahre später starb, Haus- und Grundbesitz in Fremersdorf ihr Eigen nennen konnte, scheinen sie und ihre Kinder vor Gericht Recht bekommen zu haben; ein Urteil über den Prozess ist leider nicht erhalten.

5.8 Saarwellingen: In Feierlaune

Im Saarland und darüber hinaus ist Saarwellingen vor allem wegen seiner Altweiberfastnacht am Fetten Donnerstag, dem Greesentag, bekannt. Bezüglich der ursprünglichen Bedeutung des Wortes „Grees" kursieren diverse Theorien. „Altweiberfastnacht" deutet auf die eine Theorie, derzufolge „Grees" sprachlich mit „Greis" zusammenhängt. „Eine ‚Grees' ist dann ein ‚alt schrumpelich Wäschen', eine Oma", schreibt Hans Georg Schneider in einen Beitrag für die Trierer Bistumszeitung Paulinus.[394] Eine andere Theorie sieht in dem Wort „Grees" die Nähe zum französischen „Graisse", was übersetzt Fett bedeutet. Passend zum „Fetten" Donnerstag, dem einzigen Tag, an dem die Greesen auftauchen. Im Übrigen der Tag, an dem jede und jeder, nicht nur die „Grees", laut Überlieferung, „siebenmal mit fettigem Maul aus dem Fenster schauen soll". Die dritte Theorie zielt auf eine Verbindung zum Schmuggel an der früher bei Saarwellingen verlaufenden Grenze zwischen Deutschem Reich und Frankreich. Als alte Frauen verkleidet, so die Vermutung, versuchten Schmuggler (und wohl auch Schmugglerinnen, hier war die Verkleidung weniger aufwendig), den Zöllnerinnen und Zöllnern zu entwischen. „Als später um 1850 die Fastnachtsfeiern in der Gegend stark aufkamen, habe man sich dieser Geschichten erinnert und habe so billige Kostüme für die Umzüge und Maskenbälle gehabt." Sei es wie es sei, eine richtige Grees trägt Maske, Hut sowie dunkle Kleidung und ist mit einer „Blättsch" ausgestattet, um der Obrigkeit an diesem einen Tag die Meinung nicht nur lautstark sagen zu können, sondern eben mit der Blättsch geigen zu können. Wobei der rituelle Hieb mit der meist aus Karton hergestellten Blättsch nicht wirklich schmerzt. Oftmals haben die Greesen einen Stock dabei, an dem Dosen, Glocken und alles, was richtig schön Krach macht, befestigt sind, den „Deiwelsgei". Und je fester die Greesen ihre Stöcke in den Asphalt rammen, desto mehr Krach erzeugen sie. „Alleh hopp, alleh hopp, die Greesen kommen!"

In Saarwellingen begegnen wir Katharina Weißgerber alias Schultze Kathrin wieder, die am 3. August 1818 im Ortsteil Schwarzenholz das Licht der Welt erblickte und die wir im Kapitel über Alt-Saarbrücken kennengelernt haben. Die Pianistin **Elly Ney** hatte gleichfalls Wurzeln in Schwarzenholz. Sie selbst wurde 1882 in einer Kaserne in Düsseldorf geboren, wo ihr Vater Jakob Ney im Niederrheinischen Füsilierregiment als Feldwebel tätig war. Und eben dieser Jakob Ney kam 1852 in Schwarzenholz als Sohn eines Bergmannes zur Welt.

Elly Ney – Roll Over Beethoven

Das Klavierspielen wird Elly Ney mütterlicherseits quasi in die Wiege gelegt. Mutter und Großmutter sind Klavierlehrerinnen, Elly kommt mit 10 Jahren aufs Kölner Musikkonservatorium, von wo aus sie ihren Siegeszug durch die Konzertsäle der Welt startet. Neben zahlreichen Auftritten in deutschen Städten spielt sie in Stockholm, Warschau, London, Rom und Petersburg. „Und hier wurde Elly bereits im Jahr 1911 mit derartigen Ovationen überwältigt, dass ihre Konzerte durch unaufhörliche Zugaben erst nach Mitternacht endeten"[395], weiß der Autor Hoffmann in *Unsere Heimat*, dem Mitteilungsblatt des Landkreises Saarlouis für Kultur und Landschaft, zu berichten. Ney ist 29 Jahre alt. Sie heiratet den holländischen Geiger und später international bekannten Dirigenten Dr. Willem van Hoogstraten. Gemeinsam geht das Künstlerpaar in den 1920er Jahren für einige Zeit nach Amerika, später lassen sie sich in Tutzing am Starnberger See nieder. Elly Ney fokussiert sich mit ihrer Musik wesentlich auf Beethoven. Sie gilt als beste Beethoven-Interpretin ihrer Zeit. Nach Hoffmann sei Elly Ney in wallenden Gewändern und mit einer für sie typischen schneeweißen Löwenmähne aufgetreten. „Mit einer heute fast befremdlichen Inbrunst griff sie in die Tasten, um mit ihren begnadeten Händen wie eine ‚Gottesflamme auf der Tastatur' ihren Beethoven zu zelebrieren und so lockte sie ihr Publikum in den Bannkreis ihres großen Meisters und Genius: Ludwig van Beethoven.[396] Im Dritten Reich wird Elly Ney eine der Vorzeigekünstlerinnen des Nazi-Regimes. Als begeisterte Anhängerin Adolf Hitlers und Antisemitin tritt sie 1937 in die NSDAP ein. Bis zum Kriegsende engagiert sie sich mit großem Einsatz für die NS-Propaganda, unter anderem im Rahmen des „Kraft durch Freude"-Programms.[397] Von der Entnazifizierungsbehörde wird sie 1948 als Mitläuferin eingestuft; ab diesem Zeitpunkt kann sie wieder öffentlich auftreten. Allerdings stellt sich der Stadtrat von Bonn, der Geburtsstadt Beethovens, deren Ehrenbürgerin Elly Ney ist, gegen sie und entscheidet, dass die Künstlerin bei städtischen Konzerten nicht mehr mitwirken darf. Eine Aussöhnung findet erst vier Jahre später statt. Elly Ney sitzt bis ins hohe Alter am Piano und gibt Konzerte, auch im Saarland, unter anderem in St. Ingbert und Mettlach. Ihr letztes Konzert findet am 8. März 1968 in Darmstadt statt, dreiundzwanzig Tage später stirbt die 85-Jährige in ihrer Wahlheimat Tutzing.

Heute finden Konzerte und weitere kulturelle Veranstaltungen im *Kulturtreff Altes Rathaus* in der Vorstadtstraße in Saarwellingen statt. Das ehemalige Rathaus der Gemeinde, welches 1900 erbaut wurde und bis 1977 als Bürgermeisterei diente, wurde nach umfangreichen Renovierungsmaßnahmen 1994 seiner neuen Bestimmung übergeben. Zwei Jahre später, 1996, schuf der Künstler Antoine Dihé alias Toun aus Waldwisse aus gelbem Kalkstein eine Skulptur mit dem Namen *Saar ohne Grenzen*. Diese ist in den Außenanlagen des Alten Rathauses zu sehen. Mit *Der Sonnenstein von Jaumont* setzte sich **Irmengard Peller-Séguy** – promovierte Sprachwissenschaftlerin, Autorin, Journalistin, Sprecherin und Übersetzerin und nicht zuletzt Schauspielerin mit Ausbildung am renommierten Max-Reinhardt-Seminar – unter kultur- und zivilisationsgeschichtlichen Aspekten mit dem berühmten gelben Kalkstein auseinander.

Irmengard Peller-Séguy und der Jaumont-Stein

Den Namen Séguy verdankt Irmengard Peller ihrem Mann Pierre Séguy, der eigentlich Otto Robert Steinschneider heißt und wie sie selbst aus Österreich stammt. Der saarländischen Bevölkerung sind beide durch ihre Arbeit beim Saarländischen Rundfunk bekannt, insbesondere durch ihre Liebe zum französischen Chanson. Geboren wird Irmengard Peller am 7. Juni 1919 im österreichischen Gmunden am Traunsee. Der Erste Weltkrieg ist vorbei, sie selbst sagt in einem Interview mit der Saarbrücker Zeitung: „Ich hatte eine herrlich wilde Kindheit."[398] Mit dem „Anschluss" Österreichs an Hitlerdeutschland 1938 ist ihre aufstrebende Schauspielkarriere vorläufig am Ende. Irmengard Peller schließt sich dem Widerstand gegen die Nationalsozialisten an. In dem bereits erwähnten

Interview erinnert sie sich: „‚Zusammen mit einer Freundin habe ich Jugendgruppen geleitet und mit jungen Leuten ‚Mein Kampf' gelesen, um ihnen klarzumachen, was uns bevorstand." Und auch, dass die Nacht des 13. März 1938, die Nacht in der Hitler in Österreich einmarschierte, die schlimmste Nacht ihres Lebens gewesen sei. Nach dem Krieg arbeitet Irmengard Peller als Radiosprecherin beim Südwestfunk in Baden-Baden, zieht später nach Saarbrücken, wo sich ihr die Chance bietet, wieder zu schauspielern: am Saarländischen Landestheater in St. Arnual (heutige Spielstätte des Kindertheaters Überzwerg). Bald zieht es sie zurück zu Funk und Fernsehen. Mit Rainer Maria Rilkes *Herbsttag* spricht sie 1952 bei Radio Saarbrücken als Dramaturgin vor. Später wechselt sie zum Saarländischen Rundfunk, wo sie schwerpunktmäßig Kulturbeiträge über Lothringen verfasst. Sie stirbt fast 100-jährig und ist in Saarbrücken auf dem Alten Friedhof St. Johann beerdigt. Ihre Publikation *Der Sonnenstein von Jaumont* erscheint 1995 in einer deutsch-französischen Ausgabe und wird in der Folge mit dem Preis der Académie Nationale in Metz ausgezeichnet. Peller-Séguy nähert sich ihrem Sujet über die Steinbrüche, die sich nordwestlich von Metz finden und seit der Römerzeit kontinuierlich abgebaut werden. Ihr Fokus liegt insbesondere auf sakralen Gebäuden, denn „[w]o sonst sollte etwa im Mittelalter dieses Material Verwendung gefunden haben"[399]. Der Jaumont-Stein wird in der gesamten Großregion (und darüber hinaus) verarbeitet und weist, so Peller-Séguy, „eine Jahrhunderte währende kulturgeschichtliche Gemeinsamkeit im Herzen der europäischen Kernregion"[400] auf. In Saarbrücken ist der Stein oft verwendet worden, allen voran beim Bau von Schloss Halberg. Aber auch in Saarwellingen begegnen wir ihm, dem Ort, an dem Irmengard Peller-Séguy mit ihrem Mann über Jahre lebte.

Wo genau die mutige Magd von Saarwellingen zu Hause war und ob es sie überhaupt gab – wer weiß? Dennoch ist die Legende von dem Mädchen, das den Saarwellinger Männern zeigte, was es heißt, mutig und tapfer zu sein, zu schön, um nicht erzählt zu werden.[401] In der Chrichwiese zwischen Reisbach und Saarwellingen stand vor ewigen Zeiten eine Burg, genannt die Hessburg. Auf ihr residierten die Ritter vom Stamme der Rollinger. Sie waren im ganzen Land gefürchtet, da sie den Reisenden und Kaufleuten auflauerten. Kein Saarwellinger traute sich in Sichtweite der Burg, hatte allerdings kaum ein anderes Thema als die Schauermärchen rundum die Raubritter. Eines Abends platzte dem Sohn des Wirts, der sich Abend für Abend, Jahr um Jahr die immer gleichen Geschichten anhören musste, der Kragen und er versprach demjenigen, der sich am selben Abend auf die Hessburg traute, von ihm zu erbitten, was er wolle. Die Antwort war – Schweigen. Keiner der Männer dachte im Traum daran, sich auf die Burg zu begeben. Plötzlich brach eine junge Küchenmagd das Schweigen. „Ich gehe hinauf zur Burg!" Oha! Wie das? Egal. Die Magd stapfte los, trotz vieler Bedenken seitens der anwesenden Männer. Durch einen geheimen, unterirdischen Gang gelangte sie ins Innere der Burg und stellte erfreut fest, dass sie allein war, die Raubritter waren anscheinend auf einem Raubzug. Umso besser, jetzt hieß es, etwas aufzuspüren, was bewies, dass sie auf der Burg gewesen war, dies war die Bedingung des Wirtssohnes. Während die Magd überlegte, was sich dafür eignete, kamen die Raubritter zurück, im Schlepptau einen Gefangenen. Dieser, ein Kaufmann, trug einen kostbaren Ring am Finger, den die Räuber begehrten. Da sie das Schmuckstück nicht vom Finger ziehen konnten, benutzte einer der Unholde sein Schwert, um den Ring zu lösen. Dabei flog dieser in hohem Bogen genau in den Schoß der Magd, die sich unter der Treppe versteckt hielt. Zum Glück für die Magd einigten die Rollinger sich darauf, fürs Erste zu feiern und den Ring im Morgengrauen zu suchen. Gesagt, getan. Während in der Burg der Wein in Strömen floss, machte sich die Magd durch den unterirdischen Geheimgang auf und davon, den Ring fest umklammert. Im Wirtshaus angekommen, fiel sie dem Wirtssohn um den Hals: „Und nun zu meinem Lohn: Dich selbst begehr ich als Entgelt für meinen Mut!" Wer wollte da widersprechen?

5.9 Schmelz: Frauen vor Gericht

Beginnen wir gleich mit einem zentralen Thema: Frauen vor Gericht! Der Historiker und Heimatforscher Johannes Schmitt hat sich in einem Beitrag für *Unsere Heimat*, dem Mitteilungsblatt des Landkreises Saarlouis für Kultur und Landschaft, mit dem Hüttersdorf/Bupricher Hochgericht im 18. Jahrhundert beschäftigt. Er kam zu dem Ergebnis, dass sich ein Großteil der Gerichtsakten, die Frauen betrafen, soweit sie zur Verfügung standen, auf Vermögensangelegenheiten bezogen. Im Hochgericht Hüttersdorf/Buprich galt, dass Frauen im Erbrecht Männern gleichgestellt waren, das heißt sie waren als weibliche Erben nicht von der Erbschaft ausgeschlossen. In den Akten ging es also um Schuldurkunden, Kaufurkunden, Erbschaftsprozesse und Ähnliches. Im Wesentlichen bezogen sich dabei die Rechtsstreitigkeiten um Vermögensangelegenheiten auf Witwen, die nach dem Tod ihres Mannes den Haushalt weiterführten und sich zum Beispiel gegen ihre eigenen Kinder wehren mussten, die an ihr Erbe wollten. Seltener kam es zu einem Prozess zwischen Magd und Arbeitgeber wegen ausbleibendem Lohn. Ein zweites Feld, in dem Frauen gerichtsnotorisch wurden, war das der Verbal- und Realinjurien, sprich: Verletzungen der Ehre. So wurde beispielsweise die Witwe Elisabeth Schmidt verurteilt, weil sie den Schulmeister als „Saubartel" gescholten hatte.[402] Bei den Realinjurien, also Beleidigungen durch Tätlichkeiten, betreten wir das dunkle Kapitel der Gewalt, in der Regel gegen Frauen. Zwei Fälle sind in den Hüttersdorf/Bupricher Gerichtsakten der zweiten Hälfte des 18. Jahrhunderts überliefert, in denen Frauen gegenüber Frauen Tätlichkeiten ausübten und in zwei Fällen wurden Frauen gegenüber Männern gewalttätig. Dabei wurde im ersten Fall eine Bohnenstange benutzt und im zweiten mit Steinen nach dem Subjekt des Ärgers geworfen. Ehrverletzungen ganz anderer Art für die damalige Gesellschaft waren das Ausleben fleischlicher Gelüste. Hier kommen wir zum dritten Feld, in dem sich Gerichtsprozesse der Zeit bewegten. Am 21. Oktober 1786 wurde Anna Maria Paulus wegen zweier unehelicher Geburten, sogenannter Nebenkinder, zu 25 Stockprügeln vor der versammelten Gemeinde mit anschließendem Pranger verurteilt – eine höchst entehrende Strafe. Zuvor hatte die Beklagte dem Gericht den Vater ihrer Kinder genannt, der daraufhin zur Übernahme der Gerichtskosten und zu einer Prügelstrafe verdonnert wurde. Vorehelicher Geschlechtsverkehr und deren sichtbare Folgen wurden ebenso verurteilt, selbst wenn das Paar mittlerweile verheiratet war. Darüber hinaus ließen sich Vaterschaftsklagen in den Gerichtsunterlagen ausfindig machen.

In diesem Zusammenhang sei auf die Feministische Kriminologie verwiesen, die – stark vereinfacht ausgedrückt – von der Grundannahme ausgeht, dass sowohl die Möglichkeit, Straftaten verüben zu können, als auch die Reaktion der Gesellschaft auf kriminelles Verhalten vom Geschlecht der Täterin oder des Täters beeinflusst werden. Daher kann Delinquenz nur angemessen analysiert werden, wenn die Geschlechterordnung berücksichtigt wird. Dies gilt für die Jetztzeit genauso wie für die oben beschriebene Zeit. Die deutsch-tschechische Soziologin Gerlinda Smaus (1940–2022), in den 1990er Jahren Dozentin an der Universität des Saarlandes, gilt als Pionierin der Feministischen Kriminologie im deutschsprachigen Raum.

Verlassen wir das Thema der Kriminologie und wenden uns der Frage zu, woher der Name Schmelz stammt und was Hüttersdorf und Buprich mit Schmelz zu tun haben? Schmelz leitet sich von der Meierei Bettingen ab, in der seit der Mitte des 17. Jahrhunderts 200 Jahre lang Eisen geschmolzen wurde. Vor fast 200 Jahren wüteten die Blattern in der Bürgermeisterei Bettingen, der historischen Verwaltungseinheit im Landkreis Saarlouis, zu der die Orte Bettingen, Außen, Gresaubach, Hüttersdorf, Buprich, Limbach und Dorf gehörten. Heute ist Bettingen ein Ortsteil von Schmelz. Johannetta Recktenwald, die 1825 geborene Tochter des Hufschmiedes Peter Recktenwald und der Anna Baus, erkrankte im Alter von sechs Monaten an dieser hochansteckenden Viruserkrankung, bekannt unter dem Namen „Echte Pocken". Die Krankheit begann mit starkem Fieber, Kopf- und Gliederschmerzen sowie allgemeiner Schwäche. In einer zweiten Phase bildeten sich im Gesicht, auf Armen und Beinen stark juckende Hautausschläge, die mit Flüssigkeit oder Eiter gefüllt waren und hässliche Narben hinterließen. Wohl dem, der die Narbenbildung erlebte – etwa 20 bis 30 Prozent der Erkrankten starben an den Blattern, gegen die es kein Heilmittel gab. Was es gab, war die Impfung mit den weniger gefährlichen Kuhpocken. Das Wissen um Schutzimpfungen war zur damaligen Zeit in der Bevölkerung recht rudimentär, zudem kostete Impfen Geld, das in der Regel nicht vorhanden war. Folglich schaffte der Bürgermeister Franz finanzielle Anreize, um vor allem Kinder zu impfen, da diese vorrangig von den Blattern befallen wurden. Dafür brauchte er die Schöffen, also die Vertreter der einzelnen Ortsgemeinden, die dafür sorgen sollten, „daß am künftigen 3 ten May morgens um 7 Uhr zwey Kinder aus Limbach nach Bettingen in das Schulhaus gebracht werden um solche zu impfen und von denselben dann die anderen zu impfen“[403]. Hans Karl König vom Historischen Verein Schmelz zitiert aus dem Gemeindeprotokollbuch der Bürgermeisterei Bettingen der Jahre 1826 bis 1828. Beschrieben wird ein damals übliches Verfahren: Um die seltene Kuhpocken-Lymphe, die zu beschaffen sehr schwierig war, zu ersetzen, wurde aus den sich ausbildenden Pusteln der beiden geimpften Kinder das Sekret entnommen und dem nächsten Kind in den Oberarm eingeritzt. Die beiden Kinder wurden dafür umsonst geimpft und die Mütter bekamen eine Entschädigung gezahlt. Johannetta, das achte und jüngste Kind der Familie Recktenwald, war geimpft, die Familie für diese Zeit fortschrittlich. Fast zum Bedauern des Bürgermeisters Franz, hätte er ansonsten ihre Erkrankung als abschreckendes Beispiel für andere instrumentalisieren können. So legt es zumindest ein Schreiben aus den schon zitierten Gemeindeprotokollbüchern nahe, das mit den optimistisch anklingenden Worten endete: „Ich glaube aber, daß auf die hier nun ergriffenen Maßregeln der bekannte eigensinnige Charakter der Gemeindleuten von Bettingen, Außen und Limbach sich etwas nachgiebiger zeigen dürfte.“[404] Sprich: Die Menschen nahmen die Pockenschutzimpfung hoffentlich wahr, was sich in der Folge bestätigte. Das erkrankte Mädchen überlebte die Blatternkrankheit – vielleicht, weil sie unmittelbar nach der Geburt geimpft worden war. Ein weiteres Argument für den Bürgermeister Franz. Dennoch erreichte Johannetta das Erwachsenenalter nicht– sie starb im Alter von 10 Jahren im Schmelzer Ortsteil Außen. Die Todesursache ist nicht überliefert.

Gut 80 Jahre später, Anfang des 20. Jahrhunderts, tauchte **Maria Croon** in Schmelz-Außen auf. Die Lehrerin unterrichtete in diesem Ort von 1911 bis 1913, bevor sie nach Hüttersdorf wechselte. Ihre eigentliche Leidenschaft war das Schreiben. Beides, das Unterrichten und das Schreiben, wurde ihr nicht unbedingt in die Wiege gelegt.

Maria Croon lässt Männer entbehrlich werden

Von Orscholz nach Saarburg führt ein 18 Kilometer langer Kulturwanderweg, der das historische und kulturelle Erbe des Saarlandes und seiner Grenzregionen zum Thema hat und den Namen Maria-Croon-Weg trägt. An der Stelle des Weges, der den Blick über das Tal von Leuk- und Weyerbach nach Meurich zeigt, dem Geburtsort Maria Croons im Landkreis Trier-Saarburg (Rheinland-Pfalz), erinnert eine Tafel an die Schriftstellerin. Literarisch hat Croon das Leukbachtal unter anderem in *Die Mission der Traut Hallbach*[405] beschrieben:

> Von hier aus konnte man den Verlauf des Flüsschens eine Strecke weit übersehen. Jenseits kletterte der bunte Herbstwald die Hänge herauf. Über seinen Gipfeln ruhte der Horizont, er war heute ein wenig getrübt von den aufsteigenden Nebeln und dem Rauch der Kartoffelfeuer, die auf den Äckern brannten.[406]

Als geborene Maria Brittnacher, Vater unbekannt, wächst sie bei ihren Großeltern in bäuerlichen Verhältnissen auf. Sie besucht die Dorfschule in Kirf, jeden Tag eine halbe Stunde zu Fuß hin und eine halbe Stunde zu Fuß zurück. Dem Lehrpersonal fällt sie durch ihre schnelle Auffassungsgabe auf – ihr Glück, entscheiden diese doch über das Schicksal der Dorfjugend. Maria Brittnacher erhält eine Empfehlung für die Vorschule zum Lehrerinnenseminar in Saarburg, besteht die Aufnahmeprüfung und geht fortan ihren eigenen Weg. Auch, was das Schreiben anbelangt. Die Historikerin Inge Plettenberg bemerkt in dem Zusammenhang, die Literaturkritik habe der Autorin bescheinigt, „ein ‚konventionelles Frauenbild' mit Verzicht und Selbstaufopferung als Leittugenden zu transportieren. Frauengestalten wie die Magd oder Susanne lässt Maria Croon jedoch im Leben so gut allein zurechtkommen, dass Männer bis zur Entbehrlichkeit schrumpfen"[407]. Die Literaturwissenschaftlerin Katja Leonhardt betont vor allem das PR-Talent von Maria Croon, welches sie zu einer Wegbereiterin für saarländische Autorinnen gemacht habe.

> Obwohl sie nicht selbst Auto fuhr und sich deshalb immer einen Fahrer organisieren musste, war sie häufig präsent bei Theateraufführungen ih-

> rer Stücke, Heimatabenden und Lesungen. Zudem arbeitete sie auch redaktionell bei Zeitschriften und pflegte zahlreiche literarische Kontakte. Als es um die Neuauflage ihrer Bücher ging, überzeugte sie den Verleger sogar mit einer Unterschriftensammlung unter ihren treuen Anhängern zum erneuten Druck ihres Buches.[408]

Ob entbehrlich oder nicht, Maria Croon muss ab einem bestimmten Zeitpunkt in ihrem Leben allein zurechtkommen, ihr Ehemann Nikolaus Croon, desgleichen Lehrer, stirbt einen Tag vor Silvester 1944. Die Familie lebt mittlerweile in Merzig, ist zu dem Zeitpunkt bei Verwandten in Hüttersdorf untergekommen, da der Ort nicht in der geräumten „Roten Zone"[409] liegt. Nikolaus Croon hatte Winterkleidung aus dem Haus in Merzig holen wollen und wurde auf der Straße in Merchingen von einer amerikanischen Artilleriegranate getötet.

Josef Wagner war zu diesem Zeitpunkt bereits über ein Jahr tot, hingerichtet am 1. September 1943 in Berlin-Plötzensee als kommunistischer Verräter. Seine Frau Lena und seine Tochter **Maria Wagner** erlebten im Süden Frankreichs die Befreiung vom faschistischen Joch, für die sie alle gekämpft hatten.

Maria Wagner – Tochter widerständiger Eltern

Familie Wagner stammt eigentlich aus Lockweiler/Krettnich[410] (Landkreis Merzig-Wadern), flieht aber 1934 nach Schmelz, das außerhalb des Reichsgebiets auf dem Territorium des unter Völkerbundsverwaltung stehenden Saargebiets liegt. Der Flucht voraus ging eine erste Inhaftierung durch die Gestapo. Der Reihe nach. 1933 flüchtet nur Josef Wagner nach Schmelz, während seine Frau Lena in „Schutzhaft" genommen wird. Sie weigert sich, zwecks ihrer Entlassung ein Dokument mit dem Passus „aus der KPD ausgeschieden" zu unterzeichnen, da sie befürchtet, gegen ihren Mann und gegen ihre Partei ausgespielt zu werden. In der Folge wird ihr das Verlassen des Restkreises Merzig-Wadern ohne Genehmigung der Polizeiverwaltung und der Aufenthalt im Saargebiet, insbesondere im Grenzort Michelbach, untersagt. Es wird die Aufgabe der zehnjährigen Maria sein, die Verbindung zum Vater zu halten und ihn mit Kleidung und Lebensmitteln zu versorgen. Abgesehen von den unter der Kleidung versteckten Flugblättern, Tarnschriften und Mitteilungen für die Genossen in Lockweiler. Der Druck wird zu groß, Lena und Maria Wagner emigrieren nach Schmelz. Von hier aus geht es 1935 nach Frankreich. An allen späteren Orten ihres Flüchtlingsdaseins sind die Eltern darauf bedacht, dass Maria lernt und eine Schule besucht. Weiter gehört es „zum Lebens- und Arbeitsstil Josef Wagners, alle Fragen [...] mit seiner Frau und – gemäß deren geistigen und charakterlichen Fortschritten – auch mit seiner Tochter Maria zu besprechen"[411], so der Historiker Luitwin Bies. Mit zunehmendem Alter diskutiert Maria Wagner inhaltlich mit. Ihre Mutter und sie wissen, wie die Bergarbeiterfrauen leben, vor welchen Problemen die Familien stehen und wie wichtig es ist, die Frauen gezielt anzusprechen. Wir schreiben das Jahr 1940, mit dem Einfall der Nationalsozialisten in Frankreich beginnt eine neue, die schwerste Etappe im Leben der Wagners. Erneut ist die Gestapo auf Josef Wagners Spur. Im Oktober 1941 gelingt ihm die Flucht nicht.

> Jetzt war Josef Wagner Gefangener der Vichy-Polizei. Was tun? Maria beherrschte inzwischen die französische Sprache perfekt, hatte eine Arbeitsstelle gefunden. Nun machte sie sich auf den Weg nach Castres. Der alte Gefängnisbau war schon von außen furchteinflößend. Als Maria schließlich bis zum Direktor vorgedrungen war und nach dem Vater fragte, warf er sie kurzerhand raus.[412]

Mit der Hilfe zweier Gefängnisbeamten kann Maria einen Briefkontakt zu ihrem Vater herstellen. Josef Wagner wird 1942 von den französischen Kollaborateuren der Gestapo übergeben und über Paris nach Saarbrücken gebracht. Die Eheleute haben 1933 die Vereinbarung getroffen, dass – sollte einer von ihnen in die Fänge der Gestapo geraten – der andere sich nicht freiwillig ausliefert. Ergo bleiben Lena und Maria in Frankreich. Wieder ist es eine Frau, die Schwiegermutter Josef Wagners, die in Deutschland geblieben ist, die ihn nun im Gefängnis besucht, mit Kleidung und Lebensmitteln und vor allem mit Nachrichten versorgt. So erfährt Josef Wagner, dass er Großvater geworden ist. Sein Enkelkind indes wird er nicht mehr zu Gesicht bekommen. 1943 wird er in Plötzensee hingerichtet. Maria und ihre Mutter sollten erst drei Monate nach seinem Tod davon erfahren.

5.10 Schwalbach: Die Mühlen mahlen langsam

Auf dem Mühlenweg durch das Sprenger Bachtal kommen wir an 14 Mühlen vorbei, die ihre Kraft aus dem Wasser des Sprenger Baches zogen. Sie verarbeiteten Getreide, produzierten Öl, Papier, Pulver oder dienten als Lohmühle. Leider fielen alle Mühlen dem Lauf der Zeit zum Opfer, sodass wir zwar vereinzelt Gebäudeteile, im Wesentlichen wenige Mauerreste ausmachen können. Noch schwieriger wird es, weibliche Spuren zu lokalisieren. Von der Elmer Mahl- und Ölmühle ist bekannt, dass der letzte Fürst des Hauses Nassau-Saarbrücken der uns in diesem Lesebuch immer wieder begegnenden Katharina Kest ein Zimmer überließ. Die für den Internetauftritt der Gemeinde Schwalbach Verantwortlichen wissen, wozu:

> Da er in Püttlingen ein Jagdschloss unterhielt, nutzte er seine Jagdausflüge hin und wieder auch zu einem Stelldichein bei seiner Geliebten hier in der Elmer Mühle, die ihn hier 13 Jahre lang sehnsüchtig erwartete. 6 gemeinsame Kinder zeigen uns auf, wie viel Zeit der Adel damals auf der Jagd verbringen konnte.[413]

1764 baute Claude Leistenschneider auf Schwalbacher Bann eine Papiermühle, die 1831 in den Besitz des Saarbrückers Adolf Hild überging, der die Mühle umfassend vergrößerte, modernisierte sowie Arbeiterwohnungen baute.

Weibliche Spuren in der Brucherbacher Papiermühle

Bis Mitte des 19. Jahrhunderts bilden in Europa Hadern (= Lumpen) aus Leinen, Hanf oder Baumwolle zusammen mit Spinnerei- und Seilereiabfällen den einzig verfügbaren Faserrohstoff bei der Papierherstellung. Daraus entsteht das Hadernpapier. Um an die Hadern zu gelangen, sind die Papiermühlen auf das fahrende Volk, die Lumpensammler, angewiesen, die die Hadern sammeln oder bei der Bevölkerung aufkaufen und an die Papiermühlen veräußern. Dort werden die Hadern in Wasser eingeweicht, um den Fäulnisprozess zu starten. Anschließend werden sie von einem vom Mühlrad angetriebenen Stampfgeschirr mechanisch zerkleinert und in einzelne Fasern zerlegt – der Faserbrei zum Schöpfen entwickelt sich. Die geschöpften Papierstücke werden stapelweise in einer Presse vorgetrocknet, danach als Einzelblätter in gut durchlüftete Räume gebracht und zum Trocknen auf Leinen aufgehängt. Wegen des Gestanks und Lärms liegen Papiermühlen lange außerhalb der Stadtmauern. Durch das Waschen der Lumpen entsteht eine enorme Menge an Schmutzwasser, das in der Regel einfach in die Gewässer zurückgeleitet wird. Beim Arbeiten mit den Rohstoffen sind die Beschäftigten hohen gesundheitlichen Risiken ausgesetzt. Claude Leistenschneider von der Brucherbacher Papiermühle stirbt mit knapp 43 Jahren und hinterlässt eine große Familie. Er ist in zweiter Ehe verheiratet gewesen, hat aus der ersten Ehe acht Kinder und aus der zweiten drei. Zwei Monate nach seinem Tod heißt es in einem Schreiben an die Familie, zugestellt durch die Rentkammer zu Saarbrücken:

> ACTUM: Auf der B(r)ucherbacher Papier-Mühlen den 30ten August 1773 Wurden die von dem verstorbenen Claude Leistenschneider, gewesenen Erbbeständer der hiesigen Papier-Mühlen, unter dessen Witib und seine 11 Stief- und respective leibliche Kinder als theilbar zurück gelaßene und bereits inventirte gesamte Mobilien mit Consens (Einwilligung) der Witib und des Vormundes derer 8 Erben erster Ehe, des herrschaftlichen Meyers Peter Speicher von Derlen, in beeder letzterer Gegenwart und mit Zuziehung des herrschaftlichen Meyers von Engelfangen, und des Gerichtsmannes Jacob Klein von Herchenbuch, im Beysein verschiedener Anverwandten derer 8 Minnorennen erster Ehe, nach vorheriger genugsamer Bekanndtmachung in denen dreyen Städten Saarbrücken, St. Johann und Saarlouis, wie auf denen Dorfschaften des gantzen Ober-Amts vor mir, dem verordneten Waysenschreiber, gegen annehmliche Bürgschaft auf Borg biß nächstkommende Weyhnachten, öffentlich an den Meistbietenden bey brennendem Licht nachstehendermaßen versteigert.[414]

Der Heimatkundler Philipp Rupp, der diese Quelle zitiert, weiß zu berichten, dass Schmuck, Silber-, Kupfer- und Zinngerät, Bettwäsche, Möbel, Bücher, Gemälde und vieles mehr unter den Hammer kommen – alles Zeichen des Wohlstandes einer Unternehmerfamilie der damaligen Zeit. Der Erlös aus der Versteigerung wird vom „verordneten Waysenschreiber" bis zur Volljährigkeit der 11 Kinder verwaltet. Und was geschieht mit der Papiermühle? „Die hinterbliebene Witwe Leistenschneider fühlte sich [...] anscheinend nicht im Stande, die Papiermühle weiterzuführen“[415], so Rupp. Mehrmals steht die zur Versteigerung an, allerdings findet sich niemand, der die Mühle übernehmen will. Letztlich einigt sich die Familie darauf, dass die Nachkommen eine Art Verzichtserklärung auf ihren jeweiligen Anteil abgeben und beschließen, nach erlangter Volljährigkeit einen Lehensträger aus ihrer Mitte zu wählen. Der oben erwähnte Vormund vertritt seine Mündel „redlich“ bei größeren Geschäftsabschlüssen und auftretenden Schwierigkeiten und der Alltag in der Papiermühle läuft mehr oder weniger erfolgreich fort. 1782 betritt Maria Barbara Leistenschneider die Bühne, die älteste Tochter. Sie heiratet einen aus Lothringen stammenden Papiermacher, Jean Limbourg, und übernimmt mit ihm zusammen die Papiermühle. Springen wir zum nächsten Besitzer, Herrn Ludwig Hild, Posthalter zu Saarbrücken, der 1828 die Brucherbacher Papiermühle für seinen Sohn Adolf ersteigert. Dieser investiert kräftig, stellt eine Dampfmaschine auf, um vom Bommersbach als einziger Betriebskraft unabhängig zu sein und baut die ersten Arbeiterwohnhäuser auf. Aus dem Jahr 1840 wissen wir, dass in der Papiermühle bis zu 16 Arbeiter und 33 Arbeiterinnen beschäftigt sind, die jährlich „15.000 Ries Schreibpapier zu je 12 Pfund“ produzieren, 1861 finden sogar 20 Männer und 40 Frauen „an 3 Bütten Arbeit und Brot“.[416]

Die Papiermühle hatte nie eine eigene Schule, die Kinder wurden in Schwalbach eingeschult. Kirchlich gehörten ihre Einwohnerinnen und Einwohner zur katholischen beziehungsweise evangelischen Pfarrei Schwalbach. Mitte der 1950er Jahre wurde auf Initiative der „Papiermühler Katholiken“ auf Höhe der Straße Papiermühle/Hinter Kasholz eine Kapelle zu Ehren der Mutter Gottes, die Kapelle St. Maria, errichtet, deren Innenraum eine beleuchtete Fatima-Madonna bestimmt. Apropos:

> Man ist oft geneigt zu glauben, dass die Geschichte, die Sagen, Legenden und Mythen allein durch das Wirken von Männern geprägt wurden, während die Frauen nur das häusliche Umfeld als Eigenbereich hatten. Dies entspricht jedoch in keiner Weise der wirklichen Bedeutung der Frauen [...].[417]

Der Autor dieser Zeilen, der Heimatforscher Otto Wilhelm, bezieht sich konkret auf ein Relief mit drei Marien, welches in der Hülzweiler Laurentiuskapelle besichtigt werden kann. Vermutlich Anfang des 15. Jahrhunderts errichtet, beherbergt die Laurentiuskapelle seit 1513 die „drei Mareien" Maria Magdalena, Maria Salome und Maria Jacobi – wenigstens wird das Relief hier zum ersten Mal erwähnt. Während des Dreißigjährigen Kriegs wurde die Kapelle schwer beschädigt, das Relief indes wurde gerettet. Das Muster der Dreiheit war bei weiblichen Heiligen weitaus verbreiteter als bei männlichen Heiligen. Ursprünglich steckten vermutlich vorchristliche Göttinnen hinter den meisten Heiligendreiheiten. Vor allem in der katholischen Kirche Westeuropas setzte sich die Darstellung von Heiligen-Dreiergruppen durch. Hülzweiler blühte nach dem Ende der Revolutionszeit und während der Zeit von Napoleon im religiösen Sinn auf, so der bereits genannte Heimatforscher Otto Wilhelm. Die Frauenvereinigung *Jungfrauencongregation* wurde gegründet; ihr Verehrungsort war die Kapelle mit den *Drei Frauen*. Über Jahrhunderte pilgerten Frauen im Monat Mai täglich von Hülzweiler zur Kapelle. Zu wem pilgerten die Frauen genau? Maria Magdalena oder Maria von Magdala wird im Neuen Testament erwähnt, vor allem als Zeugin der Auferstehung Jesu. Ihr Beiname verweist auf den Ort Magdala am See Genezareth. Die Geschichte der Maria Magdalena hat unter anderem die Literatur inspiriert. Die Schriftstellerin Luise Rinser erzählt in ihrem Roman *Mirjam* die Geschichte Jesu aus der Sicht von Maria Magdalena, die schwedische Autorin Marianne Fredriksson zeichnet in *Maria Magdalena* ein feministisches Bild ihrer Protagonistin. Auch Maria Salome oder Salome von Galiläa ist laut Neuem Testament eine Jüngerin Jesu und eine der Frauen, die der Kreuzigung beiwohnten und als erste ans leere Grab nach dessen Auferstehung kamen. Maria Jacobi ist gemäß dem Evangelium nach Markus die Mutter des Apostels Jakobus des Jüngeren.

5.11 Überherrn: Elite-Partnerin.de

In Überherrn, insbesondere in den Ortsteilen Berus und Altforweiler, kommen wir an der **heiligen Oranna** nicht vorbei. Im alten Gemeindewappen von Altforweiler erschienen zwei silberne (eiserne) Kronen, die an die enge religiöse Verbundenheit des Ortes mit der heiligen Oranna und ihrer Gefährtin Cyrilla erinnerten. Berus wiederum beherbergt die Gebeine der beiden Frauen in seiner Orannakapelle hoch oben über dem Ort selbst. Wer war die heilige Oranna?

Die heilige Oranna und die Männer

Das „Wissen" um die heilige Oranna basiert auf Legenden. So soll Oranna eine irische Königstochter sein, die um ihrer Jungfräulichkeit willen vor ihrem Freier flieht, ihre Heimat verlässt und in Gallien landet. Mit dabei: ihre Gefährtin, von der im Zusammenhang mit Oranna stets die Rede ist und die erst später mit dem Namen Cyrilla bedacht wird. Der Freier spürt Oranna fern der Heimat auf, in dem Augenblick, in dem er sie im freien Feld erblickt, wächst das Korn mannshoch und entzieht die Angebetete seinen Blicken. Das erste Fenster an der Südwand der Orannakapelle greift dieses Motiv auf. Nach einer regionalen Version soll Oranna eine lothringische Herzogstochter sein.[418] Der Name selbst gab Anlass zu vielen Spekulationen. Leitet sich Oranna vom lateinischen „orare", beten, ab? Oder bedeutet Oranna eigentlich „Ohr-Anna", getreu der Legende, die Herzogstochter sei schwerhörig gewesen und habe die Fähigkeit besessen, Taube zu heilen? Fest steht: Oranna ist die Schutzheilige einer ganzen Region, nämlich Lothringen und dem angrenzenden Saar-Mosel-Raum, und wechselt infolgedessen ihre Zuständigkeit wie die Grenzländer ihre Staatsangehörigkeit. Zwischen den beiden Weltkriegen propagieren autonomistische Gruppierungen in Lothringen die Heilige als Lotharingiae Patrona. Auf saarländischer Seite ist Oranna die Heilige, die seit Jahrhunderten den deutschen Saargau hütet. Der Saargemünder Historiker Henri Hiegel bezeichnet sie in den 1970er Jahren als einen Hafen des Friedens an der deutsch-französischen Grenze.[419] Die Frauen der Region baten die Heilige noch um etwas sehr Spezielles (und zwar diesseits und jenseits der Grenze): „Hälich Orann, / bescher mer 'n Mann, / Kän Seffer, kän Schmesser, / Känen me 'm roden Bart, / Die senn kä gudde Art."[420] Bis heute soll es Pilgerinnen geben, die das Stoßgebet heimlich vor sich hinmurmeln, allerdings in abgewandelter Form: „Heilige Orann', schenk mir 'nen and'ren Mann!"[421]

Machen wir einen zeitlichen und thematischen Sprung. Bei der Einebnung des alten Friedhofs um St. Oranna in den 1950er Jahren blieb eine Grabsäule erhalten, die in Form, Gestaltung und Inschrift besonders war: Es handelte sich um die Grabstätte einer Frau und ihrer beiden Kinder, wobei es sich bei der Frau um Maria Camilla, Tochter von John Aytoun, einem schottischen Edelmann aus Edinburgh, handelte. Sie starb mit knapp 33 Jahren am 6. Juni 1842.

Camilla Aytoun, ein schottisches Edelfräulein

Wer war diese Camilla und wie gelangte sie nach Berus? Der Heimatforscher Walter Oehling macht sich auf die Suche nach den Vorfahren von Camilla Aytoun. Über ihren Vater John Aytoun ist Folgendes bekannt: Geboren 1785 in Edinburgh als Sohn von Major Ayton of Inchdairnie, tritt er als 17-Jähriger dem Militär bei. Später gerät er in Gefangenschaft in Verdun. Dort begegnet er Maria Barbara Toussaint, die 1790 in der Nähe von Metz als Tochter eines Wirtes geboren wird. Dazu muss gesagt werden, dass ein Gefangener in Verdun, der aus besseren Verhältnissen stammte, dort durchaus ein recht bequemes Leben führen konnte. „Rücksichtsvoll behandelt, hatten sie sich hier schnell eingewöhnt und das öffentliche Leben mit Bällen, Empfängen, sportlichen Wettbewerben und Pferderennen belebt"[422], bezeugt Oehling. Vermutlich haben die beiden nie geheiratet, zumindest gibt es keinerlei Belege dafür. Sie leben jedoch in Verdun zusammen und bekommen mindestens zwei Töchter, wobei Camilla die zweitgeborene ist. Ihre ältere Schwester stirbt am Tag ihrer Geburt. 1810, das Jahr, in dem Camilla auf die Welt kommt, ist gleichzeitig das Jahr, in dem ihr schottischer Großvater, der höchstwahrscheinlich nichts von ihrer Existenz wusste, stirbt. Ihr leiblicher Vater wird dadurch zum 10. Laird of Inchdairnie und als er wieder in Freiheit ist, geht es für ihn – nach einem ausgiebigen Trip durch Europa – nach Schottland zurück, wo er 1818 eine standesgemäße Ehe eingeht. Höchstwahrscheinlich über die Familie von Camillas Großmutter mütterlicherseits kommen die Toussaints nach Saarlouis. Camillas Mutter heiratet den Saarlouiser Wundarzt Dr. Carl Joachim Peter Mattfeldt. Die Familie zieht nach Rehlingen, wo die Mutter zwei Jahre später stirbt. 1836 findet die Hochzeit zwischen Camilla Aytoun und Wilhelm Caspar statt. Oehling geht davon aus, dass der Geschäftsmann Caspar die zehn Jahre jüngere Waise Camilla bei einem seiner vielen Geschäfte kennengelernt hat. „Eine Heirat mit einem einfachen Mädchen wäre für den begüterten Sohn aus einer Kaufmanns-, Gutsbesitzer- und Bürgermeisterfamilie nicht standesgemäß gewesen. Eine Dame von edler Herkunft, zudem noch Arzt(stief)tochter, war genau das Richtige."[423] Bis 1842 kommen vier Kinder auf die Welt. Camilla Aytoun stirbt nach der Geburt der vierten Tochter im Kindbett, die Tochter folgt ihr nur drei Monate nach ihrer Geburt. Ihre Erstgeborene stirbt 1841 im Alter von fünf Jahren. Beide Kinder liegen vereint mit ihrer Mutter, dem schottischen Edelfräulein, auf dem alten Friedhof St. Oranna. Auch wenn, wie die Geschichte zeigt, Camilla Aytoun nicht wirklich den weiten Weg übers Meer nach Berus nehmen musste, ist ein Besuch ihres Grabsteins doch aller Mühen wert.

Von der Orannastraße hinunter in Richtung Ortsmitte braucht es ein paar Abbiegungen, bis die **Jutta-von-Hattstein**-Straße erreicht ist. Jutta (bzw. historisch korrekt: Gutta) von Hattstein geborene Nassau hatte vor 400 Jahren das Sagen in Berus.

Jutta (Gutta) von Hattstein – Macht in den Händen einer Frau

Zur Zeit des Dreißigjährigen Kriegs (1618–1648) war der Überherrner Ortsteil Berus eine beachtliche Herrschaft, die neben Berus aus Berweiler (heute Berviller-en-Moselle in Grand Est), Leidingen[424], Schrecklingen (heute Schreckling in Grand Est) und Kerlingen (heute Ortsteil der Gemeinde Wallerfangen) bestand. Seit 1609 lag die Verwaltung der Ortschaften in den Händen einer Frau, nämlich Gutta von Hattstein. Jutta ist wohl die eingedeutschte Version des Namens Gutta. Um die Mitte des 16. Jahrhunderts heiratet Gutta von Nassau-Spurkenberg den im Taunus residierenden Hans Marquard von Hattstein. Wenig bis nichts ist über diese Ehe bekannt, der Gatte stirbt 1597 an der Pest. Gutta von Hattstein hat einen recht berühmten und erfolgreichen Vetter, Lothar von Metternich, Kurfürst von Trier, der ihr die Verwaltung der Beruser Herrschaft anträgt. So zieht Gutta von Hattstein, nunmehr Witwe, Anfang des 17. Jahrhunderts als „Herrin von Berus" in den Saargau. Wie oft sie sich tatsächlich in Berus aufhält, auch darüber gibt es wenig Quellen. Historische Akten aus den Jahren 1616, 1618 und 1629 belegen, dass sich Gutta mit Untergebenen oder hohen Herren um Herrschaftsrechte streitet. Weiter tritt sie als Verwalterin in örtlichen Verträgen und Prozessakten auf, sodass davon auszugehen ist, dass sie wenigstens zeitweise im Beruser Schloss residiert.[425] Sicher weilt sie des Öfteren in Trier, wo ihre Tochter Anna Amalie als Äbtissin lebt. Ihr vermacht Gutta von Hattstein ihr Vermögen, Berus wird ebenso bedacht. Und hier schließt sich der Kreis. 1647 verfügt die fromme Herrin in einer Stiftung, dass in der Beruser St.-Oranna-Kirche in der Zukunft feierliche Virgilien gehalten und Arme beschenkt werden sollen. Bis ins 18. Jahrhundert werden Gottesdienste für die Stifterin gehalten. Sie selbst stirbt wahrscheinlich vor Ende des Dreißigjährigen Kriegs, wann genau, ist nicht überliefert. Per Gemeinderatsbeschluss vom 23. Mai 1969 kommt jedenfalls die Straße zu ihrem Namen, lange bevor in Überherrn das Bürgermeisteramt von der ersten Frau auf diesem Posten übernommen wird und Berus somit wieder eine „Herrin" hat.[426]

5.12 Wadgassen: Ein Haus voll Unternehmerinnen

Im Juli 2020 starb die Unternehmerin **Emilie Koch**, erste und bislang einzige Ehrenbürgerin Wadgassens, im Alter von 97 Jahren.

Emilie Koch – Unternehmerin kommt von unternehmen

Dass Emilie Koch überhaupt Ehrenbürgerin wird, verdankt sie einer Initiative ihrer „alten" Belegschaft, die anlässlich des 50-jährigen Firmenjubiläums diesen Vorschlag macht. „Eine Bitte, der bemerkenswert rasch und einvernehmlich und über alle Parteigrenzen hinweg entsprochen wurde"[427], merkt Hartmuth Kastner in seinem Nachruf auf Emilie Koch in der *Wadgasser Rundschau* an. Zeitreise ins Jahr 1945. Emilie Welsch, 22 Jahre alt, siebtes von zehn Kindern der Försterfamilie Welsch vom Triebscheiderhof bei Hassel, ist bereits mit ihrem späteren Mann Karl Koch befreundet, der zu dieser Zeit in führender Position bei der Förderanlagenfirma Heckel angestellt ist. Angesichts des großen Wiederaufbaubedarfs nach dem Krieg entsteht die Idee, ein eigenes Unternehmen zu schaffen. Es ist die junge Emilie Welsch, die am 7. August 1945, einem Dienstag, in einem alten Werkstattgebäude gegenüber dem Wadgasser Unternehmen Bentz & Mathieu (Keramik und Glaswaren) die „Industrie- und Baubedarf GmbH" gründet und damit den Grundstein für das Unternehmen legt. Die Firma fungiert ab 1947 unter dem Namen KOCH Transporttechnik und entwickelt sich zu einer wichtigen Arbeitgeberin in der Region. Großbandförderanlagen, Schaufelradbagger, Sieb- und Zerkleinerungsanlagen sind nur einige Produkte, die bei KOCH konstruiert und gebaut werden und den Weg zu Kunden weltweit finden. Zu seinen Hochzeiten bietet das Unternehmen bis zu 800 Menschen Arbeit.[428] Emilie Koch bleibt immer Teil der Firma, selbst während der Familienphase (das Paar hat drei Kinder). Als Prokuristin pflegt sie die Geschäftskontakte und ist, wenn möglich, auf Geschäftsreisen dabei. Neben und vor allem nach ihrer beruflichen Zeit ist Emilie Koch als Mäzenin unterwegs, zum Beispiel bei der Anschaffung der Turmhaube für die evangelische Pfarrkirche zu Schaffhausen oder bei der 1100-Jahr-Feier Wadgassens. Karl Koch widmet der Gemeinderat einen

Straßennamen, Emilie Koch eine Medaille, mit der die Gemeinde Wadgassen seit 2019 den jährlichen „Hidden Champion" im Rahmen der Ehrenamtsgala *Sterne des Bisttals* ehrt.

In Wadgassen respektive Hostenbach treffen wir darüber hinaus auf eine originäre Unternehmergattin, wenn auch nur in Form der Namensnennung zweier Spitzkegelhalden: Hermann und Dorothea. Die Namen wurden zu Ehren von Kommerzienrat Hermann Röchling[429] und seiner Frau Theodora Röchling (1878–1946) vergeben.

„Glas – Eisen – Kohle": Für eine Wandgestaltung im Festsaal des Kulturhauses in Hostenbach gab die Gemeinde dieses Thema vor. Der Auftrag ging an die 1931 in Hermeskeil geborene Clothilde Freichel-Baltes (1931–2021), die an der Hochschule für Kunst und Handwerk in Saarbrücken Malerei studiert hatte, im Anschluss als Designerin bei Villeroy & Boch arbeitete und schließlich zu Studien nach Irland und Kalifornien aufbrach. Wie setzte die Künstlerin nun das vorgegebene Motto Glas – Eisen – Kohle um? Sie verwendete Rot-, Braun- und Grautöne vor weißem Hintergrund, um mit diesen zwei Glasbläser vor einem rotglühenden Schmelzofen, die Gebäude des Blechwalzwerks mit hohen, backsteinroten Schloten sowie das Zechengebäude inklusive Förderturm darzustellen. „Den Hintergrund bilden die fast pyramidalen, grauen Schlackenhalden, zwischen Walzwerk und Grube erscheint das Dorf Hostenbach mit seinen roten Ziegeldächern. Die leicht, fast heiter wirkende Darstellung erinnert an Buchillustrationen"[430], urteilte der Künstler und Kunstpädagoge Jo Enzweiler.

5.13 Wallerfangen: Ein Hauch von Geschichte

Im Landkreis Neunkirchen, genauer: in der Gemeinde Eppelborn-Habach, sind wir bereits auf das südwestdeutsche Bauernhaus gestoßen. In Wallerfangen folgt das Lothringer Bauernhaus. Der größte Unterschied zwischen den beiden Typen war das freistehende südwestdeutsche Bauernhaus auf der einen Seite gegenüber den meist als geschlossene Häuserzeile aneinandergereihten Lothringerhäusern, also Giebel an Giebel. Ansonsten gab es viele Gemeinsamkeiten. Hier wie da zeigen sich im Inneren der als Museen gestalteten Häuser (Museum Haus Saargau in Wallerfangen-Gisingen) Zeugnisse weiblicher (Haus-) Arbeit. Die „Mischdkaul" vor dem Haus war für jedes Bauernhaus selbstverständlich und nach Größe unterteilt ein Symbol für den Wohlstand der Besitzer. Die Linde, der Nuss- oder Birnbaum vor der Tür sowie der Bauerngarten hinterm Haus rundeten das Bild ab. Im 19. Jahrhundert bildete sich – im Zuge der industriellen Revolution – ein dritter Typ heraus: das Arbeiterbauernhaus. Ähnlich dem südwestdeutschen Bauernhaus, war dieses jedoch viel kleiner. Die bäuerliche Nebenerwerbswirtschaft musste von den Frauen in der Regel allein betrieben werden, da der Mann auf der Grube oder im Eisenwerk arbeitete.

Nicolas Adolphe de Galhau, Enkel des Nicolas Villeroy, war – zusammen mit seiner Ehefrau Sophie Leonie Elisabeth Villeroy (1821–1885), einer Cousine – maßgeblicher Gestalter Wallerfangens im 19. Jahrhundert. Um ein Beispiel zu nennen: die 1857 als soziale Stiftung gegründete Sophienstiftung, benannt nach Sophie Leonie. Die Stiftung besteht bis heute fort. Uns interessiert an der Stelle vielmehr das Schicksal einer angeheirateten Tante von Nicolas Adolphe, **Henriette-Aimée Marie Ebray**, die Schwarze Gräfin genannt.

Henriette-Aimée Marie Ebray – Trauer muss Elektra tragen

Den Namen *Schwarze Gräfin* handelt sich die Schweizer Pfarrerstochter ein, weil sie – vom Leben gebeutelt – ihren Wohnsitz von den Grundmauern bis zum Dach fingerdick mit Teer bestreichen lässt. Das im Volksmund analog als *Schwarzes Schloss* bezeichnete Gebäude existiert nach wie vor, zusammen mit dem umliegenden Park gehört es seit dem Tod der Gräfin im Jahr 1879 zum Besitz der Sophienstiftung. Bei einem nächtlichen Fliegerangriff im Zweiten Weltkrieg schwer zerstört, wurde das Gebäude erst 1959 von Grund auf renoviert. Gehen wir auf Anfang. Dem Verein für Heimatforschung Wallerfangen in Gestalt seines Autors Rainer Darimont verdanken wir einen ersten Eindruck von der Gräfin:

> Die Schweizerin war eine lebhafte und gebildete Dame von jener bezaubernden Schönheit, die für manchen feinen Herrn eine mehr als schmeichelhafte Eroberung darstellte. Sie heiratete niemand Geringeren als Louis Villeroy, den Sohn des Gründers der Wallerfanger Steingutmanufaktur Nicolas Villeroy, mit dem sie 1825 den herrschaftlichen Wohnsitz ‚Hoflimberg' errichtete. Als die junge Frau erwartungsvoll auf ein erfülltes Leben in Wallerfangen zu blicken begann, zweifelte sie wohl überhaupt nicht daran, dass ihr das für die vorhersehbare Zukunft weiter gelingen würde. Aber das Leben hatte es so an sich, das Vorhersehbare nicht eintreten zu lassen und von Unvorhersehbarem bestimmt zu werden.[431]

Zunächst passiert durchaus Vorhersehbares: Sohn Nicolas-Henry-Charles wird geboren und avanciert zu der Gräfin (einzigem) Augapfel. Zwei Jahre nach der Geburt des Stammhalters stirbt Louis Villeroy im Alter von 40 Jahren – der erste Schlag, den die junge Witwe recht gut verarbeitet. Acht Jahre später heiratet sie erneut, den verwitweten und ihr aus der Jugend bekannten Graf Guilleminot aus Dunkirchen. Auch dieser Ehe ist keine Langlebigkeit beschieden, der Graf stirbt zwei Jahre später – mittlerweile sind wir im Jahr 1840 angekommen –, der zweite Schlag. Zwei Ehemänner innerhalb zehn Jahren beerdigt, das muss die Gräfin erst einmal verkraften. Dennoch lässt sie sich nicht unterkriegen und baut 1843 das erwähnte, repräsentative Schlösschen als Witwensitz gegenüber der Kirche. Ein bescheidener Herrschaftssitz, eher eine ansehnliche Villa im schlichten Biedermeierstil, in dem Henriette-Aimée zusammen mit Sohn Charles lebt. Der ist mittlerweile der Liebling des ganzen Ortes. So gründet er 1851 den Musikverein Wallerfangen, den er mit eigenen Mitteln unterhält und der bis zum heutigen Tag unter dem Namen Musikverein Concordia Wallerfangen als ältester Musikverein im Landkreis und zweitältester im gesamten Saarland firmiert. Hören wir ein letztes Mal Rainer Darimont:

Charles Villeroy, der auch in den Herrschaftsfamilien ungemein beliebt war, festigt sich als tragische Figur in unserer Geschichte. Die Gräfin stand ihrem Sohn so nahe, dass ihre Empfindungen alle Höhenflüge einer Mutterliebe weit überragten. Und so geschah es, dass am zwölften Tag im Juni des Jahres 1859, 31 Jahre nach seiner Geburt, Charles nach einem Sturz vom Pferd plötzlich verstarb. Die Gräfin war wie paralysiert vom Schock. Die alles verzehrende Trauer riss sie mit in ihrem Sog davon, so übermächtig, dass sie sich ihr nicht mehr entziehen konnte.[432]

Eine Geschichte ganz anderer Art ist die folgende, die zwar weit weg in den USA spielt, deren Wurzeln aber ins saarländische Gisingen, einen Ortsteil Wallerfangens, reichen. Auftritt John Dillinger, Enkel von Mathias Dillinger, 1831 in Gisingen geboren und 1854 in die USA ausgewandert, wo er zu Amerikas Staatsfeind Nr. 1 wurde. Dillinger stammte aus einer Leinweberfamilie, sein Geburtshaus befand sich in der Gisinger Tutengass. Wir interessieren uns für die weibliche Hauptrolle in diesem Stück, auch wenn **Anna Sage**, eine rumänische Prostituierte und Bordellmanagerin, bekannt als die Frau in Rot, nie einen Fuß ins Saarland setzte.

Anna Sage und der Staatsfeind Nr. 1

John Herbert Dillinger erhielt die zweifelhafte Ehre, vom FBI als erster Mensch überhaupt zum Staatsfeind Nr. 1 erklärt zu werden. Dementsprechend erlangte Anna Sage zeitweise eine Art Kultstatus in den USA, was ihr nicht wirklich viel nützte. Anna Sage wird 1889 als Ana Cumpănaş in Comloşu Mare geboren, zu der Zeit zu Österreich-Ungarn gehörend, heute eine Gemeinde im Südwesten des Kreises Timiş, in der Region Banat, im Südwesten Rumäniens, nahe der Grenze zu Serbien. 1909 heiratet Ana Cumpănaş, 1911 kommt ein Sohn zur Welt und 1914 emigriert die Familie in die Vereinigten Staaten. Die Ehe zerbricht, Ana arbeitet in der Folge als Prostituierte, schließlich als Bordellmanagerin in Chicago. Seit einer erneuten Eheschließung nennt sie sich Anna Sage. Anfang der 1930er Jahre sieht Anna Sage sich mit einer möglichen Ausweisung aus den USA konfrontiert, da die Behörden in ihr aufgrund ihrer Berufstätigkeit eine Person „of low moral character"[433] sehen. Am 4. Juli 1934 begegnen sich Dillinger und Sage zum ersten Mal, da Dillinger zu diesem Zeitpunkt mit Polly Hamilton ein Verhältnis hat, einer engen Freundin von Anna Sage. Es dauert nicht lange, bis Anna erkennt, wer dieser gutaussehende Mann mit dem mokanten Lächeln wirklich ist, und schnell erkennt sie ihre Chance: Eine Zusammenarbeit mit dem FBI bringt ihr nicht nur die gewünschte Aufenthaltsgenehmigung, sondern gleich einen Batzen Geld als Belohnung. Am 22. Juli 1934 gehen Sage, Patty Hamilton und John Dillinger gemeinsam ins Kino. Im Biograph Theatre in Chicago läuft *Manhattan Melodrama*, ein Kriminalfilm mit Clark Gable, William Powell und Myrna Loy in den Hauptrollen. Gehen wir mit dem Beruser Ahnenforscher Bernd Winter live in das Geschehen hinein: „Als der Film um 22.30 Uhr zu Ende war und die drei herauskamen, war das Kino von FBI-Agenten umstellt. Dillinger merkte, daß etwas nicht stimmte und rannte davon, die Hand am Revolver. Das FBI eröffnete das Feuer. Drei Kugeln trafen ihn tödlich."[434] Anna Sage, die an dem Abend ein orangefarbenes Kleid trägt, was ihr nichtsdestotrotz den Namen „Woman in Red" einträgt, erhält für die Zusammenarbeit mit dem FBI 5.000 US-Dollar, die Hälfte dessen, was ihr ursprünglich versprochen worden war. Die Verlängerung ihrer Aufenthaltsgenehmigung verschafft ihr lediglich einen kurzen Aufschub, 1936 muss sie die USA verlassen. Ihre letzten Lebensjahre verbringt sie in der Nähe des Ortes, an dem sie geboren wurde. Einen Teil ihres in Rumänien nicht unerheblichen Vermögens verliert sie – so wird kolportiert – durch einen Geliebten, der das Geld bei Pferdewetten verspielt. Sie stirbt verarmt und an Leberzirrhose erkrankt im Jahr 1947, 13 Jahre nach dem Staatsfeind Nr. 1 mit Gisinger Wurzeln.

6. Der Saarpfalz-Kreis

6.1 Bexbach: Barbara und s'Hilde

Alle Orte im Saarland aufzuführen, die in irgendeiner Weise die Schutzpatronin der Bergleute, die **heilige Barbara**, preisen, würde den Rahmen dieses Buches sprengen. In Bexbach indes bietet es sich an, die Heilige näher zu beleuchten, da gleich ein ganzer Berg nach ihr benannt ist oder vielmehr: eine Halde. Der Monte Barbara ist eine begrünte Bergehalde, die aus dem Abraum des Steinkohlebergbaus der in Bexbach gelegenen Grube St. Barbara künstlich erschaffen wurde. Das Standbild der heiligen Barbara wurde 1955 zur Einweihung der Grube eingesegnet. Erst im Jahr 1980 wurde sie an ihren heutigen Standort versetzt. Die imposante, acht Meter hohe Statue hat von ihrem Berg aus „alles im Blick". Zu ihren Füßen lesen wir auf einer Informationstafel ein Gebet zu Ehren der heiligen Barbara, welches mit den Worten „O Sankt Barbara! Dich Patronin wir verehren, Deine Hilfe woll' gewähren uns in jeder schweren Not, welche bei der Arbeit droht. O Sankt Barbara!" beginnt.

Die heilige Barbara und das Saarland

Die heilige Barbara ist als historische Figur nicht belegt, erste Erwähnungen reichen bereits ins dritte Jahrhundert zurück. Als sogenannte Volksheilige ranken sich viele Legenden um ihr Leben. Seit dem Mittelalter gehört die Heilige auch zu den vierzehn Nothelfern und wird vor allem zum Schutz vor jähem Tod und als Beistand der Sterbenden angerufen. Insbesondere symbolisiert sie jedoch als Märtyrerin die Standhaftigkeit im Glauben, was die folgende Legende bezeugt und gleichzeitig erklärt, warum die heilige Barbara auch zur Schutzpatronin der Bergleute werden konnte. Barbara sei schön und von großem Verstand gewesen, so die Legenda Aurea, und von unbeugsamem Glauben, was dem heidnischen Vater ein Dorn im Auge gewesen sei. Er lässt sie in einem Turm einsperren, aber ihr gelingt die Flucht und sie findet in einer Felsspalte Schutz, nachdem der Berg sich auf wundersame Weise vor ihr auftat. Gleichwohl entgeht sie ihrem Schicksal nicht, da ein Hirte sie verrät. Der rachsüchtige Vater kann Barbara nicht zur Aufgabe ihres Glaubens bewegen und tötet sie schließlich durch seine eigene Hand. Die Begebenheit, dass sie während ihres Martyriums Schutz in einem Berg fand, machte sie zur Patronin der Bergmänner.[435] Am 4. Dezember, dem traditionellen Barbaratag, wird vielerorts bei Gottesdienst und anschließendem Bergmannsfrühstück (ein Viertel Lyoner, ein Weck, eine Flasche Bier und ein Klecks Senf) der heiligen Barbara gedacht. Zum Schluss sei darauf hingewiesen, dass die heilige Barbara weiter die Patronin unter anderem der Köchinnen und Köche, der Bauersleute, der Totengräber und Hutmacherinnen, der Glockengießer und Buchhändlerinnen, der Mädchen allgemein, der Gefangenen, der Sterbenden und und und ist – viel Verantwortung für eine historisch eher unwahrscheinliche Figur. Und selbst für's Wetter trägt sie Verantwortung: Geht Barbara im Klee, kommt's Christkind im Schnee[436] ist eine von vielen Bauernregeln in ihrem Namen.

Sehr viel irdischer ist die Kunst- (und Kult-)figur **Hilde Becker**, der Prototyp der bieder-naiven Hausfrau.

Hilde Becker, 's Hilde

Hilde Becker ist Teil der Familie Heinz Becker, einer deutschen Comedy-Fernsehserie von Gerd Dudenhöffer, die von 1992 bis 2004 in sieben Staffeln produziert wurde. Mit Heinz Becker schuf der Bexbacher Dudenhöffer eine Bühnen- und Filmfigur, die ihn überregional bekannt machte und mit der er bis heute auf der Bühne steht. Heinz und Hilde Becker verkörpern die Klischee-Nachbarn von nebenan mit einem Füllhorn an spießigen Weltansichten. Hilde, die im Lauf der Serie von drei verschiedenen Schauspielerinnen verkörpert wird, ist in ihrer Darstellung die Nachfolgerin der „dusseligen Kuh Else" aus *Ein Herz und eine Seele*. Schon Ekel Alfred alias Alfred Tetzlaff und seine Ehefrau Else gaben im WDR in den 1970er Jahren einen entlarvenden Einblick in das bundesdeutsche Familienleben, dass den Zuschauerinnen und Zuschauern manches Mal das Lachen im Hals stecken blieb. In der Form unerreicht. So steht Familie Heinz Becker nicht allein für das saarländische Kleinbürgertum, womit der überregionale Erfolg zu erklären ist. Hilde jedenfalls scheint ihrem Ehemann in allen Belangen hoffnungslos unterlegen, ist seinen Gemeinheiten schutzlos ausgeliefert. Respekt in der Ehe, Gleichberechtigung – Begriffe, die für Heinz Becker des Teufels Werk sind. Seinem Sohn Stefan, der ansatzweise ein Korrektiv darstellt, antwortet er auf dessen Frage, ob es nicht Zeit wäre, eine Spülmaschine anzuschaffen: „So oft wird die Mudder gar nid krank." Die Trierer Theaterschauspielerin Marianne Rieder-Weber verkörpert in der ersten Staffel der Serie die Rolle der Hilde Becker. Ihre Interpretation der Figur ist nach Meinung des Internetlexikons Wikipedia „weniger weltfremd und naiv" als die späteren Darstellungen. Für die Schauspielerin Rieder-Weber bleibt es die einzige Fernseh-Erfahrung.[437] Die Schauspielerin und Kabarettistin Alice Hoffmann, die die Hilde Becker in den Staffeln zwei bis vier spielt, hat sich in der Folge ihres Ehemannes entledigt und steht unter anderem als verlassene Hausfrau Vanessa Backes mit eigenem Programm auf der Bühne. In einem Interview mit der Saarbrücker Zeitung angesprochen auf den „Tod" von Hilde in einem der späteren Bühnenprogramme Dudenhöffers und mögliche Auswirkungen auf ihre eigenen Bühnenfiguren antwortet sie:

> Ich hatte später viele Bühnenfiguren, aber die, die das Publikum unbedingt sehen will, ist die in der Kittelschürze. Ich nenne sie heute ‚Kittelschürze der Nation' und lasse sie namenlos, weil sie für viele ehemalige Hausfrauen stehen soll, die durch die Trennung vom Ehemann plötzlich auf sich allein gestellt sind und dadurch buchstäblich mal auf andere, manchmal gar nicht so dumme Gedanken kommen. Ob eine davon stirbt oder nicht, spielt für meine Kabarett(haupt)figur keine Rolle. Ich

> zitiere dazu mal einen Satz aus einem meiner Soloprogramme: ‚Erst han ich gedenkt: mer kann sich doch net scheide losse, do sterbt mer bestimmt, do geht doch dann die Welt unner! aber danach: (breitet die Arme aus, lächelt selig) is die Sonne aufgegange!' Nicht selten leben Menschen nach dem Tod des geliebten Ehepartners überraschend plötzlich auf. Es hat ja auch was Befreiendes, man kann auf einmal tun und lassen, was man will vor allem leben, wie man will. Vielleicht geht's dem Heinz ja auch so […].[438]

Dritte und letzte Darstellerin der Hilde Becker ist die in Saarlouis geborene Sabine Urig, übrigens die einzige Saarländerin unter den Schauspielerinnen.

6.2 Blieskastel: Von barock bis schlicht

Blieskastel beeindruckt durch sein barockes Erscheinungsbild. Dieses ist eng mit dem Geschlecht derer von der Leyen verknüpft. Mit der Verlegung ihres Residenzsitzes von Koblenz nach Blieskastel im Jahr 1773 verhalfen sie der Stadt zu einem enormen wirtschaftlichen Aufschwung – und zu enormen Schulden. Reichsgraf Franz Carl residierte keine zwei Jahre in Blieskastel, er starb im Alter von 39 Jahren an einer Blutvergiftung. **Marianne von der Leyen** übernahm die Regentschaft über rund 24.000 Einwohnerinnen und Einwohner – als Vormund für ihren mit neun Jahren minderjährigen Sohn, den Erbgrafen Philipp.

Marianne von der Leyen – barockes Urgestein

Maria Anna Sophia von Dalberg, geboren am 31. März 1745 als Freifräulein in Mainz, lernt ihren späteren Gemahl Franz Georg Carl Anton von der Leyen im Rahmen der Feierlichkeiten rund um die Krönung von Kaiser Joseph II. in Frankfurt kennen. Da ist sie gerade 20 Jahre jung. Im selben Jahr wird geheiratet. Zehn Jahre später ist Marianne von der Leyen Mutter dreier Kinder und Witwe. Unter der Regie der Gräfin wird kräftig weiter gebaut, Blieskastel ändert sein Gesicht. Martin Baus, der sich als Autor schwerpunktmäßig mit dem Saarpfalz-Kreis beschäftigt, konstatiert:

> Ihr war zunächst daran gelegen, die von ihrem Mann eingeleiteten Arbeiten fortzusetzen und zu Ende zu bringen. Ganz im Stil einer aufgeklärten Landesherrin des Ancien Régime zeigte sie sich bemüht, das Leben ihrer Untertanen bis ins letzte Detail hinein zu reglementieren und zu kontrollieren, wobei sie dabei stets betonte, aus ‚landesmütterlicher Obsorge' so zu handeln. Ihre sozialen und bildungspolitischen Maßnahmen zeigen sie als pflichteifrige Landesmutter auf der Höhe ihrer Zeit. Sie versuchte Landwirtschaft, Gartenbau und Viehzucht sowie bestimmte Industriezweige zu fördern. Dabei galt Marianne von der Leyen als frei von jedweden Neigungen und Fähigkeiten in Sachen Wissenschaft und Kunst.[439]

Erhalten ist aus dieser Zeit der barocke Stadtkern, der als Ensemble unter Denkmalschutz steht. Das Residenzschloss existiert nicht mehr, der

Komplex wird während der Französischen Revolution weitgehend zerstört. Heute wird an gleicher Stelle ein Gebäude in Teilen als „Von der Leyen-Gymnasium" genutzt. Unterirdisch erhaltene Teile der Schlossanlage werden bei Ausgrabungen gefunden. Der einzige repräsentative Bau aus der Zeit der Renaissance, die Orangerie, stammt von einem älteren Bauwerk. Das alles – wir ahnen es – kostete Geld und bescherte dem Land einen stetig anwachsenden Schuldenberg, der durch die verschwenderische Hochzeit des Erbprinzen nicht kleiner wurde. Baus weiß zu berichten:

> Die Unruhe unter den eigenen Untertanen gipfelte im St. Ingberter Waldstreit. Vor dem Hintergrund der Französischen Revolution eskalierte der Streit um die Nutzung der Waldungen. Mit den Wortführern aus St. Ingbert trafen sich am 17. September 1789 Vertreter aus 18 Gemeinden in Ommersheim zur ‚Landschaftsversammlung'. Sie hatten eine Liste mit 25 Beschwerden erstellt. Nachdem diese kein Gehör fanden, setzte sich der Aufruhr fort, Anfang Dezember marschierten pfälzische und kurmainzische Truppen im Blieskasteler Land ein, um die Unruhen niederzuschlagen.[440]

Die Niederschlagung gelingt, sichert jedoch nur für kurze Zeit die weitere Herrschaft der von der Leyens. Das Genick im übertragenen Sinn bricht ihnen die Französische Revolution. Die abenteuerliche Flucht Marianne von der Leyens ist in ihrem eigenhändig verfassten *Journal*[441] nachzulesen. Nur so viel: Als Dienstmagd verkleidet hält sie sich über mehrere Tage in verschiedenen Ortschaften des Bliesgaus versteckt, ehe es ihr gelingt, durch die französischen Linien Zweibrücken zu erreichen. Sie strandet in Frankfurt, wo sie ihre letzten Lebensjahre verbringt und am 10. Juli 1804 im Alter von 60 Jahren stirbt. Die Gicht rafft sie hinweg. Mittlerweile ist die Gräfin nebst Gatten wieder zurückgekehrt nach Blieskastel. Ihre Gräber finden sich in der Gruft der Schlosskirche. Die Region nutzt ihre Regentin zu Marketingzwecken. Auf dem Mariannenweg zwischen Blieskastel und Niederwürzbach wandele ich auf den Spuren der Gräfin. In der Gastronomie wird Mineralwasser in einer schlanken, eleganten Glasflasche unter dem Namen GMQ – Gräfin Mariannen Quelle angeboten.[442] Wohl bekommt's!

Gut dokumentiert sind meist die Leben der Reichen und Adligen. Seltener gelingt ein Blick in den Alltag der sogenannten kleinen Leute heutiger und früherer Zeit. Umso schöner, wenn aufgrund familiärer Rechercheleistungen dieser Alltag dokumentiert wird. Beispielhaft soll ausführlicher aus dem Leben der Blieskastelerin (Stadtteil Blickweiler) **Gertraud Wannemacher**, geboren am 14. Juli 1849 als Gertraud Becker, gestorben am 28. Januar 1916 im Alter von 66 Jahren, berichtet werden.

Gertraud Wannemacher und das verlegte Mundwerk

„Sie war eine einfache schlichte Frau aus dem Volke." So beginnt ihr Sohn Wilhelm die Beschreibung seiner Mutter Gertraud.[443] „Bei mittelgroßer Statur war von der sogenannten schlanken Linie nichts zu merken; sie neigte vielmehr etwas zu Korpulenz." In der Folge schildert er die Lebensbedingungen, mit denen die Menschen in dieser Zeit zurechtkommen müssen.

> Der Mund ließ ein lückenhaftes Gebiß sehen, was wohl darauf zurückzuführen ist, daß die Zahnpflege zu ihren Zeiten auf dem Lande noch sehr im argen [sic] lag. Das Plombieren schadhafter Zähne war damals in den Dörfern noch nicht modern. Das Ausziehen erkrankter Kauwerkzeuge war das einzige Mittel, Zahnschmerzen los zu werden.

Wilhelm betont, dass seine Mutter „[…] eine sehr intelligente Frau [war] und im Verhältnis zu ihrer Schulbildung ziemlich sprachgewandt. Sie war tief religiös veranlagt und versäumte auch an Werktagen nur selten die Hl. Messe. Almosen gab sie gern, soweit dies ihre beschränkten Mittel erlaubten". In dem Zusammenhang erinnert er sich an Sätze wie „Almosen geben verarmt nicht" und „Wohltun trägt Zinsen im Himmel". Ihre religiöse Verankerung erleichtert Gertraud Wannemacher vielleicht den Umgang mit Krankheit und Tod.

> […] sie verstand es vortrefflich, andere zu trösten. War im Dorfe irgend jemand gestorben, so versäumte sie es nie, an dem üblichen Gebet für

> die Verstorbenen am Abend teilzunehmen. Auch zur Beteiligung an allen Beerdigungen nahm sie sich die Zeit, ebenso zu den Trauergottesdiensten für die Verstorbenen. Auch sonst erwies sie ihren Mitmenschen nach dem Ableben noch jeden möglichen Liebesdienst und zog sehr vielen Dahingeschiedenen ihr letztes Kleid an, eine Arbeit, die nicht jedermanns Sache ist.

„Gesunden Humor" und „schlagfertigen Mutterwitz" bescheinigt der Sohn seiner Mutter. „Staunenerregend" ist für ihn ihr Gedächtnis, „[i]hre Gedanken wußte sie in klare, gefällige, leicht verständliche Form zu kleiden". Des Weiteren bezeugt er „poetisches Talent", eine „glänzende Unterhaltungsgabe" sowie musikalisches Geschick. Legendär ihre Geschenke wie zum Beispiel ein „Weck, in den eine rote Geranienblüte gesteckt war". Weniger gern erinnert Wilhelm sich an die Erziehungsmaßnahmen der Mutter. Wie Generationen von Frauen vor ihr und nach ihr ist Gertraud Wannemacher vieles in einer Person: Hausfrau, Mutter, Seelsorgerin, Krankenpflegerin, Landwirtin und und und. Vor allem als Landwirtin ist sie insbesondere von Frühling bis Herbst gefordert, zum Beispiel in der Kartoffelpflanzung: „Das Herrichten der Setzkartoffeln, das Einlegen, Hacken und Häufeln sowie die Ernte derselben oblag der Mutter [...]. Vor der eigentlichen Kartoffelernte trug sie Frühkartoffeln korbweise auf dem Kopfe heim." Und was passt besser zu Kartoffeln als frischer Fisch? Die vom Vater gefangenen Fische wurden des Öfteren „nach dem nahen Blieskastel [getragen], um sie da zu Geld zu machen. Ihr war kein Weg zu weit, kein Gang zuviel". Gurkensalat und Kirschen, erzählt ihr Sohn Wilhelm, sind die Favoriten seiner Mutter. Ansonsten ist der Küchenzettel „nicht allzu umfangreich" bei dem bescheidenen Einkommen des Vaters. Wie gut, dass Gertraud das Haus mit in die Ehe gebracht hat! Sie bringt zwölf Kinder zur Welt, neun von ihnen muss sie beerdigen. Sohn Wilhelm ist der einzige überlebende Sohn, entsprechend groß die Angst, als er 1914 in den Krieg ziehen muss. Er überlebt. Als er nach Hause kommt, ist die Mutter bereits bettlägerig. Eine letzte Freude hält das Schicksal für sie bereit: die Begegnung mit ihrer vier Monate alten Enkeltochter, der Tochter von Sohn Wilhelm. Fünf Tage nach diesem Treffen stirbt Gertraud Wannemacher. Sie steht beispielhaft für viele Frauen dieser

Zeit, die dem Leben tapfer die Stirn bot. Folgende Anekdote zeigt abschließend den Humor dieser Frau respektive dieses Paares:

> Sie hielt sehr auf pünktliches Erscheinen beim Essen und konnte, wenn Verspätungen vorkamen, recht deutlich ihre Meinung durch ausgiebigen Gebrauch ihrer redegewandten Zunge kundtun. Da kam eines Tages ihr Mann später als vereinbart zum Nachtessen. Die Gesellschaft in der Wirtschaft hatte es ihm angetan. Bei seinem Eintreffen lag seine Frau schon zu Bette, was sie zu anderen Zeiten nicht gehindert hätte, ihre Ansicht recht deutlich kund zu tun. Aber an diesem Abend fiel kein Wort zum größten Erstaunen ihres Ehemannes, der sich sicher schon auf eine gediegene Gardinenpredigt gefaßt gemacht hatte. Er zog die Tischschublade auf und durchsuchte sie auf das gründlichste. Kopfschüttelnd begab er sich zur Kommode, deren einzelne Schubladen er auf das genaueste untersuchte, jede aber mit negativem Erfolge. Seine Frau beobachtete ihn genau. Als die drei Schubladen völlig ergebnislos durchsucht waren, wurde im Wandschränkchen Fortsetzung gemacht, aber ebenso ergebnislos. Seine Frau schaute neugierig, aber wortlos zu. Nun kam das zweite Wandschränkchen an der gegenüberliegenden Wand an die Reihe, in welchem Hammer, Bohrer und andere Werkzeuge aufbewahrt wurden. Als auch hier das Umwühlen und Durcheinanderwerfen des Inhaltes in vollem Gange war, konnte Frau Wannemacher ihre Neugier und Zurückhaltung nicht länger bewahren. ‚Was suchst du denn eigentlich?' mußte sie endlich ihren immer noch emsig herumkramenden Gatten fragen. ‚Gott sei Dank!' rief ihr Mann beim Vernehmen ihrer Stimme mit einem befriedigten Aufschnaufen aus, ‚ich hatte schon gedacht, du hättest dein Mundwerk irgendwie verlegt, und ich wollte es dir suchen. Ich bin nun wirklich froh, daß alles in Ordnung ist.'

Wenig bis nichts war in Ordnung im Leben von Käthe Koch und **Ledwina Lechner**, die beide auf je unterschiedliche Art den Nationalsozialisten die Stirn boten. Käthe Koch, als Katharina Bieg im Blieskasteler Stadtteil Niederwürzbach in eine katholische Bergarbeiterfamilie geboren, wurde durch die Verhältnisse im damaligen Saargebiet politisiert. Gemeinsam mit ihrem Freund und späteren Ehemann Albert Koch, einem Schlosser, gehörte sie zu den Reihen der Antifaschisten, der Einheitsfront, zu der sich die sozialdemokratische und die kommunistische Partei 1934 zusammengeschlossen hatten. Wie vielen Widerstandskämpfern blieb den

Kochs irgendwann nur der Weg ins französische Exil. „Die Wohnungen der Kochs waren Quartier, Büro, Besprechungsräume und auch Versorgungsstätte für viele Antifaschisten"[444], weiß der Historiker Luitwin Bies. Käthe und Albert Koch blieben bis zur Befreiung Frankreichs aktiv. Käthe Koch kehrte im August 1945 an die Saar zurück, Albert war seit Juni 1945 in seinem Heimatort Hassel.

Ledwina Lechner – aktiv im Widerstand

Ledwina (Lidwina) Lechner ist weniger politisch denn religiös unterwegs, geprägt durch ein christliches Elternhaus. 1926 ins Lehrerinnenseminar der Dominikanerinnen in Speyer eingetreten, lässt sie sich nach erfolgreichem Abschluss ihres Studiums im März 1932 als Dominikanerin einkleiden und in das Noviziat aufnehmen. Ihr Ordensname lautet Schwester Abscondita. „Im August 1933 legte ich meine Profess ab, obwohl Hitler inzwischen die Macht ergriffen hatte und man ahnte, dass für Kirche und Klöster keine rosige Zukunft bevorstand."[445] Ins saarländische Blickweiler kommt Ledwina Lechner im September 1933, und zwar an die dortige Volksschule, wo sie bis 1937 unterrichten kann. Dann werden die klösterlichen Lehrerinnen aus dem öffentlichen Dienst entlassen. Sie bleibt in Blickweiler, verwaltet die Pfarrbücherei, leitet den Chor und arbeitet als Organistin, lehrt Religion. Nicht zuletzt dank ihres Einsatzes kann der BDM (Bund deutscher Mädchen) in Blickweiler lange nicht Fuß fassen. Es sind nicht unbedingt die großen Gesten des Widerstandes, sondern die immerwährenden kleinen Nadelstiche gegen die Nationalsozialisten, die Ledwina Lechner ausmachen. So kommt sie der Gestapo zuvor, die die Pfarrbücherei stürmt, um unliebsame Bücher zu beschlagnahmen, aber keine vorfindet. Diese sind längst in den Händen zuverlässiger Mitstreitenden. Ledwina Lechner gerät mehrfach ins Visier der Nationalsozialisten, unter anderem wegen Verweigerung des Hitlergrußes. Vom 25. Juli bis zum 21. Dezember 1941 sitzt sie in Saarbrücken in Untersuchungshaft, weil sie sich weigert, befreundete Benediktiner zu verraten. Auf Anraten des Gefängnispfarrers verlässt Ledwina Lechner nach ihrer Entlassung umgehend das Saarland und geht nach München, um einer erneuten Verhaftung zu entgehen, was sich als weitsichtig herausstellt, fahndet die Gestapo doch bereits einen Tag später nach ihr. Im März wird der Haftbefehl aufgehoben. Die Zeit der Haft hinterlässt körperliche und seelische Spuren – ein Leben lang. Was bleibt, ist ein nicht zu unterschätzendes erzieherisches Vermächtnis in der Nachkriegszeit: „Ich habe in der Schule als Lehrerin der Entlassschülerinnen immer wieder die Mädchen aufgeklärt über den Nationalsozialismus und seine schlimmen Folgen und bin gewiss, dass diese Mädchen nie liebäugeln werden mit solch extremen politischen Weltanschauungen."[446] Ledwina Lechner stirbt im Jahr 2000.

Zum Schluss dieses Kapitels begegnen wir einer Lehrerin, die uns vor allem als Gründungsvorsitzende des Landesverbandes der Landfrauen Saar interessiert: Annemarie Charlotte Agnes Lindemann geborene Rösler (1909–1999). Die in Blieskastel tätige Lehrerin wurde am 10. Januar 1957 auf der Gründungsversammlung des Verbandes zur 1. Vorsitzenden gewählt. 15 Jahre blieb sie in diesem Amt, bevor sie in den Ehrenvorsitz wechselte. Am 26. März 1957 saß sie dem ersten Landfrauentag in Saarbrücken vor. Ziemlich genau auf den Tag 18 Jahre später, am 25. März 1975, erhielt sie den neu gestifteten Saarländischen Verdienstorden.

Die LandFrauen

Der Landesverband der SaarLandFrauen, wie sich der Landesverband der Landfrauen Saar seit 2006 nennt, ist Mitglied im Deutschen LandFrauenverband (dlv), dessen Anfänge bis in die Nachkriegszeit datieren, was das offizielle Gründungsdatum des Deutschen LandFrauenverbandes zeigt: der 20. Oktober 1948. Der Verband ist nicht aus dem Nichts entstanden, Vorläuferin sind die landwirtschaftlichen Hausfrauenvereine[447] Ende des 19. Jahrhunderts. Die Landfrauenbewegung geht auf die Gutsfrau Elisabeth Boehm zurück, die die Arbeits- und Lebensverhältnisse der Frauen auf dem Land verbessern will. Am Anfang werden die in den 1950er Jahren in den verschiedenen Bundesländern entstehenden Landfrauenverbände nur für Bäuerinnen geöffnet, um deren berufsständische Interessen zu vertreten. Heute sind Frauen aus den unterschiedlichen beruflichen Gruppen repräsentiert. Der dlv ist mit seinen 22 Landes-LandFrauenverbänden, hinter denen sich rund 430 Kreis- und mehr als 12.000 Ortsvereine versammeln, der größte Verband für Frauen, die auf dem Land leben. Mit circa 500.000 Mitgliedern sind die Landfrauen ein starkes Frauennetzwerk. Primäres Ziel ist nach wie vor das Vertreten der Interessen von Frauen im beruflichen Kontext, Stichwort ungleiche Bezahlung. Das Deutsche Institut für Wirtschaftsforschung (DIW) hat ausgerechnet, dass Frauen in ländlichen Gebieten rund 33 Prozent weniger verdienen als Männer (in der Großstadt verdienen Frauen rund zwölf Prozent weniger).[448] Daneben geht es den Frauen, die im ländlichen Raum leben, um Themen der Daseinsfürsorge, Stichworte sind Ärzteversorgung und Grundschulschließungen. Die Digitalisierung ist ein großes Thema, will die Politik Frauen und deren Familien auf dem Land halten. Im Saarland verzeichnen die Landfrauen rund 3.000 Mitglieder, die in 50 Ortsvereinen und 5 Kreisverbänden organisiert sind. „Wir genießen das Leben auf dem Land und stellen uns gemeinsam den Herausforderungen“, so bringen die SaarLandFrauen ihr Anliegen auf den Punkt.[449]

6.3 Homburg: Die Zauberin verzaubert

Es gibt wenige Frauen, die in der ersten Hälfte des 20. Jahrhunderts zu einem parlamentarischen Mandat kamen, wurde das Frauenwahlrecht in Deutschland doch erst 1919 eingeführt, welches besagt, dass Frauen eines Landes die Möglichkeit haben, an politischen Abstimmungen aktiv (Frauenstimmrecht) und passiv (Recht, gewählt zu werden) teilzunehmen. **Luise Mössinger-Schiffgens** war als eine von sechs Ratsfrauen im Aachener Rat im Jahr 1920 eine dieser Mandatsträgerinnen der ersten Stunde.

Luise Mössinger-Schiffgens – Ratsfrau und Frau mit Rat

Als Luise Schiffgens[450] 1928 von Aachen ins Saargebiet umzieht, hat die Textilarbeiterin jahrelange Erfahrungen als Stadtverordnete und als Landtagsabgeordnete vorzuweisen. In der neuen Heimat beteiligt sie sich am Aufbau der Arbeiterwohlfahrt und engagiert sich im antifaschistischen Kampf – ein Gewinn für Angela und Max Braun sowie deren Mitstreitende.[451] Nach der Saarabstimmung 1935 emigriert Luise Schiffgens nach Bordeaux, wo sie sich in vielfältiger Weise in der Résistance betätigt. Als der Krieg vorbei ist, kehrt sie ins Saarland zurück. Sie wird Mitbegründerin der Sozialdemokratischen Partei des Saarlandes (SPS) und gehört als Vertreterin der Frauen ab 1948 dem SPS-Vorstand an. Darüber hinaus ist sie Stadtverordnete in Saarbrücken und ab 1947 Mitglied im Landtag des Saarlandes, wo sie das Amt der Fraktionsvorsitzenden bekleidet. Nicht zu vergessen Mitglied des Aufsichtsrats des Saarländischen Rundfunks und Mitglied des Verwaltungsrats der Universität des Saarlandes. Luise Mössinger-Schiffgens stirbt am 1. Dezember 1954 in Homburg im Alter von 62 Jahren. Ihre Stimme fehlt im Jahr 1955, als um den künftigen Status des Saarlandes gerungen wird. Was genauso fehlt, ist eine Erinnerung an diese frühe Parlamentarierin. Während der Aachener SPD-Landtagsabgeordnete Karl Schultheis 2018 immerhin den Antrag stellt, eine Straße oder einen Platz in Aachen nach der ersten Aachener Stadtverordneten zu benennen, was zwar eine späte Würdigung, aber überhaupt eine Würdigung wäre, tut sich im Saarland respektive Homburg nichts.

Dafür wurden Schwester Genovefa und Schwester Wolislava aus der Ordensgemeinschaft der Armen Franziskanerinnen von der Heiligen Familie zu Mallersdorf am 21. Mai 2017 in einem zeremoniellen Akt zu Ehrenbürgerinnen der Stadt Homburg. Im Übrigen die beiden einzigen Frauen, denen dies bislang zuteilwurde. Ausgezeichnet wurden sie für ihr – typisch weiblichen Tugenden zugeordnetes – karitatives Tun, was ihre Verdienste selbstredend nicht schmälert. **Schwester Genovefa**, geboren 1935 mit dem weltlichen Namen Gertrud Müller, kam 1960 als Erzieherin und Kindergartenleiterin nach Homburg, wo sie bis zu ihrem Ruhestand 2016 wirkte. Sie starb im Mai 2020. **Schwester Wolislava**, Trägerin des Verdienstkreuzes am Bande der Bundesrepublik Deutschland, war nach ihrer Krankenschwesterausbildung in der Krankenpflege und Sterbehilfe unterwegs. Die 1935 als Johanna Ostner geborene Mallersdorfer Schwester sei in die Annalen Homburgs als „Weißer Blitz" eingegangen, sagte der damalige Oberbürgermeister Schneidewind bei seiner Laudatio laut Bericht der Saarbrücker Zeitung. Der Spitzname bezog sich auf das weiße Dienstfahrzeug der Schwester und deren rasanten Fahrstil.[452] Als Johanna Ostner alias Schwester Wolislava als weißer Blitz Homburg unsicher machte, hatte **Erni Deutsch-Einöder** ihrer Heimatstadt lange den Rücken gekehrt.

Erni Deutsch-Einöder – schreiben, um zu verstehen

Erni Deutsch wird am 17. November 1917 im Homburger Stadtteil Einöd geboren, der Heimat ihrer Mutter. Der Vater stammt aus Frankreich. Im Alter von 13 Jahren beginnt sie unter dem Pseudonym Erni Einöder mit ersten literarischen Arbeiten, die teils in regionalen Zeitungen veröffentlicht werden. Ihre Ausbildung führt sie über Merlebach, Metz, Straßburg bis nach St. Étienne im Zentralmassiv. Die Grenzlage ihrer Heimat und ihr deutsch-französisches Elternhaus prägen Leben und Werk der Autorin zeitlebens. Nach dem Zweiten Weltkrieg lässt sich Erni Deutsch in Zweibrücken nieder, wo sie maßgeblichen Anteil an der Wiedergründung der dortigen Sektion des Literarischen Vereins der Pfalz hat. Von 1965 bis 1977 ist sie die Geschäftsführerin der Zweibrücker Volkshochschule. Deutsch-Einöder ist der Name, unter dem Erni Deutsch als Literatin auftritt. Das Internetportal *Literaturland Saar* weist darauf hin, dass ihr literarisches Spektrum Erzählungen, Kurzgeschichten und Essays sowie Gedichte umfasst. „In präziser und unkomplizierter Sprache, aber mit durchaus modernen Erzähltechniken (innere Monologe, erlebte Reden) lässt sie ihre Leser über Sinnfragen reflektieren"[453], so der Germanist Martin Baus. Ein Beispiel:

> Wißt ihr, wenn man über den Dächern wohnt, einen ganzen Tag lang nichts sieht, als Wolken und Dächer und Türme, hier und da wohl noch einen vorwitzigen Baumwipfel, aber nichts Lebendiges [...] – dann ist dies ein Geschenk: Ich hörte den Flügelschlag und wandte mich um. Drei Tauben saßen auf dem flachen Dach vor meinem Fenster. Ich stand wie gebannt. Ich wagte nicht, mich zu rühren, denn die drei blaugrauen, gefiederten Wesen sahen mich an.[454]

Ihre Schriftstellerkollegin **Edith Aron**, sechs Jahre später in Homburg geboren, emigrierte als Kind jüdischer Eltern vor der Saarabstimmung 1935 mit ihrer Mutter nach Buenos Aires. Dabei betonte sie in einem Gespräch mit dem Journalisten Jochen Marmit, dass der Weggang aus Deutschland vor allem mit dem Bestreben der Mutter zusammenhing, einer für sie unglücklichen Ehe zu entkommen. Edith Aron wollte nie auf das Attribut „jüdisch" reduziert werden.[455]

Edith Aron – eine Zauberin, die in der Sprache zu Hause ist

Die Autorin und Übersetzerin Edith Aron ist die Erste überhaupt, die zeitgenössische lateinamerikanische Literatur ins Deutsche überträgt: Octavio Paz, Jorge Luis Borges. Wir befinden uns im Paris der 1950er Jahre, dem kulturellen Zentrum Europas. Der argentinisch-französische Schriftsteller Julio Florencio Cortázar schickt ihr erste Erzählungen, sie beginnt zu übersetzen. Wir greifen der Geschichte vor. Fürs Erste also mit elf Jahren nach Buenos Aires, ein Onkel, der Bruder der Mutter, lebt bereits dort. Ein Zahnarzt. Edith Aron besucht die Pestalozzischule, wo sie die Muttersprache bewahren kann. In Lateinamerikas europäischster Stadt lernt sie Tango, liebt das Kino. Arbeitet nach der Schule als Bürokraft. Mutter und Tochter bewegen sich in Argentinien fast nur unter Deutschen. Sie leben in ihrer Sprache in einem fremden Land. 1945 erreicht sie eine Karte vom Vater aus Frankreich (er ist ein Kaufmann aus Lothringen). Fünf Jahre später besteigt Edith Aron einen italienischen Dampfer in Richtung Frankreich. Im lothringischen Sarreguemines bleibt sie zwei Wochen zu Besuch beim Vater. Dann: Paris. Edith Aron inspiriert den Phantasten Cortázar zu einer der berühmtesten literarischen Figuren Lateinamerikas: die Maga (Zauberin) aus dem Roman *Rayuela*. Im Interview sagt Edith Aron hochaltrig dazu:

> Ich will damit nichts zu tun haben. [...] Das einzige was stimmt in dem ganzen Roman, ist der Regenschirm. [...] Sonst stimmt überhaupt nichts, das ist alles erfunden. Er war sehr kreativ. [...]
> Mit diesem Buch hat er die Welt erobert. Als dann die Aurora nach Paris kam, da hat er sich für die entschieden, und mich hat er in den Roman getan.

Die Aurora, damit ist die argentinische Übersetzerin Aurora Bernárdez gemeint, mit der Cortázar von 1953 bis 1967 verheiratet ist. Ist sie der Grund, nach Berlin zu gehen? Szenenwechsel, Berlin. „Ich hab mich da sofort zu Hause gefühlt. Ich war an der FU, hab auch weiter übersetzt. Lateinamerika wurde gerade entdeckt, ich war gefragt." Mit dem Maler Karl Oppermann ist sie befreundet, sie lernt Enzensberger, Böll, Grass kennen. Einmal noch trifft sie den Vater, hält die Begegnung in der Erzählung *Die Zeit in den Koffern*[456] fest. 1958 stirbt er. Die Mutter stirbt 1966. Deren Krebserkrankung, die im Jahr 1960 ausbricht, führt dazu, dass Edith Aron nach Buenos Aires fährt, obwohl sie eigentlich ihren Magister in Berlin machen will. 1966 wird ansonsten aus einem anderen Grund ein Schicksalsjahr für Edith Aron. Cortázar hat die Übersetzungsrechte seiner Erzählungen, die Aron teilweise übersetzt hat, aus der Hand gegeben. Sie steht ohne Übersetzungsauftrag da, die Freundschaft zu Cortázar geht endgültig auseinander. Edith Aron beginnt, am Goethe-Institut in Buenos Aires Deutsch zu unterrichten und gründet ihre eigene, kleine Familie. Mit dem britischen Illustrator John Bergin bekommt sie eine Tochter. 1969 verlässt Edith Aron Argentinien für immer, die Familie siedelt nach Großbritannien über. Erst nach Birmingham, zu guter Letzt nach London, nahe

Abbey Road. Das Ehepaar trennt sich. Cortázar besucht Aron in London. Die Freundschaft kann nicht erneuert werden. Er stirbt 1984 in Paris, an Leukämie. Sie liest es in der Zeitung. In der Erzählung *Zum Tee in Montparnasse* schildert sie einen Besuch an seinem Grab:

> Ich verabschiedete mich, denn ich wollte einmal das Grab von Cortázar besuchen, der mittlerweile auch da lag. Anfang der 50er Jahre spazierte ich mit ihm selbst über diesen Friedhof. Es war auch für ihn das erste Mal, dass er diesen Friedhof besuchte. Er zeigte mir damals das Grab von Baudelaire. Die Leute wollen alle möglichen Sachen dorthin schleppen, hat man mir erzählt. Scheinbar stimmt es, auf seinem Grab lag diesmal tatsächlich ein Paket Gauloises-Zigaretten. Es war sieben Jahre nach seinem Tod 1984. [...] Ich legte auf das Grab von Cortázar ein paar Steine auf jüdische Art und merkte sogleich, dass ich das nicht hätte tun sollen. Es war übertrieben. Es begann zu nieseln, die Gauloises würden jetzt sicher nass.

1983 reist Edith Aron gemeinsam mit ihrer Tochter nach Israel. In Tel Aviv trifft sie sich mit alten Schulkameradinnen und -kameraden aus ihrer Heimatstadt Homburg, die 1937 direkt nach Israel ausgewandert waren. Sie sprechen nach wie vor ein perfektes Deutsch, sehr zur Freude von Edith Aron, die in ihrer Erzählung *Von Spuren und Vornamen* festhält: „Das Exil vermindert einen auf die Dauer und irgendwo muss man ja schließlich zu Hause sein. Auch wenn es nur in der Sprache ist." 2003 reist sie auf Einladung der Stadt Homburg in ihre alte Heimat, anlässlich der feierlichen Übergabe der Ruine der Synagoge.

> Ich war gerne dort. Ich hab mir eine kleine Rede aufgesetzt und dann hab ich ihnen so Sachen vorgelesen, die publiziert waren, zwischendurch, von den Jahren, und das war sehr nett. Sympathisch [...]. Denn hier dieses England, ich hab das nicht mehr richtig mitbekommen, das war das vierte Land, ja, und das war ein bisschen zu viel.

Das vierte Land, die vierte Sprache, die vierte Heimat? „Nein. Heimat ist [...] die Literatur. Etwas was ich lese, was mir gefällt. [...] Ich weiß nicht, was Heimat ist." Die Stadt Homburg vergibt im Jahr 2011 den Edith-Aron-Schulpreis an ein Schüler-Projekt, welches sich mit Migration und

Integration befasst. Der Preis soll im Turnus von zwei Jahren vergeben werden. Edith Aron aber will keine jüdische Emigrantin sein. „Ich hab denen geschrieben, und die haben das Gottseidank richtig verstanden, ich möchte nicht, dass sie den Preis wiederholen. Ich will nur so erinnert werden für das, was ich geschrieben habe. Das bedeckt ja mein ganzes Leben."

6.4 St. Ingbert: Komposition aus Schmelz und Kohle

Die Alte Schmelz in St. Ingbert ist heute zum einen ein gut gebuchter Veranstaltungsort mit Industriecharme, zum anderen ein Ensemble der Industriekultur mit besonderer Bedeutung insbesondere im Hinblick auf Wohnen und Arbeiten in einem Eisenwerk (Eisenschmelze) in der Vergangenheit. Dass die Alte Schmelz als lebendiger Ort der Industriegeschichte auch und gerade aus weiblicher Sicht beleuchtet wurde – entgegen der allgemein vorherrschenden Annahme, Eisenindustrie sei Männersache – verdanken wir der Historikerin Susanne Nimmesgern, die sich mit ihrem Buch *Die Schmelzerinnen – Unternehmerinnen, Hüttenfrauen, Zwangsarbeiterinnen auf dem St. Ingberter Eisenwerk*[457] auf Spurensuche begab. Anhand zahlreicher Quellen belegte die Autorin, dass Frauen einen großen Anteil an der Entwicklung des Eisenwerks hatten. Gerade in den Anfängen der St. Ingberter Eisenindustrie waren es die Unternehmerinnen, die – nach dem Tod ihrer Ehemänner – durch geschicktes wirtschaftliches Handeln den Erfolg des Werks sicherten. Zu nennen ist Catharina Loth (1705–1762), die ab 1743 die Geschicke des Eisenwerks lenkte. Unter ihrer Leitung wurde im Jahr 1750 die Möllerhalle erbaut. Vierzig Jahre nach ihrem Tod stand die Alte Schmelz erneut unter weiblicher Führung, nämlich unter der von Catharina Sophie Krämer (1763–1833), Witwe und Mutter von fünf Kindern, die ab 1804 für drei Jahrzehnte die Verantwortung für das Eisenwerk übernahm. Neben dem weiteren Ausbau des Werks engagierte sie sich, wie es die damalige Konvention für reiche bürgerliche und adlige Frauen vorschrieb, in der Armen- und Krankenfürsorge. Damit ließ sich der Standesunterschied weiter festigen und legitimieren. Eine Straße in Saarbrücken-Scheidt erinnert an Catharina Loth.

An dieser Stelle soll das Schicksal einer Zwangsarbeiterin angerissen werden, welches die Autorin Nimmesgern recherchiert hat. Nina Stantschenkowa aus dem russischen Smolensk wurde 1943 mit 17 Jahren nach Deutschland deportiert und in das St. Ingberter Eisenwerk geschickt. Ihre Arbeitskarte belegte, dass sie als Kerntrocknerin in der Gießerei eingesetzt wurde, wo im Zweiten Weltkrieg Kriegsmaterial hergestellt wurde (Granaten u. Ä.). Ihr Lohnstreifen gab Auskunft über die Höhe ihres „Verdienstes" von 80 Reichsmark im Monat. Zwischenzeitlich kam Nina Stantschenkowa aufgrund ihrer schlechten körperlichen

Verfassung als Haushaltshilfe zu einem Metzger in St. Ingbert, wurde aber später dabei beobachtet, wie sie einer Landsfrau ein Stück Dörrfleisch zusteckte. Sie wurde denunziert und als Strafe ins Eisenwerk zurückversetzt, wo sie bis zum März 1945 bleiben musste. Die Ernährungslage der Zwangsarbeitenden war schlecht, persönliche Kontakte zu deutschen Kolleginnen und Kollegen verboten. Der Werksschutz wachte darüber. Für den Einkauf im werkseigenen Konsum erhielten sie Bons, die sie nur zu bestimmten Zeiten, wenn keine Deutschen im Gebäude waren, einlösten konnten. Auf dem St. Ingberter Friedhof sind 27 von ihnen begraben (darunter vier Frauen), die entweder ermordet worden waren oder an Unterernährung, im Bombenhagel oder an Infektionskrankheiten starben. Nina Stantschenkowa überlebte und kam noch einmal nach St. Ingbert: im Jahr 1988, auf Einladung der Stadtverwaltung im Rahmen der 1100-Jahr-Feier.[458]

St. Ingbert besitzt ein zweites historisches Gebäude, welches gleichfalls ein Stück Industriearbeit erzählt: die Alte Baumwollspinnerei in der Wollbachstraße. 1885 von einem Schweizer Unternehmer gegründet, wurde in der Spinnerei bis in die 1960er Jahre produziert. Der Industriekomplex steht unter Denkmalschutz. Uns interessiert an der Stelle die weibliche Arbeit, die von unseren Vorfahrinnen hier geleistet wurde. Wobei „hier" im übertragenen Sinn gemeint ist – leider ist über die St. Ingberter Baumwollspinnerei wenig überliefert. Dafür nimmt uns die Historikerin Anja Kircher-Kannemann mit in die erste mechanisierte Baumwollspinnerei auf europäischem Kontinent, die Textilfabrik Cromford in Ratingen. Ihre Schilderungen sind sicherlich mit dem Alltag der Baumwollspinnerinnen in St. Ingbert vergleichbar.[459]

Die Arbeit in einer Baumwollspinnerei

Es ist heiß, etwa 25 bis 30 Grad, Wasser wird auf dem Boden versprengt und feuchte Tücher werden ausgelegt, da Baumwolle sich am besten verarbeiten lässt, wenn es heiß und feucht ist. Viel Platz ist nicht in den schmalen Gängen zwischen den Maschinen, leicht verfangen sich die Haare oder Kleider in den Maschinen, wenn die Arbeiterin nicht aufpasst. Zudem hängen die Treibriemen ungesichert einfach über den

Gängen. In den Ecken und Enden wirbelt der Staub durch die Luft, bis er sich am Boden sammelt, wo er sich mit dem Öl trifft, das aus den Maschinen tropft. Um ein klein wenig Halt auf diesen rutschigen Böden zu haben, gehen die Spinnerinnen oftmals barfuß. Baumwollstaub ist extrem entzündlich. Es gilt, äußerst vorsichtig mit den Öllampen zu hantieren. Einander Warnungen zuzurufen, bringt wenig – der Lärm der Maschinen ist unbeschreiblich. In Ratingen arbeiten Ende des 18. Jahrhunderts über 200 Menschen in der Baumwollspinnerei, davon etwa drei Viertel Kinder zwischen 6 und 16 Jahren. Der Anteil Jungen/Mädchen hält sich die Waage. Unter den Erwachsenen bilden die Frauen mit 15 Prozent eine Mehrheit gegenüber 10 Prozent Männern. Letztere werden insbesondere für die Bedienung und Instandhaltung der Maschinen herangezogen. Wie wird nun der Baumwollballen zum fertigen Garn? Der erste Arbeitsgang besteht im „Ballenbrechen", da die Rohbaumwolle in großen, fest zusammengepressten Ballen mit einem Gewicht zwischen 170 und 300 Kilogramm daherkommt. Danach werden in einem zweiten Schritt die zerkleinerten Baumwollballen aufgelockert, denn noch immer kleben die Fasern fest zusammen. Das ist klassische Frauenarbeit. Körperlich sehr anstrengend, vor allem wegen des Staubs, der beim „Schlagen" aus der Baumwolle austritt. Staublungen ähnlich denen von Bergarbeitern sind die Folge, meist können die Arbeiterinnen diese Tätigkeit nur wenige Jahre ausüben. Pro Tag, das heißt zwischen 12 bis 14 Stunden, kann eine Arbeiterin gerade einmal bis zu 2 Kilogramm Baumwolle schlagen und reinigen. Das lässt erahnen, wie hoch der Bedarf an Arbeitskräften in den ersten Textilfabriken ist. Weiter geht es mit der Baumwolle durch die Wattewickelrolle, die aus den losen Fasern eine Art Vlies macht – maschinell, gut bezahlt und weniger anstrengend als die vorangehenden Arbeiten. Hier werden in der Regel Männer eingesetzt. Im daran anschließenden Streck- und Doublierwerk werden die Baumwollfasern weiter auseinandergezogen, um am Ende erneut zusammengeführt zu werden. Sinn und Zweck des Ganzen: eine gleichmäßige und feste Spinnlunte. Im Streckwerk arbeiten zumeist Mädchen und junge Frauen, die in der Regel kleinere Hände haben. Immer wieder kommt es vor, dass diese in die Walzen geraten. Die folgenden Arbeitsgänge bis zum fertigen Garn passieren überwiegend maschinell, wobei für die Bedienung der Maschinen genauso die kleinen Kinderhände gebraucht werden – nicht umsonst machen die Kinder einen Großteil der Belegschaft aus. Die St. Ingberter Baumwollspinnerei wird einige Jahrzehnte später in Betrieb genommen und es ist davon auszugehen, dass sich die Arbeitsbedingungen zu diesem Zeitpunkt in Teilen verbessert haben. Nicht davon auszugehen ist, dass die Arbeitsaufteilung in der Alten Baumwollspinnerei eine wesentlich andere ist: die Frauen machen die schwere, schlecht bezahlte „Hand"arbeit, die Männer bedienen die Maschinen und bekommen dafür einen höheren Lohn.

Frauen und ihr Lohn – ein schwieriges Terrain, auf dem wir uns da bewegen, Stichwort Equal Pay Day. Abgesehen von der Lohnlücke im Erwerbsleben sind Frauen nach wie vor mehrheitlich zuständig für die reproduktive, oft unbezahlte Arbeit, daneben für die sogenannte Care-Arbeit, meist schlecht oder gar nicht bezahlt.

Zurück zu St. Ingbert und seinen beiden Ehrenbürgerinnen. Zum einen ist da die Franziskanerin Maria Spiridion (geboren am 23. Oktober 1871 als Maria Keller in Pronten, gestorben 1965) zu nennen, deren Wirken als Krankenschwester mit der Ehrenbürgerschaft der Stadt belohnt wurde. Zum anderen die Bergmannstochter und Künstlerin **Elisabeth Koelle-Karmann**.

Elisabeth Koelle-Karmann – mit Kohle fing alles an

Elisabeth Karmann wird am 1. Mai 1890 in St. Ingbert geboren. Sie wächst in einer Bergmannsfamilie auf. Ihr Vater bringt ihr – so wird es kolportiert – eines Tages ein Stückchen Kohle mit. Mit dieser Kohle versteckt sie sich auf dem Dachboden, nur der Vater weiß angeblich davon, und zeichnet. Eine wenig standesgemäße Beschäftigung, schon gar kein geeigneter Beruf für ein Mädchen ihres Standes und in jener Zeit. Offensichtlich gelingt es Elisabeth, ihre Familie im Lauf der Zeit von ihrer Leidenschaft und ihrem Talent zu überzeugen, denn im Jahr 1921 besteht sie im Alter von 31 Jahren die Aufnahmeprüfung an der Akademie der Bildenden Künste München. Finanziell unterstützt wird sie unter anderem von ihrem Bruder, einem Friseur. Ihr Studium absolviert sie in den Jahren 1921 bis 1925 mit Abschluss als Meisterschülerin bei Professor Karl Caspar.

1923 lernt sie ihren späteren Ehemann, den Studenten und Bildhauer Fritz Koelle, auf der Akademie kennen, 1925 heiraten die beiden. 1933 wird der Sohn Fritz Koelle jun. geboren. Ab 1924 beteiligt sich Koelle-Karmann an Kollektivausstellungen im Münchener Glaspalast (bis zu dessen Vernichtung durch einen Brand im Jahr 1931), im Deutschen Museum in München und in der Münchener Pinakothek. Insgesamt reicht die Bandbreite ihres Schaffens von Milieuzeichnungen der unteren Bevölkerungsschichten ihrer Heimatstadt St. Ingbert über Kinderdarstellungen und Porträts bis hin zu Stillleben und Altarbildern. Ihre Bilder sind in Privatbesitz, in öffentlichen Gebäuden, im Bayerischen Staatsarchiv sowie in Museen und Kirchen verteilt. Teile ihres Nachlasses verwaltet das Stadtarchiv in St. Ingbert. Ihre Heimatstadt zeichnet sie 1964 mit dem Ehrenbürgerrecht der Stadt St. Ingbert aus. Die Krummfuhrstraße in St. Ingbert erhält ihren Namen und wird in Koelle-Karmann-Straße umbenannt. Zu ihrem 80. Geburtstag 1970 veranstaltet die Stadt Saarbrücken eine zweitägige Feier mit Gesamtausstellung und Sonderstempel der Deutschen Bundespost und in St. Ingbert wird eine Bronzetafel an ihrem Geburtshaus angebracht. Elisabeth Koelle-Karmann stirbt am 1. Juni 1974 in Altomünster im oberbayerischen Landkreis Dachau.

Koelle-Karmann, eine Künstlerin. Ebenso wie ihre Künstlerkollegin Sofie Dawo, geboren 1926 in St. Ingbert, gestorben 2010 in Saarbrücken, die an der Staatlichen Schule für Kunst und Handwerk studierte und insbesondere die Webkunst entscheidend mitbestimmte. Zahlreiche textile Werke von Sofie Dawo sind (nicht nur in St. Ingbert und nicht nur im Saarland) im öffentlichen Raum zu bewundern: Beispielhaft sei ein Wandbehang von Dawo im saarländischen Landtag genannt. In Alt-Saarbrücken ist eine Straße nach Sofie Dawo benannt, unweit der Hochschule der Bildenden Künste Saar (HBKsaar).[460] Apropos Künste. Zu denen gehört die schreibende Zunft, in St. Ingbert in Gestalt der Lyrikerin Ricarda Bruch. Neben zwei selbstständigen Lyrik-Publikationen in den 1980er Jahren veröffentlichte die 1911 in St. Ingbert geborene und ebenda 1999 gestorbene Autorin vor allem in Zeitschriften und Anthologien. *Wind im Haar*, ihr zweiter Gedichtband aus dem Jahr 1988, beschäftigte sich mit der Frage nach der menschlichen Existenz respektive der Vergänglichkeit des Menschen.

Hiob an Jehova
Maden
sind wir
auf der Welt.
Wie sollten wir
Mensch werden
durch unseren Willen,
wo doch nur
Deiner
zählt.[461]

Erna Woll verschrieb sich der Musik. Als Komponistin und Kirchenmusikerin stellte sie im 20. Jahrhundert eine Pionierin dar, war (und ist) Komposition vor allem „Männersache".

Erna Woll – im Haifischbecken der Komposition

Ihre ersten zehn Lebensjahre verbringt Erna Woll in St. Ingbert, wo sie am 23. März 1917 in eine bürgerlich-protestantische Familie hineingeboren wird. 1927 zieht es die siebenköpfige Familie nach Heidelberg, der Vater wird vom leitenden Angestellten eines Eisenhüttenwerks zum Teilhaber einer Fahrradfabrik. Der Konkurs der väterlichen Firma 1932 führt die Familie Woll mittellos nach St. Ingbert zurück, schlechte Bedingungen für den Bildungshunger der mittlerweile 15-jährigen Tochter. „Der Weiterbesuch des Gymnasiums im nahen Saarbrücken scheiterte nicht zuletzt an den Fahrtkosten"[462], weiß Günther Grünsteudel zu berichten. Erna Woll besucht stattdessen die höhere Mädchenschule in ihrer Geburtsstadt, Jahre später wird sie wegen des fehlenden Abiturs die sogenannte Begabtenprüfung[463] ablegen. Zu der Finanzierung ihrer späteren Studien, zuerst in Heidelberg, dann in München, wird sie mit den Worten „[i]ch habe es mir tatsächlich erhungert"[464] zitiert. Gegen Ende des Zweiten Weltkriegs hält Erna Woll sich für kurze Zeit wieder in St. Ingbert auf, wo sie „Klavierstunden gegen Kartoffel- und Mehlhonorare" gibt. Nicht lange, es geht nach Köln, von dort über München nach Weißenhorn im Landkreis Neu-Ulm. 1950 tritt sie eine Stelle als Schulmusikerin an der *Lehrerinnenbildungsanstalt mit Oberschule* an.

Ihre Aufgaben reichen vom Instrumentalunterricht bis zur Leitung von Schulchor und -orchester. Die Begegnung mit der dortigen Schulleiterin, Mathilde Hoechstetter, wird zu einem Wendepunkt in Erna Wolls Leben. Hoechstetter fördert Woll darin, ihr Potenzial in Sachen eigene Kompositionen auszuschöpfen. Neben den Sololiedern, die bislang die Arbeit Erna Wolls prägen, entsteht zunehmend Chormusik. „An solchen Aufgaben, die ihr die einzigartige Möglichkeit boten, ihre Kompositionen in der eigenen Chorarbeit bis hin zur Konzertaufführung zu erproben, reifte sie zur versierten Praktikerin", urteilt Grünsteudel. „Ihren Weißenhorner Schulchor formte sie binnen kurzer Zeit zu einem leistungsfähigen Ensemble, von dessen [...] Qualitäten Rundfunkaufnahmen noch heute Zeugnis geben. Erna Woll [...] zählte schon bald zu den führenden ChorkomponistInnen Deutschlands."[465] Viel gäbe es über Erna Woll zu berichten, ihr Leben in Augsburg, ihre zahlreichen musikpädagogischen Veröffentlichungen, ihr Werkverzeichnis mit mehr als 200 Nummern, ihr Verständnis von Komposition als die „Verantwortung, Töne [...] so zu ordnen, dass sie in sich für mich eine Aussage machen und für andere eine nicht überflüssige Mitteilung werden", eine Qual, wie sie selbst sagt und gleichzeitig „meine Existenzform". Dass Erna Woll diese Existenzform für sich wählte, sich in eine Männerdomäne begab, ohne daran zu verzweifeln (1955 lief ein Rundfunkbeitrag über Erna Woll unter dem Titel „Können Frauen komponieren?"), verdankt sie nach eigenen Worten ihrem Elternhaus, wichtigen Menschenbegegnungen und Lehrpersonen, die sie ernst genommen haben. „Dass an Musikhochschulen sich wenig Frauen für das Fach Komposition einschreiben, hängt mit einem durch Jahrhunderte eingeimpften Minderwertigkeitskomplex zusammen. Diesen habe ich glücklicherweise nie gehabt."[466]

Erna Woll besuchte wie erwähnt die höhere Mädchenschule in St. Ingbert. In ihrem lesenswerten Essay *Von armen Schwestern und ledigen Fräuleins* beschreibt Dr. Heidemarie Ertle, seit Juli 2020 Leiterin des Stadtarchivs St. Ingbert, die Mädchenbildung in St. Ingbert im 19. und 20. Jahrhundert.[467]

Mädchenbildung in St. Ingbert

1932 ist die St. Ingberter höhere Mädchenschule seit sieben Jahren in ein Mädchenlyzeum umgewandelt, was bedeutet, ein erfolgreicher Abschluss schafft die Voraussetzung für den Wechsel ins Oberlyzeum nach Saarbrücken zwecks Ablegung der Reifeprüfung. Dort haben 1926 die ersten fünfzehn Schülerinnen ihre Reifeprüfung abgelegt.[468] Bis dahin ist es bereits ein langer Weg gewesen, der in St. Ingbert wesentlich mit der Ordensgemeinschaft der Armen Schulschwestern[469] verbunden ist. Auf Initiative des Speyerer Bischofs Nikolaus von Weis, zu dessen Bistum St. Ingbert gehört, verlassen im April 1858 die ersten Schwestern das Mutterhaus in Speyer, um in St. Ingbert (und anderen Gemeinden des Bistums) als Lehrerinnen tätig zu werden. Hintergrund ist die erschreckend unzureichende schulische Ausbildung von Mädchen vor allem aus den ärmeren Bevölkerungsschichten mit entsprechend hoher Quote an Analphabetinnen. Sales Diehl ist die erste Schulschwester, die in St. Ingbert eintrifft, von März 1864 an werden alle Mädchenklassen der St. Ingberter Volksschule von Schulschwestern unterrichtet. Damit ist das Ziel einer gesicherten Volksschulbildung erreicht. Was die Etablierung einer über die Volksschulbildung hinausgehenden Töchterschule für das Bürgertum betrifft, schlägt die Geschichte einige Kapriolen – unter anderem versucht sich eine andere Ordensgemeinschaft, die Englischen Fräulein, daran –, bis die Armen Schulschwestern erneut das Heft in die Hand nehmen, 1891 eine Privatschule errichten und mit zwölf Schülerinnen den Unterricht beginnen. In der Folge kommt es nicht zuletzt zu konfessionellen Streitigkeiten betreffend das Aufnahmekriterium Religionszugehörigkeit, bis das Speyerer Mutterhaus die Zulassung protestantischer und jüdischer Kinder zulässt. Am 1. Mai 1901 eröffnet die Schule als vierklassige höhere Töchterschule mit zwölf katholischen und zehn protestantischen Mädchen. Die Schülerinnen lernen – neben Deutsch, Französisch und Englisch – Buchführung, Stenographie sowie Zeichnen und Handarbeiten. Selbst Turnen steht auf dem Programm. Überspringen wir den Ersten Weltkrieg und kehren zu Erna Woll und der höheren Mädchenschule[470] beziehungsweise dem Mädchenlyzeum zurück. Dieses sieht sich alsbald mit der Schulpolitik der Nationalsozialisten konfrontiert, die keinen kirchlichen Einfluss wollen. Ende der 1930er

Jahre werden sämtliche Konfessionsschulen aufgelöst, die Armen Schulschwestern entlassen. Parallel zu den noch eine Zeitlang existierenden Privatschulen werden städtische Schulen eingerichtet, für die Mädchen die Städtische Mädchenoberschule, die in der Folge die Räumlichkeiten des privaten Mädchenlyzeums übernimmt. Auf Initiative des damaligen St. Ingberter Bürgermeisters können 1944 erstmals in St. Ingbert Mädchen an der Städtischen Mädchenoberschule das Abitur ablegen. Nach dem Krieg kehren die Armen Schulschwestern nach St. Ingbert zurück. „Schaut man sich die weitere Entwicklung der Mädchenbildung an, so fällt auf, dass in den kommenden Jahren für die meisten jungen Frauen im Saarland der Volksschulabschluss der Normalfall blieb"[471], so Ertle. Das Ende der staatlichen Konfessionsschulen in den späten 1960er Jahren bedeutet den sukzessiven Rückzug der Schulschwestern aus St. Ingbert. 2004 scheidet endgültig die letzte Schulschwester aus dem Kollegium aus. Ertl konstatiert: „In St. Ingbert boten, mit Ausnahme des Bruchs während des Nationalsozialismus, über einhundertfünfzig Jahre lang einzig die Einrichtungen der Armen Schulschwestern Mädchen die Chance, höhere Bildung zu erwerben."[472]

6.5 Gersheim: Zeitzeuginnen ganz unterschiedlicher Epochen

1954 stieß der Unternehmer Johann Schiel beim Kiesabbau auf einen bronzenen Gegenstand. Seiner Intuition folgend legte er das Gefundene dem staatlichen Konservatoramt in Saarbrücken vor. Dort wurde der Gegenstand als latènezeitlicher Spiegel identifiziert – Anlass genug, archäologisch an die Fundstelle heranzugehen. Die Ausgrabungsarbeiten, die bis 1957 fortdauerten, förderten eine Grabstelle zutage, datierend aus der sogenannten Frühlatènezeit um 370 v. Chr. Unter einem ehemals fünf Meter hohen Erdhügel war in einer hölzernen Grabkammer eine Frau aus der damaligen Oberschicht bestattet worden. Das Skelett selbst hatte sich in der stark kalkhaltigen Umgebung des Kiesbodens vollständig aufgelöst, die Beigaben blieben indes erhalten und trugen wesentlich zur Deutung des Grabes bei. Dieses Grab der **Keltenfürstin von Reinheim** wurde zur Keimzelle des Europäischen Kulturparks Bliesbruck-Reinheim.

Die Keltenfürstin von Reinheim

„Seit nun schon neun Jahren stehe ich unserer Familie vor und bestimme deren Geschicke. Wir gehören dem stolzen Stamm der Mediomatrici an." Mit diesen Worten stellt sich die „Fürstin" in einem Animationsfilm des Kulturparks Bliesbruck-Rheinheim vor.[473] Woher wissen die Forschenden überhaupt, dass es sich bei der Bestatteten um eine Frau handelt? Es sind doch keinerlei Teile des Skeletts erhalten! Hier gilt es, die Grabbeigaben zu beachten. Das beidseitige Tragen von Armringen, wie bei den Ausgrabungen festgestellt, wird ausschließlich bei weiblichen Bestattungen beobachtet. Anhand von Art und Lage des gefundenen Schmuckes gehen die Archäologinnen und Archäologen von einer erwachsenen Frau von etwa 1,60 Meter aus. Die Tote wurde, wie für ein Frauengrab der Zeit üblich, auf dem Rücken liegend in Nord-Süd-Ausrichtung bestattet. Sie trägt, neben den erwähnten Armringen, eine reiche Schmucktracht: Fingerringe aus Gold, einen Halsring, Armreife aus Ölschiefer und Glas und vieles mehr. Darüber hinaus wird in dem Grab ein mehrteiliges Trinkservice vorgefunden, bestehend aus zwei Bronzeschalen, zwei Trinkhörnern mit Goldbeschlägen und einer bronzenen Röhrenkanne – Beigaben, die in Frauengräbern höchst selten vorkommen und auf eine besondere Stellung der Toten hinweisen. Auf der rechten Seite der Toten liegt ein Spiegel, dessen Handgriff eine januskopfige, menschliche Figur darstellt. Den Kopf schmücken zwei Fischblasen, die der Figur sakrale Bedeutung verleihen. Fürstin, Priesterin oder reiche Dame – wer ist die Tote? Wirklich geklärt ist dies bis heute nicht.[474] Seit 1999 ist das Grab der „Fürstin" zu besichtigen. Vielmehr: ist ein inszenierter Einblick in die Grabkammer zu erhaschen. Der Leichnam wird durch eine bekleidete Gipsfigur dargestellt, die Replikate des Schmuckes trägt. Um einen optimalen Blick auf die Funde zu gewähren, stimmen nicht alle Details mit den ursprünglichen Befunden überein, die Originalfundstelle des Grabes selbst liegt etwa 100 Meter entfernt. Sie ist nicht mehr vorhanden, da sie durch den Kies- und Sandabbau der Sandgrube zerstört wurde. Hören wir ein letztes Mal in den Animationsfilm hinein: „Mein Volk lebt heute nur noch in den Genen unserer Nachfahren weiter, die jedoch um ihre Wurzeln nicht mehr wissen."

Eine Zeitzeugin der jüngeren Geschichte stellt Emilie Vogelgesang dar, geboren 1926 in Bliesdalheim, einem Dorf in der Gemeinde Gersheim, gestorben 2017 ebenda. Emilie Vogelgesang verbrachte ihr ganzes Leben in Bliesdalheim, bis auf die Zeiten der Evakuierung während des Zweiten Weltkriegs. Ihr Bericht über diese Zeit, zusammengestellt durch Interviews und als Video eingesprochen auf Initiative der Stiftung Europäischer Kulturpark Bliesbruck-Reinheim, steht stellvertretend für das Schicksal der Menschen, insbesondere der Frauen, in der Roten Zone südlich des Westwalls im Saargebiet während des Zweiten Weltkriegs.[475]

> Am 1. September 1939 kam mein Vater wie immer um sechs Uhr morgens vom Läuten der Glocken unserer evangelischen Kirche nach Hause zurück. Was er uns aber an diesem Morgen mitteilte, versetzte meine Mutter, meine beiden älteren Schwestern und mich in einen Zustand ängstlicher Ungewissheit. Alle 550 Dorfbewohner waren aufgefordert, sich in der Dorfmitte einzufinden und das Dorf bis Mittag zu verlassen.

Die 13-jährige Emilie kam mit ihrer Familie nach Thüringen, erst 1941 ging es wieder heim nach Bliesdalheim, von wo die mittlerweile 15-Jährige einmal pro Woche ins etwa 15 Kilometer entfernte Blieskastel auf eine Haushaltsschule geschickt wurde. Anschließend wurde sie in einer Tagesschule für Mädchen im alten Blieskasteler Rathaus eingeschrieben. Nach der Tagesschule musste sie ein Pflichtjahr als Arbeitshilfe antreten, für das sie bis Oktober 1943 auf einen Hof im besetzten Lothringen ging. Ihr Vater starb 1942 an einer Krebserkrankung, der ältere Bruder fiel in Russland.

> Nach einem Jahr harter Feld- und Stallarbeit [...] arbeitete ich, um nach dem Tod meines Vaters und meines Bruders Geld für unsere inzwischen finanziell ärmliche Familie zu verdienen, als Hilfskraft im Volkserntekindergarten in Bliesdalheim. Dabei handelte es sich um ein Bauernhaus, in welchem von April bis Oktober bis zu 18 Kinder betreut wurden, die noch zu klein waren, um ihren Eltern bei der Feldarbeit zu helfen.

Im Dezember 1944 folgte die zweite Evakuierung, dieses Mal in die Nähe von Bad Saalgau in Baden-Württemberg. „Ich kam nach Braunenweiler, in dem nach fünf Jahren Krieg fast nur noch Frauen lebten, da sich sämtliche Männer und Jungen an der Front befanden oder bereits gefallen waren." Mai 1945: Kriegsende.

> Eines Nachts dann klopfte es an unserer Haustür. Draußen standen französische Offiziere in Begleitung marokkanischer Soldaten. Die Hausbesitzerin öffnete ein Fenster und sagte, dass sich im Inneren nur Frauen befänden, woraufhin wir sie arg beschimpften aus Angst, die Soldaten könnten dadurch verleitet werden, uns womöglich zu vergewaltigen. Diese Befürchtung wurde noch größer, als diese schließlich die Haustür aufbrachen, worauf meine Schwester die Hintertür hinausfloh. Das plötzliche Geräusch beim Aufschlagen der Tür versetzte die Soldaten in Kampfbereitschaft. Vermutlich, weil diese deutsche Soldaten im Hinterhof vermuteten. Zum Glück sprach die Hausbesitzerin französisch, woraufhin sich die Situation entspannte und das Haus von den Soldaten gründlich durchsucht wurde. Wir waren heilfroh, als das Haus wieder von ihnen verlassen wurde. Nachts hörte man jedoch aus Nachbarhäusern das Schreien von Frauen.

6.6 Kirkel: Poesie im Album

Bleiben wir kurz bei den Keltinnen, denen wir in Kirkel nicht in Gestalt eines „Fürstinnengrabes", sondern eines Frauenbrunnens begegnen. Die Tafeltour als Premiumwanderweg hat das Image der Gemeinde als Wanderregion aufpoliert, auf eben dieser Tour kommen Spaziergängerinnen an sagenumwobenen Plätzen wie dem genannten Frauenbrunnen vorbei, der angeblich bereits zu Zeiten der Keltinnen als Kultstätte diente. Um ihn ranken sich einige Legenden, wie die vom angeblichen Tunnel in die Schatzkammer der Kirkeler Burg oder die vom mystischen Brunnen als Ort besonderer Fruchtbarkeit. Vom Kindchesbrunnen ist die Rede, wo rituelle Waschungen stattgefunden haben sollen. Frauen mit unerfülltem Kinderwunsch pilgerten in Begleitung einer älteren Frau (Hebamme?) zu dem Ort, weiß die Sage.[476] Ob Karolina Schleppi und ihr Mann Christian diesbezügliche Sorgen hatten, wissen wir nicht. Was wir wissen, ist, dass ihr Grabdenkmal auf dem Friedhof Kirkel-Altstadt aus dem Jahr 1881 als Einzeldenkmal in der Liste der Baudenkmäler in Kirkel aufgeführt ist.

In Kirkel tauchen wir auch ein in die Welt der Poesie. Vielmehr der Poesiealben. Der Journalist Jürgen Neumann hat Margareta Frey aus Niederbexbach besucht, die dank einer Familiensammlung im Besitz von Poesiealben aus dem ausgehenden 19. Jahrhundert bis zum Beginn des Zweiten Weltkriegs ist.

Poesie im Album

„Das Poesiealbum […] ist ein fest eingebundenes, oftmals quadratisches Buch im Format von etwa 16 cm x 16 cm mit weißen Seiten, in das Zitate […] eingetragen werden können"[477], heißt es in dem Eintrag auf Wikipedia. So profan, so gut. In der Wirklichkeit von Grundschülerinnen und Teenagerinnen, die in den 1970er Jahren zur Schule gehen, spielt dieses quadratische Buch eine durchaus prägende Rolle. Lange vor Facebook & Co. haben sie deutlich mehr Freundinnen und Freunde, als ihr Alltag hergibt – zumindest auf den mit Reimen und Zeichnungen gefüllten Blättern ihrer Poesiealben.

Lerne das Einfachste! Für die, deren Zeit gekommen ist, ist es nie zu spät! Lerne das Abc, es genügt nicht, aber lerne es! Laß es dich nicht verdrießen! Fang an! Du mußt alles wissen! Du mußt die Führung übernehmen.

Dieses Zitat aus Bertolt Brechts *Lob des Lernens* gehört zu den gehobenen Sprüchen im Album und wird in der Regel von Deutschlehrerinnen und -lehrern genommen, so sie denn das Vertrauen der Schülerinnen haben und um einen Eintrag gebeten werden. Ansonsten sind es vor allem Sprüche wie „Lebe lustig, lebe froh, wie der Mops im Haferstroh" oder der Vers rund um das sittsame Veilchen, die die Poesiealben dieser Generation bevölkern. Mit Margareta Frey können wir ein gutes Stück in die Geschichte der Poesiealben eintauchen. Die Niederbexbacherin bewahrt einen wirklichen Schatz auf: fünf Poesiealben, die 1880 beginnen und vor dem Zweiten Weltkrieg enden. Die in Leder, Pappe oder Baumwolle eingebundenen Alben sind vielfach mit Ornamenten verziert und bezeugen schon vom Äußeren her die Rolle, die sie einstmals spielten. Verfasst sind die Texte in unterschiedlichen Schriften, darunter Sütterlin und Altdeutsch. Es wird mit Federhalter geschrieben, religiöse Sprüche und Engelsfiguren dominieren. Die ältesten Poesiealben stammen von drei Großtanten: Amalie Schleppi, Lieselotte Biehl und Karolina Schleppi. Ob die Letztgenannte mit oben erwähnter identisch ist? Der Journalist Jürgen Neumann, dem Margareta Frey ihre Schätze zeigte, konstatiert: „Auf Reisen ist man mit allen Sinnen […] beim Durchblättern dieser alten Alben. Sie sind Vergangenheit, Gegenwart und Zukunft zugleich. Sie spiegeln über Jahrzehnte die Geschichte des Sozialen, der Familien, der Kultur, der Landwirtschaft und der Bildungsgeschichte wider."[478]

Schriebe Relinde Niederländer in ein Poesiealbum, würde sie sich vielleicht für ein Mundartgedicht entscheiden, am besten aus ihrer eigenen Feder. Die 1944 in Kirkel-Limbach geborene Mundartdichterin ist Mitbegründerin der Bosener Gruppe, einer Vereinigung von Mundart-Autorinnen und Liedermachern der rhein- und moselfränkischen Region.

E Kriwwelbisser aus Boose,
hat arischi Läwwerzirroose.
Viel Geld hat er aa.
Oh leck, dengt e Fraa,
das wär jo känn schleschdi Prognoose![479]

6.7 Mandelbachtal: Zölibat unter Beschuss

Gräfinthal, zur Gemeinde Mandelbachtal gehörend, entstand Mitte des 13. Jahrhunderts durch die Gründung des Klosters Gräfinthal. Die Ansiedlung durch die Blieskasteler Grafen, sprich: durch Gräfin Elisabeth von Blieskastel, ist unbestritten, ebenso ihre Beisetzung 1273 in der Klosterkirche. Wahrscheinlich handelt es sich dabei um die mittelalterliche Tumba mit liegender Frauengestalt. Auch eine andere Frau ist hier begraben: Anna Leszczynska (1699–1717), Tochter des Polenkönigs[480] und späteren Herzogs von Lothringen, Stanislaus Leszczynski und seiner Frau Katharina Opalinska (1680–1747). Sie wurde 1717 beigesetzt; bei archäologischen Ausgrabungen in den 2000er Jahren wurde vermutlich die Grablege von Anna Leszczynska entdeckt, auf jeden Fall Hinweise auf die Beisetzung einer jungen Frau von hoher gesellschaftlicher Stellung. Das Kloster beherbergte einen besonderen Schatz, der sowohl für Katharina Opalinska und noch viel mehr für Elisabeth von Blieskastel eine bedeutende Rolle spielte: die Pietà Unsere Liebe Frau mit den Pfeilen. Der Legende nach schnitzte ein Eremit das Vesperbild in seiner Klause nahe dem heutigen Bliesmengen-Bolchen und stellte es zur Andacht in einer Baumnische auf. Als eine Räuberbande den Einsiedler überfiel und nichts Wertvolles bei ihm fand, legten sie die Armbrust auf die Gottesmutter an. Dort, wo ein Pfeil das Herz Jesu traf, sei Blut hervorgequollen. Die junge Gräfin Elisabeth habe sich zu der Figur führen lassen, an die blutende Stelle gefasst und sei dadurch von ihrem schmerzhaften Augenleiden befreit worden. Aus Dankbarkeit habe die Gräfin das Kloster gegründet und die Pietà kam als Heiligtum in die Klosterkirche. Die Klosteranlage wurde über die Jahrzehnte wiederholt beschädigt, gar teilweise zerstört. Mittendrin: die Pietà. Der Kreis schließt sich zu Katharina Opalinska, die – nach zahlreichen Restaurierungsarbeiten – das Gnadenbild, das sie besonders verehrte, in einer feierlichen Zeremonie persönlich retour in die Klosterkirche brachte. Die „Pfeilenmadonna" ist heute in der Heilig-Kreuz-Kapelle in Blieskastel untergebracht. Das Paar Leszczynski-Opalinska hatte eine weitere Tochter, Maria Leszczynska (1703–1768), spätere Königin von Frankreich durch ihre Ehe mit Ludwig XV. Der Historiker Hans Ammerich wies darauf hin, dass sowohl Stanislaus (bis zu seinem Tod im Jahr 1766) als auch Maria öfter nach

Gräfinthal zum Grab von Tochter respektive Schwester kamen. Letztere sei dem Kloster Gräfinthal besonders zugetan gewesen.[481] Insgesamt war die Königin sehr religiös eingestellt, was sie in Opposition zu ihrem König brachte. Insbesondere dessen Mätressenwirtschaft war ihr ein Dorn im katholischen Auge, allen voran seine Liaison mit Jeanne-Antoinette Poisson alias Madame de Pompadour. Verlassen wir an der Stelle die Adligen und die Heiligen und die adligen Heiligen und wenden uns den irdischen Heldinnen zu. Mit Luise Mössinger-Schiffgens sind wir in Homburg bereits einer frühen Parlamentarierin begegnet. **Klara Barth**, 1880 im Mandelbacher Ortsteil Ommersheim geboren, gehörte gleichfalls zu diesen Vorreiterinnen.

Klara Barth und das Lehrerinnenzölibat

Die ausgebildete Lehrerin ist von 1920 bis 1933 als eine der ersten Frauen Abgeordnete des Bayerischen Landtags[482] für die Bayerische Volkspartei BVP und Ausschussmitglied im Ausschuss für den Staatshaushalt und im Ausschuss für Verfassungsfragen. Ihr Mandat als Landtagsabgeordnete endet mit der Machtübernahme der Nationalsozialisten beziehungsweise der Auflösung des Landtags aufgrund des Gleichschaltungsgesetzes. Klara Barth kommt vorübergehend in „Schutzhaft" (Juni/Juli 1933). Sie stirbt neun Monate nach Beginn des Zweiten Weltkriegs mit 59 Jahren in Ludwigshafen. Dank der digitalen Sammlung der Bayerischen Staats-Bibliothek können Interessierte Sitzungsprotokolle aus der Zeit nachlesen und dadurch einen spannenden Einblick in eine Zeit erhalten, die 100 Jahre her ist – ein Wimpernschlag in der Geschichte. So lässt sich Klara Barth in der 140. Sitzung des Bayerischen Landtags vom 1. August 1922 zum Thema Lehrerinnenzölibat aus – ganz im Sinn ihrer Partei, des bayerischen Arms des politischen Katholizismus.

> (...) Ich kann mir denken, daß unter außergewöhnlichen Umständen einmal ausnahmsweise eine verheiratete Lehrerin Verwendung findet, aber die verheiratete Lehrerin als Regel lehne ich entschieden ab, und zwar vom Standpunkt der Frau aus, weil der Ehe- und Mutterberuf nach unserer Auffassung einen Vollberuf bedeutet, der die ganze Kraft der

> Frau in Anspruch nimmt,
> (sehr richtig ! bei der Bayerischen Volkspartei)
> und weil es einen Raubbau an Frauenkraft bedeutet, wenn man einer Frau zumutet, was ein Mann nicht leisten kann, die Erfüllung von zwei Vollberufen.

Anschließend betont Barth noch die ökonomische Ungerechtigkeit bei Doppelverdienst „in einer Zeit, in der so viele an der schmalen Tafel unseres Vaterlandes selbst ein bescheidenes Plätzchen nicht finden können"[483]. Auch die anschließende Lektüre dieser Sitzung lohnt, geht es im Folgenden doch um Mädchenbildung. Neben Fragen der Finanzierung wird insbesondere um die Koedukation gestritten, die unter anderem deswegen von Barth und ihrer Partei abgelehnt wird, da die Pubertät („Entwicklungsjahre" genannt) von Mädchen früher einsetze, was im Umkehrschluss bedeute, vom 12. bis zum 15. Lebensjahr sei ihnen gegenüber größte Schonung notwendig. „Bei gleichen geistigen Anstrengungen, wie sie die Länder mit Koedukation den Mädchen auferlegen, ist die Zahl der blutarmen und in ihrem ganzen Organismus geschwächten Mädchen in diesem Alter nach den Statistiken drei= bis viermal so groß wie die der Knaben."[484] Gleichzeitig sieht die Abgeordnete Klara Barth das Problem, dass eigenes Heim und eigener Herd für viele Frauen in weiter Ferne sind, sie also berechtigte „berufliche Bedürfnisse" nachgerade haben müssen, was wiederum (Mädchen-)Bildung voraussetzt. Sie bezieht sich dabei nicht zuletzt auf die Erfahrung des Ersten Weltkriegs sowie den daraus resultierenden Frauenüberschuss und die wirtschaftlichen Verhältnisse. Die Rede von Klara Barth endet mit einer Kritik am Reichsschiedsgericht. Dieses hatte im Zusammenhang mit Gewerbelehrerinnen, denen die hauswirtschaftliche Unterrichtung ihrer Schülerinnen oblag, die Feststellung getroffen, die dadurch ausgebildete Hausfrau und Mutter allein könne das Geschick des Vaterlandes nicht wenden.

> Das Reichsschiedsgericht scheint nicht zu bedenken, daß 60 Prozent unserer Gütererzeugung durch die Hände der Frauen gehen und daß die tägliche Erfahrung doch schon tausendmal das Sprichwort bestätigt hat, daß die Frau in ihrer Schürze aus dem Hause tragen kann, was der Mann mit dem Wagen hereinbringt. Was uns aber vielmehr kränkt als diese

volkswirtschaftliche Beleuchtung des Hausfrauenwirkens, das ist die schnöde, kleinliche Verkennung der moralischen Werte im Menschenleben und damit der Mutter als Trägerin moralischer Faktoren.[485]

7. Der Landkreis St. Wendel

7.1 St. Wendel: Lenchen Demuth & Co.

Sowohl ein Gebäude als auch eine Straße als auch ein Preis tragen ihren Namen. Die Rede ist von **Mia Münster**, geboren 1894 in St. Wendel. Mia Münster gehörte zu der sogenannten verschollenen Generation, also zu denjenigen, die um 1900 geboren wurden und deren Karriere vor dem Nationalsozialismus gerade erst Fahrt aufgenommen hatte. Nach dem Krieg stand die abstrakte Kunst für die neue politische Ordnung, die Kunstszene wollte von Münster & Co. nichts mehr wissen. Erst seit den 1990er Jahren wurden diese nach und nach „wiederentdeckt".

Mia Münster – wider das Verschwinden

Die Zeit, in der Mia Münster lebt, macht es Frauen nicht gerade einfach, eigene Wege abseits der für Frauen vorgesehenen Pfade zu gehen, geschweige denn eine künstlerische Ausbildung zu absolvieren. „Wie wichtig der St. Wendelerin der Wunsch war, Künstlerin zu werden, lässt ein Tagebucheintrag vermuten. Darin bekräftigt sie, dass sie niemals heiraten wolle, um keinen Zwängen zu unterliegen"[486], berichtet die Saarbrücker Zeitung anlässlich einer neuen Dauerausstellung in St. Wendel 2020. Ihr wohlhabendes Elternhaus – ihr Vater ist Gaswerkdirektor – ermöglicht ihr, Privatunterricht zu nehmen, obwohl die Eltern durchaus den Wunsch hegen, ihre Tochter möge etwas Vernünftiges lernen. Artikel 109 Absatz 2 der Weimarer Verfassung vom 01.08.1919, in dem es heißt, „Männer und Frauen haben grundsätzlich dieselben Rechte und Pflichten" (Gleichstellungsgesetz), erlaubt ihr, an der Leipziger Akademie für Buchkunst zu studieren, später geht sie nach München, dann nach Berlin. Hier lebt sie im jüdischen Viertel, Albert Einstein ist einer ihrer vielen illustren Nachbarn. Neben freien Arbeiten fertigt Münster eine Reihe von Modezeichnungen an, die ebenso als Kunst gelten. Und sie erarbeitet Grafiken für die satirische Wochenzeitung *Simplicissimus*. In den 1930er Jahren kehrt die Künstlerin dauerhaft in ihre Heimatstadt zurück. Sie finanziert sich mit Aquarellzeichnungen, die vornehmlich Heimatmotive zeigen, und illustriert Reiseberichte für die Saarbrücker Zeitung. 1935 wird sie Mitglied der nationalsozialistischen Reichskulturkammer, in deren Auftrag sie Anfang der 1940er Jahre zusammen mit saarländischen Künstlerkollegen wie Richard Becker und Fritz Zolnhofer die Auswirkungen des Kriegs in der Roten Zone, dem Gebiet zwischen Westwall und Maginot-Linie, deren Bewohnerinnen und Bewohner 1939 evakuiert worden waren, bildlich festhält. Diese Bilder sind heute als ihre „Lothringer Bilder" bekannt und zeigen nach Auffassung der Kunsthistorikerin Elke Schwarz „letztmals ihr großes Können, agieren wie ein letztes Aufbäumen"[487]. Mia Münster arbeitet auch nach dem Krieg weiter als Künstlerin, ab 1960 mit der Technik der Monotypie. Und auch bei diesem grafischen Verfahren, bei dem von einer bemalten Glasplatte ein einziger Bilddruck gemacht wird, entwickelt sie ihren ganz persönlichen Stil, zunehmend abstrakt, besteht immer noch eine Verbindung zu der sichtbaren Welt. Traudl Schumann besucht in den 1960er Jahren die Künstlerin und hält die Begegnung im Heimatbuch des Kreises St. Wendel fest. „Die Zeit erst, hundert, ja viele hundert Jahre werden zeigen, was als wertvoll übrigbleibt. ‚Modern' malen scheint nicht schwer zu sein. Aber viele ‚Moderne' werden untergehen, ohne eine nennenswerte Spur zu hinterlassen. Von Mia Münster glaube ich das nicht."[488]

Im Mia-Münster-Haus, welches das Stadtmuseum beherbergt, sollten Sie unbedingt die Dauerausstellung zu Herzogin Dorothea Luise Pauline Charlotte Frederike Auguste von Sachsen, Gräfin von Pölzig und Beiersdorf, geborene Prinzessin von Sachsen Gotha-Altenburg, geschiedene

Herzogin von Sachsen-Coburg-Saalfeld, besuchen. Schließlich war **Herzogin Luise von Sachsen-Coburg und Gotha**, wie wir sie der Einfachheit halber im Folgenden nennen wollen, Stammmutter der Windsors. Wie das? Nun ja, sie war die Mutter des Prinzen Albert, seinerseits Ehemann der Königin Victoria von Großbritannien. Sie erinnern sich? Victorias große Liebe ... Und was hat das alles mit St. Wendel zu tun?

Herzogin Luise von Sachsen-Coburg und Gotha und die Windsors

Fangen wir mit dem geschiedenen Sachsen-Coburg-Saalfeld an, der deshalb von Interesse in der Geschichte ist, da er der Vater von unserem Albert ist. Ernst I., so sein Vorname, ist fast doppelt so alt wie Luise, die er 1817 ehelicht. Da ist Luise 17 Jahre jung. Im Museum erfahren wir:

> Bereits vor der Geburt des zweiten Sohnes Albert am 26. August 1819 gab es Anzeichen von Unstimmigkeiten in der Ehe des Herzogpaares. Eine erste ernsthafte Krise zeichnete sich gegen Ende des Jahres 1820 ab. Ernst I. blieb immer häufiger dem coburgischen Hof fern, u.a. verbrachte er sehr viel Zeit mit der Jagd (zwischen 1809 und 1813 tätigte Ernst I. etwa 90.000 Abschüsse!).[489]

Es kommt, wie es kommen muss, das Ehepaar trennt sich im Jahr 1824. Beide sind wohl in anderweitige amouröse Abenteuer verstrickt, der spätere Graf von Pölzig und Beiersdorf tritt auf den Plan. Luise darf nach der offiziellen Scheidung von Ernst I. ihre Kinder nicht mehr sehen, adieu Albert, willkommen in St. Wendel. An dieser Stelle bedarf es eines kleinen geschichtlich-geografischen Exkurses, um die weiteren Geschehnisse verfolgen zu können. Das Fürstentum Lichtenberg war seit 1816 eine abgelegene Exklave des Herzogtums Sachsen-Coburg-Saalfeld beziehungsweise von 1826 bis 1834 des Herzogtums Sachsen-Coburg und Gotha, die an Preußen abgetreten wurde. Am rechten Ufer der Nahe gelegen, gehört sein Gebiet heute teilweise zum Saarland und zu Rheinland-Pfalz. Und so geschah es, dass das ehemalige kurtrierische Amtshaus mit heutiger Adresse Schloßstraße 7 in der Zeit des Fürstentums Lichtenberg zur Sommerresidenz der Herzogin Luise wurde. Seit 2010 steht eine lebensgroße Bronzestatue des Künstlers Kurt Tassotti auf der Freitreppe des freistehenden, dreigeschossigen Putzbaus, der gegenwärtig als Rathaus dient. 2016 wurde in dem Gebäude ein „Luise-Zimmer" eingerichtet. Luise verbringt mit ihrem zweiten Mann, dem Grafen von Pölzig, in St. Wendel eine glückliche Zeit und verschafft der Stadt ein gewisses Flair. Gleichzeitig tut sie sich als Gönnerin hervor und sichert sich dadurch eine gewisse Beliebtheit bei der Bevölkerung. Allzu lang profitieren die Herzogin und die Stadt leider nicht voneinander – 1831 stirbt Luise an einem Krebsleiden. Nicht in St. Wendel, sondern in Paris. Nach ihrem Tod sollte sie ein letztes Mal nach St. Wendel kommen, jedoch auf Umwegen, wie uns die Ausstellung verrät:

> Für die tote Luise begann eine wahre Odyssee. Der Sarg wurde nach Saarbrücken transportiert, von dort nach Ottweiler und in einem dortigen Gasthaus abgestellt. Anschließend wurde der Leichnam, nachdem die St. Wendeler Stadtväter die Genehmigung erteilt hatten, nach St. Wendel gebracht und in dem Niederweiler Gartenhaus aufgestellt. Die St. Wendeler Bürgerschaft erklärte sich spontan bereit, den Leichnam zu bewachen. Am 19. Dezember 1832 wurde Luise schließlich in Pfeffelbach bestattet.[490]

Nach dem Tod von Ernst I. veranlassen ihre Söhne Ernst und Albert die Umbettung ihrer Mutter in die Fürstengruft nach Coburg. Das Niederweiler Gartenhaus gehörte seinerzeit zum herrschaftlichen Besitz und findet sich auf dem Gelände des heutigen Bahnhofs.

Im Dienst der herzoglich sachsen-coburgischen Regierung stand auch der Landesregierungsrat und Obristleutnant Carl Alexander Graf zu Solms-Tecklenburg, der sein Herz an die St. Wendeler Färbers- und Wollweberstochter Johanna Simon verlor. Der um 30 Jahre ältere Graf soll seine junge, hübsche Frau eifersüchtig beobachtet haben. Auch der Wunsch seiner Frau, nach wie vor von ihren Freundinnen und Bekannten als *Simons Nannche* angesprochen zu werden, behagte ihm wenig. Hans-Klaus Schmitt gedachte der beiden 1948 in einem Beitrag für das Heimatbuch des Landkreises St. Wendel: „In der lehmigen Erde unseres

Friedhofes ruht schon längst das gräfliche Paar. Graf Solms starb 1858 und Nannchen folgte ihm erst 1883. Die eisernen Grabplatten sind noch erhalten, doch in der Gruft wird nicht mehr viel von den beiden übrig sein."[491]

Von und zu, davon war **Helena Demuth**, genannt Lenchen, weit entfernt. Ihr hat der Künstler Tassotti ebenfalls eine Bronzeskulptur gewidmet, die für viel Diskussionsstoff in St. Wendel sorgte. Dazu später mehr.

Helena (Lenchen) Demuth und das Kapital

Helena Demuth, genannt Lenchen, wird in den 1820er Jahren als Tochter des Bäckers Michel Demuth und der Catharina geborene Creutz, beide wohnhaft gewesen in St. Wendel, geboren. Helena Demuth muss ihre Familie früh verlassen, um sich als Dienstmädchen zu verdingen. Wann genau sie in den Haushalt des Trierer Regierungsrats Johann Ludwig von Westphalen eintritt, ist nicht zweifelsfrei bekannt. Fest steht, dass die Tochter des Hauses, Jenny von Westphalen, 1843 den Intellektuellen Karl Marx heiratet. Bald flüchtet das Paar nach Paris. Jenny und Karl Marx hausen dort mit ihrem ersten Kind in einer engen Wohnung. Jenny hat nie gelernt, einen Haushalt zu führen. Da schreibt ihre Mutter: „Ich schicke Dir das treue liebe Lenchen, als das Beste, was ich dir schicken kann."[492] Fortan arbeitet Helena Demuth bei Jenny und Karl Marx. Das Revolutionsjahr 1848/49 verbringt sie in Köln, später begleitet sie die Familie über Frankreich und Belgien nach London ins Exil. Über die Person Helena Demuth erfahren wir wenig. Einen persönlichen Blick gewährt uns ihr Eintrag in das Poesiealbum von Jenny Marx vom 1. März 1868. Hierin schildert sie beispielsweise ihre Auffassung vom Glück: „Eine Mahlzeit essen, die ich nicht gekocht habe." Das Laster, das sie entschuldigt, ist die Verschwendung, bei Egoismus wiederum kennt sie keine Gnade. Ihre Lieblingsbeschäftigung ist es, Luftschlösser zu bauen, ihre Heldin ist die Kaffeekanne. Und ihre Lebensmaxime lautet: „Leben und leben lassen!"[493] Wilhelm Liebknecht, einer der Gründerväter der Sozialdemokratischen Partei Deutschland und häufiger Gast im Haushalt von Karl Marx, beschreibt Helena Demuth – in typisch chauvinistischer Herablassung – als hübsch, keine Schönheit, jedoch wohl gewachsen mit gar anmutigen Zügen.[494] Paul Lafargue, Schwiegersohn von Marx, nennt Helena Demuth den „praktischen Hausgeist" der Familie. Ihrem Ordnungssinn, ihrer Sparsamkeit und ihrem Geschick sei es zu verdanken, dass die Familie wenigstens nie das Allernotwendigste habe entbehren müssen.[495] Von Lafargue stammt ferner der Hinweis, dass Helena Demuth und Karl Marx das gemeinsame Schachspielen liebten und Marx überhaupt eine besondere Freundschaft für sie gehegt habe. Marx selbst schreibt in einem Brief an die Gattin eines Freundes und politischen Mitstreiters: „Fragen Sie Ihren lieben Mann nach ihr; er wird Ihnen sagen, welch einen Schatz ich an ihr habe."[496] Dieser von Marx sogenannte Schatz bleibt bei der Familie bis zu deren Tod. Fünfzehn Monate nach Jenny Marx stirbt Karl Marx. Lassen wir an der Stelle den Soziologen Hans Jürgen Krysmanski zu Wort kommen, der uns quasi mit ans Sterbebett nimmt:

> Die letzten sechs Wochen des sterbenden Marx vergehen schnell, Kehlkopfentzündung, Bronchitis, ein Geschwür in der Lunge, Magen- und Darmbeschwerden, tägliche ‚Anwendungen', täglich 1 Liter Milch mit einem viertel Liter Brandy. Zwei Hauptpersonen aus seinem Leben, Helena Demuth und Friedrich Engels, beherrschen nun den Ablauf der Dinge, Lenchen im Haus, Engels, der ‚um die Ecke' wohnt, beim täglichen Besuch. Sie wetteifern in der Sorge, es gibt auch Konflikte. Lenchen […] hat ‚die Diktatur im Haus', für sie ist Marx nicht ‚ein großer Mann', ihr kann er nicht imponieren, sie ‚kennt ihn mit seinen Launen und Schwächen, und sie wickelt ihn um den Finger'. Das ärgert Engels ein wenig, denn er weiß, wie ‚groß' Marx ist, er denkt an das Material zu weiteren Bänden des ‚Kapital', versteckt in Paketen und verstreuten Bündeln, ‚gänzlich ungeordnet unter den Bücherhaufen der Bibliothek'. Er, Engels, hat gegenüber Marx immer selbstlos die zweite Violine gespielt. Zudem basiert Engels' Troststrategie in diesen Wochen auf seiner Lebensphilosophie, ‚daß Wein, Weib und Gesang des Lebens Würze seien'. Also zankt Lenchen mit ihm, wenn er Marx gelegentlich ein Gläschen Branntwein mehr einschenkt, eine Flasche Wein zu viel mitbringt, ein allzu freies Witzchen erzählt. […] Am 14. März 1883 mittags gegen 15 Uhr finden ihn Lenchen und Engels zusammengesunken in seinem Lehnstuhl, ‚schlafend, aber um nicht mehr aufzuwachen'. Die Beerdigung auf dem

> Armenfriedhof Highgate hat surreale Züge. Kaum mehr als ein Dutzend Menschen nehmen teil. Tussy [Eleanor Marx, Anm. von G.M.] fehlt, Laura und Lenchen stehen am Rande, verdrängt von den Männern.[497]

Nach dem Tod von Karl Marx führt Helena Demuth Friedrich Engels den Haushalt. Als Mitgestalterin der sonntäglichen Tafelrunden lernt sie Sozialisten aus vielen Ländern kennen. Die „treue Genossin", wie August Bebel sie bezeichnet, ist es auch, die den schriftlichen Nachlass von Karl Marx ordnen hilft und dabei die Manuskripte zum zweiten Band des Kapitals entdeckt. Im Oktober 1890 erkrankt Helena Demuth an Krebs und stirbt kurz darauf am 4. November. Auf Wunsch von Marx' Töchtern wird sie im Familiengrab der Familie Marx auf dem Highgate Cemetery beigesetzt. Engels würdigt sie in seinem Trauerbrief: „Lenchen und ich waren die zwei Letzten der alten Garde von vor 1848. Wenn während langer Jahre Marx und ich Ruhe zum Arbeiten fanden, so war das wesentlich ihr Werk. Ihren wunderbar taktvollen Rat in Parteisachen werde ich schmerzlich entbehren."[498] In ihrem Testament bedachte sie Frederick Lewis Demuth, der 95 £ erbte. Dazu schreibt Engels:

> Die Verstorbene hat ein Testament gemacht, worin sie den Sohn einer verstorbenen Freundin, den sie von klein auf sozusagen an Kindesstatt angenommen und der sich allmählich zu einem braven und tüchtigen Mechaniker herausgebildet, Frederick Lewis, zu ihrem alleinigen Erben eingesetzt hat. Derselbe hat seit längerer Zeit aus Dankbarkeit und mit ihrer Einwilligung den Namen Demuth angenommen.[499]

Wer war Frederick Lewis Demuth? Der Sohn einer Freundin – eine Lüge. Im historischen Kontext vielmehr eine Schutzbehauptung. Fakt ist: 1851 bringt Helena Demuth einen Jungen zur Welt, den sie Harry Frederick Demuth nennt und in eine Londoner Pflegefamilie namens Lewis gibt, über den Vater schweigt sie sich aus. Erst Anfang der Sechzigerjahre des 20. Jahrhunderts wird das streng gehütete Marxisten-Geheimnis aufgedeckt: Frederick Demuth, so heißt es jetzt, sei der Sohn von Karl Marx. Tatsache ist: Unmittelbare Erklärungen sind von keinem und keiner der Beteiligten vorhanden. Das Nachrichtenmagazin SPIEGEL ist jedenfalls von der Marx'schen Vaterschaft überzeugt. In seiner Ausgabe 44 aus dem Jahr 1972 hält das Blatt fest:

> Kleinbürgerliche Prüderie der Weltrevolutionäre, ihre panische Angst, das Proletarier-Idol könnte, würde der Fehltritt bekannt, an Glanz verlieren, und schließlich ihr eifriges Bemühen, den Propheten des Klassenkampfes als in jeder Beziehung unfehlbar darzustellen, verurteilten Marxens einzigen – die Kinderjahre überlebenden – Sohn zur Anonymität, zum blinden Fleck in der Geschichte des Marxismus und seines Begründers.[500]

Demuth, der Sohn, stirbt am 28. Januar 1929. Ob er wusste, wer sein leiblicher Vater war? Für größere Diskussionen in St. Wendel sorgte eine fast lebensgroße Bronzestatue von Helena Demuth, die 2012 an der alten Stadtmauer aufgestellt wurde. Sie zeigt eine hochschwangere Frau, die auf das Abbild von Karl Marx blickt. „Sie war eine Frau, die wir heute emanzipiert nennen würden, und verfügte über eine hohe politische Kompetenz. Ich habe sie so erschaffen, wie ich sie mir vorstelle. Zu ihrem emanzipierten Wesen gehörte auch der Mutterwunsch", zitiert die Saarbrücker Zeitung vom 14. Mai 2012 den Künstler Kurt Tassotti, der das Werk schuf. Ein Teil der Kritikerinnen und Kritiker hingegen war der Meinung, die Reduzierung der Persönlichkeit Lenchen Demuths auf ihre Schwangerschaft werde ihr und ihrem Leben nicht gerecht. Die Webbloggerin Kathrin Ganz bringt es auf den Punkt:

> Ohne ihre Anstellung bei der Familie Marx und ohne den Bezug zu diesem großen, weißen Mann (mit Bart) hätte St. Wendel keine 30.000 Euro ausgegeben, um eine einfache Haushälterin zu ehren. Dabei kann sie uns sicher auch etwas über Reproduktionsarbeit als Lohnarbeit und die Verflechtung von Geschlechter- und Klassenverhältnissen erzählen.[501]

Kehren wir von der Lohnarbeit zurück zu den Künsten. St. Wendel, genauer: der Stadtteil Saal, war überdies die Heimat einer weiteren musikalisch begabten Frau, Frau Hofrat **Paula Spett**.

Paula Spett – eine Müllerstochter aus dem Ostertal

Einladung: Am Sonntag, den 23. Juli 1899, nachmittags um 3 Uhr findet in der protestantischen Kirche zu Niederkirchen im Ostertal ein Kirchen-Konzert „unter gefälliger Mitwirkung von Frl. Paula Hahn, Konzertsängerin in Düsseldorf"[502], statt. Wer ist die „Hahne Sängerin" Genannte? Ein Blick ins Heimatbuch des Kreises St. Wendel 1979/1980 hilft. Paula Hahn ist eine Müllerstochter von der Saaler Mühle (im Volksmund „Hahne Mühle" genannt). In Saarbrücken trifft sie auf den künftigen Dirigenten und Kapellmeister Robert Laugs, mit dem sie später zusammen an der Musikhochschule in Köln studiert. „Man erzählt sich im Ostertal, daß sie das Abschlußkonzert ihres Studiums vor Kaiser Wilhelm, Kaiser Franz Joseph und dem Zaren von Rußland singen mußte."[503] Paula Hahn steht zu diesem Zeitpunkt vor einer schweren Entscheidung: eine Karriere als Sängerin zu forcieren oder ihrem Leben eine gänzliche andere Richtung zu geben und zu heiraten. „Lassen Sie Ihren Mann laufen und werden Sie Sängerin!", dies ist der Rat nach dem Vorsingen am Theater in Düsseldorf, erzählt Paula Spett in einem Gespräch.[504] Trotz dieses Rats nimmt sie den Mann, in dem Fall den k. u. k. Ingenieur Jacob Spett aus Warzyce in Galizien, Polen. Zwar hängt sie mit dieser Heirat zeitgleich die Musikkarriere an den Nagel, nicht aber ihre Energie. An der Seite ihres Mannes erlebt sie Glanz (und Elend) des österreichisch-ungarischen Kaiserstaates. Nach dem Zusammenbruch der Doppelmonarchie und der späteren Pensionierung ihres Mannes widmet sich das kinderlos gebliebene Paar dem alten Besitz der Familie Spett. Ihr Mann – er ist 12 Jahre älter – überträgt ihr die ganze Erbschaft und Paula Spett macht aus dem vormals versumpften, unverkäuflichen Feld durch schrittweise Kultivierung und intensive Bodenhaltung einen Musterbetrieb. Es werden vorwiegend Weizen und Zuckerrüben angebaut als Saatgut für staatliche Institutionen. Innerhalb weniger Jahre wird der Ertrag auf das Doppelte des ortsüblichen Ertrags gesteigert. „All diese Erfolge wären nicht möglich gewesen, wenn Frau Spett nicht selbst alles in die Hand genommen hätte. Sie stand um 6 Uhr auf, beaufsichtigte, leitete und verwaltete alles, griff selbst mit an, wo es nötig war."[505] Der Zweite Weltkrieg bringt für Paula Spett tiefgreifende Veränderungen mit sich. Ihr Mann stirbt 1942, sie verliert ihre Güter, ihr jahrelanger Kampf um

Entschädigung ist lediglich zum Teil erfolgreich. Sie selbst verbringt ihre letzten Lebensjahre in Wien, wo sie 1970 mit fast 95 Jahren stirbt. Das eingangs erwähnte Konzert, für welches ein Eintrittspreis von 25 Pfennigen zu berappen war, brachte nebenbei bemerkt reichlich Einnahmen, die der neuen Orgel zugute kamen.

Im selben Jahr, in dem Jacob Spett starb, starb die Schriftstellerin **Maria Greßhörner**, die sich Osten nannte und die einen Quasi-Adoptivsohn aus Oberlinxweiler hatte, mit dessen Schicksal sie letztlich auf unheilvolle Weise verknüpft war.

Maria Osten und Hubert im Wunderland

Maria Greßhörner/Osten ist die Tochter eines preußischen Gutsbesitzers. Mit 15 Jahren bricht sie die Verbindung zu ihrer deutschnational eingestellten Familie ab und geht nach Berlin, wo sie Kontakt zu linken Kreisen aufnimmt und bald in die KPD eintritt. Sie beginnt zu schreiben und lernt 1932 den Journalisten Michail Kolzow kennen, mit dem sie eine Liaison anfängt. Im Jahr 1933 gehen die beiden auf Reisen: nach Frankreich und in das unter französischer Verwaltung stehende Saarland. Sie wollen über die Lage im Saargebiet berichten. Hier kreuzen sich die Wege von Osten und der Familie L'Hoste aus Oberlinxweiler. Der zehnjährige Hubert L'Hoste ist ein Vorzeigemitglied der KPD-Jugendorganisation Junge Pioniere und Maria Osten und Michail Kolzow sind begeistert von dem selbstbewussten Jungen. Warum ihn nicht mitnehmen nach Moskau, für ein Jahr vielleicht, um dort seine Eindrücke vom Arbeiter- und Bauernstaat aufzuschreiben und daraus ein Kinder- und Jugendbuch zu machen? In Moskau wohnen die drei zunächst in Michail Kolzows Wohnung in einem Wohnblock für Parteifunktionäre, Kunstschaffende und Intellektuelle – mit allem Pipapo, der dazu gehört. Da Kolzow jedoch eigentlich verheiratet ist, müssen Maria Osten und der junge Hubert L'Hoste im November 1934 in ein Appartement in der Ersten Samotjotschnyj Gasse 17a ziehen.[506] Maria Osten verarbeitet, wie geplant, die Erlebnisse Huberts zu einem Buch; im Sommer 1935 erscheint *Hubert im Wunderland. Taten und Tage eines deutschen Jungpioniers.*

Das Buch wird ein Bestseller, der Titel eine bewusste Anlehnung an *Alice im Wunderland*. Der 12-jährige Hubert L'Hoste wird durch dieses Buch eine Berühmtheit in der Sowjetunion. Osten lässt ihn am Ende des Buches die Leserinnen und Leser fragen, ob er nach Hause zurückkehren oder in Moskau bleiben solle. Jedem Buchexemplar ist dafür ein voradressierter Briefumschlag an die Redaktion beigefügt. Das Wunderland entwickelt sich indes in der Folge fatal für alle Beteiligten dieser Geschichte. Michail Kolzow wird 1938 im Rahmen der stalinistischen Säuberungen verhaftet und 1940 erschossen. Maria Osten, die zwischenzeitlich vor Ort vom Spanischen Bürgerkrieg berichtet hatte und zuletzt aus Paris schrieb, kehrte trotz Warnungen nach Moskau zurück, um Kolzow zu unterstützen. Ihr inzwischen mit einer Partnerin zusammenlebende Ziehsohn Hubert L'Hoste verweigert der „Frau eines Volksfeindes" den Zugang zu ihrer eigenen Wohnung. Im Juni 1941 wird Osten verhaftet. Zigmal wird sie verhört, sie soll gestehen, gegen andere aussagen. Sie hält stand und wird am 16. September 1942 erschossen.[507] Auch Hubert L'Hoste will nach schwierigen Jahren – er wurde mehrmals zu Lagerhaft verurteilt, unter anderem wird er der Nachlässigkeit und des Diebstahls beschuldigt – das Wunderland verlassen und ins Saarland ziehen. Das Wunderland lässt ihn nicht gehen, „Ausreise unerwünscht" steht in seiner Personalakte. Die Sowjetbehörden gestatten ihm, auf die Krim überzusiedeln, wo ihn seine Mutter besuchen darf – ein Wiedersehen nach 25 Jahren. Die Familie hat das KZ überlebt, mittlerweile, wir schreiben das Jahr 1958, sind der Vater und einer der Brüder gestorben. Hubert will allein, ohne Frau und Tochter, in einem selbst gebauten Boot von der Krim in die Türkei fliehen. Am 19. Juli 1959 erhält er überraschend ein Ausreisevisum und die Geschichte scheint sich für ihn irgendwie zum Guten zu wenden. Doch wieder schlägt das Schicksal zu, dieses Mal in Form einer Blinddarmentzündung, die zu einem Blinddarmdurchbruch führt, an dessen Folgen Hubert L'Hoste am 5. August 1959 stirbt. Ironie der Geschichte: 1962 wird er von der sowjetischen Justiz „wegen Nichtvorhandensein von Verbrechen" rehabilitiert.[508]

7.2 Freisen: Die Liebe zur Kunst

„[...] Wir kommen über den üblichen Anschluß nach Freisen hinein. Die Freisner wohnen auf dem Vulkan, im Vulkankessel mittendrin. Du sagst: deshalb sind die auch so!"[509] Die Schriftstellerin **Felicitas Frischmuth**, von der dieses Zitat stammt, bezog sich hier auf die besondere Lage Freisens in einer Senke, umrandet von Bergen aus Vulkangestein. Seit Ende der 1970er Jahre quert die A62 Landstuhl–Trier auf mehreren Kilometern die Senke. Felicitas Frischmuth und ihr Mann, der Künstler Leo Kornbrust[510], waren zur Zeit des Autobahnausbaus nach Idar-Oberstein unterwegs.

> Hinter Freisen biegen wir von der großen Straße ab in Richtung Autobahnbaustelle. Feldweg, Feldwirtschaftsweg, noch tief verschneit. Wir haben ziemliche Höhe jetzt. Wie in Alaska. Die provisorisch verlegten Telefonkabel schwingen zwischen den Masten weit aus. Sie haben viel Spiel im Wind. Sie reißen nicht aus. Ein paar Kilometer feldeinwärts Schneehaufen an der Straße. Der Schnee ist geräumt, bis zur Baustelle. Am Bauwagen, am Plateau, machen wir halt.
> Wir gehen auf dem Kraterrand spazieren, wir schauen in die Schlucht, tief nach unten, wo die Trasse der Autobahn liegt. Noch ohne Autos, eine Werkstatt im Freien, ob man die noch brauchen wird?
> Die Eingriffe, die Schluchten, die Risse, die Furchen zerschneiden das Land, eine neue Geografie entsteht.
> Vom Kraterrand schauen wir in den rauchenden Kessel, in den Wirbel, in den speienden Vulkan, in die blubbernde Masse, in den Dampf.
> Da wird ein Phoenix herausfliegen, ein strahlender Freisener Phoenix mit gewaltigen Flügeln. Er wird die Autobahn überfliegen [...].

Felicitas Frischmuth – Achtung beim Transport großer Kunstwerke

Felicitas Frischmuth ist keine Saarländerin, sie wird 1930 in Berlin geboren. Der Vater Eisenbahner, die Mutter Hausfrau, die Tochter geht aufs Gymnasium. Ihre Studienjahre führen sie nach Frankfurt, dann nach München. Dort lernt sie Leo Kornbrust kennen, nach der Heirat 1958 zieht sie mit ihm in seine Heimat. Sie beziehen das Elternhaus von Kornbrust *An der Damra* zwischen St. Wendel und Baltersweiler, gelegen inmitten von Natur und Kultur. Die Damra wird mit der Zeit nicht nur zu einem Ort der Erholung und Geselligkeit, sondern auch zu einem Forum des Austauschs mit anderen Künstlerinnen und Künstlern. Frischmuth konzentriert sich zunehmend auf das Schreiben, ihr erster Gedichtband *Papiertraum* erscheint 1977. Die Dichterin und der Bildhauer – privat und künstlerisch ein Paar. Ebenfalls in den 1970er Jahren beginnt Leo Kornbrust, Texte seiner Frau in seine Steinbildarbeiten zu integrieren. Die große Saarbrücker Schriftsäule aus schwarzem Granit im Außen-Ensemble der Modernen Galerie Saarbrücken ist ein beeindruckendes Beispiel der künstlerischen Zusammenarbeit. Auf der fast 10 Meter hohen, 60 mal 60 Zentimeter schlanken und 9 Tonnen schweren Stele sind auf zwei Seiten Texte von Felicitas Frischmuth eingeschrieben.

Fuß Grün
Liebe Standort
ach Grenze
frontiere
Trennung
aufbrausen
Verehrung
was soll das
sein?
eine
lebendige
Stadt la
citta la piu
nera dell Europa
beleidigt
unterhöhlt
viele Häuser
stehen schief
war die Stadt
auf was ge-
baut?

Das sind die ersten Zeilen auf der Stele, die seit 2016 im Zuge der Umgestaltung und Erweiterung des Museums einen neuen Standort hat. Nun steht sie gegenüber der Einfahrt zur Rosenstraße und dient mit ihrer Höhe von neun Metern als Hingucker in der Sichtachse. Zudem ist sie mit der Kante zur Straße ausgerichtet. Wer darauf schaut, kann beide Schriftseiten der Stele lesen. Vielleicht fällt das Auge der Leserin auf die folgenden Worte:

> Achtung
> beim
> Transport
> großer Kunst-
> werke[511]

Als hätte die 2009 gestorbene Felicitas Frischmuth geahnt, dass die Stele umziehen muss und dieser Umzug eine logistische und technische Meisterleistung darstellen würde. Die Literaturwissenschaftlerin Katja Leonhardt sieht in Frischmuths Arbeiten eine „Vorbild"-Rolle für die saarländische Lyrik von Frauen mindestens in den 1960er und 1970er Jahren. „Ein hoher Anteil der in den 70ern von saarländischen Lyrikerinnen veröffentlichten Gedichte stammt von Felicitas Frischmuth. Daneben errang sie auch als einzige in dieser Zeit mit Lyrik jenseits der Grenzen des Saarlandes regelmäßig kleinere Erfolge."[512] Nicht nur die Quantität respektive überregionale Bekanntheit spielt für Leonhardt bei der Einordnung eine Rolle, sondern auch die Tatsache, dass Frischmuth im Gegensatz zu den eher traditionalistisch orientierten Autorinnen wie Maria Croon[513] und Natalie Zimmermann[514] aufgrund ihrer inhaltlichen und stilistischen Ausrichtung eher als Vorbild für eine neue „Dichterinnengeneration" im Saarland dienen konnte.

7.3 Marpingen: Maria hilf

Marpingen ist geprägt von Maria, selbst für diejenigen, die überhaupt nichts mit Religion, der Kirche oder Heiligen am Hut haben. Die Tradition begann mit *Unserer Lieben Frau von Marpingen*, einer 63 Zentimeter hohen Holzskulptur aus dem 18. Jahrhundert, die in einer Marienkapelle mit Brunnenanlage aufbewahrt wird und deren Fund den Marienkult und in der Folge die Entwicklung Marpingens zum Wallfahrtsort begründete. Und sie fand ihren Höhepunkt mit der Marienkapelle im Härtelwald, einer mit Spenden finanzierten Gebets- und Verehrungsstätte, nachdem es dort Marienerscheinungen gegeben haben soll. Drei Mädchen im Alter von jeweils acht Jahren berichteten am 3. Juli 1876, die Gottesmutter beim Beerenpflücken gesehen zu haben. „Ihr sollt beten, und nicht sündigen!", sei der Rat der Mutter Gottes an die Mädchen gewesen. Nur zehn Tage später strömten bereits Tausende Menschen zum Ort des Geschehens. Der zu der Zeit herrschende preußische Staat setzte das Militär ein, um die Pilgernden zu stoppen, das Unterfangen blieb vergeblich. Maria erschien fürderhin. Sogar Kaiserin Sissys Schwester Helene kam 1877 zur Wallfahrt nach Marpingen. Springen wir ins Jahr 1999. „Die Frequenz der Marienerscheinungen in diesem Jahr ist atemberaubend", schreibt der Autor Peter Gitzinger. „Vom 17. Mai bis 17. Oktober erscheint Maria drei ortsansässigen Frauen gleich 13 Mal!"[515] Der Journalist Alexander Brüggemann beschrieb rückblickend für diejenigen, die dieses Ereignis verpasst haben, was die Menschen vor Ort erwartete:

> Wie die Seherkinder von 1876 hatten auch die ‚Seherinnen' von 1999 verteilte Rollen. Hausfrau Marion, damals 30, konnte Maria sehen; die angehende Musikpädagogin Christine (24) konnte sie hören, und Judith (35), Justizgehilfin, von beidem ein bisschen. Judith referierte die ‚Marien-Schau' per Diktiergerät. Das Band wurde dann, nachdem die Muttergottes vermeintlich ‚mit dem Lichtstrahl' verschwunden war, den wartenden Gläubigen über Lautsprecher vorgespielt.[516]

Die katholische Kirche kam nach eingehender Prüfung der Sachlage zu der Erkenntnis, es stehe nicht fest, dass den Ereignissen ein übernatürlicher Charakter zukomme. Sie verbot, von „Seherinnen" und „Erscheinungen" zu sprechen und bezeichnete das Ganze als „Vorgänge im Härtelwald". Diese Vorgänge trieben einen Keil in die Gemeinde selbst, die mit dem Ansturm der Menschen notwendigerweise überfordert war. Verkehrschaos, Lärmbelästigung, Müll – für all diese „Nebenkosten" fühlten sich die Beseelten eher nicht verantwortlich. Unabhängig davon war Lourdes-Wasser aus Marpingen gefragt, es sollte magische oder vielmehr heilende Wirkung haben. In der Kapelle im Härtelwald wurden 2020 jedoch die Wasserhähne zwischenzeitlich abgeschraubt, die Koloniezahl der Keime war nach Angaben des Gesundheitsamtes zehn Mal höher als der Grenzwert der Trinkwasserverordnung. Verlassen wir das Feld des Glaubens und kommen zu einer realen Maria, die Marpingen genauso zu bieten hat: **Maria Becker-Meisberger**. Hinter dem Doppelnamen Becker-Meisberger verbirgt sich ein weiteres Paar, dessen Leben und Arbeiten ineinanderflossen.

Maria Becker-Meisberger – Maybach und die Folgen

Die Malstatter Sprachwissenschaftlerin und Mundartdichterin Edith Braun zählt die 27 Mundartgedichte, die Maria Becker-Meisberger um 1990 im Eigenverlag unter dem Titel *De Himmel off Besuuch* veröffentlichte, „zu den besten Mundartbüchern, die das Saarland aufzuweisen hat"[517]. Zu diesem Zeitpunkt ist Becker-Meisberger, 1925 in Marpingen geboren, 65 Jahre alt, neun Jahre später stirbt sie nach langer Krankheit in Blieskastel, wo sie mit ihrem Ehemann Günter Becker lebte. In Blieskastel hat auch das Becker-Meisberger-Institut seinen Sitz, als Zentrum für Forschung und Dokumentation und zur Förderung wissenschaftlicher Arbeiten in und über die internationale Sprache Esperanto. Esperanto – die Leidenschaft für und die Auseinandersetzung mit dieser Plansprache, daran arbeitet das Ehepaar Becker-Meisberger zeit ihres gemeinsamen Lebens. Und über diese Sprache haben die beiden sich überhaupt erst getroffen. Maria Meisberger ist fünf Jahre alt, als ihr Vater, ein Bergmann, bei dem Grubenunglück in Maybach als einer von 98 Bergleuten ums Leben kommt. Sie besucht das Gymnasium in St. Wendel, daran anschließend das Lehrerinnenseminar in Ottweiler.

Ihre beruflichen Wege lassen sie das Saarland verlassen, sie unterrichtet in der Normandie, später in Blieskastel. Anfang 1958 beginnt sich Maria Meisberger für Esperanto zu interessieren. Ihr damaliger Dozent, Günter Becker, zu der Zeit Präsident des *Weltbundes Junger Esperantisten*, wird im Oktober desselben Jahres ihr Mann. Über die Jahre übersetzen die beiden gemeinsam eine Reihe von Fachbüchern zur Esperantologie. Maria Becker-Meisberger veröffentlicht darüber hinaus ein Kochbuch in Esperanto, *Internacie kuiri*, in dem sie von ihr selbst nachgekochte Rezepte aus aller Welt vorstellt. Die Mundartgedichte[518] aber sind Becker-Meisbergers ganz eigenes Terrain und auf diesem hat sie die Trauer um ihren Vater in dem Gedicht *Maibach* verarbeitet.

> […] Wann eisch Maibach heere,
> dann siehn eisch
> alles schwards voll Leid
> vòòr uurem Hous,
> off uurem Kärjòbb
> onn en uurer Kärsch. […]
> Mier hann all Drouer.
> Uurer Vadder wärd houd begraabd
> onn nòch dswai annere Bärschleid ourem Dòrf.
> Onn en vill annere Därfer
> wärre aach Bärschleid begraabd,
> die woo all emkomm senn
> en der Maibach
> off *ääne* Schlaach.
> Ball honnerd Schdigg
> hadd mei Schwäschder gesaad.
> Onn all wääre se schwards geween,
> schwards wie die Naad […][519]

Werfen wir zum Schluss noch den Blick auf einen Beruf, der schon lange Geschichte ist. Anfang des 20. Jahrhundert konnten die Menschen auf dem Land auf Botenfrauen treffen. Diese mussten gut zu Fuß sein, legten sie doch tagtäglich Dutzende von Kilometern zurück. Die Urexweilerin Barbara Welter (geborene Klos) beispielsweise ging außer sonntags am Morgen zu Fuß von zu Hause los nach St. Wendel und am

Nachmittag des Öfteren nach Illingen. Was machte die Botenfrau? Dank Hermann Brills Beitrag im Heimatbuch des Kreises St. Wendel 1957/1958 wissen wir das sehr genau:

> Greifen wir einen Tag heraus, den 12. Juni 1913; es war ein heißer Donnerstag. Um 6.30 Uhr begann Schuschderbärwels gewohnter Marsch. Am Abend zuvor hatte sie die Exweiler Aufträge entgegengenommen. Auf der Hawenix kamen – beim ersten ‚Deppsche Kaffee' – die nächsten hinzu. [...] Am 12. Juni 1913 umfaßte die Liste der Besorgungen folgende Dinge: 36 Steuerzettel, 18 Rezepte, 4 Todes-, 3 Geburtsanzeigen, 5 Bestellungen zum Eheaufgebot, 6 notarielle Beurkundungen, 14 Einzahlungen auf Sparbücher und Darlehen. Einzukaufen waren: zwei erdene Töpp, 12 Kilo Tuwak, 2 Kilo Rolles, 4 Sträng für Kuhgeschirre, 2 Brillegestelle, 1 Futter für ein ‚Pferdskummet' und noch viele ‚Kleinigkeiten'.[520]

Für die Botengänge der Botenfrau gab es den Botenlohn, mehr oder weniger, dies war wohl eher eine Tätigkeit, bei der sie nicht reich wurde. Manche blieben ihren Groschen auf alle Fälle schuldig. Barbara Welter starb 1924 mit 70 Jahren. In der Woche vor ihrem plötzlichen Tod war sie wie gewohnt als Botenfrau nach St. Wendel „gescheest".

7.4 Namborn: Das Meier'sche Bundesverdienstkreuz

Baltersweiler, ein Ortsteil von Namborn, brachte einige bemerkenswerte Frauen in der Vergangenheit hervor, zum Beispiel die Cousinen **Änne Meier** und **Maria Meier**. Beide durch ihren katholischen Glauben geprägt, schlug Änne Meier zunächst den Lehrberuf ein, Maria Meier wurde Ordensschwester. Beide vereinte darüber hinaus ihre Abscheu vor den Nationalsozialisten.

Änne und Maria Meier – Leben für den Beruf

Änne Meier, es existiert ferner die Schreibweise Änni Meier, wird 1896 als fünftes von sieben Kindern geboren. Ihre Familie ist zum einen geprägt durch einen tiefen Glauben, zum anderen durch ein über Generationen hinweg praktiziertes Engagement in der Kommunalpolitik. Beides formt Hänze Ännchen, wie Änne Meier in ihrer Heimat genannt wird. Für die Zeit vor dem Ersten Weltkrieg und eine ländliche Umgebung dürfte Änne Meier die Erste aus dem Dorf gewesen sein, die die höhere Mädchenschule in St. Wendel besucht. Während des Kriegs tritt sie in das Staatliche Lehrerinnenseminar in Saarburg ein. Früh entscheidet sie sich für die Ehe- und Kinderlosigkeit, um ihren Beruf nicht aufgeben zu müssen. Dennoch muss sie ihren Platz als Hilfslehrerin in Brücken bei Birkenfeld nach zwei Jahren räumen – der Krieg ist zu Ende und die Männer beanspruchen ihren alten Platz, die Junglehrerin hat zu weichen. Daraufhin beginnt Änne Meier 1919 ein Studium der Sozialpädagogik, Sozialwirtschaft und Sozialhygiene an der Katholischen Sozialen Frauenschule in Heidelberg. Nach dem Studium arbeitet sie als Fürsorgerin im Kreiswohlfahrtsamt Homburg, 1925 wechselt sie in gleicher Funktion nach St. Ingbert. Sie ist eine der ersten Amtsinhaberinnen in diesem neuen Beruf. Mit dem aufkommenden Nationalsozialismus hadert sie, bei der Saarabstimmung 1935 stimmt sie für den Status quo. Sie weigert sich, einer Nazi-Organisation beizutreten, was ihr mehrere Dienstverfahren einträgt. Sie geht einen Schritt weiter und hilft bei der Verbreitung katholischer oppositioneller Rundbriefe. Und sie verwehrt aus Gewissensgründen die Herausgabe ihrer Forschungen über das Vorkommen von Erbkrankheiten in ihrem Bezirk; Änne Meier widmet sich seit den 1930er Jahren der Tuberkulose und legt in dem Zusammenhang erbbiologische Stammbäume an. Dieses Material ist für die NS-Rassenhygieniker und -Eugeniker hochinteressant. Am 21. Januar 1942 wird Änne Meier von der Gestapo verhaftet. Zehn Wochen bleibt sie im Gefängnis Lerchesflur in strenger Einzelhaft. Von dort kommt sie ohne Prozess und Verurteilung ins Frauenkonzentrationslager Ravensbrück. Nach der Befreiung durch die Rote Armee schlägt sie sich nach Hause. Ab Oktober 1945 arbeitet sie wieder als Fürsorgerin im Landratsamt des Kreises St. Wendel. Zwar trifft sie dort auf einen neuen Vorgesetzten, ansonsten hat sich wenig verändert. Selbst diejenigen, die an ihrer Verhaftung mitschuldig waren, arbeiten wieder im Amt.[521] Nicht zuletzt vor diesem Hintergrund beteiligt sich Änne Meier 1948 an der Gründung der Vereinigung der Verfolgten des Naziregimes (VVN) im Saarland. Ab Mitte der 1970er Jahre wird sie die stellvertretende Landesvorsitzende. Sie engagiert sich zudem bei Pax Christi und unterstützt die Aktivitäten der Friedensbewegung; 90-jährig nimmt sie noch an Friedensdemonstrationen teil. 1988 wird ihr das Bundesverdienstkreuz verliehen. Änne Meier stirbt 1989 im Alter von 93 Jahren, Baltersweiler benennt einen Platz in der Dorfmitte sowie eine Schule nach ihr. Die Änne-Meier-Schule ist eine Schule für Kinder und Jugendliche mit Förderbedarf im Bereich geistiger Entwicklung.

Ihre Cousine, die Ordensschwester Maria Meier, bekam ebenfalls das Bundesverdienstkreuz verliehen, und zwar am 4. März 1971. Sie, die parallel zu Änne Meier in den 1920er Jahren beim Gesundheitsamt St. Wendel als Gemeindekrankenschwester fungierte, war eine wichtige Stütze ihrer Cousine während deren Zeit in Ravensbrück. Von ihr kamen Lebensmittel und lebenswichtige Medikamente. In St. Wendel und Umgebung blieb Müller'sch Mariechen, so ihr Nickname, die wie Änne Meier im hohen Alter von 95 Jahren starb, zeit ihres Lebens die, die wie folgt gerufen wurde: „[...] et Marieche, dat wäß, wat ma mache misse, damet dou wirra gesund wirscht." Dabei waren ihre „schwarze Ziehsalbe" und sie selbst durchaus gefürchtet, denn „Mariechen war nicht ‚herzweich'. Ein Hypochonder hatte bei ihr keine Chance". Es soll vorgekommen sein, dass Maria Meier mit hinzugezogenen Ärzten nicht immer einer Meinung war.[522] Fürwahr zwei bemerkenswerte Frauen!

Auch Anna Margaretha Perl war sicher eine bemerkenswerte Frau, wie viele Frauen teilt sie das Schicksal, mehr oder weniger unsichtbar zu sein und wenn überhaupt nur in Bezug auf einen Mann in den Annalen aufzutauchen. Im Fall dieser Namborner Bürgerin, Garderobenjungfer im Saarbrücker Schloss, handelte es sich um eine der „Favoritinnen" des Fürsten Wilhelm Heinrich von Nassau-Saarbrücken. Ihr Geburtsdatum ist unbekannt, gestorben ist sie 1768. Den Vorzug einer offiziellen Mätresse besaß sie nicht, hatte also weder Ansehen noch Einfluss. Immerhin schenkte der Fürst der „Perlerin" das Haus Nr. 17 in der Wilhelm-Heinrich-Straße, ein Stengel'sches Anwesen. Aus der Liaison mit dem Fürsten geht ein gemeinsamer Sohn, Philipp Otto Devert, hervor. Die Stiftung Saarländischer Kulturbesitz bewahrt ein Gemälde, das Margaretha Perl in „großer Balltoilette" zeigt,

> hinterfangen vom nächtlichen Dunkel eines Parks mit Blumen und Sträuchern. Graziös hebt sie die Rechte, in der sie einen geschlossenen Fächer hält. Ein weißes Seidenkleid, überreich mit kostbaren Spitzen bedeckt, hüllt den Körper ein, schließt sich eng und schmal um die Büste und fällt weit von den Hüften und Armen[523].

Und da ist eine weitere Bürgerin aus der Gegend, über die ich mehr wissen wollte: die Künstlerin Bernadette Mac-Nelly, die als Bernadette Grohs 1920 in Urexweiler geboren wurde. Nach ihrem schulischen Abschluss in ihrem Geburtsort Urexweiler besuchte Bernadette Grohs die Meisterschulen in Krefeld, Köln und Düsseldorf, wo sie eine Ausbildung in Design, Malerei, Bühnen- und Kostümbild abschloss. Sie ergänzte ihre Ausbildung durch Privatunterricht. Im Anschluss arbeitete sie einige Jahre als Assistentin des Ausstattungsleiters der städtischen Bühnen Düsseldorf als Bühnen- und Kostümbildnerin. Nachfolgend machte sie sich als freischaffende Malerin und Illustratorin von Kinderbüchern selbstständig. Sie unternahm Studienreisen nach England, in die Schweiz, nach Holland, Frankreich, bis nach Afrika. Ausstellungen von ihr wurden im In- und Ausland organisiert. Anfang der 1980er Jahre kehrte sie ins St. Wendeler Land zurück, wo sie von 1982 bis zu ihrem Tod 2002 in Baltersweiler lebte. Bereits Mitte der 1950er Jahre kreierte die Künstlerin einen Brunnen im Eingangsbereich der Urexweiler Grundschule.

Kleine Trinkbrunnen gehörten zu der Zeit in fast jeden Schulneubau. Unterhalb eines Foyerfensters ist eine Nische in die Wand eingelassen, aus der der grau-bunt geflieste Trinkbrunnen herausragt. Im Duktus der Zeit hatte Mac-Nelly den Brunnen in der Tradition der Illustration von Kinderbüchern gestaltet, in dem Fall legte sie das Motiv des Froschkönigs zugrunde.[524]

7.5 Nohfelden: Es grünt so grün

„Mit der Esebeck fing alles an“, lautete die Überschrift eines Artikels des Pfälzischen Merkurs vom 22. Januar 2015, in dem es um das Schloss Karlsberg bei Homburg ging. Weiter hieß es dort:

> Es war der Zweibrücker Herzog Karl II. August, der das Schloß Karlsberg gebaut hat. Aber Zweifel sind angebracht, ob es jemals die damals größte Landresidenz Europas gegeben hätte, wenn seine Mätresse nicht gewesen wäre. Diese, Freifrau Carolina Auguste von Esebeck, war es nämlich, die den Herzog bewogen hatte, von der Witwe des Barons Karl von Closen den Louisenhof zu kaufen, den der Baron sich auf dem Buchenberg bei Homburg hatte bauen lassen. Und dieses Landgut wurde die Urzelle des daraus nach und nach entstandenen Schlosses Karlsberg. Die Esebeck war's also, mit der alles anfing.[525]

Und diese mitunter als mächtigste Frau in Pfalz-Zweibrücken Titulierte hinterließ nicht nur in Homburg ihre Spuren.

Freifrau von Esebeck und der englische Garten in Gonnesweiler

Caroline Auguste Gayling von Altheim, so der Geburtsname der späteren Freifrau, ist die Jugendliebe des Prinzen Carl August von Pfalz-Zweibrücken. Beide kennen sich von Aufenthalten im elsässischen Bischweiler. 1766 heiratet sie den Freiherren Ludwig von Esebeck, bleibt die Geliebte des Prinzen und forciert nach dessen Inthronisierung zum Herzog von Pfalz-Zweibrücken ihren Aufstieg zur mächtigsten und reichsten Frau im Herzogtum. 1778 wird sie, die offizielle Grande Maitresse, zur Oberhofmeisterin der Herzogin ernannt. Was genau dazu führt, dass sie in Ungnade fällt, ist nicht überliefert. Tatsache ist, sie wird auf den Hof nach Gonnesweiler abgeschoben. Seit Ende des 18. Jahrhunderts war das in den 1730er Jahren wesentlich erneuerte dortige Schloss im Besitz der Familie von Esebeck. Hier, im heutigen Ortsteil der Gemeinde Nohfelden, legt die Freifrau die Schlossanlage im Geschmack der Zeit an, genauer gesagt lässt diese nach ihren Vorstellungen umbauen: zu einem „Englischen Garten". Der englische Garten steht im bewussten Kontrast zum Barockgarten, der die Natur in geometrisch exakte Formen zwingt. Im Gegensatz dazu sollen im englischen Garten die mathematische Strenge der angelegten Beete und beschnittenen Hecken überwunden werden und die Gartengestaltung soll sich an dem ausrichten, was die Natur idealerweise an Ausblicken zu bieten hat. Die Französische Revolution fegt das Feudalsystem und mit ihm den englischen Garten der Freifrau hinweg. Caroline Auguste von Esebeck flieht nicht wie der übrige Zweibrücker Hof nach Mannheim, sondern nach Karlsruhe, wo sie 1823 stirbt. Überraschend taucht die Freifrau in Nohfelden-Gonnesweiler bei der Wiedereröffnung ihres Gartens im Jahr 2013 auf, wie Frank Faber von der Saarbrücker Zeitung berichtet:

> Mit einem Gartenfest hat die Dorfbevölkerung die Eröffnung des Englischen Gartens gefeiert. Von diesem freudigen Ereignis muss wohl auch irgendwie die ehemalige Schlossherrin Freifrau von Esebeck, alias Ilona Kramer, Wind bekommen haben. In einer Pferdekutsche, begleitet von den Akteuren des Tanzensembles La Volte, kam sie vorgefahren.[526]

Apropos Musik: Die Freifrau hätte möglicherweise die Ehrenbürgerin der Gemeinde Nohfelden, Nicole Seibert alias Nicole, zum Gartenfest mitbringen können. Nicole schrieb deutsche Musikgeschichte und bescherte Deutschland den ersten Sieg beim Eurovision Song Contest, und das im Jahr 1982 mit sensationellen 17 Jahren im – wer sagt's denn – englischen Harrogate mit dem Titel *Ein bisschen Frieden*. Unberührt, weltabgeschieden, kurz: friedlich, so schien das Saarland Mitte des vorigen Jahrhunderts auch der aus Mönchengladbach stammenden Essayistin Vilma Sturm (1912–1995). Für ihren Essayband *Meine lieben Flüsse* aus dem Jahr 1962 machte sie sich unter anderem auf die Suche nach der Quelle der Nahe und begegnete dabei einem jungen Mann aus Selbach, der „in mühevollem saarländischen Hochdeutsch"[527] Auskunft gab, „aber weder seine noch die Angaben mehrerer Feldarbeiter führten stracks zu einem Ziel". Stattdessen freute sie sich, wie erwähnt,

> über die Unberührtheit und Weltabgeschiedenheit der saarländischen Dörfer am Oberlauf der Nahe, wenngleich sie nicht schön sind und der

> gepflegten Wohlhabenheit bundesdeutscher Siedlungen noch um ein Beträchtliches nachstehen. Aber es sind echte Dörfer, deren Misthaufen unmittelbar neben der Bundesstraße liegen, Malven blühen vor Hauswänden mit bröckligem Verputz, neben den Kaninchenställen kocht ein kleines Mädchen in derben Kniestrümpfen für eine einarmige Puppe […].

Zu diesem Bild passte die Wahrnehmung der Landschaft als einer „Landwirtschafts-Landschaft" mit anspruchslosen Konturen,

> Ackerbreiten über sanften Hügeln, deren gewölbte Bäuche sich die Felder wie bunte Schärpen umgebunden haben, dazwischen einmal ein Waldtal, irgendwo weit von der Straße rinnt die Nahe, sie ist so gut wie nicht vorhanden, zu ihren Ufern steht sie noch in keinem Bezug. Türkismühle, ein häßlicher Platz trotz seines schönen Namens, war die ehemalige Grenzstation der Eisenbahnlinie vom Bundesgebiet nach Saarbrücken, von hier an wird das Tal hübsch, die Hänge bewalden sich, rücken näher zusammen. Man tut gut daran, bei Neubrücke die Bundesstraße zu verlassen […].

7.6 Nonnweiler: Von Müttern und deren Genesungsbedarf

Nonnweiler ist die nördlichste Gemeinde des Saarlandes. Hier wurde 1951 der Grundstein für eine weit über die Grenzen des Saarlandes hinausgehende Erfolgsgeschichte gelegt: die Tiefkühlpizza. Die Ehrenbürgerin Anette Wagner verheiratete Hares und ihr Mann, Gottfried Hares, ebenfalls Ehrenbürger der Gemeinde, gehören zur zweiten Generation des Unternehmens. 2014 wurde ihnen die Ehrenbürgerwürde verliehen, erstmalig an ein Paar und 20 Jahre nach der Verleihung der Ehrenbürgerwürde an den Firmengründer Ernst Wagner, den Vater von Anette Wagner. Während es in Nonnweiler-Otzenhausen also nach wie vor brummt und besonders Hungrige ihre Pizza sogar ab Werk kaufen können, fand sich bis 2012 in der Gemeinde gleichzeitig ein sogenannter Lost Place, ein verlassener oder vergessener Ort, der gleichwohl etwas zu erzählen hatte, in dem Fall über die Politikerin **Helene Weber**.

Helene Weber und das Müttergenesungswerk

Bis 2012 war das Helene-Weber-Haus in Otzenhausen ein solcher Lost Place, bis er endgültig zu einem abgerissenen Ort wurde. Die Erzählung beginnt 1881 in Elberfeld bei Wuppertal, wo am 17. März 1881 Helene Weber geboren wird. Die in der Weimarer Republik der Zentrumspartei angehörende und spätere CDU-Politikerin ist eine der vier „Mütter des Grundgesetzes", neben Elisabeth Selbert, Friederike Nadig und Helene Wessel. Der Katholische Deutsche Frauenbund ist ihre geistige Heimat. Politische Bildung und politische Partizipation von Frauen, dafür macht sich Helene Weber stark. In einer Zeit, in der die verbreitete Rollenvorstellung die ist, dass Frauen innen, also im häuslichen Bereich, und Männer außen, also in Wirtschaft, Gesellschaft und Politik, wirken, dies nachgerade die jeweils „natürlichen" Zuständigkeitsbereiche sind, gilt die Forderung nach außerhäuslicher Partizipation der überwiegenden Mehrheit der männlichen Politiker (und nicht nur denen) mehr als suspekt. Helene Weber geht es dabei nicht um das reine Prinzip des „Mitmischens". Vielmehr ist sie zutiefst davon überzeugt, dass Frauen und Männer mit ihren je eigenen geschlechtsspezifischen Kompetenzen in allen gesellschaftlichen Bereichen zusammenarbeiten müssen, zum Wohl der Gesellschaft, die darauf nicht verzichten kann.[528] Ein weiteres Anliegen ist Helene Weber die Müttererholung. Es bedarf vieler Jahre „Klinkenputzen" und mühevoller Netzwerkarbeit, bis es zum Durchbruch kommt: Die Bundestagsabgeordnete Dr. Helene Weber findet in Elly Heuss-Knapp, der Gattin des ersten Bundespräsidenten, eine Mitstreiterin, die *Elly-Heuss-Knapp-Stiftung – Deutsches Müttergenesungswerk* wird 1950 gegründet. Sieben Jahre später wird auf einer Tagung des Katholischen Frauenbundes in Saarbrücken beschlossen, an der Saar ein „Mütterheim" zu bauen, das Helene-Weber-Haus in Otzenhausen. Dieser Standort ist nicht zuletzt deshalb gewählt worden, da die Gemeinde ein 10.000 Quadratmeter großes Gelände kostenlos zur Verfügung stellt. Von der Idee über die Planung bis zur Fertigstellung ist es ein langer Weg. Maria Baron, die damalige Vorsitzende des Katholischen Frauenbundes, und ihre Mitstreiterinnen müssen viele Bretter bohren.[529] Mit Erfolg: Am 12. Juni 1961 wird das Haus eingeweiht, die zu diesem Zeitpunkt 80-jährige Helene Weber, die die Patenschaft für das Mütterheim übernommen hat, lässt es sich nicht nehmen, bei der Einweihung selbst anwesend zu sein. Der Rest ist schnell erzählt. Von 1961 bis 1989 finden Tausende Mütter Erholung im Helene-Weber-Haus. Als ab November 1989 die Menschen aus der DDR und aus den osteuropäischen Ländern flüchten, bietet der Vorstand der Landesregierung das Mütterheim als Unterbringungsort vor allem für Familien mit kleinen Kindern an. Später entfällt diese Nutzung und das Haus wird aufgegeben. „Herabgefallene Putzbrocken, eingetretene Türen, zerschlagene Fensterscheiben: Das Helene-Weber-Haus im Nonnweiler Ortsteil Otzenhausen hat fürwahr schon bessere Tage erlebt. Einst diente es als Müttererholungsheim. Nun als Bauruine, wo längst keine Erziehungsberechtigte mehr verschnauft."[530] Eine leider recht zutreffende Beschreibung der Saarbrücker Zeitung aus dem Jahr 2012. Der Abriss findet 2014 statt.

Lange vor Helene Weber und ihrem Kampf um die Partizipation von Frauen wurde der Landkreis St. Wendel bereits von Frauen heimgesucht, die ihre Rechte einforderten. So rieb sich der Autor Klaus Jung im Heimatbuch des Kreises St. Wendel aus dem Jahr 1950 verwundert die

Augen angesichts zweier Episoden aus der regionalen Heimatgeschichte, die für ihn beispielhaft zeigten, „wie Frauen sich resolut in Dinge gemischt haben, die ganz außerhalb ihres eigentlichen Wirkungskreises lagen“[531]. Episode eins schilderte den „Aufstand“ von St. Wendeler Frauen „unter Führung einer Frau Metzeroth“ am Palmsonntag 1757 zugunsten sieben fahnenflüchtiger Soldaten aus Zweibrücken. „Die Dreistigkeit unserer Frauen hatte ... einen vollen Sieg errungen und damit auch einmal ihre guten Früchte getragen.“ Dabei kam den Frauen ihr Einsatz für die Deserteure teuer zu stehen: Wegen Landfriedensbruch wurden sie zu Geldbußen verurteilt. Ohne Erfolg gekrönt war eine Demonstration „St. Wendeler Amazonen“ knapp zwanzig Jahre später. „Diesmal schlug ihre Taktik gänzlich fehl – zum Vorteil des allgemeinen Wohls.“ Stein des Anstoßes war die Verlegung des im Stadtzentrum rings um den Wendelsdom befindlichen Friedhofes. Die Stadtverwaltung befürchtete gesundheitliche Gefahren einerseits, andererseits wurde mehr Platz gebraucht, der im Zentrum nicht gegeben war. Die Abtragung und Einebnung des alten Friedhofes stieß indes auf Widerstand „der engstirnigen Kleinbürger, die in der Neuerung einen pietätlosen Bruch mit althergebrachten Anschauungen erblickten“. Tumulte und Aufläufe waren die Antwort, geschürt „vornehmlich von Frauen. Es half diesmal aber kein Lärmen und Skandalieren. Von bewaffneter Hand wurden die streitbaren Weiber zurückgedrängt“. Summa summarum hielt der Autor fest:

> Während wir im allgemeinen eine kämpferische Veranlagung vorzugsweise beim Manne finden, hat doch auch die Frau in verschiedenen Zeiten durch die Tat gezeigt, daß sie gegebenenfalls in öffentlichen Angelegenheiten herrisch aufzutreten vermag. Es erregt unser Erstaunen, mit welcher Energie die ‚schwächere Hälfte' unseres Geschlechts ihren ‚Mann' zu stellen versteht, wenn es gilt, Erfüllung ihrer Forderungen durchzusetzen. Die Wahl der Mittel ist dabei interessant für die Beurteilung der weiblichen Psyche.

Leider wurde letztere Behauptung nicht ausgeführt. Oder sollten wir besser sagen: Der Göttin sei Dank?!

7.7 Oberthal: Politik ist weiblich, manchmal

In der katholischen Christkönigkirche in Güdesweiler, einem Ortsteil von Oberthal, stoßen wir im Westteil der Kirche auf Anna selbdritt aus dem 15. Jahrhundert. Anna selbdritt bezeichnet in der christlichen Ikonographie die Darstellung der heiligen Anna mit ihrer Tochter Maria und dem Jesuskind. „Selbdritt" bedeutet in dem Zusammenhang „Teil einer Dreiergruppe" oder einfach „zu dritt". Der Bildtyp der Anna selbdritt ist eng verknüpft mit dem Annenkult des Mittelalters. Ab Mitte des 15. Jahrhunderts wurden zahlreiche Annenbruderschaften und Annenaltäre gegründet. Das Bürgertum war nach den Pestepidemien wieder erstarkt, der Zusammenhalt einer Familie hochgeschätzt. Der Heiligen Familie wurde in diesem Zusammenhang besondere Wertschätzung entgegengebracht. Nachdem Papst Sixtus IV. 1481 den Annentag in den römischen Kalender aufgenommen hatte, erreichte der Annenkult seinen Höhepunkt. Heute wird der 26. Juli als Annentag oder Annatag gefeiert. Die heilige Anna gilt mittlerweile als Schutzheilige der Ehefrauen und soll bei Gewitter helfen. Bei dem Motiv der Anna selbviert kommt die Mutter Annas, die heilige Emerentia, zur Sippe hinzu. Auch Anita Winkler feierte am 26. Juli ihren Namenstag. Der Name Anita ist die spanische Form von Anna. Die Kommunalpolitikerin trat 1957 in die SPD ein und engagierte sich in der Jugendbewegung der „Falken"[532]. Die gebürtige Saarbrückerin war in den 1970er Jahren Mitglied des Stadtrats Saarbrücken, bevor sie 1980 nach Steinberg-Deckenhardt, einem Ortsteil der Gemeinde Oberthal, umzog und sich im dortigen SPD-Ortsverband betätigte. Im selben Jahr wurde sie Leiterin des Jugend- und Freizeitzentrums der Falken in Steinberg-Deckenhardt (zwischenzeitlich Max-Braun[533]-Zentrum, seit 2020 Waldritter-Bildungszentrum-Saar). Von 1984 bis 1989 war sie Mitglied des Kreistags St. Wendel, zusammen mit Gisela Hoffmann von der CDU allein unter 25 Männern. Am 27. Juni 1989 wurde ihr (zusammen mit ihrem Mann Lothar Winkler) der Saarländische Verdienstorden verliehen als „Zeichen der Anerkennung für besondere Verdienste um das Saarland".[534] Nach ihrer Pensionierung Ende der 1990er Jahre blieb sie politisch aktiv, unter anderem als Mitglied des Kreisrechtsausschusses St. Wendel (insgesamt 14 Jahre). 2005 erhielt sie die (erste) Max-Braun-Medaille der SPD Saar, 2007 die

Willy-Brandt-Medaille. Am 29. Juli 2017 starb Anita Winkler im Alter von 83 Jahren.

Erfolgreiche Frauen in der Politik

„Sie schreibt im Saarland Geschichte." So beginnt der Beitrag des Saarländischen Rundfunks im Rahmen des Digitalprojekts „Saar100" über Sigrid Morsch, die erste Bürgermeisterin Oberthals und gleichzeitig die erste Frau auf dem obersten Sessel eines saarländischen Rathauses überhaupt. Die CDU-Politikerin tritt ihr Amt am 1. Mai 1991 an. „Mit Fachkompetenz und viel Engagement überwindet die Top-Verwaltungskraft die ersten schwierigen Monate und macht ihren Job schließlich so gut, dass sie bei der nächsten Wahl mit 76,5 Prozent der Stimmen wiedergewählt wird."[535] Es sollte 13 Jahre dauern, bis zwei Frauen 2004 weitere saarländische Rathäuser erobern. Charlotte Britz von der SPD wird Saarbrücker Oberbürgermeisterin (bis 2019), Judith Thieser von der CDU Mettlacher Bürgermeisterin (bis 2010). Sie bleiben die Ausnahmen. Stand Juli 2023 sind von 52 Posten gerade einmal vier mit Frauen besetzt: Maria Vermeulen, Gemeinde Mandelbachtal, Denise Klein, Stadt Püttlingen, Anne Yliniva-Hoffmann, Gemeinde Überherrn und Christiane Blatt, Oberbürgermeisterin der Mittelstadt Völklingen. Übrigens allesamt SPD-Politikerinnen. Auf Landesebene sind Politikerinnen nicht ganz so selten wie im kommunalen Bereich vertreten. Von Beginn an gab es weibliche Abgeordnete und später Ministerinnen wie Rita Waschbüsch (CDU), Brunhilde Peter (SPD) und Simone Peter (Bündnis 90/Die Grünen), um einige zu nennen. Annegret Kramp-Karrenbauer von der CDU wird sogar zur ersten Ministerpräsidentin gewählt, bevor sie 2018 in die Bundespolitik wechselt.[536] In der aktuellen Legislaturperiode (17. Landtag des Saarlandes seit 2022) steht nach dem absoluten Wahlsieg der SPD erneut eine Ministerpräsidentin der saarländischen Landesregierung vor, die vormalige Wirtschaftsministerin Anke Rehlinger. Darüber hinaus sind nur zwei ministerielle Posten im Saarland mit Frauen besetzt, und zwar das neu zugeschnittene Ministerium für Umwelt, Klima, Mobilität, Agrar und Verbraucherschutz sowie das Ministerium für Justiz (in Personalunion) sowie das Ministerium für Bildung und Kultur. Die EAF Berlin, ein unabhängiges und gemeinnütziges Beratungs- und Forschungsinstitut zur Förderung von Chancengleichheit und Vielfalt, das sich seit Jahren für mehr Frauen in der Kommunalpolitik einsetzt, kommt in einer repräsentativen Befragung aus dem Jahr 2020 zu dem Ergebnis, dass der Anteil der Bürgermeisterinnen bundesweit wieder abnimmt. Er liegt bei nur noch 9 Prozent, in Städten mit über 20.000 Einwohnerinnen und Einwohnern bei gerade 6 Prozent. Umgekehrt zeigt sich: Je kleiner die Gemeinde, desto höher der Anteil von Frauen. Warum? Häufig wird in dem Fall das Amt als Ehrenamt ausgeübt. Und das trifft auf fast jede zweite Bürgermeisterin zu, aber nur auf etwa jeden vierten männlichen Kollegen. [537] Diejenigen Frauen, die sich in einen Wahlkampf begeben, berichten deutlich häufiger als Männer von einem schmutzigen Wahlkampf, in dem sie mit persönlichen Angriffen konfrontiert wurden und Vorbehalten aufgrund ihres Geschlechts ausgesetzt waren. Und, nicht zu vergessen: Wer gewählt werden will, muss sichtbar sein, sich blicken lassen – also Zeit investieren, die Frauen statistisch gesehen deutlicher weniger haben als Männer, wenn sie sich gleichzeitig in Erwerbsarbeit und Familienphase befinden.[538]

Zum Schluss sei auf die einzige Frau im Saarbrücker Bürgerrat verwiesen: Barbara Niebergall. Die 1904 in Saarbrücken geborene „Bebi" Hertel fand ihre politische Heimat im linken Spektrum, war unter anderem im Demokratischen Frauenbund (DFD)[539] aktiv. Im Jahr 1945 erfolgte der Neuaufbau der Saarbrücker Stadtverwaltung unter der Aufsicht des amerikanischen Stadtkommandanten Oberst Kelly. Um eine Partizipation der Bürgerinnen und Bürger zu erreichen, berief die Militärregierung einen Bürgerrat, der einen Querschnitt der Gesellschaft darstellen sollte. Besonders berücksichtigt sollten darüber hinaus Opfer der Nationalsozialisten werden.[540] Der Bürgerrat trat zum ersten Mal am 20. Februar 1946 zusammen, mit Barbara Niebergall aus der Gruppe der Linken. Wie lange dieser Bürgerrat existierte, welchen Einfluss er hatte, darüber habe ich leider keine Kenntnisse.

7.8 Tholey: Musik ist Poesie

Tholey ist der Ort der Musikerin und der Literatinnen. Im Fall der Musikerin zumindest dem Namen nach, denn Tholey beherbergt den Olga-Schwind-Weg. **Olga Schwind**, Ende des 19. Jahrhunderts in Saarbrücken geboren, war eine deutsche Musikerin und Pionierin der Historischen Aufführungspraxis.

Olga Schwind und die Liebe zu antiker Musik

Olga Schwind (1887–1979), die Musikantin und Sängerin, wird zwar wie erwähnt in Saarbrücken geboren, verbringt aber große Teile ihrer Kindheit in Tholey bei ihren Großeltern (Großvater Schwind ist in Tholey Gerichtsschreiber), weshalb die Gemeinde sie 1980 mit einem Straßennamen würdigt. Zahlreiche Musikinstrumente aus ihrem Besitz sind darüber hinaus im Museum Theulegium in Tholey zu besichtigen. Tholey spielt in ihren Erinnerungen eine besondere Rolle:

> Auf dieses Paradies der Kindheit sah, uralt und ehrwürdig, die große Vergangenheit hernieder: die alte Abteikirche von Tholey. Sollte mich eines Tages wirklich die Lust anwandeln, jenes Kindheitsparadies wiederzusehen, dann würde mich eines willkommen heißen, eines wieder umarmen, uralt und ehrwürdig: die Abteikirche von Tholey, jenes Mittelalter, das über meinem Leben und meiner Kunst geleuchtet hat.[541]

Der Vater lässt das musikalisch hochbegabte Mädchen zur Lautenspielerin ausbilden, später lehrt sie selbst am neu gegründeten Konservatorium in Saarbrücken die Laute spielen. Vor allem ist sie in den Konzertsälen (nicht nur) Deutschlands unterwegs. Auf ihren Tourneen wird Olga Schwind auf die Bilder alter Meister aufmerksam, auf denen sie Musikinstrumente sieht, die ihr unbekannt sind. Sie fasst den Entschluss, diese Instrumente nachzubauen und zum Klingen zu bringen. Hier kommt der Begriff der Historischen Aufführungspraxis ins Spiel, der nichts anderes als das Bemühen beschreibt, die Musik vergangener Epochen mit authentischem Instrumentarium, historischer Spieltechnik und im Wissen um die künstlerischen Gestaltungsmittel der jeweiligen Zeit wiederzugeben. Diesem Bemühen verschreibt sich Olga Schwind. Wie berühmt Olga Schwind zu Lebzeiten ist, belegen ihre Auftritte sowohl vor der kaiserlichen Familie als auch im Vatikan vor Papst Pius XII. Sie singt und spielt gleichermaßen vor den Bergleuten in ihrer saarländischen Heimat. Vor der Saarabstimmung 1935 kommt sie zurück ins Saarland, wo sie für den Anschluss an Deutschland wirbt. Kurz vor Ausbruch des Zweiten Weltkriegs geht Olga Schwind ins Exil in den Schweizer Kanton Tessin; ihre Musik ist im Nationalsozialismus nicht mehr gewünscht. Bis zum Kriegsende 1945 lebt sie dort in recht kümmerlichen Verhältnissen, unterstützt von Freundinnen, die sie mit Lebensmitteln und einem Dach über dem Kopf versorgen. Seit den 1950er Jahren gibt sie wieder Konzerte, 1955 gelangt sie an eine Sommerresidenz am Lago Maggiore, wo sie – bei Kerzenlicht und in mittelalterliche Gewänder gekleidet – ihre Hauskonzerte gibt. Bis zu ihrem Tod im Jahr 1979 bleibt die Casa Pineta das Mekka für Liebhabende antiker Musik aus der ganzen Welt. Hochbetagt will Olga Schwind Tholey besuchen. Ihre langjährige Freundin, die Schriftstellerin Ilse Reicke (geschiedene von Hülsen), die ebenfalls in der Casa Pineta lebt, teilt dem Verkehrsverein Tholey bedauernd mit, „daß sich der Herzenswunsch ihrer Freundin Olga nicht erfülle, da die Künstlerin am 12. Mai, wenige Tage nach ihrem 92. Geburtstag, ohne Krankheit und ohne Kampf sanft entschlafen sei“[542]. Ilse Reicke ist es zu verdanken, dass die Büste von Olga Schwind und die meisten Einrichtungsstücke ihres Musikzimmers dem Ort Tholey vermacht werden. Besucherinnen und Besucher des Museums Theulegium stoßen auf eine persönliche Widmung Carl Orffs, der Olga Schwind in Wort und Noten den Anfang seiner berühmt gewordenen Oper *Carmina burana* weiht.

Olga Schwind verschrieb sich der Musik, wobei in den antiken Musiktexten fehlende Teile stilvoll ergänzt werden mussten. So entwickelte sich die Musikerin zur Poetin. **Elise Haas** widmete sich zeit ihres Lebens der Poesie.

Elise Haas – Überleben dank der Poesie

Elise Haas wird am 14. Juli 1878 in die Familie des Tholeyer Kaufmanns Isaak Bähr geboren; ihre Großmutter väterlicherseits ist eine Cousine von Karl Marx. Zwar in Tholey geboren, besucht Elise Bähr in Trier die Schule, später zieht die Familie nach Simmern, wo die Eltern eine Kolonialwarenhandlung übernehmen. Elise ist zu diesem Zeitpunkt bereits erwachsen und heiratet wenig später den Steuerberater Wilhelm Haas, mit dem sie in Trier lebt. Anfang der 1930er Jahre beginnt Elise Haas zu schreiben, ihre Gedichte erscheinen in der Zeitschrift *Cahiers luxembourgeois* sowie in der deutsch-jüdischen Zeitschrift *Der Morgen*. Sie korrespondiert mit Schriftstellerkollegen wie Franz Werfel, 1938 schickt sie dem Trierer Oberrabbiner Adolf Altmann eine Mappe mit Bildern und Texten in dessen niederländisches Exil. Diese ist heute im Besitz des Leo-Baeck-Instituts in New York. 1943 wird das Ehepaar Haas nach Theresienstadt deportiert, Wilhelm Haas, letzter Vorstand der Trierer Jüdischen Gemeinde, stirbt im Konzentrationslager. Elise Haas erleidet dort eine Oberschenkelhalsfraktur, die nicht behandelt wird, wenigstens nicht angemessen. Sie überlebt, gesundheitlich schwer gezeichnet, das Grauen des Nationalsozialismus und kommt zusammen mit anderen Leidensgenossinnen ins damalige Städtische Krankenhaus nach Mainz, wo sie Unterkunft und medizinische Versorgung erhält. Zeit ihres weiteren Lebens wird sie an den Folgen dieser Zeit leiden. Später wohnt sie zusammen mit Holocaust-Überlebenden im Altenheim der jüdischen Gemeinde in Mainz, wo sie im Jahr 1960 stirbt. Ihr Grab ist auf dem jüdischen Friedhof in Mainz, der Stadt, die „nicht die Stadt ihrer Wahl"[543] war. Nach dem Krieg gerät Elise Haas in Vergessenheit. Dem Gymnasiallehrer und Heimatkundler Willi Körtels ist es zu verdanken, dass sie wiederentdeckt wird. Er veröffentlicht 2019 eine Biografie über sie. „An ihre Zeit als Lyrikerin konnte die schwerkranke Frau in Mainz nicht mehr anknüpfen."[544]

Eine zeitgenössische Lyrikerin mit Verbindung nach Tholey war Martina Merks-Krahforst, die ferner als Verlegerin fungierte. Sie gründete 2004 in ihrer Wahlheimat Tholey den ETAINA-Verlag, benannt nach Étaín, einer Gestalt aus der irischen Mythologie. Merks-Krahforst starb 2017 im Alter von 57 Jahren. Die Literaturwissenschaftlerin Katja Leonhardt bescheinigte Martina Merks-Krahforst noch zu deren Lebzeiten, „sicherlich eine der Autorinnen [zu sein], die am kontinuierlichsten und ernsthaftesten schriftstellerisch tätig ist"[545]. Dazu eine Textprobe aus ihrem Gedicht *Vergangenheit*:

> Getrennt
> stehen Tisch
> und Stühle
> Tee tropft
> aus der Kanne
> auf rotkariertes Leinen
> Tassen warten
> verbittert
> sind nur
> halb geleert
> Jeder Löffel träumt von
> wärmren Tagen
> Angebissenes Brot
> vertrocknet auf
> vertrauten Tellern
> Im Raum hängt
> schal und schwarz
> Kaffeegeschmack
> […][546]

Schlussbemerkung

Auf unseren Spaziergängen durch die saarländischen Ortschaften begegneten uns sehr unterschiedliche Frauen, deren Leben von den verschiedensten zeitlichen Epochen erzählen und eine riesige Bandbreite weiblichen Wirkens beschreiben. Es fanden sich Heilige und Ordensfrauen, Fürstinnen und Bedienstete, Politikerinnen und Frauenrechtlerinnen, Arbeiterinnen und Gewerkschafterinnen, Unternehmerinnen und Geschäftsfrauen, Ärztinnen und Hebammen, Bildende Künstlerinnen, Schriftstellerinnen und Musikerinnen, Sportlerinnen und Pilotinnen, Wissenschaftlerinnen und Pädagoginnen. Auch den vielen namenlosen Hausfrauen habe ich versucht, einen Platz innerhalb dieser Spurensuche zu geben. Sie sprechen zwar nicht direkt zu uns, aber durch die vielfältigen historischen Quellen.

Wir reisten nicht nur durch diverse – wirtliche und unwirtliche – Gegenden, sondern auch durch wechselhafte Zeiten zwischen Frieden und Aufbruch, Krise, Unterdrückung und Krieg: von der Antike über das Mittelalter bis zur Neuzeit. Die älteste Frau, die Keltenfürstin von Reinheim, stammt aus der Frühlatènezeit um 370 v. Chr., die jüngeren Biografien datieren aus der Mitte des 20. Jahrhunderts.

Einen Schwerpunkt bildet die erste Hälfte des 20. Jahrhunderts. Das Saargebiet war zwischen 1933 und 1935 für viele Sozialistinnen, Kommunistinnen und Widerstandskämpferinnen ein relativer Ort der Sicherheit. Entsprechend haben wir viele von ihnen kennen gelernt. Sie stehen neben Opportunistinnen, die das NS-Regime beförderten. Täterinnen habe ich aber bewusst ausgelassen, ihre Biografien werden in anderem Rahmen untersucht.

Die Leben der genannten Frauen könnten mannigfaltiger nicht sein und doch verbindet sie eines: Sie mussten sich innerhalb einer patriarchalen Gesellschaft durchsetzen. Oft genug waren sie dabei in ihrer individuellen Entfaltung abhängig von der Förderung durch den Vater, wahlweise einen Bruder oder die Unterstützung durch den Ehemann, im besten Fall durch bereits existierende Frauennetzwerke. Dabei war die Einzelne oft vom Zufall abhängig, da sie sich nicht auf eine rechtliche Basis stützen konnte. Grundlegend änderte sich dies erst im 20. Jahrhundert. Was für mich als im Jahr 1966 in ein akademisches Elternhaus geborenes Mädchen schon selbstverständlich war, eine gymnasiale Schulbildung, wäre hundert Jahre vorher noch undenkbar gewesen. Was für mich im Anschluss selbstverständlich war, eine freie Berufsausübung, war für meine Mutter nur möglich, wenn sie diese „mit ihren Pflichten in Ehe und Familie" vereinbaren konnte. Meine Großmutter durfte ohne Erlaubnis des Ehemannes überhaupt nicht arbeiten.

Noch etwas verbindet die Frauen: Sie sind in Teilen unsichtbar. Im vorliegenden Buch spielen sie die Hauptrolle.

„Frauen der Geschichte müssen keine Heldinnen gewesen sein, um einen Platz in unserer Erinnerung zu bekommen. Es reicht, wenn sie einen Einblick gewähren in ihre Zeit, und damit, [...], eben auch in unsere Zeit."[547] Sie vervollständigen oder ergänzen nicht die Geschichte, sie sind essenzieller Teil der Geschichte.

Manche Kapitel im Buch sind klein geraten. Das heißt nicht, dass in dieser Stadt oder dieser Gemeinde keine Frau Geschichte geschrieben hat. Sondern, dass ich ihre Spur nicht gefunden habe. Es ist ein schöner Gedanke, dieses Buch könnte der Startschuss für eine breiter angelegte Spurensuche werden.

Mein Blick auf die Gesellschaft ist ein soziologischer, dennoch habe ich mich bemüht, historisch sauber zu arbeiten und alle Quellen zu benennen. Fehler dabei gehen ausschließlich zu meinen Lasten.

Anmerkungen

1 Wensky (o. J.).
2 https://de.wikipedia.org/wiki/Edith_Ennen (20.03.2020). Zur Geschichte der Frauen an der Universität des Saarlandes siehe auch Becker (1998).
3 Wensky (o. J.).
4 Maria Croon, geboren im Landkreis Trier-Saarburg, war eine moselfränkische Schriftstellerin. Zu Maria Croon siehe das Kapitel Schmelz (LK Saarlouis).
5 Vgl. Bies, Luitwin: Lenchen Weber. In: Bies/Bernard (2004), S. 125–128. Hier: S. 125.
6 Faksimile einer Prozessakte, nachzulesen auf der Hinweistafel *Das Dörrenhölzchen*. Eine Abbildung der Tafel kann auch im Internet eingesehen werden unter: https://www.outdooractive.com/de/route/radtour/saarland/bietzerberg-saartal-panoramarunde/117928897/#dmlb=1 (23.04.2020).
7 Aktion T4 steht für die systematische Ermordung von mehr als 70.000 Menschen mit körperlichen, geistigen und seelischen Behinderungen in Deutschland von 1940 bis 1941 unter Leitung der Zentraldienststelle T4. Der Name leitete sich von der Adresse der Dienststelle in der Tiergartenstraße 4 in Berlin ab.
8 Aktion Brandt fasste dezentrale Tötungen von Kranken in Heil- und Pflegeanstalten während der NS-Zeit zusammen. Die nach dem Bevollmächtigten für das Sanitäts- und Gesundheitswesen benannte Aktion trat teilweise die Nachfolge der Aktion T4 an.
9 Theis (2019), S. 8.
10 Grauer Bus bezeichnet die Omnibusse vom Typ Mercedes-Benz O 3750, die im Zuge der Aktion T4 benutzt wurden.
11 Vgl. Theis (2019), S. 9.
12 Vgl. Ollinger (2017), S. 27.
13 Vgl. Schnur, Christian unter: https://web.archive.org/web/20080414194414/http://artikel.4.am/archives/11207-Lehnenball-ein-Brauch-aus-dem-Saarland.html (17.03.2020).

14 Schäfer (2021a).

15 Vgl. Oberhauser (1992), S. 99.

16 Schäfer (2021b).

17 Vgl. Schneider, Doris: Aline Söther. In: Bies/Bernard (2004), S. 115–118. Hier: S. 117.

18 Leonhardt (2008), S. 263.

19 Vgl. ebd., S. 264.

20 Ebd., S. 267.

21 https://www.diakonische-bildung-bethel.de/obj/Bilder_und_Dokumente/Kirchenjahr_Homepage/Brosa_Texte_2_Weihnachten.pdf.

22 Vgl. https://www.jura.uni-hannover.de/2286.html (14.06.2018).

23 Cleve, Walter Theodor (Hrsg.): Wege einer Freundschaft. Briefwechsel Peter Wust – Marianne Weber 1927–1939. Heidelberg: Kerle, 1951.

24 Zitiert nach Schroeder (o. J.).

25 Leonhardt (2008), S. 217f.

26 Zitiert nach Plettenberg (2016a).

27 Plettenberg (2016a). Vgl. auch einen Auszug aus dem Gedicht „Mein Losheim": „Das Hochwalddorf hielt mich in sich geborgen, wie's jeden birgt in seinem Mutterschoß, umspannte warm mein Gestern, Heute, Morgen, strich von der Stirne mir die dunklen Sorgen. Mein Losheim, heimatschenkend bist du groß." (Zitiert nach Leonhardt (2008), S. 220).

28 Vgl. http://schillo.name/wandern/bilder/steinhauer/pages/page_8.html (12.03.2020).

29 Österreichischer Pädagoge und Gründer der SOS-Kinderdörfer.

30 N. N. (2011).

31 Volk (1990), S. 76.

32 https://de.wikipedia.org/wiki/Martha_von_Papen (16.03.2020).

33 Russi (o. J.a).

34 Neben Therese Zenz waren die vier Leichtathletinnen Hilda Antes, Inge Eckel, Ursula Finger und Inge Glashörster ebenfalls Teilnehmerinnen in Helsinki. Die offizielle Olympiakleidung bestand aus grauem Hut, blauem Jackett, grauem Rock und grauen Wildlederschuhen. Die Sportlerinnen waren in einer Schwestern-

schule nahe Helsinki untergebracht. Selbstredend waren ihre Unterkünfte mit 5 qm noch kleiner als die der Männer. Dafür durften sie bei der Eröffnungsfeier innerhalb der saarländischen Delegation den Sportlerreigen eröffnen, hinter dem Fahnenträger, dem Generalsekretär und den Trainern.

35 Zitiert nach Burr (o. J.).

36 Zitiert nach ebd.

37 Vgl. Kissel (2013), S. 93.

38 Schinkenklopfen meint in dem Zusammenhang nicht ein jahrhundertealtes Gesellschaftsspiel ähnlich Blinder Kuh, sondern die Körperstrafe des „übers Knie legen".

39 Bleyle war eine Modemarke, die am Ende des 19. und in der ersten Hälfte des 20. Jahrhunderts für ihre Strick- und Wirkwaren bekannt war.

40 Russi (o. J.b).

41 Ebd.

42 So wird ein Landgut im Römischen Reich bezeichnet. Die Villa rustica war der Mittelpunkt eines landwirtschaftlichen Betriebs und bestand aus dem Hauptgebäude sowie Wirtschafts- und Nebengebäuden, die in der Regel innerhalb eines ummauerten Areals lagen.

43 Vgl. Bauer, Ruth: Frauenleben in spätrömischer Zeit. In: Bauer/Maaß (2000), S. 8–11. „Vicus" bezeichnet eine Siedlung mit kleinstädtischem Charakter in den nördlichen Provinzen des Römischen Reiches. Die Straßenbezeichnung *Am Römerkastell* erinnert bis heute an diese Epoche.

44 Vgl. ebd., S. 9f.

45 Ebd.

46 https://www.aphorismen.de/zitat/11978 (17.03.2020). Quelle: Livius, Römische Geschichte. Von der Gründung der Stadt an (Ab urbe condita), entstanden ab 27 v. Chr. 34. Buch. Rede aus dem Jahre 195 v. Chr. gegen die Aufhebung des Oppischen Gesetzes.

47 Vgl. Abel, Thomas & Notburga Abel: Das Katzenhäuschen. https://www.abel-perl.com/Deutsche-Obermosel/Perl/Das-Katzenhaeuschen/(04.02.2021).

48 Vgl. Kissel (2013), S. 29.

49 Hier und im Folgenden: Zitiert nach http://www.schlossdagstuhl.de/octavie-de-lasalle (18.03.2020).
50 https://www.steyler-missionsschwestern.de/steyler-missionsschwestern/ueber-uns/aus-der-tiefe-leben/ (05.02.2021).
51 Mertes (2009).
52 https://de.wikipedia.org/wiki/Deutsches_Martyrologium_des_20._Jahrhunderts#Aufnahmekriterien (05.02.2021).
53 Vgl. Burg (o. J.).
54 Ebd.
55 Emilie Kempin (1853–1901), die Nichte der Autorin Johanna Spyri, war die erste Schweizerin, die in der Schweiz als Juristin promoviert wurde und habilitierte. Als Frau durfte sie jedoch nicht als Anwältin praktizieren. Zeitlebens kämpfte sie für ihre Zulassung als Anwältin – leider erfolglos.
56 Schaser (2019), S. 190.
57 Vgl. Plisch (o. J.).
58 Gitzinger (2010), S. 40.
59 N. N. (o. J.).
60 Die Kommunistin und Widerstandskämpferin Martha Strasser geborene Decker, ehemals Drumm (1910–2002), kehrte nach dem Krieg nicht ins Saarland zurück, sondern lebte in Rosenheim bei Bayern, ab Mitte der 1950er Jahre dann in der DDR, wo sie mit dem Vaterländischen Verdienstorden in Bronze ausgezeichnet wurde.
61 Bies, Luitwin: Maria Pink. In: Bies/Bernard (2004), S. 89–92. Hier: S. 89.
62 Ebd., S. 92.
63 4. Sitzung der Gesetzgebenden Versammlung vom 6. November 1947. In: Stöber, Robert: Die saarl. Verfassung vom 15.12.1947 und ihre Entstehung. Sitzungsprotokolle des Verfassungskommission, der Gesetzgeb. Versammlung des Saarlandes (Landtag) und des Verfassungsausschusses. Köln 1952. Zitiert nach Sander (2021), S. 45.
64 Else Herzberger ist 26 Jahre älter als Theodor W. Adorno.
65 Adorno (1980), S. 199f.
66 Fuchs (2015).

67 Vgl. ebd.
68 Vgl. Wilhelm (o. J.a).
69 Vgl. Trinkaus (2012).
70 Ebd., S. 94.
71 Kernig (2021).
72 Zitiert nach Buhmann et al. (1983), S. 71.
73 Ebd.
74 Vgl. Schwingel (1950), S. 70ff.
75 Brümmer (1913).
76 Ein Teil dieser Kompositionen sind in der Staatsbibliothek Preußischer Kulturbesitz Berlin erhalten.
77 Morsch (1893), S. 30.
78 Zitiert nach https://schulmuseum-ottweiler.net/museumsfuehrer/obergeschoss-raum-3 (29.09.2022).
79 Siehe das Kapitel zu: Saarbrücken-Scheidt, Kablé-Schule.
80 Vgl. https://schulmuseum-ottweiler.net/museumsfuehrer/obergeschoss-raum-3 (29.09.2022).
81 Schiffler (o. J.).
82 Bies, Luitwin: Lydia Schlosser. In: Bies/Bernard (2004), S. 109–114. Hier: S. 110.
83 „Jeder kleine Steuerzahler hat mehr Anrecht darauf, Ehrenbürger zu werden, als der Brandstifter und Bluthund Göring!" Zitiert nach ebd., S. 111.
84 Vgl. Blüml (2010).
85 Zu Gast bei Hanna Ziegler Davis. https://www.afrikaprojekt-schales.de/dokumentation/hoeren/ (09.02.2021).
86 Ebd.
87 Vgl. Peter, Bernhard: Galerie: Photos schöner alter Wappen Nr. 2489. Burghaun (Landkreis Fulda). http://www.welt-der-wappen.de/Heraldik/aktuell/galerien3/galerie2489.htm (29.04.2020).
88 Der Herrgottswinkel ist eine mit einem Kruzifix ausgestattete Zimmerecke in christlichen Häusern meist gegenüber dem Ofen. Oft wird der Platz mit Spitzendeckchen, Palmzweigen u. Ä. geschmückt.
89 Vgl. Wagner (o. J.). Der Artikel erschien ursprünglich in dem Saarlandmagazin *Sonah*.

90 Kissel (2013), S. 99.

91 Wagner (o. J.).

92 https://www.ardmediathek.de/sr/player/Y3JpZDovL3NyLW9ubGluZS5kZS9XSU1TXzczMTc0/wims-frauenrechtlerin-marlies-kraemer (24.04.2020).

93 Schumacher/Wendling (1987), hinterer Buchdeckel.

94 Die Erklärung hierfür findet sich unter https://www.bverfg.de/e/rk20200526_1bvr107418.html (03.08.2023).

95 Simon (2018).

96 N. N. (2019).

97 Vgl. ebd.

98 Zitiert nach Kraemer (2008).

99 Ebd.

100 Vgl. http://www.cafe-maria.com/geschichte-des-hauses/ (10.02.2021).

101 Jung (2020).

102 https://www.spiesen-elversberg.de/sport-freizeit-kultur-tourismus/geschichte-kultur/(30.06.2022).

103 Vgl. Gitzinger (2010), S. 58.

104 Vgl. https://de.wikipedia.org/wiki/Marta_Kuhn-Weber (30.03.2021).

105 Mayer (2020). Vgl. Tast, Brigitte: Rot in Schwarz-Weiß, Schellerten: 2020.

106 Detemple (2012).

107 Vgl. N. N. (2017a).

108 Vgl. Saarland (2007), S. 16f.

109 Krohne, Carl und R. Uber: Gefängnisse in Anrath und Saarbrücken. Sonderdruck aus dem Nachtrag zu den Werken: Die Strafanstalten und Gefängnisse in Preußen. Berlin 1908. Zitiert nach Saarland (2007), S. 22.

110 Vgl. Saarland (2007), S. 36. Zur Geschichte des Frauenstrafvollzugs siehe Erdem (1998).

111 Unter der Leitung der Sozialreformerin Marie Juchacz wurde am 13. Dezember 1919 die Arbeiterwohlfahrt (AWO) gegründet, deren erste Vorsitzende sie bis 1933 war. Nach der nationalsozialistischen Machtergreifung emigrierte auch sie ins Saargebiet.

112 Friedlander, Walter. In: Friedlander/Pfister (2004), S. 120.
113 Vgl. Pfister, Eva. In: Friedlander/Pfister (2004), S. 127.
114 Das Bürgerhospital in Saarbrücken war der Vorläufer des heutigen Klinikums Saarbrücken. 1968 zog das Bürgerhospital auf den gegenüberliegenden Winterberg um, auf dem Reppersberg befindet sich seit 1988 ein Wohnstift der Stiftung Saarbrücker Altenwohnstift.
115 Vgl. Bies, Luitwin: Maria Lobe. In: Bies/Bernard (2004), S. 63–70. Hier: S. 66.
116 Vgl. hier und folgend: Scheib (2017).
117 Siehe das Kapitel zu: Saarlouis. Hier: Esther Bejarano, Tochter von Rudolf Loewy.
118 Bies, Luitwin: Cora Varena-Eppstein. In: Bies/Bernard (2004), S. 29–34. Hier: S. 32. Scheib (2017) erwähnt allerdings eine briefliche Kontaktaufnahme vonseiten Eberhard Schmidt in dieser Zeit; er bat um finanzielle Unterstützung.
119 Ebd., S. 33.
120 Vgl. Lackinger (2010).
121 Ein Meisterschülerstudium können an Musikhochschulen die Studierenden beginnen, die das reguläre Studium mit überdurchschnittlichen Leistungen absolviert haben. Über die Zulassung zu einer Meisterklasse entscheidet eine Kommission.
122 Die folgenden Passagen respektive Zitate stammen aus: Cunz (1928), S. 265f.
123 Ihr Bruder Karl Christian Müller trat 1933 in die NSDAP und den Nationalsozialistischen Lehrerbund ein und übte parteinahe Funktionen aus. Nach seiner Rückkehr aus britischer Kriegsgefangenschaft 1948 stufte ihn die französische Besatzungsmacht als „minderbelastet" ein, verwehrte ihm aber anfangs die Rückkehr in den Schuldienst. Seine schriftstellerischen Ambitionen verfolgte Müller seit seinen Studentenjahren. Er veröffentlichte neben Lyrik Novellen, Erzählungen und Essays und engagierte sich für die saarländische Literaturszene, er war unter anderem Mitgründer und erster Vorsitzender des Verbandes saarländischer Autoren.
124 Vgl. o. A. (1974), S. 36f.

125 Bellevue 1.0 bezeichnet nicht etwa die Lerchesflur, sondern ein früher geschaffenes Wohnquartier auf selber Anhöhe.

126 Zitiert nach Pusch (o. J.).

127 Vgl. https://gestapo-lager-neue-bremm.de/frauenlager/ (06.04.2021).

128 Fox (2020), S. 13f.

129 Vgl. Wittenbrock (1999), S. 26.

130 https://www.historisches-museum.org/aktuelle-ausstellung (30.03.2021).

131 Burgard (2021), S. 22. Zur Geschichte der *Vaterländischen Frauenvereine* siehe Krebs (1998a).

132 Burgard (2021), S. 24.

133 Buss (2017).

134 SZ vom 14.07.1920. Zitiert nach Burgard/Linsmayer (1999), S. 167.

135 Vgl. ebd.

136 Vgl. Bies, Luitwin: Käthe Limbach. In: Bies/Bernard (2004), S. 57–62.

137 Paul (1987), S. 208.

138 Vgl. Molter-Klein (1998).

139 Diese Urne führte von Beginn an ein aufregendes „Leben". Laut dem Biografen Gerhard Paul gelangte die Urne erst Jahre später nach Saarbrücken, und zwar durch Lydia Melchior, eine langjährige Freundin von Max Braun noch aus saarländischen SAJ-(Sozialistische Arbeiter-Jugend)-Zeiten. Angeblich bewahrte sie die Urne in ihrer Wohnung auf. Vgl. Paul (1987), S. 208.

140 Zitiert nach http://www.saarbruecken.de/kultur/stadtarchiv/von_den_nazis_verfolgt_lebenslaeufe_saarbruecker_stadtverordneter/wilhelmine_breihof_1886_1978_spd (09.04.2021).

141 Vgl. https://saarbruecker-zeitung.trauer.de/traueranzeige/edith-braun-9999 (09.04.2021).

142 Elss-Seringhaus (2016).

143 Zitiert nach Petto (2016a).

144 Vichy-Regierung bezeichnet die Regierung des französischen Staates nach der mit dem Waffenstillstand vom 22. Juni 1940 anerkannten militärischen Niederlage gegen das nationalsozialis-

tische Deutsche Reich. Mit dem Verfassungsgesetz vom 10. Juli 1940 löste das Vichy-Regime die Dritte Französische Republik ab. Es bestand bis 1944 und erhielt den Namen nach seinem Regierungssitz, dem Kurort Vichy in der Auvergne.

145 Vgl. Herrmann (2014a), S. 340.

146 In dem Zusammenhang sei noch auf die Frauenärztin Dr. Emmy Mory-Karr, Bahnhofstraße 79, verwiesen, die laut Saarbrücker Adressbuch aus dem Jahr 1924 aufgeführt ist, ebenso wie die praktische Ärztin Dr. Erna Meyer, Gutenbergstraße 2 und die beiden weiteren Frauenärztinnen Dr. Ella Fischer (Eisenbahnstraße 56) und Dr. Eppstein (Cecilienstraße). Vgl. Herrmann (2014b), S. 335.

147 Vgl. Herrmann (2014a), S. 344.

148 Vgl. ebd., S. 343.

149 Ebd., S. 343.

150 Ebd.

151 Vgl. ebd.

152 Vgl. Herrmann (2014c), S. 213f. Zur Wahrheit gehört aber auch, dass nach der Machtübernahme durch Hitler nichtjüdische Händlerinnen und Händler durch die Arisierung profitierten. Nach der Gründung des Deutschen Kaiserreiches entwickelte sich Saarbrücken zu einem der wichtigsten Wirtschaftsstandorte an der Saar. Über zweieinhalbtausend Jüdinnen und Juden wohnten hier und trugen wesentlich dazu bei, Saarbrücken als Zentrum für Handel und Gewerbe aufzubauen. Bis in die 1930er Jahre legte die Bahnhofstraße davon Zeugnis ab: mit ihrer Vielzahl an Kaufhäusern, Bekleidungs- und Stoffgeschäften sowie Geschäften für Spiel-, Schuh- und Lederwaren.

153 Herrmann (2014d), S. 27.

154 Vgl. ebd., S. 33.

155 Stahl (2014), S. 300. Der Beitrag basiert auf den Gesprächen im Rahmen eines Erzählcafés.

156 https://tourismus.saarbruecken.de/entdecken/gruppenangebote/fuehrungen/altes_rotlichtviertel_neues_rotlichtviertel (09.04.2021). Mittlerweile erscheint die Webseite mit neuem Text.

157 Zum Thema *Frauen als Wirtinnen* vgl. Fuchs, Antje: Zwischen Kommerz, Kommunikation und Kontrolle. Zur Wirtshauskultur in Saarbrücken und St. Johann im 18. Jahrhundert. Saarbrücken (Diss.), 2012. Hier insbesondere: Frauen als Gründerinnen, Betreiberinnen und Erbinnen von Wirtshäusern, S. 104ff. und Weibliche Gäste, S. 169ff. https://publikationen.sulb.uni-saarland.de/bitstream/20.500.11880/23643/1/Druck_06.02._fertig.pdf (2012.2021).

158 Vgl. Kruse (2013).

159 Vgl. Ruth (1992), S. 53.

160 Wenderoth (1890), S. 319.

161 Jüngst-Kipper (1998) verweist darauf, dass der Brauch des Hebammenwählens 1759 für ganz Nassau-Saarbrücken verboten wurde, und dass die Frauen, die dennoch vonseiten des Stadtgerichts St. Johann 1780 zur Hebammenwahl eingeladen wurden, auf Anweisung des Oberamtes wieder auszuladen waren.

162 Jüngst-Kipper (1998) beziffert die Lehrzeit in Straßburg auf drei Monate.

163 Vgl. Hilpert (2002), S. 16.

164 Vgl. Diez (2018).

165 Im Folgenden zitiert nach Plettenberg (2013), S. 18ff.

166 https://de.wikipedia.org/wiki/Hans_Krajewski (29.09.2023).

167 Recherche am 05.02.2019.

168 Vgl. http://www.radiobremen.de/nachrichten/land_und_leute/wurstpavillon-markthalle-bremen100.html (05.02.2019).

169 Dieses wie die weiteren Zitate stammen aus dem Dokumentarfilm *Verschiedene Arten der Liebe* von Sarah Moll, der Enkeltochter Lore Krajewskis, die diesen für den Saarländischen Rundfunk drehte (Erstausstrahlung im SR am 01.11.2021).

170 im abend brennt / das große fenster … / die zeit fällt hin … / im novemberlicht. In: Kakadu 4/1996c. S. 46. Zitiert nach Leonhardt (2008), S. 419.

171 SIP (1994).

172 Die Familie Stumm gehört zu den bekanntesten Industriedynastien der saarländischen Montanindustrie. So ist u. a. das Neunkircher Eisenwerk eng verknüpft mit dem Namen Stumm. Der

liberale Politiker Friedrich Naumann titelte Carl Ferdinand von Stumm angeblich „Scheich von Saarabien" (vgl. https://www.saarland-lese.de/index.php?article_id=315 (14.04.2021)).

173 Vgl. Bilke-Perkams (2013), S. 129ff.

174 Im 18. Jahrhundert wurde die Kirche unter der Leitung des Nassau-Saarbrücker Generalbaudirektors Friedrich Joachim Stengel renoviert und erhielt – wie die meisten Kirchen Saarbrückens – eine barocke Turmhaube.

175 Auch Anna Maria von Nassau-Saarbrücken, die 1626 in Neunkirchen an der Pest starb, fand hier ihre letzte Ruhestätte. Und eine andere „Dame" wurde hier „begraben", die Madonna von St. Arnual aus dem 14. Jahrhundert, eine Kalksteinstatue, die 1991 unter Bodenplatten gefunden wurde. Wo die Statue ursprünglich stand und warum sie unter dem Boden verschwand, ist ungeklärt.

176 Elss-Seringhaus (2017).

177 Vgl. Herrmann (1999a), S. 205f.

178 Zu diesem Zeitpunkt war Hedwig Behrens offiziell noch die kommissarische Leiterin des Frauenamtes.

179 Vgl. Bilke-Perkams (2018), S. 20.

180 Privatarchiv Monika Zander-Philipp, Saarbrücken: My Home Is My Castle. SR 2 vom 29.07.1989. Zitiert nach Bilke-Perkams (2018), S. 44.

181 Ebd., S. 43.

182 Vgl. Maaß, Karin: FrauenBilder der 50er Jahre. In: Bauer/Maaß (2000), S. 33–38. Hier: S. 36.

183 Vgl. ebd., S. 57f.

184 Zitiert nach ebd., S. 58. Um welchen Film genau es sich dabei handelte, ist nicht bekannt.

185 Vgl. ebd., S. 82.

186 Vgl. https://de.wikipedia.org/wiki/Eva_und_der_Frauenarzt.

187 Burgard (2019), S. 80.

188 Ebd., S. 81.

189 Vgl. ebd., S. 82.

190 Becker (o. J.). Vgl. als weitere Quelle zu den Auslassungen über Faßbinder: Maaß (2020).

191 Vgl. Wohlfahrt (1999), S. 502.
192 Karr (o. J.).
193 Bauer, Ruth: Frauen und die Saar. In: Bauer/Maaß (2000), S. 47–50. Hier: S. 48.
194 Vgl. Hennrich (o. J.).
195 Vgl. Himber (o. J.).
196 Vgl. Thomes (1999), S. 304.
197 Vgl. Schönfeld (2018).
198 Vgl. Philipp, Markus: Verblasste Sommerfrische. In: Brunner/Philipp (2017), S. 99.
199 Kühl (2021).
200 Zitiert nach Kühl (2021).
201 Vgl. Lokale Bündnisse für Familie in Saarlouis (2019), S. 13.
202 Vgl. Hilgers (1999), S. 474.
203 Wiotte (1983). Hier und im Folgenden: S. 242f.
204 Vgl. Bies, Luitwin: Eine tapfere, bemerkenswerte Frau an der Seite von Dr. Fromm – Emilie Ferdinand aus Obervölklingen-Altenkessel. In: Bies/Bernard (2007), S. 145–149.
205 Vgl. https://www.neunkirchen.de/fileadmin/user_upload/neunkirchen/40_Dateien-Hochladen/40_PDF-Flyer-Hochladen/Stolpersteine_2012.pdf (11.02.2019).
206 Auf dem Stolperstein wird der Nachname Hermann nur mit einem „r" geschrieben.
207 Schneider (1920), S. 45.
208 Schneider (1920), S. 11.
209 Ebd., S. 24.
210 Mit bürgerlichem Namen heißt Ingrid Caven übrigens Ingrid Fassbinder – sie war von 1970 bis 1972 mit dem Regisseur Rainer Werner Fassbinder verheiratet.
211 Zitiert nach Klimmt (2003), S. 268.
212 Ebd.
213 Becker, Ingeborg: Geschichten aus der Schublade. Saarbrücken, 1999. Zitiert nach Literaturland Saar e. V., Internetportal (2016a).
214 KLK (2004).
215 Historisches Museum Saar, Ständige Ausstellung, 2. Weltkrieg, Widerstand.

216 Virago, lat., bedeutet eine männlich wirkende Jungfrau, auch Heldenjungfrau (positiv besetzt). Im Deutschen und Englischen wird der Begriff abwertend im Sinn von Mannweib benutzt.
217 Dill (2005), S. 11.
218 Vgl. Drilenko, Vladislav: In den Fängen des NKWD. Das Ehepaar Emilie (1904–1941) und Ernst Stölzer (1905–1938). In: Bies et al. (2018), S. 42–45.
219 Kootz/Jurecka (1991), S. 62.
220 Ebd., S. 64f.
221 Ebd., S. 67.
222 Vgl. Kootz, Salome: Heiter bis sarkastisch. In Böen auffrischende Gedanken aus unterschiedlichen Richtungen. Saarbrücken: Selbstverlag, 1975.
223 N. N. (2017b).
224 Wysocki (2012).
225 Ebd.
226 Vgl. Ruth (1991), S. 20f.
227 Ebd., S. 21.
228 Ebd., S. 23f.
229 Ebd., S. 24f.
230 Loew (1997).
231 Ebd., Titelblatt.
232 Ebd., S. 8
233 Vgl. Titze (1989), S. 48f.
234 Vgl. ebd., S. 46.
235 Vgl. Jüngst-Kipper (1998), S. 23.
236 Vgl. ebd., S. 20.
237 Vgl. Labouvie, Eva: Selbstverwaltete Geburt – Landhebammen zwischen Macht und Reglementierung (17.-19. Jahrhundert). In: Geschichte und Gesellschaft, Zeitschrift für Historische Sozialwissenschaft (18) 1992, S. 477-506.
238 Vgl. Jüngst-Kipper (1998), S. 21.
239 Jüngst-Kipper (1998), S. 31.
240 Das Landesarchiv agiert auf Landesebene. Ansonsten sind zunächst die kommunalen Archive zuständig.
241 Siehe das Kapitel zu: Merzig.

242 Vgl. Maaß, Karin: Kunst am Bau – Das Frauenbild der 30er und 50er Jahre. In: Bauer/Maaß (2000), S. 38–42. Hier: S. 42.

243 Vgl. Maaß, Karin: Mädchenbildung in Saarbrücken. In: Bauer/Maaß (2000), S. 15–20. Hier: S. 19.

244 Im 19. Jahrhundert entstand das heute noch in Teilen existierende neugotische Schloss unter der Bauherrschaft des Montanunternehmers Carl Ferdinand Stumm, der das Ruder der Halberger Hütte – 1756 unter Fürst Wilhelm Heinrich als kleine Eisenhütte im Örtchen Brebach am Fuße des Halbergs gegründet – übernommen hatte.

245 Burgard (2018).

246 Buchholz (2016b). Vgl. auch Buchholz (2016a).

247 http://www.saar-nostalgie.de/Grandval.htm (19.07.2018).

248 Hoher Kommissar war in der BRD nach Inkrafttreten des Besatzungsstatus 1949 die Amtsbezeichnung des jeweils höchsten Vertreters der westlichen alliierten Siegermächte nach dem Zweiten Weltkrieg.

249 Vgl. Mysteriöses Piafkonzert. Saar100-Kalender: 1946. https://www.sr.de/sr/home/nachrichten/dossiers/saarhundert/saarhundert_startseite_100.html (15.03.2021).

250 Ebd.

251 DPS steht für Demokratische Partei Saar und wurde nach dem Zweiten Weltkrieg im damals selbstständigen Saarprotektorat gegründet. Die DPS bekannte sich zur wirtschaftlichen Bindung an Frankreich und zur politischen Unabhängigkeit gegenüber Deutschland, zunehmend sammelten sich aber auch national-konservative Kräfte in der Partei. Nach der Übernahme der Parteiführung durch den früheren Leiter der Saarstelle der NSDAP und in der Folge die Unterstützung für einen Anschluss des Saarlandes an die Bundesrepublik Deutschland geriet die Partei ins Visier und wurde schließlich vom Hohen Kommissar der französischen Besatzungsmacht 1951 verboten. Erst im Abstimmungskampf 1955 wurde sie wieder zugelassen. Nach dem Anschluss des Saarlandes an die Bundesrepublik Deutschland im Jahr 1957 schloss sich die DPS als saarländischer Landesverband der FDP an.

252 Vgl. Binkle (o. J.).
253 Vgl. Frauenrat Saarland (2014), S. 4.
254 Siehe Bekanntmachung Nr. 13 vom 21. Dezember 1995 (Amtsbl. S. 10). http://www.amtsblatt.uni-saarland.de/hefte/1996/1996-001.pdf (07.12.2020).
255 Vgl. Granzow (2002), S. 15.
256 Der Demokratische Frauenbund Deutschlands (DFD) wurde 1947 in Ost-Berlin als überparteilicher und überkonfessioneller Frauenbund gegründet. Der DFD entwickelte sich relativ rasch zu einer Massenorganisation im Gefolge der SED und wurde ab einem gewissen Zeitpunkt vom Volksmund boshaft auch mit „Dienstbar-Folgsam-Dumpf" übersetzt. Bis 1957 gab es in der Bundesrepublik Landesverbände, dann wurde der DFD im Westen verboten.
257 Zitiert nach Granzow (2002), S. 15.
258 Vgl. https://www.mallersdorfer-schwestern.de/gruender/gründung-der-gemeinschaft.html (08.12.2020).
259 Friederika Amalie von Maltitz.
260 Vgl. Bauer, Ruth: Von Maitressen, Zuchthäuslerinnen und kampfeslustigen Bürgerinnen. In: Bauer/Maaß (2000), S. 27–33. Hier: S. 28.
261 Vgl. Petto (2016b).
262 Vgl. Paas (2015).
263 Vgl. Hartje-Grave (2018), S. 12.
264 Akte: „Zur Geschichte der Familie Slevogt", Abschrift Nachtrag II, Slg. Kohl-Weigand, Saarland Museum. Zitiert nach Güse (1992), S. 496.
265 Lithardt (1973), S. 88.
266 Vgl. ebd., S. 89.
267 Zur Geschichte der *Vaterländischen Frauenvereine* siehe Krebs (1998a).
268 Geschichtswerkstatt Eschringen (2021).
269 Diehl (1934), S. 12f.
270 König (1982), S. 54.
271 Zekri (2000).
272 Mohr (1987).

273 Ebd., S. 31f.

274 Ein kleiner Exkurs zur Entwicklung der weiblichen Bademode findet sich im Kapitel zu: Klarenthal.

275 Ebd., S. 100.

276 Vgl. Laufer (2018), S. 129.

277 Vgl. ebd., S. 41.

278 Vgl. ebd., S. 50.

279 Ebd., S. 98.

280 Leseholz, auch Raffholz oder Klaubholz genannt, bezeichnet dürres, herumliegendes Holz, welches arme Menschen aufsammeln durften. Dieses Leseholz war über Jahrhunderte die wichtigste, wenn nicht die einzige Möglichkeit für Arme, Brennmaterial für den Winter zu beschaffen.

281 Vgl. Laufer (2018), S. 97.

282 Vgl. Schulz (1993).

283 Vgl. Wollschläger (2016).

284 Schulz (1993).

285 Vgl. Petto (2016c).

286 Gemeint ist die Dissertation von Leonhardt (2008). Hier: S. 407ff.

287 Buss (2010).

288 Ebd.

289 Auszug aus: *Ach Frollein, Saarbrücken ist wie anderswo*. In: kakadu. Saarbrücker Kulturkalender, September 1999. Zitiert nach Literaturland Saar e. V., Internetportal (2016b).

290 Die Stadt Püttlingen besteht aus den Stadtteilen Püttlingen mit den Ortsteilen Berg, Bengesen und Ritterstraße und Köllerbach mit den Ortsteilen Engelfangen, Etzenhofen, Herchenbach, Kölln, Rittenhofen und Sellerbach.

291 Vgl. Falk (2019).

292 Vgl. Kreis, Monika: Katharina Katzenmaier. In: Bies/Bernard (2004), S. 41–48. Hier: S. 45.

293 Vgl. ebd.

294 Vgl. Bies, Luitwin: Dora Zeitz. In: Bies/Bernard (2004), S. 129–135. Hier: S. 132.

295 Vgl. ebd., S. 135.

296 Gilgen (2020), S. 19.

297 Ebd., S. 27.

298 Bei der Appolt'schen Grabkapelle handelt es sich um einen vor 1899 errichteten Rechteckbau in hellem Klinkerbauwerk und mit einem Satteldach, der eine Kapelle und eine in das Erdreich eingelassene Gruft birgt. In dieser finden sich die beiden zerfallenden Sarkophage der Eheleute Georg und Auguste Appolt. Die Grabkapelle befindet sich östlich hinter dem Seniorenheim der AWO; ein in den Berg eingeschnittener Fußweg führt zur Kapelle. Der Eingang liegt im Westen, im Osten schließt eine halbrunde Apsis den Bau ab. Auf den beiden Längsseiten lockern je drei spitzbogig zulaufende Fenster die Wände auf. Der heutige Zustand ist das Ergebnis einer substanzerhaltenden Restaurierung im Jahr 1988. Vgl. http://www.saarlandbilder.net/orte/sulzbach/sulzbach_sehenswert.html (26.02.2018).

299 Vgl. Bernard, Eva-Maria: Maria Röder. In: Bies/Bernard (2004), S. 93–102. Hier: S. 93.

300 Vgl. ebd., S. 95.

301 https://saarbruecker-zeitung.trauer.de/traueranzeige/augustinetheresia-walisch (17.01.2022).

302 Vgl. Müller/Stahl (1997).

303 Ebd., S. 3.

304 Ebd., S. 4.

305 Burgard et al. (2012), S. 71f.

306 Ebd., S. 245.

307 Zitiert nach ebd., S. 392.

308 Vgl. Kesternich, Hubert: Die „Rote Fahne" von Kolomna. Ein Band der Solidarität zwischen den Arbeitern der Russischen Oktoberrevolution und den Stahlarbeitern von Völklingen/Saar. In: Bies et al. (2018), S. 18–23.

309 Scharwath (2005).

310 Baronsky-Ottmann (2020).

311 Vgl. Broeren (2021).

312 Vgl. König (2001), S. 98.

313 Zitiert nach ebd. S. 99.

314 Vgl. Blatter (2003), S. 350.

315 Neben Hopfen und Malz braucht es das Wasser zum Bierbrau-

en. Eine Freundin erinnert sich aus ihrer Kindheit in den 1940er Jahren an den sogenannten Ausrufer, der mit folgendem Spruch durch die Dörfer zog: „Morgen wird Bier gebraut. Es darf nicht in den Bach geschissen werden."

316 Ich konnte nicht herausfinden, warum Friedrich Georg nicht in die Brauerei einstieg.

317 Vgl. Bauer, Ruth: Gewerbe am Markt. In: Bauer/Maaß (2000), S. 50–54. Hier: S. 51.

318 Beide Zitationen in diesem Abschnitt: ebd.

319 https://www.mahnmal-koblenz.de/GestapoKarten/002_Charlotte%20HOLUBARS.pdf (13.01.2021).

320 Zitiert nach Henning (o. J.).

321 Vgl. ebd.

322 Vgl. ebd.

323 Vgl. https://www.vhs-saarbruecken.de/fileadmin/user_upload/jansch/211/41750_vhs_1-2021_www.pdf (S. 20). (01.02.2022).

324 Vgl. Scharwath (2017), S. 1064.

325 Vgl. Petto (2016d).

326 Mathis (1928), ohne Seitenangabe.

327 Maier (2020), S. 13.

328 Vgl. ebd., S. 4.

329 Ebd., S. 12.

330 Vgl. Dadder (o. J.).

331 Gemeinde Riegelsberg (1980), S. 160f.

332 Vgl. ebd., S. 467.

333 Ebd., S. 309.

334 Lohmeyer (1954).

335 Dimmig (2017a).

336 Dimmig (2017b).

337 Dittmann (2019).

338 Baltes, Margret M. (Freie Universität Berlin): Die heutigen Generationen bauen die Straßen, auf denen die nächsten fahren: Über den Lebenslauf und die Zukunft des Alters. (Margret Baltes ist wenige Tage vor der endgültigen Fertigstellung dieser Festrede gestorben. Die Rede wurde am 4. Februar 1999 in Bonn anlässlich der von Dr. Christine Bergmann, damalige Bundes-

ministerin für Familie, Senioren, Frauen und Jugend, geleiteten SPD-Veranstaltung „Leitbilder für das 21. Jahrhundert: Die neue Rolle des aktiven Alters" von Dr. Susanne Zank, einer langjährigen wissenschaftlichen Mitarbeiterin von Frau Prof. Baltes, verlesen). http://www.margret-baltes-stiftung.de/MMB-Website/MMB-Vortrag.html (18.06.2020).

339 Vgl. Spurk (1964), S. 76.

340 Eckert (2016).

341 Fischer-Becker (1983), S. 32f.

342 Vgl. Leonhardt (2008), S. 248ff.

343 Fischer-Becker (1973), S. 18.

344 Vgl. Eckert (2016).

345 Schwambach (2019a).

346 Vgl. Monika Schwinn ist wieder zu Hause. Saar100-Kalender: 1973. https://www.sr.de/sr/home/nachrichten/dossiers/saarhundert/saarhundert_startseite_100.html (19.02.2021).

347 Vgl. Werner (2018).

348 Scholl (2011a).

349 https://fr.wikipedia.org/wiki/Emma_Stern (18.06.2020).

350 Vgl. https://hv-lebach.de/?p=774. Die Audiodatei enthält Auszüge aus einem Gespräch aus dem Jahr 2009 der damals 101-jährigen Anna Schorr mit Vertretern des Historischen Vereins Lebach.

351 Schmitt (1998), S. 8.

352 https://hv-lebach.de/?p=774.

353 Ebd.

354 Schmitt (1998), S. 8.

355 http://historische-heimatkunde-roden.rodena.de/index.php?xml=page&id=Vollzitat_Fraulautern (19.06.2020). Der Heimatforscher Kurt Hoppstädter hält für das Hochgericht Schwarzenholz, in dem die Äbtissin des Klosters Fraulautern Inhaberin der Hochgerichtsbarkeit war, fest, dass „allein in diesem Hochgericht in den 15 Jahren von 1597 bis 1612 insgesamt 59 Personen als der Hexerei verdächtig angezeigt und daß von diesen mindestens 22 Personen – 16 Frauen und 6 Männer – verbrannt wurden". Vgl. Hoppstädter (1959), S. 243.

356 Vgl. Feiler (o. J.).

357 Frauenhistorischer Arbeitskreis Saarlouis (2019).

358 Von 1961 bis 1991 führte Bardo das Lokal *Madame* in Saarbrücken in der Mainzer Straße, wo eine Gedenktafel an ihr Engagement erinnert.

359 Vgl. Scherer (2018).

360 Bejarano (2013), S. 40.

361 Der Begriff Aliah (Alija) stammt aus der Bibel und bezeichnet im Judentum die Rückkehr von Juden als Einzelnen oder Gruppen in das Gelobte Land (vgl. wikipedia.de).

362 Bejarano (2013). Hier: Zitiert aus der DVD-Beilage.

363 Zitiert nach Schmidt (2014).

364 Vgl. Russi (o. J.c).

365 Russi (o. J.d).

366 Russi (o. J.e).

367 Fritsch/Dittmann (1952), S. 61.

368 Ebd.

369 Ebd., S. 42.

370 Vgl. Pinl (2003).

371 Vgl. Fritsch/Dittmann (1952), S. 161.

372 Vgl. ebd., S. 103.

373 Zaussinger (2009), S. 9.

374 Ebd., S. 12.

375 Ebd., S. 14.

376 Dittmann (2019).

377 Das Institut für aktuelle Kunst ist an die Hochschule der Bildenden Künste Saar (HBKsaar) angegliedert. Diese wiederum hat ihren Ursprung in der Staatlichen Saarländischen Schule für Kunst und Handwerk Saarbrücken.

378 Vgl. Maaß, Karin: FrauenBilder der 50er Jahre. In: Bauer/Maaß (2000), S. 33–38. Hier: S. 34f.

379 Zur wechselvollen Geschichte des Gebäudes der HBKsaar, welches im 18. Jahrhundert ein Hospital, Armen-, Zucht und Waisenhaus war, sei auf den lesenswerten Aufsatz der Kunsthistorikerin Ruth Bauer mit dem Titel *Von Maitressen, Zuchthäuslerinnen und kampfeslustigen Bürgerinnen*, zu finden in: Bauer/Maaß (2000), S. 27–33, verwiesen.

380 https://de.wikipedia.org/wiki/Litermont#Litermontkreuz (06.07.2020).
381 Zitiert nach Künast (2011).
382 https://www.antidiskriminierungsstelle.de/SharedDocs/downloads/DE/publikationen/AGG/agg_gleichbehandlungsgesetz.pdf?__blob=publicationFile.
383 Schwab (2011).
384 Ebd.
385 https://www.boell.de/de/navigation/ehrungen-Nominierungskriterien-Anne-Klein-13610.html (07.07.2020).
386 Der Neunkircher Heimatforscher Kurt Hoppstädter kommt zu dem Ergebnis, dass „von 505 in die Hexenprozesse verwickelten Personen [...] bei 66 das Geschlecht unbekannt [ist]. Bei den übrigen handelt es sich um 316 Frauen und 123 Männer; es kommt also etwa ein Mann auf drei Frauen". Vgl. Hoppstädter (1959), S. 249.
387 Goetsch/Mawick (1998).
388 Hasse (2003).
389 Sölle (2004), S. 108f.
390 Ebd.
391 Die folgenden Zitate wurden aufgerufen unter: http://www.fremersdorf.de/typo3/geschichte/die-katze-der-galhau/ (08.07.2020). Bei der Webseite handelt es sich um eine privat betriebene Initiative.
392 Karge (2001), S. 47.
393 Ebd., S. 51.
394 Vgl. hier und im Folgenden Schneider (o. J.).
395 Hoffmann (2002), S. 173.
396 Ebd., S. 172.
397 Vgl. Custodis (2018), S. 120f.
398 Raetzer (2010).
399 Peller-Séguy (1995), S. 10.
400 Ebd.
401 Vgl. Kissel (2013), S. 46.
402 Vgl. Schmitt (2002), S. 114.
403 Zitiert nach König (o. J.).

404 Ebd.

405 *Die Mission der Traut Hallbach* bringt die junge Protagonistin als Magd in den Haushalt der verarmten Baronin Dunoir. Diese führt mit ihrem Sohn ein sehr zurückgezogenes, verbittertes Leben. Traut sieht es als ihre Mission an, die beiden zu Gott und den Menschen zurückzuführen. Dank ihres sonnigen Gemüts gewinnt sie zudem die Liebe von André Dunoir.

406 Croon (1963), S. 7.

407 Plettenberg (2016b). Gemeint sind hier ihr erster Roman *Das Werk einer Magd* aus dem Jahr 1954 und ihr zweiter Roman *Die köstliche Mühsal*.

408 Leonhardt (2008), S. 224f.

409 Rote Zone hieß im Zweiten Weltkrieg das 400 km lange und etwa 10 km breite Freimachungsgebiet entlang der deutsch-französischen Grenze im Vorfeld und zwischen den Wehranlagen des Westwalls. Die Bewohnerinnen und Bewohner dieses Bereichs, etwa eine Million Menschen, wurden zwischen 1939 und 1945 teilweise mehrfach in das Innere des Deutschen Reiches evakuiert. Im Zuge dieser Maßnahme mussten sie ihren Besitz zurücklassen.

410 Lockweiler gehörte bis zum Ende des Ersten Weltkriegs dem Kreis Merzig an, der Bestandteil des preußischen Regierungsbezirks Trier war. Der Kreis Merzig wurde im Jahr 1920 nach den Bestimmungen des Versailler Vertrags dem unter Völkerbundsverwaltung stehenden Saargebiet zugewiesen – mit Ausnahme der Hochwaldgemeinden (Amtsbezirke Wadern, Losheim und Weiskirchen), darunter auch Lockweiler, die unter der Bezeichnung „Restkreis Merzig-Wadern" weiter beim Regierungsbezirk Trier verblieben.

411 Bies (1988), S. 197f.

412 Bies, Luitwin: Lena und Maria Wagner. In: Bies/Bernard (2004), S. 121–124. Hier: S. 122.

413 https://www.schwalbach-saar.de/component/content/article/33-freizeit/wandern/268-muehlenweg (10.07.2020).

414 Zitiert nach Rupp (1980), S. 21ff.

415 Ebd., S. 23.

416 Vgl. ebd., S. 51.
417 Wilhelm (o. J.b).
418 Die Erhebung der Gebeine der heiligen Oranna ist im zweiten Südfenster dargestellt. 1480 wurde der Sarkophag geöffnet. Dieser enthielt zwei vollständig erhaltene Skelette, die umgekehrt nebeneinander lagen, der Kopf der einen bei den Füßen der anderen. Vgl. Oberhauser (1992), S. 59.
419 „Un havre de paix à la frontière franco-allemande." Vgl. Oberhauser (1992), S. 63.
420 Oberhauser (1992), S. 61.
421 Gitzinger (2011), S. 206.
422 Oehling (2002), S. 12.
423 Ebd., S. 21f.
424 Leidingen/Leiding auf dem Saargau wird heute von einer „Neutralen Straße" bzw. „Rue de la Frontière" durchzogen, die das Dorf in einen kleineren französischen und einen größeren deutschen Teil gliedert.
425 Vgl. Scholl (2011b).
426 Im Juni 2019 setzte sich die SPD-Politikerin Anne Yliniva-Hoffmann gegen den männlichen parteilosen Kandidaten in der Stichwahl durch.
427 Kastner (2020), S. 5f.
428 Die Firma existiert bis heute, ist aber seit 2019 in chinesischer Hand. Die neue Firma heißt „Koch Solutions" als Reminiszenz an den Namen Koch, der weltweit angesehen ist.
429 Hermann Röchling (1872–1955) war einer der schillerndsten, aber auch umstrittensten Persönlichkeiten der deutschen Großindustrie des 20. Jahrhunderts. Sein Name ist untrennbar mit der Völklinger Hütte verbunden.
430 Enzweiler (2009), S. 369.
431 Darimont (o. J.).
432 Ebd.
433 https://www.imdb.com/name/nm4584980/bio (04.09.2020).
434 Winter (2010), S. 58.
435 Die Legenda Aurea ist eine berühmte Sammlung von Legenden über die Heiligen und Feste des Kirchenjahres, die von einem

Dominikaner namens Jacobus de Voragine um 1230 geschrieben wurde. Vgl. Burgard (2012).

436 Vgl. Schäfer (2021c).

437 Vgl. https://de.wikipedia.org/wiki/Marianne_Riedel-Weber (04.05.2020).

438 Schwambach (2019b).

439 Baus (2016a).

440 Ebd.

441 Journal meiner Unglücksfälle … Eine eigenhändige Aufzeichnung ihrer Flucht vor den französischen Revolutionären im Mai 1793, bearb. von Artur Kleinschmidt. Blieskastel 1894 – Neuausgabe mit einer Einführung von Kurt Legrum, Walsheim 2001.

442 Schon in die Herrschaftszeit der Grafen von der Leyen fällt die Erschließung einer Salzwasserquelle, der Augusta-Quelle. Gräfin Marianne betrieb mit dem Salzwasser einen Salinenbetrieb zur Kochsalzherstellung. Im Jahr 1922 wurde die Gesundbrunnen Bad Rilchingen GmbH gegründet, um das Wasser der Augusta-Quelle abzufüllen. Bis Mitte der 1950er Jahre wurde das Heilwasser verkauft. Heute wird neben der Amandus-Quelle auch aus der sog. Mariannen-Quelle Wasser gewonnen, genauer: seit 1988.

443 Diese und die folgenden Ausführungen sind entnommen aus: Kulbach-Fricke (1999), S. 204ff. Die ausführliche Beschreibung der Gertraud Wannemacher verdankt sich den Überlieferungen ihres Sohnes Wilhelm Wannemacher, dem Großvater der Autorin.

444 Bies, Luitwin: Käthe Koch. In: Bies/Bernard (2004), S. 49–52. Hier: S. 50.

445 Bericht von Ledwina Lechner, aufgeschrieben am 15.12.1969 in St. Ingbert und erstmalig veröffentlicht in Hanna Ellig, Frauen im deutschen Widerstand 1933–1945, Ffm 1974. Zitiert nach Bies/Bernard (2004), S. 53.

446 Ebd.

447 Zur Geschichte der *Hausfrauenvereine* siehe Krebs (1998b).

448 https://www.t-online.de/finanzen/beruf-karriere/beruf/id_15869792/auf-dem-land-30-prozent-geld-weniger-fuer-frauen.html (11.02.2021).

449 Vgl. https://saarlandfrauen.de/?page_id=83 (11.02.2021).
450 Luise Simons heiratete 1912 Joseph Schiffgens. 1952 vermählte sie sich in zweiter Ehe mit dem Sozialdemokraten Karl Mössinger.
451 Vgl. Bies, Luitwin: Luise Schiffgens. In: Bies/Bernard (2004), S. 107f. Hier: S. 107.
452 Vgl. Dingler (2017).
453 Baus (2016b).
454 Deutsch-Einöder (1962), S. 5.
455 Vgl. Marmit (2013). Die Auszüge aus ihren Erzählungen sind Transkripte des Features.
456 Der Titel spielt auf den Vater an, der als Kaufmann mit Uhren handelte, die er in einem Koffer den verschiedenen Uhrenhändlern vorstellte.
457 Nimmesgern, Susanne: Die Schmelzerinnen – Unternehmerinnen, Hüttenfrauen, Zwangsarbeiterinnen auf dem St. Ingberter Eisenwerk. Herausgegeben von der Initiative Alte Schmelz e. V. St. Ingbert: Röhrig Universitätsverlag, 2012.
458 Vgl. Nimmesgern (2012), S. 105.
459 Vgl. im Folgenden: Kircher-Kannemann (o. J.).
460 Zur Geschichte der HBKsaar siehe das Kapitel zu: Ensdorf, Ella Broesch.
461 Bruch (1988), S. 39.
462 Grünsteudel (2004). Der Bibliothekar Günther Grünsteudel ist eine wichtige Quelle in Bezug auf Erna Woll. Er erarbeitete unter anderem das Woll-Werke-Verzeichnis.
463 Prüfung für die Zulassung zum Hochschulstudium ohne Reifezeugnis.
464 Zitiert nach Grünsteudel (2004).
465 Grünsteudel (2004).
466 Zitiert nach Grünsteudel (2004).
467 Vgl. Ertle (2019).
468 Vgl. Bauer/Maaß (2000), S. 18.
469 Gemeint sind die Armen Schulschwestern vom hl. Dominikus. Ohne den Begriff überzustrapazieren, darf dennoch nicht unerwähnt bleiben, dass die Armen Schulschwestern im wahrsten Sinn des Wortes arm waren. Geistliche Lehrkräfte erhielten in der

Regel nur die Hälfte des Gehaltes einer weiblichen Lehrerin, die wiederum nur drei Viertel des Gehaltes eines männlichen Lehrers bekam.

470 1912 erfolgte die Umwandlung von der höheren Töchter- zur höheren Mädchenschule. Offizieller Titel war nun: Vierklassige höhere Mädchenschule der Armen Schulschwestern in St. Ingbert. Noch während des Kriegs wurde die Mädchenschule zu einer sechsklassigen Einrichtung ausgebaut.

471 Ertle (2019), S. 38.

472 Ebd., S. 39.

473 Vgl. https://www.europaeischer-kulturpark.de/Archaeologiepark-im-Ueberblick/Highlights/Fuerstinnengrab (12.05.2020).

474 Vgl. Kihm (o. J.).

475 Nachzuhören unter: https://www.facebook.com/Europaeischer.Kulturpark/videos/245148996544640/ (18.02.2021).

476 Diese und andere Sagen sind nachzulesen in: Altenkirch, Gunter; Marx, Thomas: Birkenbusch und Dodepuhl. Sagenwelten aus Kirkel, Limbach, Altstadt und Umgebung. Heimat- und Verkehrsverein: 2013.

477 https://de.wikipedia.org/wiki/Poesiealbum (18.05.2020).

478 Neumann (2010).

479 Zitiert nach Baus (2016e).

480 Vertriebener Polenkönig trifft es besser. Stanislaus lebte mit seiner Familie in Zweibrücken im Exil und gilt als bedeutender Förderer des Klosters Gräfinthal.

481 Vgl. Ammerich (1997), S. 62.

482 Ommersheim kam mit dem Großteil des heutigen Saarpfalz-Kreises auf dem Wiener Kongress 1816 zu Bayern.

483 https://geschichte.digitale-sammlungen.de/landtag1919/seite/bsb00008682_00167 (18.02.2021).

484 https://geschichte.digitale-sammlungen.de/landtag1919/seite/bsb00008682_00169 (18.02.2021).

485 Ebd. und folgende Seite.

486 Schneider (2020).

487 Schwarz (2020).

488 Schumann (1961/1962), S. 160.

489 http://www.museum-wnd.de/index.php?id=257 (10.09.2020). Mittlerweile ist die Webseite überarbeitet worden und der Text nicht mehr abrufbar.
490 Dito.
491 Schmitt (1948), S. 172.
492 Zitiert nach N. N. (2010).
493 Vgl. Familie Marx privat. Berlin: Akademie Verlag, 2005, S. 310-311. Zitiert nach https://de.wikipedia.org/wiki/Helena_Demuth (21.04.2021).
494 Vgl. Monz (1964), S. 167.
495 Vgl. ebd., S. 168.
496 Brief von Karl Marx an Frau Weydemeyer vom 11. März 1861. Abgedruckt in Mehring Nachlass S. 304. Zitiert nach Monz (1964), S. 168.
497 Krysmanski (2008), S. 210f.
498 Zitiert nach N. N. (2010).
499 Friedrich Engels an Adolf Riefer 12. November 1890. In: Marx-Engels-Gesamtausgabe. Abteilung III. Briefwechsel. Bd. 30 *Friedrich Engels Briefwechsel Oktober 1889 bis November 1890.* Bearb. von Gerd Callesen und Svetlana Gavril'čenko. Unter Mitarbeit von Regina Roth und Renate Merkel-Melis. Berlin: Akademie Verlag, 2013, S. 566. Zitiert nach https://de.wikipedia.org/wiki/Helena_Demuth (21.04.2021).
500 N. N. (1972).
501 http://iheartdigitallife.de/helena-karl/ (21.04.2021).
502 Spengler (1979/1980), S. 76.
503 Ebd., S. 74.
504 Vgl. ebd.
505 Ebd., S. 75.
506 Vgl. Plettenberg, Inge: Ein Saarländer im „Wunderland". Hubert L'Hoste (1923–1959). In: Bies et al. (2018), S. 26–31. Hier: S. 26.
507 Vgl. ebd., S. 30.
508 Vgl. ebd.
509 Frischmuth (1980), S. 24f.
510 1985 erhielt Leo Kornbrust übrigens den Mia-Münster-Preis der Stadt St. Wendel.

511 Der gesamte Text findet sich auch unter: http://www.leokornbrust.de/sites/frischmuth_texte.php (15.09.2020).
512 Leonhardt (2008), S. 228.
513 Siehe das Kapitel zu: Schmelz.
514 Siehe das Kapitel zu: Losheim.
515 Gitzinger (2010), S. 70.
516 Brüggemann (2005).
517 Zitiert nach Oberhauser (2016).
518 Becker-Meisberger teilt die Sprache in drei Stufen ein: Heimatsprache, Nationalsprache, Internationale Sprache.
519 Becker-Meisberger (o. J.), S. 48ff.
520 Brill (1957/58), S. 155.
521 Vgl. Bernard, Horst: Änne Meier. In: Bies/Bernard (2004), S. 75–82. Hier: S. 75.
522 Vgl. hierzu: Rammacher (1995/1996).
523 Heinlein (2019), S. 95f.
524 Vgl. Wagner-Grill (2020).
525 N. N. (2015).
526 Faber (2013).
527 Diese und die folgenden Zitate stammen aus: Sturm (1962), S. 55f.
528 Vgl. Illemann (2014), S. 16.
529 Vgl. Hoffmann (1989/1990), S. 64.
530 Zimmermann (2012).
531 Vgl. hier und im Folgenden: Jung (1950), S. 141f.
532 Die Sozialistische Jugend Deutschlands (SJD) – Die Falken ist ein eigenständiger deutscher Kinder- und Jugendverband, der aus der sozialistischen Arbeiterjugendbewegung hervorgegangen ist und sich als linke Organisation versteht, die sich in der politischen und pädagogischen Arbeit für die Verwirklichung des Sozialismus einsetzt.
533 Max Braun, ein Urgestein der Saar-SPD, war von 1924 an mit der Frauenrechtlerin Angela Braun-Stratmann verheiratet.
534 Siehe hierzu: Bekanntmachung Nr. 186 vom 27.06.1989 (Amtsblatt S. 995). Als PDF abrufbar unter: http://www.amtsblatt.uni-saarland.de/hefte/1989/1989-035.pdf (17.09.2020).

535 Premiere – eine Frau wird Bürgermeisterin. Saar100-Kalender: 1991. https://www.sr.de/sr/home/nachrichten/dossiers/saarhundert/saarhundert_startseite_100.html (08.03.2021).

536 Nach der für die CDU verlorenen Bundestagswahl 2021 verzichtete AKK auf ihr Bundestagsmandat, um Platz für jüngere Abgeordnete zu machen.

537 Vgl. Mahler Walther/Lukoschat (2020), S. 7.

538 Vgl. Stöhr/Grigat (2019).

539 Siehe auch Irene Altpeter im Kapitel zu: Bischmisheim.

540 Vgl. Herrmann (1999b), S. 347.

541 Zitiert nach Kraemer (1981/1982), S. 46.

542 Kraemer (1981/1982), S. 50.

543 Frauenbüro der Landeshauptstadt Mainz (2015), S. 23.

544 Ebd.

545 Leonhardt (2008), S. 402.

546 Aus: Merks-Krahforst, Martina: Flirrende Sinne – Sens scintillants. Tholey: ETAINA-Verlag, 2005. Zitiert nach Hohnschopp (o. J.).

547 Von Blazekovic (2021).

Quellenverzeichnis

Adorno (1980) – Theodor Adorno: Minima Moralia. Reflexionen aus dem beschädigten Leben (Gesammelte Schriften Bd. 4), Frankfurt am Main 1980.

Ammerich (1997) – Hans Ammerich: Das Wilhelmitenpriorat Gräfinthal und die Wallfahrt zur „Madonna mit den Pfeilen", in: Archiv für Mittelrheinische Kirchengeschichte nebst Berichten zur kirchlichen Denkmalpflege, 49. Jg., Mainz 1997, S. 45–68.

Baronsky-Ottmann (2020) – Nicole Baronsky-Ottmann: Verbundenheit in Grauguss festgehalten. Inge Andler-Laurenz schuf 1981 für den Pfarrgarten von St. Eligius in Völklingen eine ausdrucksstarke Figurengruppe (Kunst im öffentlichen Raum), in: Saarbrücker Zeitung vom 16./17.05.2020, Kultur regional C7.

Bauer/Maaß (2000) – Ruth Bauer/Karin Maaß: Frauenwege in Saarbrücken. Historische Stadtrundgänge, Saarbrücken 2000.

Baus (2016a) – Martin Baus: Marianne von der Leyen, in: Literaturland Saar e. V., Internetportal, https://literaturland-saar.de/personen/marianne-von-der-leyen/ (08.06.2018).

Baus (2016b) – Martin Baus: Erni Deutsch-Einöder, in: Literaturland Saar e. V., Internetportal, https://literaturland-saar.de/personen/erni-deutsch-einoeder/ (07.05.2020).

Baus (2016c) – Martin Baus: Relinde Niederländer, in: Literaturland Saar e. V., Internetportal, https://literaturland-saar.de/personen/relinde-niederlaender/ (18.05.2020).

Becker (1998) – Eva D. Becker: Alma Mater – Mutter Universität? Zur Geschichte der Frauen an der Universität des Saarlandes, in: Annette Keinhorst/Petra Messinger/Hilde Hoherz (Hrsg.): Die Saarbrückerinnen – Beiträge zur Stadtgeschichte, St. Ingbert 1998, S. 277–294.

Becker (o. J.) – Thomas P. Becker: Klara Maria Faßbinder, in: Internetportal Rheinische Geschichte, hg. vom Landschaftsverband Rheinland (LVR), http://www.rheinische-geschichte.lvr.de/Persoenlichkeiten/klara-marie-fassbinder-/DE-2086/lido/57c6acbcdbddd2.41767979 (18.03.2021).

Becker-Meisberger (o. J.) – Maria Becker-Meisberger: De Himmel off Besuuch, Blieskastel o. J.

Bejarano (2013) – Esther Bejarano: Erinnerungen: vom Mädchenorchester in Auschwitz zur Rap-Band gegen Rechts, hg. von Antonella Romeo, Hamburg 2013.

Bies (1988) – Luitwin Bies: Gefährtinnen auf einem schweren Weg. Eine kommunistische Familie im Widerstand, in: Klaus-Michael Mallmann/Gerhard Paul/Ralph Schock/Reinhard Klimmt (Hrsg.): Richtig daheim waren wir nie. Entdeckungsreisen ins Saarrevier 1815–1955, Berlin 1988, S. 195–200.

Bies/Bernard (2004) – Luitwin Bies/Horst Bernard (Hrsg.): Saarländerinnen gegen die Nazis. Verfolgt – vertrieben – ermordet, Saarbrücken 2004.

Bies/Bernard (2007) – Luitwin Bies/Horst Bernard (Hrsg.): Für den Sturz des Naziregimes. Widerstand und Verfolgung von saarländischen Antifaschisten, Saarbrücken 2007.

Bies et al. (2018) – Patric Bies/Vladislav Drilenko/Max Hewer (Hrsg.): Saarländer in Moskau, Saarbrücken 2018.

Bilke-Perkams (2013) – Miriam Bilke-Perkams: Saarländische Unternehmervillen zwischen 1830 und 1914 – unter besonderer Betrachtung der Region des Saarkohlenwaldes, Saarbrücken 2013 (zugl.: Diss., Saarbrücken, Univ., 2012).

Bilke-Perkams (2018) – Miriam Bilke-Perkams: Das Frauenwohnheim in Saarbrücken (Kunstlexikon Saar: Architektur und Raum), hg. vom Institut für aktuelle Kunst im Saarland, Jo Enzweiler, Saarlouis 2018.

Binkle (o. J.) – Jonas Binkle: Reiter Ilse geb. Jacobs, in: Saarland Biografien, Internetportal, http://www.saarland-biografien.de/frontend/php/ergebnis_detail.php?id=2647 (18.03.2021).

Blatter (2003) – Günter Blatter: Karlsbrunn: ein Heimatbuch. Geschichte und Geschichten, hg. vom Ortsrat Karlsbrunn, Großrosseln 2003.

Blazekovic (2021) – Aurelie von Blazekovic: Skizzenhafte Spuren. Frauengeschichte ist Weltgeschichte: Caroline Arnis poetisches Buch „Lauter Frauen", in: Süddeutsche Zeitung am Wochenende vom 13./14. November 2021, Feuilleton, S. 22.

Blüml (2010) – Elke Blüml: Die Afrikaner nennen sie „Makumalo", in: Missionsärztliches Institut Würzburg, Onlineveröffentlichung am

13.12.2010, https://www.medmissio.de/veröffentlichungen/nachrichten/die-afrikaner-nennen-sie-makumalo-0987e5f (09.02.2021).

Brill (1957/1958) – Hermann Brill: Porträt einer guten Frau, die keinen anderen Namen trug, als diesen: „Schuschder-Bärwel", in: Heimatbuch des Kreises St. Wendel 7 (1957/1958), S. 153–157.

Broeren (2021) – Alexandra Broeren: Die Nazis hätten sie fast zwangssterilisiert (Lebenswege), 22.01.2021, in: Saarbrücker Zeitung SZ+ online: https://www.saarbruecker-zeitung.de/sz-serien/momente/lebenswege/anna-siegwart-hatte-wegen-ihrer-gehoerlosigkeit-ein-hartes-leben_aid-55832689 (22.10.2021).

Bruch (1988) – Ruth Ricarda Bruch: Wind im Haar: Gedichte, St. Ingbert 1988.

Brüggemann (2005) – Alexander Brüggemann: Vor 20 Jahren Hype um Marienerscheinungen in Marpingen, in: Domradio.de – Bildungswerk der Erzdiözese Köln e. V., https://www.domradio.de/themen/bistümer/2019-05-05/bistum-trier-sprach-skeptisch-von-vorgaengen-im-haertelwald-vor-20-jahren-hype-um (15.09.2020).

Brümmer (1913) – Franz Brümmer: Lexikon der deutschen Dichter und Prosaisten vom Beginn des 19. Jahrhunderts bis zur Gegenwart, Bd. 3., 6. Aufl., Leipzig 1913, hg. von der Berlin-Brandenburgischen Akademie der Wissenschaften – Deutsches Textarchiv, http://www.deutschestextarchiv.de/book/view/bruemmer_lexikon03_1913?p=31 (31.05.2015).

Brunner/Philipp (2017) – Florian Brunner/Markus Philipp: Saarbrücker Spurensuche. Neue Reisen zu sichtbaren Geheimnissen der Stadt, Bd. 2, Saarbrücken 2017.

Buchholz (2016a) – Axel Buchholz: Zeitzeugen: Beim Umbau von Schloss Halberg mitgearbeitet – bei Grandval gefeiert (SR-Fundstücke), https://www.sr.de/sr/home/der_sr/wir_uber_uns/geschichte/fundstucke/20160501_fundstuecke_mai2016_schloss_halberg_zeitzeugen100.html (18.12.2020).

Buchholz (2016b) – Axel Buchholz: Schloss Halberg: ein herausragender „europäischer" Ort. Interview mit der Kunsthistorikerin Dr. Eva Mendgen (SR-Fundstücke), https://www.sr.de/sr/home/der_sr/wir_uber_uns/geschichte/fundstucke/20160501_fundstueck_mai2016_schloss_halberg100.html (18.12.2020).

Buhmann et al. (1983) – Dieter Buhmann/Bernd Kasper/Rolf Kaufmann: Leben und Tod der Frau Susanna Maria Becker. Eine historisch-pathologische Untersuchung von Ausgrabungen in Wiebelskirchen, in: Saarheimat 4 (1983), S. 71ff.

Burg (o. J.) – Peter Burg: Familie Stumm I, in: Internetportal Rheinische Geschichte, hg. vom Landschaftsverband Rheinland (LVR), http://www.rheinische-geschichte.lvr.de/Persoenlichkeiten/familie-stumm-i/DE-2086/lido/57c958bac0d772.40188700 (20.04.2021).

Burgard (2012) – Paul Burgard: Kraft des Glaubens, in: Ludwig Linsmayer (Hrsg.): Das Erbe. Die Ausstellung zum Bergbau im Saarland, Saarbrücken 2012, S. 80–91.

Burgard (2018) – Paul Burgard: Vom Industriellen-Domizil zur Botschafterresidenz (SR-Fundstücke), https://www.sr.de/sr/home/der_sr/wir_uber_uns/geschichte/fundstucke/20180201_fundstueck_februar_2018_schloss_halberg_eins100.html (18.12.2020).

Burgard (2019) – Paul Burgard: Kinos, Stars und Staat. Das Saarland in Cinemascope: Eine Wundergeschichte (1945 – 1960), in: Paul Burgard/Gabi Hartmann/Klaus Peter Weber: Filmrausch. Das Kinowunder im Saarland, Saarbrücken 2019, S. 30–87.

Burgard (2021) – Paul Burgard: Der Krieg, die Saar, das Reich. Geschichte auf 55 Quadratmetern: Zur Rückkehr der Monumentalgemälde Anton von Werners nach Saarbrücken, in: saargeschichte|n 62, Heft 1_21, S. 12–29.

Burgard/Linsmayer (1999) – Paul Burgard/Ludwig Linsmayer: Von der Vereinigung der Saarstädte zum Abstimmungskampf (1909–35), in: Rolf Wittenbrock (Hrsg.): Geschichte der Stadt Saarbrücken, Bd. 2: Von der Zeit des stürmischen Wachstums bis zur Gegenwart, Saarbrücken 1999, S. 131–242.

Burgard et al. (2012) – Paul Burgard/Ludwig Linsmayer/Peter Wettmann-Jungblut: Luisenthal im Februar. Chronik einer Bergbau-Katastrophe (Echolot: Historische Beiträge des Landesarchivs Saarbrücken 10), Saarbrücken 2012.

Burr (o. J.) – Wilfried Burr: Therese Zenz, in: Saarland-Lese, Internetportal, https://www.saarland-lese.de/persoenlichkeiten/z/zenz-therese/therese-zenz/ (16.04.2021).

Buss (2010) – Silvia Buss: Kleine Gedankenkugeln, 02.05.2010, in: Saarbrücker Zeitung SZ+ online: https://www.saarbruecker-zeitung.de/kleine-gedankenkugeln_aid-525033 (22.10.2021).

Buss (2017) – Silvia Buss: An diesem Brunnen scheiden sich die Geister, 21.08.2017, in: Saarbrücker Zeitung SZ+ online: https://www.saarbruecker-zeitung.de/saarland/saarbruecken/saarbruecken/brunnenserie-teil-5_aid-2531315 https://www.saarbruecker-zeitung.de/saarland/saarbruecken/saarbruecken/brunnenserie-teil-5_aid-2531315 (22.10.2021).

Croon (1963) – Maria Croon: Die Mission der Traut Hallbach, Saarbrücken 1963.

Cunz (1928) – Rolf Cunz: Tanzinsel Fehmarn, in: Neue Musik-Zeitung, 49. Jg., Heft 8, Stuttgart 1928, S. 265f., https://archive.org/details/NeueMusikZeitung49Jg1928/page/n303/mode/2up (10.12.2021).

Custodis (2018) – Michael Custodis: Elly Ney als Kunstikone in der jungen BRD, in: Archiv für Musikwissenschaft, 75. Jg., Heft 2, S. 117–134.

Dadder (o. J.) – Rita Dadder: Frauenschaffen, in: Saarland-Lese, Internetportal, https://www.saarland-lese.de/index.php?article_id=383 (14.01.2021).

Darimont (o. J.) – Rainer Darimont: Eine Verkettung tragischer Umstände – das „schwarze Schloss" von Wallerfangen, in: Kleine Schriftenreihe Heimatgeschichte – Aufsätze 2018, hg. vom Verein für Heimatforschung Wallerfangen e. V., Teil-PDF abrufbar unter https://www.verein-fuer-heimatforschung-wallerfangen.de/bilder/heimatgeschichte/aufsaetze/2018_eine_verkettung_tragischer_umstaende.pdf (03.09.2020).

Detemple (2012) – Andreas Detemple: Die Schaffenskraft von Elisabeth Bosslet, 22.10.2012, in: Saarbrücker Zeitung SZ+ online: https://www.saarbruecker-zeitung.de/saarland/die-schaffenskraft-von-elisabeth-bosslet_aid-1256221 (22.10.2021).

Deutsch-Einöder (1962) – Erni Deutsch-Einöder: Die Tauben fliegen unseretwegen, hg. vom Literarischen Verein der Pfalz, Landau 1962.

Diehl (1934) – August Diehl: Saarlandsagen: ein deutsches Volksbuch für Jung und Alt, Würzburg 1934.

Diez (2018) – Carsten Diez: Plattenbau à la française, in: Online-Magazin moderneREGIONAL. Heft 3/2018, S. 9–14, https://www.moderne-regional.de/plattenbau-a-la-francaise/ (14.04.2021).

Dill (2005) – Liesbet Dill: Virago. Roman aus dem Saargebiet, St. Ingbert 2005.

Dimmig (2017a) – Oranna Dimmig: Dillingen, Grandmontagne, Plastik, in: Institut für aktuelle Kunst im Saarland, http://institut-aktuelle-kunst.de/kunstlexikon/dillingen-grandmontagne-plastik-1709 (02.06.2020).

Dimmig (2017b) – Oranna Dimmig: Dillingen, Lafontaine, Plastik, in: Institut für aktuelle Kunst im Saarland, http://institut-aktuelle-kunst.de/kunstlexikon/dillingen-lafontaine-kioer-1638 (02.06.2020).

Dingler (2017) – Sebastian Dingler: Zwei gute Seelen sind Ehrenbürgerinnen, in: Pfälzischer Merkur vom 12.05.2017, https://www.saarbruecker-zeitung.de/saarland/saar-pfalz-kreis/homburg/zwei-gute-seelen-sind-ehrenbuergerinnen_aid-1929193 (30.06.2022).

Dittmann (2019) – Marlen Dittmann: Zech, Dorothea, in: Institut für aktuelle Kunst im Saarland, Archiv, Bestand: Dorothea Zech (Dossier 1029), http://institut-aktuelle-kunst.de/kuenstlerlexikon/zech-dorothea (03.06.2020).

Eckert (2016) – Peter Eckert: Gretel Fischer-Becker (auch Gretel Fischer), in: Literaturland Saar e. V., Internetportal, https://www.literaturland-saar.de/personen/gretel-fischer-becker-auch-gretel-fischer/ (01.02.2022).

Elss-Seringhaus (2016) – Cathrin Elss-Seringhaus: Die Frau mit den drei Leben, 01.04.2016, in: Saarbrücker Zeitung SZ+ online: https://www.saarbruecker-zeitung.de/nachrichten/politik/topthemen/die-frau-mit-den-drei-leben_aid-1317431 (22.10.2021).

Elss-Seringhaus (2017) – Cathrin Elss-Seringhaus: Die Soaps der Elisabeth von Lothringen (SZ-Reihe Prominente aus dem Saarland), 25.08.2017, in: Saarbrücker Zeitung SZ+ online: https://www.saarbruecker-zeitung.de/saarland/die-soaps-der-elisabeth-von-lothringen_aid-2540166 (22.10.2021).

Enzweiler (2009) – Jo Enzweiler (Hrsg.): Kunst im öffentlichen Raum, Saarland, Bd. 3: Landkreis Saarlouis nach 1945, Aufsätze und Bestandsaufnahme, Saarbrücken 2009.

Erdem (1998) – Deniz Erdem: Das „Weiberhaus" auf der Lerchesflur. Frauenstrafvollzug im Nationalsozialismus (1935 bis 1945), in: Annette Keinhorst/Petra Messinger/Hilde Hoherz (Hrsg.): Die Saarbrückerinnen – Beiträge zur Stadtgeschichte, St. Ingbert 1998, S. 325–346.

Ertle (2019) – Heidemarie Ertle: Von armen Schwestern und ledigen Fräuleins. Zur Mädchenbildung in St. Ingbert im 19. und 20. Jahrhundert, in: saargeschichte|n 57, Heft 4_19, S. 33–39.

Faber (2013) – Frank Faber: Freifrau kam eigens mit Kutsche, 19.08.2013, in: Saarbrücker Zeitung SZ+ online: https://www.saarbruecker-zeitung.de/saarland/saarlouis/dillingen/freifrau-kam-eigens-mit-kutsche_aid-684096 (22.10.2021).

Falk (2019) – Andrea Falk: Besondere Heppenheimer: Katharina Katzenmaier, in: echo-online.de, 18.07.2019, https://www.echo-online.de/lokales/bergstrasse/heppenheim/besondere-heppenheimer-katharina-katzenmaier_20288174 (17.01.2022).

Feiler (o. J.) – Josef Feiler: Ein Streifzug durch die Geschichte Fraulauterns, hg. von der Interessengemeinschaft Fraulauterner Bürger und Vereine e. V., https://fraulautern.net/historie/ (19.06.2020).

Fischer-Becker (1973) – Gretel Fischer-Becker: Pachtener Mundartgedichte, hg. von der Stadt Dillingen (Saar) 1973.

Fischer-Becker (1983) – Gretel Fischer-Becker: Schwätz He-izisch: sprich hiesig; Gereimtes und Ungereimtes – Ernstes und Heiteres in Pachtener Mundart, hg. vom Heimat- und Verkehrsverein Pachten e. V. 1983.

Fox (2020) – Georg Fox: Der Krieg 1870/71 betraf auch das Köllertal, in: Köllertaler Jahrbuch, Bd. 9 (2020), S. 7–16.

Frauenbüro der Landeshauptstadt Mainz (2015) – Frauenbüro der Landeshauptstadt Mainz (Hrsg.): Frauenleben in Magenza. Die Porträts jüdischer Frauen und Mädchen aus dem Mainzer Frauenkalender und Texte zur Frauengeschichte im jüdischen Mainz, Mainz 2015, PDF abrufbar unter https://www.mainz.de/medien/internet/downloads/Web_Frauenleben_in_Magenza_2015.pdf (17.09.2020).

Frauenhistorischer Arbeitskreis Saarlouis (2019) – Frauenhistorischer Arbeitskreis Saarlouis (Hrsg.): Hall of Fame – Auf den Spuren der Frauen. Lebensgeschichten aus Saarlouis, Saarlouis 2019, PDF abrufbar unter https://www.saarlouis.de/fileadmin/sls/medien/bereich-deine-stadt/2019/Historische Frauen 2019 final.pdf (19.06.2020).

Frauenrat Saarland (2014) – Frauenrat Saarland: Gemeinsam für Gleichberechtigung! Ein kurzer Blick auf eine lange Geschichte, Festschrift zum 30-jährigen Jubiläum 2014, PDF abrufbar unter https://

www.frauenrat-saarland.de/wp-content/uploads/2015/06/Frauenrat-Saarland-Festschrift-zum-Jubilaeum-2014.pdf (07.12.2020).

Friedlander/Pfister (2004) – Walter Friedlander/Eva Pfister: Begegnungen mit Marie Juchacz in der Emigration, in: Marie Juchacz: Gründerin der Arbeiterwohlfahrt; Leben und Werk / [Hrsg.: AWO-Bundesverband e. V. Red.: Wolfgang Bodenbender …] – 2. Aufl. [Electronic ed.] – Bonn 2004 – 130 S. = 4400 KB, PDF-Files. Nebent.: Marie Juchacz 1879 – 1956. Electronic ed.: Bonn: FES Library, 2004. http://library.fes.de/pdf-files/netzquelle/a04-00879-6.pdf (17.03.2022).

Frischmuth (1980) – Felicitas Frischmuth: An den Rand des Bekannten: Texte, Saarbrücken 1980.

Fritsch/Dittmann (1952) – Friedrich Fritsch/Kurt Dittmann: Bous: Chronik des Ortes, hg. von der Gemeindeverwaltung Bous aus Anlaß der Jahrtausendfeier im August 1952, Bous 1952.

Fuchs (2015) – Tobias Fuchs: Das Haus Joseph Levy Witwe. Vortrag bei der Stiftung Demokratie Saarland, 21.01.2015, https://soundcloud.com/stiftungdemokratiesaarland/tobias-fuchs-das-haus-joseph-levy-witwe (08.02.2021).

Gemeinde Riegelsberg (1980) – Gemeinde Riegelsberg (Hrsg.): Ortschronik Riegelsberg. Entstehung und Entwicklung einer modernen Wohngemeinde, Riegelsberg 1980.

Geschichtswerkstatt Eschringen (2021) – Geschichtswerkstatt Eschringen/VHS Halberg; Arbeitsgemeinschaft Eschringer Vereine: Heinrich „der Rote", Ida und Lyza von Eschringen. Persönlichkeiten des örtlichen Grundadels, http://eschringen.de/wordpress/die-menschen/steckbriefe/heinrich-der-rote-ida-und-lyza-von-eschringen/ (15.04.2021).

Gilgen (2020) – Bernd Gilgen: Kloster Heilig Kreuz Püttlingen. Püttlingen, September 2020, PDF abrufbar unter https://www.kloster-heilig-kreuz.de/wp-content/uploads/2020/09/Broschuere-Fuehrung-Heilig-Kreuz-Stand-September-2020.pdf (16.04.2021).

Gitzinger (2010) – Peter Gitzinger: 111 Orte im Saarland, die man gesehen haben muss, Köln 2010.

Gitzinger (2011) – Peter Gitzinger: 111 Orte im Saarland, die man gesehen haben muss, Bd. 2, Köln 2011.

Goetsch/Mawick (1998) – Monika Goetsch/Reinhard Mawick: Zwei Theologen, ein Ehepaar: Für beide ist das Glück ein Geschenk, doch es ist nicht immer leicht, es in Empfang zu nehmen. Interview im Deutschen Allgemeinen Sonntagsblatt, 11.09.1998, http://gaebler.info/oekumene/soelle.htm#freitag (08.07.2020).

Granzow (2002) – Jonny Granzow: „Das Gepäck des anderen". In memoriam Irene Bernard (1908–2002), in: Verband Deutscher in der Résistance, in den Streitkräften der Antihitlerkoalition und der Bewegung „Freies Deutschland" e. V. (Hrsg.): Information DRA FD, Berlin, Dezember 2002, PDF abrufbar unter http://drafd.org/files/drafd_info_02_12.pdf (08.12.2020).

Grünsteudel (2004) – Günther Grünsteudel: „Töne ordnen" als Existenzform. Über die Augsburger Komponistin und Musikpädagogin Erna Woll, Uni Augsburg, Pressestelle, Online-Veröffentlichung vom 11.07.2004, https://web.archive.org/web/20070610202610/http://www.presse.uni-augsburg.de/unipress/up20041/artikel_12.shtml (11.05.2020).

Güse (1992) – Ernst-Gerhard Güse: Gemälde, Aquarelle, Zeichnungen. Ausstellungskatalog Saarland Museum Saarbrücken, Stuttgart 1992.

Hartje-Grave (2018) – Nicole Hartje-Grave: Max Slevogt (Wienands kleine Reihe der Künstlerbiografien), Köln 2018.

Hasse (2003) – Edgar S. Hasse: Eine wahre Prophetin unserer Zeit. Bewegender Abschied von der Theologin und Schriftstellerin Dorothee Sölle in St. Katharinen, in: WELT, 06.05.2003, https://www.welt.de/print-welt/article692535/Eine-wahre-Prophetin-unserer-Zeit.html (08.07.2020).

Heinlein (2019) – Stefan Heinlein: Wilhelm Heinrich von Nassau-Saarbrücken und seine Vision vom Himmlischen Jerusalem: Ein Held in den Künsten des Friedens. Dem Fürsten zum 300. Geburtstag, Heidelberg 2019, https://books.ub.uni-heidelberg.de/arthistoricum/catalog/book/444 (22.04.2021).

Henning (o. J.) – Ulrike Henning: Augusta von Sachsen-Weimar-Eisenach, in: FemBio Frauen-Biographieforschung e. V., https://www.fembio.org/biographie.php/frau/biographie/augusta-von-sachsen-weimar-eisenach/ (05.04.2022).

Hennrich (o. J.) – Hans Dieter Hennrich: Heidstocker Geschichte, in: Siedlergemeinschaft Völklingen-Heidstock im Verband Wohneigentum

Saarland e. V., https://www.verband-wohneigentum.de/voelklingen-heidstock/on15946 (03.01.2022).

Herrmann (1999a) – Hans-Walter Herrmann: Saarbrücken und St. Johann von den Anfängen städtischen Lebens bis zum Niedergang im 30jährigen Krieg, in: Rolf Wittenbrock (Hrsg.): Geschichte der Stadt Saarbrücken, Bd. 1: Von den Anfängen zum industriellen Aufbruch (1860), Saarbrücken 1999, S. 199–298.

Herrmann (1999b) – Hans-Walter Herrmann: Vom Wiederaufbau zur Landeshauptstadt, Europastadt und Grenzmetropole (1945–74), in: Rolf Wittenbrock (Hrsg.): Geschichte der Stadt Saarbrücken, Bd. 2: Von der Zeit des stürmischen Wachstums bis zur Gegenwart, Saarbrücken 1999, S. 339–452.

Herrmann (2014a) – Hans-Christian Herrmann: Starke Frauen in der Bahnhofstraße, in: Hans-Christian Herrmann/Ruth Bauer/Kathrin Schmidt (Hrsg.): Schaufenster des Lebens. 150 Jahre Bahnhofstraße Saarbrücken, Marpingen 2014, S. 340–345.

Herrmann (2014b) – Hans-Christian Herrmann: Zähne, Paragrafen und Auskunfteien – Freie Berufe in der Bahnhofstraße, in: Hans-Christian Herrmann/Ruth Bauer/Kathrin Schmidt (Hrsg.): Schaufenster des Lebens. 150 Jahre Bahnhofstraße Saarbrücken, Marpingen 2014, S. 329–339.

Herrmann (2014c) – Hans-Christian Herrmann: Ein historischer Einkaufsbummel durch die bunte Branchenwelt der Bahnhofstraße, in: Hans-Christian Herrmann/Ruth Bauer/Kathrin Schmidt (Hrsg.): Schaufenster des Lebens. 150 Jahre Bahnhofstraße Saarbrücken, Marpingen 2014, S. 182–267.

Herrmann (2014d) – Hans-Christian Herrmann: Faszination Bahnhofstraße, in: Hans-Christian Herrmann/Ruth Bauer/Kathrin Schmidt (Hrsg.): Schaufenster des Lebens. 150 Jahre Bahnhofstraße Saarbrücken, Marpingen 2014, S. 12–53.

Hilgers (1999) – Richard Hilgers: Die neuen Stadtteile im historischen Kurzportrait, in: Rolf Wittenbrock (Hrsg.): Geschichte der Stadt Saarbrücken, Bd. 2: Von der Zeit des stürmischen Wachstums bis zur Gegenwart, Saarbrücken 1999, S. 453–480.

Hilpert (2002) – Claudia Hilpert: Mainzer Hebammen in früheren Jahrhunderten, hg. vom Frauenbüro der Stadt Mainz, Februar 2002, PDF abrufbar unter https://www.mainz.de/medien/internet/downloads/HilpertGeschichteMainzerHebammen.PDF (20.12.2021).

Himber (o. J.) – Günter Himber: Pfähler Louise, in: Saarland Biografien, Internetportal, http://www.saarland-biografien.de/frontend/php/ergebnis_detail.php?id=2758 (18.03.2021).

Hoffmann (2002) – E. T. A Hoffmann: Elly Ney – die Grande Dame der Musik – und ihre Vorfahren aus dem Saarland, in: Unsere Heimat – Mitteilungsblatt des Landkreises Saarlouis für Kultur und Landschaft, 27. Jg. (2002), S. 172–180.

Hoffmann (1989/1990) – Gisela Hoffmann: Das Helene-Weber-Haus in Otzenhausen. Müttergenesungs- und Kurheim, in: Heimatbuch des Kreises St. Wendel 23 (1995/1996), S. 62–67.

Hohnschopp (o. J.) – Christine Hohnschopp: Martina Merks-Krahforst, in: Saarländische Universitäts- und Landesbibliothek, Autoren im Saarland, https://wayback.archive-it.org/9925/20201109095444/https://saarautoren.sulb.uni-saarland.de/merks-krahforst/ (22.04.2021).

Hoppstädter (1959) – Kurt Hoppstädter: Die Hexenverfolgungen im saarländischen Raum: ein Beitrag zur Geschichte der Hexenprozesse, Sonderdruck aus Zeitschrift für die Geschichte der Saargegend, Heft 9/1959.

Illemann (2014) – Regina Illemann: Dr. h.c. Helene Weber (1881–1962): „Der reine Männerstaat ist das Verderben der Völker" – Eine biographische Skizze, in: Gisela Muschiol/Eva Welskop-Deffaa (Hrsg.): Helene Weber – Beiträge zu einer Biographie, Bonn 2014, S. 14–17, PDF abrufbar unter https://www.helene-weber.de/files/uploads/helene-weber/Kollegtexte/Helene Weber_Gesamtmanuskript_final_website-version_2014_12_11klein.pdf (22.04.2021).

Jung (2020) – Cornelia Jung: Sie erlebte das Leid und gab anderen Kraft (Lebenswege), 01.10.2020, in: Saarbrücker Zeitung SZ+ online: https://www.saarbruecker-zeitung.de/sz-serien/momente/lebenswege/nach-maria-cymmor-ist-ein-cafe-benannt_aid-53498999 (21.10.2021).

Jung (1950) – Klaus Jung: Gewaltstreiche St. Wendeler Frauen, in: Heimatbuch des Kreises St. Wendel 3 (1950), S. 141f.

Jüngst-Kipper (1998) – Heidelinde Jüngst-Kipper: Dudweiler Hebammen im 18. und 19. Jahrhundert, in: Historische Beiträge aus der Arbeit der Dudweiler Geschichtswerkstatt, Bd. 5 (1998), S. 18–34. https://

www.dudweiler-geschichtswerkstatt.de/puplikationen/historische-beiträge/ (24.03.2021).

Karge (2001) – Gernot Karge: Der Prozeß der Odilia Malsac geb. Laux aus Fremersdorf im Jahre 1706, in: Unsere Heimat – Mitteilungsblatt des Landkreises Saarlouis für Kultur und Landschaft, 26. Jg. (2001), S. 45–52.

Karr (o. J.) – H. P. Karr: Lexikon der deutschen Krimi-Autoren – Internet-Edition, http://www.krimilexikon.de/kleine.htm (18.03.2021).

Kastner (2020) – Hartmuth Kastner: Wadgassen lag ihr wirklich sehr am Herzen. Die verstorbene Wadgasser Ehrenbürgerin Emilie Koch, in: Wadgasser Rundschau, 23.07.2020, S. 5ff., https://archiv.wittich.de/epapers/176/2020/30/html5forpc.html (21.08.2020).

Kernig (2021) – Anja Kernig: Hochdekorierte Spitzengastronomin (Frauen in Neunkirchen), 21.01.2021, in: Saarbrücker Zeitung SZ+ online: https://www.saarbruecker-zeitung.de/saarland/neunkirchen/neunkirchen/sz-serie-frauen-in-neunkirchen-margarethe-bacher_aid-55817589 (21.10.2021).

Kihm (o. J.) – Herbert Kihm: Die Kelten an Blies und Saar, in: Saarland-Lese, Internetportal, https://www.saarland-lese.de/index.php?article_id=665 (12.05.2020).

Kircher-Kannemann (o. J.) – Anja Kircher-Kannemann: Baumwolle spinnen in der frühen Neuzeit – Technik und Arbeitsbedingungen I und II, in: Kultur Geschichte|n Digital, https://tour-de-kultur.de/category/technikgeschichte/ (11.05.2020).

Kissel (2013) – Bernd Kissel: SaarLegenden, Saarbrücken 2013.

Klimmt (2003) – Reinhard Klimmt: Auf dieser Grenze lebe ich: die sieben Kapitel der Zuneigung, Blieskastel 2003.

KLK (2004) – KLK: Narkotischer Mezzo: Zum Tod von Trudeliese Schmidt, in: WELT, 15.07.2004, https://www.welt.de/print-welt/article327581/Narkotischer-Mezzo-Zum-Tod-von-Trudeliese-Schmidt.html (15.04.2021).

König (2001) – Erich König: Rosseln – früher und heute, hg. vom Heimatkundlichen Verein Warndt e. V., Völklingen 2001.

König (o. J.) – Hans Karl König: Vor fast 200 Jahren: Die Blattern in der Bürgermeisterei Bettingen, Online-Publikation des Historischen Vereins Schmelz e. V., https://historischer-verein-schmelz.de/index.php/

publikationen-online/72-die-blattern-in-der-buergermeisterei-bettingen (09.07.2020).

König (1982) – Marie E. P. König: Frau Neandertaler hatte Kultur, in: EMMA, August 82, S. 54–59, https://www.emma.de/lesesaal/45199#pages/54 (17.12.2020).

Kootz/Jurecka (1991) – Salome Kootz/Peter Jurecka: Die „Dudweiler Zeitung" – Geschichte und Analyse einer ehemaligen Lokalzeitung, in: Historische Beiträge aus der Arbeit der Dudweiler Geschichtswerkstatt, Bd. 2 (1991), S. 61–68.

Kraemer (2008) – Sandra Kraemer: Aatz, Marianne. Überarbeitete Abschrift der Eröffnungsrede anlässlich der Ausstellung „Marianne Aatz. Eine Welt in Bildern", Schloss Münchweiler, November 2008, in: Institut für aktuelle Kunst im Saarland, Archiv, Bestand: Aatz, Marianne (Dossier 433)/Landesarchiv des Saarlandes, Bestand E Nachlässe und Sammlungen von Familien und einzelnen Personen, II Einzelne Personen, 2 Künstler, Künstlernachlässe A-Z, http://institut-aktuelle-kunst.de/kuenstlerlexikon/aatz-marianne (30.04.2020).

Kraemer (1981/1982) – Theo Kraemer: Das Olga-Schwind-Museum in Tholey, in: Heimatbuch des Kreises St. Wendel 19 (1981/1982), S. 46–51.

Krebs (1998a) – Gerhild Krebs: „Deutsche Frau, erfülle Deine Pflicht!" Der „Vaterländische Frauenverein" für die Stadt und den Kreis Saarbrücken von 1903 bis zur Völkerbundzeit, in: Annette Keinhorst/Petra Messinger/Hilde Hoherz (Hrsg.): Die Saarbrückerinnen – Beiträge zur Stadtgeschichte, St. Ingbert 1998, S. 163–188.

Krebs (1998b) – Gerhild Krebs: „Die Landarbeit mag manche Kriegerfrau vor Müßiggang bewahrt, ihr die Zeit zu Klatschereien genommen haben." Der „Saarbrücker Hausfrauenverein" im Ersten Weltkrieg, in: Annette Keinhorst/Petra Messinger/Hilde Hoherz (Hrsg.): Die Saarbrückerinnen – Beiträge zur Stadtgeschichte, St. Ingbert 1998, S. 163–188.

Kruse (2013) – Wolfgang Kruse: Frauenarbeit und Geschlechterverhältnis, in: Bundeszentrale für politische Bildung, 06.05.2013, https://www.bpb.de/geschichte/deutsche-geschichte/ersterweltkrieg/155330/frauenarbeit-und-geschlechterverhaeltnisse (17.03.2021).

Krysmanski (2008) – Hans Jürgen Krysmanski: Die letzte Reise des Karl Marx, in: UTOPIE kreativ, hg. von der Rosa-Luxemburg-Stiftung e. V., Heft 209, März 2008, S. 202–212.

Kühl (2021) – Janine Kühl: Vom Matrosenanzug zum Bikini: Bademoden im Wandel der Zeit, in: NDR – Unsere Geschichte, 30.07.2021, https://www.ndr.de/geschichte/chronologie/Vom-Matrosenanzug-zum-Bikini-Bademoden-im-Wandel-der-Zeit,bademoden102.html (06.01.2022).

Kulbach-Fricke (1999) – Karina Kulbach-Fricke: Blickweiler. Seine Einwohner seit dem Dreißigjährigen Krieg, Merzhausen, August 1999, PDF abrufbar unter https://blickweiler.info/files/einwohner-blickweiler.pdf (05.05.2020).

Künast (2011) – Renate Künast: Trauerrede für Anne Klein, veröffentlicht auf der Internetseite der Heinrich-Böll-Stiftung, 18.07.2011, https://www.boell.de/de/navigation/ehrungen-trauerrede-renate-kuenast-fuer-anne-klein-12615.html (07.07.2020).

Lackinger (2010) – Renate Lackinger: Verlorene Freundinnen – Leben und Wirken von Maximiliane Ackers, in: Onlinearchiv von Spinnboden – Lesbenarchiv & Bibliothek e. V., Berlin, http://www.spinnboden.de/onlinearchiv/schon-gewusst.html (03.04.2021).

Laufer (2018) – Wolfgang Laufer: Bübingen. Vom Bauerndorf zum Industrieort (1815–1914), Saarbrücken 2018.

Leonhardt (2008) – Katja Leonhardt: Weibliches Schreiben in regionalen Strukturen – Saarländische Lyrikerinnen der Gegenwart, München 2008 (zugl.: Diss., Saarbrücken, Univ., 2007).

Literaturland Saar e. V., Internetportal (2016a) – Literaturland Saar e. V., Internetportal: Saarbrücken-Burbach, https://literaturland-saar.de/orte/saarbruecken/saarbuecken-burbach/ (15.04.2021).

Literaturland Saar e. V., Internetportal (2016b) – Literaturland Saar e. V., Internetportal: Saarbrücken, https://literaturland-saar.de/orte/saarbruecken/(15.04.2021).

Lithardt (1973) – Willibrord Lithardt: Brebach-Fechingen einst und jetzt, hg. von der Gemeinde Brebach-Fechingen (Saar) 1973.

Loew (1997) – Lieselotte Loew: Kinnazeit in Kaltnaggisch: Erinnerunge on „Frieher" 1921 – 1945, erlääbt un uffgeschrieb von Lieselotte Loew geb. Lehmann, Dudweiler 1997.

Lohmeyer (1954) – Karl Lohmeyer: Die Sagen der Saar von ihren Quellen bis zur Mündung, Saarbrücken 1954.

Lokale Bündnisse für Familie in Saarlouis (2019) – Lokale Bündnisse für Familie in Saarlouis c/o Kreisstadt Saarlouis (Hrsg.): Hall of Fame –

Auf den Spuren der Frauen. Lebensgeschichten aus Saarlouis, Bd. 1, korr. 2. Aufl., Saarlouis 2019.

Maaß (2020) – Karin Maaß: Klara Marie Faßbinder, in: Digitales Deutsches Frauenarchiv, https://www.digitales-deutsches-frauenarchiv.de/akteurinnen/klara-marie-fassbinder (18.03.2021).

Mahler Walther/Lukoschat (2020) – Kathrin Mahler Walther/Helga Lukoschat: Bürgermeisterinnen und Bürgermeister in Deutschland 30 Jahre nach der Wiedervereinigung. Ergebnisse einer repräsentativen Befragung, hg. von EAF Berlin|Europäische Akademie für Frauen in Politik und Wirtschaft e. V., September 2020, PDF abrufbar unter https://www.eaf-berlin.de/fileadmin/eaf/Publikationen/Dokumente/EAF_Berlin_Studie_BM_Ost_West_2020.pdf (08.03.2021).

Maier (2020) – Gregor Maier: Charlotte Amalie von Nassau-Usingen (1680–1738): Regentin und Reformerin. Vortrag vom 29.09.2020 beim Verein für Geschichte und Landeskunde Bad Homburg v. d. Höhe, PDF abrufbar unter www.geschichtsverein-hg.de (14.01.2021).

Marmit (2013) – Jochen Marmit: Die Sprache in den Koffern. Das bewegte Leben der Edith Aron (Radio-Feature von SR 2 Kulturradio, Reihe HörStoff), https://www.sr.de/sr/sr2/themen/kultur/20200602_edith_aron_gestorben_100.html (13.02.2021).

Mathis (1928) – Mathilde Mathis: „Saarvöglein singe". Erzählungen von der Seele der Heimat, Saarbrücken 1928.

Mayer (2020) – Alf Mayer: Ein neues Fotobuch von Brigitte Tast. Farbe bekennen, in: CULTurMag – Literatur, Musik & Positionen, 01.07.2020, http://culturmag.de/crimemag/alf-mayer-ein-neues-fotobuch-von-brigitte-tast/127787 (30.03.2021).

Mertes (2009) – Norbert Mertes: Eine Märtyrerin der katholischen Kirche, 13.03.2009, in: Saarbrücker Zeitung SZ+ online: https://www.saarbruecker-zeitung.de/saarland/eine-maertyrerin-der-katholischen-kirche_aid-256940 (21.10.2021).

Mohr (1987) – Michel Mohr: Erinnerungen an das alte Bübingen, Bübingen 1987.

Molter-Klein (1998) – Annette Molter-Klein: „Charme". Eine Frauenzeitschrift zwischen Anspruch und Wirklichkeit, 1947–1949, in: Annette Keinhorst/Petra Messinger/Hilde Hoherz (Hrsg.): Die Saarbrückerinnen – Beiträge zur Stadtgeschichte, St. Ingbert 1998, S. 45–63.

Monz (1964) – Heinz Monz: Karl Marx und Trier: Verhältnisse – Beziehungen – Einflüsse (Schriftenreihe zur trierischen Landesgeschichte und Volkskunde 12), Trier 1964.

Morsch (1893) – Anna Morsch: Über Catharina Haaß, in: Deutschlands Tonkünstlerinnen. Biographische Skizzen aus der Gegenwart, Berlin 1893, zit. nach Silke Wenzel: Artikel „Catharina Haaß", in: MUGI. Musikvermittlung und Genderforschung: Lexikon und multimediale Präsentationen, hg. von Beatrix Borchard/Nina Noeske, Hochschule für Musik und Theater Hamburg, 2003ff., Stand vom 25.09.2018, online verfügbar unter https://mugi.hfmt-hamburg.de/receive/mugi_person_00000326 (14.02.2022).

Müller/Stahl (1997) – Doris Müller/Carola Stahl: Gerti Jost – Ein Frauenleben in Völklingen, Katalog zur Ausstellung, Völklingen 1997.

Neumann (2010) – Jürgen Neumann: Spiegelbilder der Dorfgeschichte, 04.06.2010, in: Saarbrücker Zeitung SZ+online: https://www.saarbruecker-zeitung.de/saarland/saar-pfalz-kreis/bexbach/spiegelbilder-der-dorfgeschichte_aid-558037 (21.10.2021).

Nimmesgern (2012) – Susanne Nimmesgern: Frauen kochen Stahl. Erwerbsbedingungen von Frauen auf der St. Ingberter „Schmelz" in den Jahren 1849 bis 1945, in: Saarbrücker Hefte 107 (2012), S. 95–106.

N. N. (o. J.) – N. N.: Honeckers Schwester, in: Cicero – Magazin für politische Kultur, https://www.cicero.de/innenpolitik/honeckers-schwester/39018 (28.04.2020).

N. N. (1972) – N. N.: Ungeliebter Sohn, in: Der SPIEGEL, 22.10.1972, https://www.spiegel.de/kultur/ungeliebter-sohn-a-b0c707a3-0002-0001-0000-000042787589?context=issue (21.04.2021).

N. N. (2010) – N. N.: 04. November 2010 – Vor 120 Jahren: Todestag von Helene „Lenchen" Demuth, in: WDR online, Reihe Stichtag, https://www1.wdr.de/stichtag4632.html (21.04.2021).

N. N. (2011) – N. N.: Beatrice von Boch-Galhau ist tot, 16.03.2011, in: Saarbrücker Zeitung SZ+ online: https://www.saarbruecker-zeitung.de/saarland/beatrice-von-boch-galhau-ist-tot_aid-837890 (21.10.2021).

N. N. (2015) – N. N.: Mit der Esebeck fing alles an, 22.01.2015, in: Saarbrücker Zeitung SZ+ online/Pfälzischer Merkur: https://www.saarbruecker-zeitung.de/pm/zweibruecken/mit-der-esebeck-fing-alles-an_aid-51139523 (23.09.2022).

N. N. (2017a) – N. N.: Das Reisen war ihre große Leidenschaft. Zum Tode von Elisabeth Bosslet, 18.07.2017, in: Saarbrücker Zeitung SZ+ online: https://www.saarbruecker-zeitung.de/saarland/neunkirchen/neunkirchen/das-reisen-war-ihre-grosse-leidenschaft_aid-2470521 (21.10.2021).

N. N. (2017b) – N. N.: Der Elefant an der Autobahn, 17.10.2017, in: Saarbrücker Zeitung SZ+ online: https://www.saarbruecker-zeitung.de/saarland/saarbruecken/saarbruecken/der-elefant-an-der-autobahn_aid-6385195 (21.10.2021).

N. N. (2019) – N. N.: Menschen machen das Leben lebenswert (Lebenswege), 25.01.2019, in: Saarbrücker Zeitung SZ+ online: https://www.saarbruecker-zeitung.de/sz-serien/momente/lebenswege/monika-fox-kaempft-gegen-das-vergessen-der-toten_aid-35885949 (21.10.2021).

o. A. (1974) – o. A.: Helche Loge. Erinnerungen an eine saarländische Tänzerin, in: Saarheimat 18 (2/1974), S. 36f.

Oberhauser (1992) – Gabriele Oberhauser: Wallfahrten und Kultstätten im Saarland: von der Quellenverehrung bis zur Marienerscheinung, Saarbrücken 1992.

Oberhauser (2016) – Gabriele Oberhauser: Maria Becker-Meisberger, in: Literaturland Saar e. V., Internetportal, https://literaturland-saar.de/personen/maria-becker-meisbeger/ (15.09.2020).

Oehling (2002) – Walter Oehling: Camilla Aytoun, ein schottisches Edelfräulein auf dem Friedhof St. Oranna bei Berus, in: Unsere Heimat – Mitteilungsblatt des Landkreises Saarlouis für Kultur und Landschaft, 27. Jg. (2002), S. 1–25.

Ollinger (2017) – Josef Ollinger: Bräuche von Saar und Mosel: heidnisches und christliches Brauchtum aus dem Dreiländereck Deutschland – Frankreich – Luxemburg, Rheinbach 2017.

Paas (2015) – Sigrun Paas: Maler des Lichts – König der Illustration. Max Slevogts künstlerischer Nachlass ist endlich vollständig in Rheinland-Pfalz vereint, in: Kulturstiftung der Länder, Berlin 2015, https://www.kulturstiftung.de/max-slevogts-kuenstlerischer-nachlass-ist-endlich-vollstaendig-in-rheinland-pfalz-vereint/ (08.12.2020).

Paul (1987) – Gerhard Paul: Max Braun – Eine politische Biografie, St. Ingbert 1987.

Peller-Séguy (1995) – Irmengard Peller-Séguy: Der Sonnenstein von Jaumont. Eine Brücke über Grenzen und Jahrhunderte, Homburg 1995.

Petto (2016a) – Rainer Petto: Edith Braun, in: Literaturland Saar e. V., Internetportal, https://literaturland-saar.de/personen/braun/ (09.04.2021).

Petto (2016b) – Rainer Petto: Katharina Kest, in: Literaturland Saar e. V., Internetportal, https://literaturland-saar.de/personen/katharina-kest/ (15.04.2021).

Petto (2016c) – Rainer Petto: Ulla Vigneron, in: Literaturland Saar e. V., Internetportal, https://literaturland-saar.de/personen/ulla-vigneron/ (18.12.2020).

Petto (2016d) – Rainer Petto: Mathilde Mathis, in: Literaturland Saar e. V., Internetportal, https://literaturland-saar.de/personen/mathilde-mathis/ (14.01.2021).

Pinl (2003) – Claudia Pinl: Der Trick mit dem Klo, in: taz.am Wochenende, 13.09.2003, https://taz.de/!711290/ (04.03.2021).

Plettenberg (2013) – Inge Plettenberg: Leben im Stadtteil Eschberg, St. Ingbert 2013.

Plettenberg (2016a) – Inge Plettenberg: Natalie Zimmermann, in: Literaturland Saar e. V., Internetportal, https://literaturland-saar.de/personen/natalie-zimmermann/ (03.02.2021).

Plettenberg (2016b) – Inge Plettenberg: Maria Croon, in: Literaturland Saar e. V., Internetportal, https://literaturland-saar.de/personen/maria-cron/ (09.07.2020).

Plisch (o. J.) – Uta Plisch: Carl Ferdinand von Stumm-Halberg, in: Saarland-Lese, Internetportal, https://www.saarland-lese.de/index.php?article_id=315 (28.04.2020).

Pusch (o. J.) – Luise F. Pusch: Elly Beinhorn-Rosemeyer, in: FemBio Frauen-Biographieforschung e. V., https://www.fembio.org/biographie.php/frau/biographie/elly-beinhorn/ (03.04.2021).

Raetzer (2010) – Alexandra Raetzer: Sie organisiert, schreibt, spricht, hilft und fasziniert, 01.02.2010, in: Saarbrücker Zeitung SZ+ online: https://www.saarbruecker-zeitung.de/saarland/saarbruecken/saarbruecken/saarbruecken/sie-organisiert-schreibt-spricht-hilft-und-fasziniert_aid-419800 (22.10.2021).

Rammacher (1995/1996) – Engelbert Rammacher: „Müller'sch Mariechen" – Ein Portrait, in: Heimatbuch des Kreises St. Wendel 26 (1995/1996), S. 249ff.

Rupp (1980) – Philipp Rupp: Die Brucherbacher Papiermühle. Ein Beitrag zur Geschichte saarländischer Mühlen, Bous 1980.

Russi (o. J.a) – Florian Russi: Wallerfangen, in: Saarland-Lese, Internetportal, https://www.saarland-lese.de/index.php?article_id=539 (16.03.2020).

Russi (o. J.b) – Florian Russi: D(i)e Bösmadamm, in: Saarland-Lese, Internetportal, https://www.saarland-lese.de/index.php?article_id=151 (04.02.2021).

Russi (o. J.c) – Florian Russi: Maria Caspar, in: Saarland-Lese, Internetportal, https://www.saarland-lese.de/index.php?article_id=495 (02.07.2020).

Russi (o. J.d) – Florian Russi: Drei mutige Damen, in: Saarland-Lese, Internetportal, https://www.saarland-lese.de/index.php?article_id=486 (02.07.2020).

Russi (o. J.e) – Florian Russi: Hitler und der Bettvorleger, in: Saarland-Lese, Internetportal, https://www.saarland-lese.de/index.php?article_id=493 (02.07.2020).

Ruth (1991) – Karl Heinz Ruth: Frauenarbeit in den Gruben in Dudweiler, in: Historische Beiträge aus der Arbeit der Dudweiler Geschichtswerkstatt, Bd. 2 (1991), S. 18–26.

Ruth (1992) – Karl Heinz Ruth: Aus der Geschichte des Saarbergbaus (II). Frauenarbeit im Steinkohlenbergbau an der Saar, in: Saarheimat 36 (3/4/1992), S. 50–57.

Saarland (2007) – Ministerium für Justiz, Arbeit, Gesundheit und Soziales Saarland (Hrsg.): Chronik 100 Jahre Justizvollzugsanstalt Saarbrücken: 1907–2007, Saarbrücken 2007.

Sander (2021) – Michael Sander: Weimarer Reichsverfassung und Grundgesetz: Ihre Geltung an der Saar (II). Das Saarland nach 1945: seine deutsche Verwaltung, seine Verfassung und das Grundgesetz der Bundesrepublik Deutschland, in: saargeschichte|n 63, Heft 2_21, S. 37–46.

Schäfer (2021a) – Joachim Schäfer: Ökumenisches Heiligenlexikon, Artikel „Anna", https://www.heiligenlexikon.de/BiographienA/Anna.htm (16.04.2021).

Schäfer (2021b) – Joachim Schäfer: Ökumenisches Heiligenlexikon, Artikel „Blandina Merten", https://www.heiligenlexikon.de/BiographienB/Blandina_Merten.html (16.04.2021).

Schäfer (2021c) – Joachim Schäfer: Ökumenisches Heiligenlexikon, Artikel „Barbara", https://www.heiligenlexikon.de/BiographienB/Barbara.htm (16.03.2021).

Scharwath (2005) – Günter Scharwath: Andler-Laurenz, Inge. Rede anlässlich der Verleihung des Fritz-Zolnhofer-Preises der Stadt Sulzbach am 10. November 2005, in: Institut für aktuelle Kunst im Saarland, Archiv, Bestand: Andler-Laurenz, Inge (Dossier 432), http://institut-aktuelle-kunst.de/kuenstlerlexikon/andler-laurenz-inge (03.04.2021).

Scharwath (2017) – Günter Scharwath: Das große Künstlerlexikon der Saar-Region: biografisches Verzeichnis von Bildenden Künstlerinnen und Künstlern der Saar-Region aus allen Fachrichtungen und Zeiten, Saarbrücken 2017.

Schaser (2019) – Angelika Schaser: Geschlecht strukturiert die Welt: Die Bedeutung des 19. Jahrhunderts für die Permanenz der Geschlechterhierarchie, in: Birgit Aschmann (Hrsg.): Durchbruch der Moderne? Neue Perspektiven auf das 19. Jahrhundert, Frankfurt a. M. 2019, S. 171–198.

Scheib (2017) – Amei Scheib: Cora Eppstein, in: Lexikon verfolgter Musiker und Musikerinnen der NS-Zeit, hg. von Claudia Maurer Zenck/Peter Petersen/Sophie Fetthauer, Hamburg 2017, https://www.lexm.uni-hamburg.de/object/lexm_lexmperson_00005944 (09.12.2021).

Scherer (2018) – Barbara Scherer: Wie Frauen Saarlouis geprägt haben (Frauen in Saarlouis), 09.10.2018, in: Saarbrücker Zeitung SZ+ online: https://www.saarbruecker-zeitung.de/saarland/saarlouis/saarlouis/frauen-in-der-geschichte-von-saarlouis_aid-33584359 (22.10.2021).

Schiffler (o. J.) – Horst Schiffler: Schule in der Kaiserzeit (Saarländisches Schulmuseum Ottweiler, „Notizen aus dem Schulmuseum"), https://www.schulmuseum-ottweiler.net/magazin/schule-in-der-kaiserzeit (29.04.2020).

Schmidt (2014) – Sascha Schmidt: „Ich gehöre zu euch": Esther Bejarano zur Ehrenbürgerin von Saarlouis ernannt, 02.12.2014, http://www.saarlouis.de/home/aktuelles/info/artikel/ich-gehoere-zu-euch-esther-bejarano-zur-ehrenbuergerin-von-saarlouis-ernannt/; (21.04.2021).

Schmitt (1998) – Ernst Schmitt: Frau Anna Simon, Hebamme zu Lebach, in: Lebacher Historischer Kalender 1998 (Lebacher Persönlichkeiten: bekannt – berühmt – rühmenswert), hg. von der Volkshochschule Lebach durch Susanne Leidinger u. a., PDF abrufbar unter https://hv-lebach.de/wp-content/uploads/2008/vor02/kalender/HKL_1998.pdf (19.02.2021).

Schmitt (1948) – Hans Klaus Schmitt: Simons Nannche, in: Heimatbuch des Kreises St. Wendel 1 (1948), Nachdruck St. Wendel 1982, S. 171f.

Schmitt (2002) – Johannes Schmitt: Frauen vor Gericht. Streiflichter aus dem Hüttersorf/Bupricher Hochgericht im 18. Jahrhundert, in: Unsere Heimat – Mitteilungsblatt des Landkreises Saarlouis für Kultur und Landschaft, 27. Jg. (2002), S. 106–120.

Schneider (2020) – Evelyn Schneider: Mia Münster kehrt wieder heim. Neue Dauerausstellung im Museum St. Wendel, 21.08.2020, in: Saarbrücker Zeitung SZ+ online: https://www.saarbruecker-zeitung.de/saarland/st-wendel/sanktwendel/neue-dauerausstellung-ueber-mia-muenster-im-museum-st-wendel_aid-52904925 (22.10.2021).

Schneider (o. J.) – Hans Georg Schneider: An Weiberfastnacht herrschen in Saarwellingen die „Greesen“. Mit „Blättsch“ unn „Deiwelsgei“, in: Trierer Bistumszeitung Paulinus, Archiv, https://www.paulinus.de/archiv/archiv/9808/report.htm (09.07.2020).

Schneider (1920) – Karl Schneider: Maria Michely, die Seherin von Altenkessel, Saarbrücken 1920.

Scholl (2011a) – Frauke Scholl: Lebacher Geschäftsfrau wird berühmte Malerin, 04.01.2011, in: Saarbrücker Zeitung SZ+ online: https://www.saarbruecker-zeitung.de/saarland/saarlouis/lebach/lebacher-geschaefts-frau-wird-beruehmte-malerin_aid-749773 (22.10.2021).

Scholl (2011b) – Frauke Scholl: Jutta von Hattstein – Die Herrin von Bous, 30.01.2011, in: Saarbrücker Zeitung SZ+ online: https://www.saarbruecker-zeitung.de/saarland/jutta-von-hattstein-die-herrin-von-berus_aid-763775 (22.10.2021).

Schönfeld (2018) – Siegfried Schönfeld: Von Kohle gezeichnet – Frauen im Bergbau, Fotografien von Dariusz Kantor auf Zeche Nachtigall, in: Stadtspiegel Herten/Marl, 02.03.2018, https://www.lokalkompass.de/marl/c-kultur/von-kohle-gezeichnet-frauen-im-bergbau-fotografien-von-dariusz-kantor-auf-zeche-nachtigall_a831465 (22.03.2021).

Schroeder (o. J.) – Hiltrud Schroeder: Marianne Weber, in: FemBio Frauen-Biographieforschung e. V., http://www.fembio.org/biographie.php/frau/biographie/marianne-weber (14.06.2018).

Schulz (1993) – Toni Schulz: „Im Putzwasser werde ich mich nicht ertränken" – Eine Institution im (Un)Ruhestand. Gespräch mit der langjährigen DGB-Kreisvorsitzenden Lucie Meyfarth, in: Saarbrücker Zeitung, 08.11.1993, Ressort Neunkirchen.

Schumacher/Wendling (1987) – K. Ursula Schumacher/Margitta Wendling: Das Frauenstudien-Weiterbildungsprojekt an der Saar-Uni: Eine Zwischenbilanz und Selbstdarstellung, Saarbrücken 1987.

Schumann (1961/1962) – Traudl Schumann: Ein Leben für die Kunst. Besuch bei Mia Münster, in: Heimatbuch des Kreises St. Wendel 9 (1961/1962), S. 154–160.

Schwab (2011) – Waltraud Schwab: Noch einmal das Meer sehen, in: taz.am Wochenende, 26.02.2011, https://taz.de/!321614/ (07.07.2020).

Schwambach (2019a) – Oliver Schwambach: Der traurige Lohn für ihre Menschlichkeit. Nachruf auf Monika Schwinn, 13.03.2019, in: Saarbrücker Zeitung SZ+ online: https://www.saarbruecker-zeitung.de/saarland/die-saarlaendische-kinderkrankenschwester-war-vier-jahre-lang-in-vietnam-gefangen_aid-37440229 (22.10.2021).

Schwambach (2019b) – Oliver Schwambach: Die tote Hilde – bald ein Albtraum für Heinz. Interview mit Alice Hoffmann, 13.03.2019, in: Saarbrücker Zeitung SZ+ online: https://www.saarbruecker-zeitung.de/saarland/schauspielerin-alice-hoffmann-nimmt-den-tod-ihrer-figur-hilde-enstpannt_aid-37440223 (22.10.2021).

Schwarz (2020) – Elke Schwarz: Vom It-Girl zur Heimatmalerin, in: FORUM – Das Wochenmagazin, 28.08.2020, https://magazin-forum.de/de/node/19782 (10.09.2020).

Schwingel (1950) – Karl Schwingel: Festschrift zum vierhundertsten Jahrestag der Stadtwerdung, hg. von der Stadtverwaltung Ottweiler, Ottweiler 1950.

Simon (2018) – Violetta Simon: Liebe Leser, das folgende Interview ist auch für Frauen gedacht. Interview mit dem Sprachwissenschaftler Anatol Stefanowitsch, Professor für Linguistik an der FU Berlin, in: Süddeutsche Zeitung, 22.02.2018, https://www.sueddeutsche.de/leben/

generisches-maskulinum-liebe-leser-das-folgende-interview-ist-auch-fuer-frauen-gedacht-1.3876211 (24.04.2020).

SIP (1994) – SIP: Geheimnisvoller Soroptimismus. Die etwas andere Art der Frauenförderung oder: der Soroptimist Club Bremen macht eine Kunstausstellung im Kito, in: taz.die tageszeitung, 14.06.1994, https://taz.de/Geheimnisvoller-Soroptimismus/!1558137/ (11.03.2021).

Sölle (2004) – Dorothee Sölle: Das Lesebuch. Fragmente einer neuen Theologie, Stuttgart 2004.

Spengler (1979/1980) – Gernot Spengler: „Hahne Sängerin" – Müllerstochter aus dem Ostertal, in: Heimatbuch des Kreises St. Wendel 18 (1979/1980), S. 74–77.

Spurk (1964) – Johann Spurk: Diefflen: Die Entwicklung einer kleinen dörflichen Siedlung zu einer großen Arbeiter-Wohnsitzgemeinde, hg. von der Gemeindeverwaltung Diefflen 1964.

Stahl (2014) – Carola Stahl: Geschichten aus der Bahnhofstraße – Zeitzeugen erinnern sich. Aus dem Alltag einer Verkäuferin: „Womit kann ich Ihnen helfen?", in: Hans-Christian Herrmann/Ruth Bauer/Kathrin Schmidt (Hrsg.): Schaufenster des Lebens. 150 Jahre Bahnhofstraße Saarbrücken, Marpingen 2014, S. 299–305.

Stöhr/Grigat (2019) – Maria Stöhr/Guido Grigat: Kommunalpolitik: Wo Frauen immer noch die Ausnahme sind, in: Der SPIEGEL, 17.03.2019, https://www.spiegel.de/politik/deutschland/gleichstellung-warum-frauen-in-der-kommunalpolitik-eine-minderheit-sind-a-1257217.html (08.03.2021).

Sturm (1962) – Vilma Sturm: Meine lieben Flüsse, Frankfurt am Main 1962.

Theis (2019) – Anna Theis: „Komme ich jetzt ins Zuchthaus?" Ein biografisches Portrait von Berta Ebeling, Opfer der NS-Euthanasie, in: saargeschichte|n 57, Heft 4_19, S. 4–10.

Thomes (1999) – Paul Thomes: Der mühsame Weg zur absolutistischen Residenz (1635–1741), in: Rolf Wittenbrock (Hrsg.): Geschichte der Stadt Saarbrücken, Bd. 1: Von den Anfängen zum industriellen Aufbruch (1860), Saarbrücken 1999, S. 299–352.

Titze (1989) – Rainer Titze: Mitteilung zur Dudweiler Schulgeschichte des 19. Jahrhunderts, in: Historische Beiträge aus der Arbeit der Dudweiler Geschichtswerkstatt, Bd. 1 (1989), S. 42–52.

Trinkaus (2012) – Fabian Trinkaus: Neunkircher Hüttenfrauen. Arbeit und Leben von Frauen in der Eisen- und Stahlindustrie 1880 bis 1935, in: Saarbrücker Hefte 107 (2012), S. 89–94.

Volk (1990) – Hermann Volk: Heimatgeschichtlicher Wegweiser zu Stätten des Widerstandes und der Verfolgung 1933–1945 (Bd. 4), hg. vom Studienkreis zur Erforschung und Vermittlung der Geschichte des deutschen Widerstandes 1933–1945, vom Bundesvorstand und vom Landesverband Saar der Vereinigung der Verfolgten des Naziregimes/Bund der Antifaschisten, Köln 1990.

Wagner (o. J.) – Sandra Wagner: „Dreh dich nicht um!" Der Ritter im Hirschenhübel, in: Wertvolles aus der Willkommensregion Neunkirchen – Internetauftritt Landkreis Neunkirchen, https://wertvolles-neunkirchen.de/dreh-dich-nicht-um-der-ritter-im-hirschenhuebel/ (09.02.2021).

Wagner-Grill (2020) – Margarete Wagner-Grill: Marpingen-Urexweiler, Mac-Nelly, Brunnen, in: Institut für aktuelle Kunst im Saarland, http://institut-aktuelle-kunst.de/kunstlexikon/marpingen-urexweiler-macnelly-brunnen-28951 (02.06.2020).

Wenderoth (1890) – Erich Wenderoth: Die „Kohlwaage" bei Saarbrücken, in: Zeitschrift für das Berg-, Hütten- und Salinen-Wesen im Preussischen Staate, Bd. 38, Berlin 1890, S. B 317–343.

Wensky (o. J.) – Margret Wensky: Edith Ennen, in: Internetportal Rheinische Geschichte, hg. vom Landschaftsverband Rheinland (LVR), http://www.rheinische-geschichte.lvr.de/Persoenlichkeiten/edith-ennen-/DE-2086/lido/57c6a4e7a892a5.07381897 (20.03.2020).

Werner (2018) – Jochen Werner: Vor 115 Jahren wurde in Sponsheim Maria Honorine Steimer ermordet – Historiker erinnern an die Wohltäterin, in: Allgemeine Zeitung, 02.06.2018, https://www.allgemeine-zeitung.de/lokales/bingen/bingen/vor-115-jahren-wurde-in-sponsheim-maria-honorine-steimer-ermordet-historiker-erinnern-an-die-wohltaterin_18808549 (18.06.2020).

Wilhelm (o. J.a) – Horst Wilhelm: Das Neunkircher Kaufhaus Joseph Levy Wwe., in: Stadtmagazin „es Heftche", Onlineversion, https://nk.es-heftche.de/index.php/serien/118-historischer-verein-stadt-neunkirchen/12500-das-neunkircher-kaufhaus-joseph-levy-wwe-2 (05.02.2021).

Wilhelm (o. J.b) – Otto Wilhelm: Die Drei Marien von Hülzweiler und ihre Beziehung zu der „Dreifrauenverehrung" des Mittelalters und der Neuzeit, Online-Publikation des Fördervereins der Heimatkunde Hülzweiler e. V., http://www.von-huelzweiler.de/lesebuch-von-huelzweiler/492-33-die-drei-marien (05.03.2021).

Winter (2010) – Bernd Winter: John H. DILLINGER, 1933/34 – Amerikas Staatsfeind Nr. 1. Sein Großvater stammte aus Gisingen, in: Unsere Heimat – Mitteilungsblatt des Landkreises Saarlouis für Kultur und Landschaft, 35. Jg. (2010), S. 53–58.

Wiotte (1983) – Hermann Wiotte: Louisenthal: verschiedene Orte – ein Name, in: Saarheimat 11 (1983), S. 238–244.

Wittenbrock (1999) – Rolf Wittenbrock: Die drei Saarstädte in der Zeit des beschleunigten Städtewachstums (1860–1908), in: Ders. (Hrsg.): Geschichte der Stadt Saarbrücken, Bd. 2: Von der Zeit des stürmischen Wachstums bis zur Gegenwart, Saarbrücken 1999, S. 11–130.

Wohlfahrt (1999) – Jürgen Wohlfahrt: Kommunale Selbstverwaltung mit Hinweisen auf die politische Kultur, in: Rolf Wittenbrock (Hrsg.): Geschichte der Stadt Saarbrücken, Bd. 2: Von der Zeit des stürmischen Wachstums bis zur Gegenwart, Saarbrücken 1999, S. 482–504.

Wollschläger (2016) – Joachim Wollschläger: Lucie Meyfarths Kampf für die Rechte von Frauen, 07.09.2016, in: Saarbrücker Zeitung SZ+ online: https://www.saarbruecker-zeitung.de/nachrichten/wirtschaft/lucie-meyfarths-kampf-fuer-die-rechte-von-frauen_aid-72073 (22.10.2021).

Wysocki (2012) – Gisela von Wysocki: Die Kinder der Toten. Elfriede Jelinek lässt die Gemordeten des Krieges sprechen, in: Die ZEIT, 16.08.2012, https://www.zeit.de/2012/34/Elfriede-Jelinek-Die-Kinder-der-Toten (27.06.2019).

Zaussinger (2009) – Sarah Zaussinger: „Die Vorrangstellung des Mannes bei der Bestimmung des Ehenamens" – Eine rechts- und kultursoziologische Untersuchung zur Namenswahl bei der Eheschließung in Österreich. Magisterarbeit an der Universität Wien, April 2009, PDF abrufbar unter http://othes.univie.ac.at/4482/1/2009-04-21_9925263.pdf (08.03.2021).

Zekri (2000) – Sonja Zekri: Urgeschichte mit Kittelschürze, in: Frankfurter Allgemeine Zeitung, 03.04.2000, https://www.faz.net/aktuell/

feuilleton/buecher/rezension-sachbuch-urgeschichte-mit-kittelschuerze-11309416.html (16.12.2020).
Zimmermann (2012) – Matthias Zimmermann: Otzenhauser Bruchbude soll bald weichen. Wer war eigentlich Helene Weber?, 18.11.2012, in: Saarbrücker Zeitung SZ+ online: https://www.saarbruecker-zeitung.de/saarland/otzenhauser-bruchbude-soll-bald-weichenwer-war-eigentlich-helene-weber_aid-1275428 (22.10.2021).

Register Namen

Register Themen

Danksagung

Ich bedanke mich bei meiner Erstleserin Rita Staudt, die sich durch einen noch deutlich umfangreicheren Manuskripttext gelesen hat. Für die vielfältige Hilfe, die Anregungen und das Lektorat danke ich Dr. Frank Hirsch und Dr. Ines Heisig. Mein besonderer Dank geht an Peter Jacob, der die Zusammenarbeit mit der Arbeitskammer auf den Weg gebracht hat.

Zur Autorin

Gudrun Müller studierte Soziologie an der Universität des Saarlandes. Sie arbeitete als wissenschaftliche Mitarbeiterin sowohl in der universitären als auch außeruniversitären Forschung in den Schwerpunkten Arbeitsmarkt- und Berufsforschung, Alternsforschung und Gender Studies. Heute ist die Saarländerin freiberufliche Lektorin und Korrektorin mit dem Schwerpunkt Wissenschaftslektorat.